天
Borderless
下

博稽古今 融汇天下

天
Borderless
下
悦识法律

Rage for Order

The British Empire and the Origins of International Law

1800-1850

法律帝国的铸就

大／英／帝／国／法／律／史

1800-1850

[美] 劳伦·本顿 Lauren Benton　[澳] 利萨·福特 Lisa Ford

著

龚　宇　张膑心　杨　帆　苏　宇

译

法律出版社
LAW PRESS·CHINA

著作权合同登记号
图字：01-2017-5496

中文版序

本书讲述的是一段鲜为人知的故事,即1800~1850年大英帝国通过法律变革在全球范围内构建秩序的努力。本书的英文书名*Rage for Order*形象地揭示了这一时期大英帝国对秩序的渴求,而副标题*The British Empire and the Origins of International Law*则成功地勾起了译者——一群年青的国际法学人的兴趣,这就是本书翻译的缘起。不过事后看来,这似乎是一个美丽的误会。本书从严格意义上说并不是一部关于国际法史的著作,书中甚至很少直接探讨国际法问题。用作者的话说,本书试图呈现的是一部国际法的"史前史"(prehistory),其主要描绘的是19世纪早期的大英帝国借助各种法律策略构建世界秩序的宏大图景。那么,这一切与国际法之间究竟有何关联,帝国何以能够以及在何种程度上能够影响国际法的发展,这是一个在国际法学界较少被人触及的问题,也正是本书试图回答,或者更确切地说,试图引导读者思考的问题。

除去导论和结语,本书的主体内容由十个精心挑选的历史片断组成,这些历史片断围绕以下四个主题展开。第一个主题展现的是大英帝国通过法律改革重构帝国内部治理秩序的历程。19世纪早期,对于殖民地暴政和司法专断的控诉以政治丑闻的形式在帝国范围内广泛传播,引发了帝国中央对于基层法律权力滥用的担忧,并最终撬开了法律改革之门。本书从诸多殖民地丑闻中选取了两例来阐述法律改革呼声的广泛起源,其中一例涉及新南威尔士总督威廉·布莱因倒行逆施激起当地兵变而被罢黜事件,另一例则是背风群岛殖民地的种植园主因肆无忌惮地虐待奴隶而遭到帝国惩处的故事。为了遏制基层暴政,完善殖民地治理,帝国中央采取了一系列法律改革措施,其中包括,任命忠于帝国的中层官员前往殖民地任职,以推动殖民地法律官僚体系和法院体系的重组;授权殖民部(Colonial Office)法律官员对拥有立法权的自治殖民地之立法进行审查;设立殖民地调查委员会对全球范围内的殖民地展开法律调查,以了解各殖民地法律和司法体系运作情况,并在必要时对当地法律事务进行干预,等等。上述法律改革在情况千差万别的帝国殖民地内推动了所谓"宪法最低标准"(包括最基本的程序正义和司法层级制度等)的确立,同时也承认并维持了殖民地法律体系的多样性,以及殖民地臣民与宗主国臣民之间法律地位和法律权利的差异,从而为在新兴的国际法律秩序中区分"文明国家"与"非文明国家"奠定基础。

第二个主题讲述的是大英帝国通过创造性地运用"保护"这一法律策略在帝国边缘地带实现扩张的故事。与该主题相关的两个历史片断分别发生于锡兰(今斯里兰卡)和爱奥尼亚群岛。在锡兰,英国最初的统治范围仅限于环岛沿海地区,而锡兰岛的中部高地仍处于另一个独立政治实体——康提王国的掌控之下。在英国统治者看来,要在锡兰创设全新的法律秩序,对康提王国的征服是必不可少的。为了实现吞并康提王国的企图,英国官员挑动不满康提国王统治的当地权贵们以免受国王的暴政和压迫为名,向英国政府请求保护,从而为英国发动战争提供了充分的借口。康提的君主制被摧毁之后,英国在康提推进一系列法律改革,以强化帝国权威,使其对康提的"保护"事实上演变成了对康提的"主权"。爱奥尼亚群岛的情况则有些不同。1815 年《巴黎条约》授权英国担任爱奥尼亚的"保护国",但并未将该群岛割让给英国。于是,在英国作为"保护国"的职责和特权之范围的问题上,各利益相关方陷入了无尽的纷争。英国是否有权以"保护"为名对爱奥尼亚的内部事务进行直接干预?在海上被奥斯曼帝国俘获的爱奥尼亚人能否享有英国臣民的待遇?爱奥尼亚人之于英国的关系究竟应依据何种法律来判定?凡此种种,皆凸显了帝国法与国际法之间的纠葛。

第三个主题描绘了大英帝国通过打击奴隶贸易和海盗来整顿海洋秩序的努力。在 19 世纪早期,奴隶贸易与海盗行为并不像今天这样属于公认的国际罪行,亦非普遍管辖权的对象,但这并不妨碍大英帝国以打击奴隶贸易与海盗为契机,将国内法上的管辖权延伸至海洋。在大西洋区域,英国利诱其他国家签订双边废奴条约,授权海军在海上抓捕贩奴船只,并设立混合委员会进行审判。通过这一双边条约网络,英国凭借强大的海军力量实际上主导了对大西洋奴隶贸易的管控,同时也将英国的法律影响力带入了混合委员会体系之中。在海上劫掠盛行的东南亚海域,当地人对海盗的控诉,以及英国对当地政治实体权威不稳定的不满,为英国海军的介入提供了正当理由——尽管英国为整顿东南亚海上航道秩序所做的努力,其核心并不在于将海盗绳之以法,而在于确立服务于帝国间政治的海军强权。本书所强调的是,无论是对奴隶贸易的管控,还是对海盗的打击,均非源于国际法,也亦未创造明确的国际法规范。19世纪早期英国主导下的海洋秩序事实上是以双边条约、国内法、海事法以及外交谈判之间的拙劣组合为核心,这也勾画出了当时国际秩序的特征:以含糊不清的国际法原则为基础,并深受强权帝国法律策略的影响。

第四个主题讲述了大英帝国对于其疆界之外的区域性国家体系的形成所发挥的影响。在帝国法律权力无法到达的地方,扶持能够有效运作的当地主权者,并厘清与这些主权者交往时的管辖权规则,对于建立一个由英国主导的全球秩序来说是不可或缺的。该主题选取的两个历史片断分别发生于南太平洋群岛和南美洲拉普拉塔河流域。在南太平洋群岛,1831年英国双桅船“多利号”遇袭事件引发的冲突开启了英国为影响和塑造大溪地主权而进行的一系列前后摇摆不定的尝试。英国一方面承认大溪地波马利王朝对周边群岛的统治权,要求大溪地女王惩治肇事者;另一方面却反对大溪地女王对英国商人在群岛从事珍珠贸易的行为实施管制或征税。在拉普拉塔河流域,英国为了确保河流的航行自由和英国的商业利益,采取了允许和支持新兴小国(乌拉圭、巴拉圭)提出主权诉求,同时对区域性强权国家(阿根廷)加以遏制的策略。在上述两个区域,英国的一系列政策在敦促当地政治实体对英国商业活动提供保护的同时,也推动了新主权国家的形成或强化了新国家的主权诉求,从而在当地塑造了一种分散式的帝国影响力结构。

不可否认,本书所选取的十个历史片断个个生动有趣,且自成体系。然而,当作者将这些不同时空的历史片断编织在一起时,究竟能否完整地呈现一个大英帝国通过法律改变世界的故事,究竟能否合乎逻辑地揭示帝国与国际法之间的微妙关系,却是一个仁者见仁、智者见智的问题,值得读者细细品味。

龚宇

2018 年 1 月

THE IDEA OF ORDER AT KEY WEST

Wallace Stevens

Oh! Blessed rage for order, pale Ramon,
The maker's rage to order words of the sea,
Words of the fragrant portals, dimly-starred,
And of ourselves and of our origins,
In ghostlier demarcations, keener sounds.

齐维斯特的秩序观念

华莱士·史蒂文斯

啊！被赐福的对秩序的渴求，苍白的雷蒙，
这造物主渴求赋予大海的语言以秩序，
这是关于朦胧星光下芬芳之门的语言，
也是关于我们自己和我们的起源的语言，
在更为朦胧莫测的界阈中，在更加锐利的声音中。

目 录

Contents

第一章　全球法律帝国

CHAPTER ONE
A GLOBAL EMPIRE OF LAW

人们习惯于探求历史中“不为人知的故事”。它们通常是一些小事，却引人入胜。本书将要讲述的是一个不为人知且不同寻常的故事：大英帝国通过对法律的重新设计为19世纪早期的世界重建秩序的蔓延式努力。在历经半个世纪的战争后，英国于1815年成为全球性强国，并在制定通商规则和维护帝国疆界外部秩序等方面获得了更大的话语权。在战争期间及之后，一段极其重要的历史进程逐渐展现：新老英国臣民们开启了一项狂热的、发端于多个中心的努力，试图通过法律变革为民众、地方以及从拉普拉塔河岸延伸至波斯湾和广袤的太平洋群岛的商业交易构建秩序。英国对秩序的渴求——尽管这一渴求缺乏足够的协调，主要通过断续迸发的热情得以维持，并且时常被反对和争执所困扰——对殖民地内部和外部的治理产生了巨大影响。这一变革也获得了当时世界上崛起中大国的全面关注。借助跨越文化与政治隔阂的法律知识和法律实践,这一通过法律为帝国重构秩序的计划在全球范围内广泛展开。它改变了世界格局,并使帝国成为全球治理的中枢。

这一秩序构建计划的素材由发生于全球各个遥远角落的纷争汇聚而成。其缔造者包括俘虏、罪犯、水手、反对英国统治的精英和非精英人士,以及流动任职的法律官员。在他们当中,有的人掌管整个殖民地,有的人支配范围仅限于家庭。还有的人不支配任何人,但却通过坚持不懈的控诉吸引了帝国的关注。在既有的殖民地、新获得的领地,以及遍布全世界的非正式势力范围内,英国官员们通过绘制法律变革的蓝图,竭力去理解怪异的新事物和陌生的法律体系。位于遥远的殖民地的官员们有意识地通过打造广泛适用的新规则体系,对已察觉到的秩序危机作出回应。这些努力有时是为了回应关于殖民统治、臣民地位、管辖权、权利以及商业管理等事项的激烈冲突,但更多的时候却成为引发上述冲突的诱因。此类冲突所催生的法律变革力量决定了帝国的结构,同时也影响到帝国在当时所有重要问题上的立场,这些问题包括:废止奴隶贸易,帝国臣民(包括奴隶和罪犯)的法律地位,殖民地自治的范围,英国对外征服的理论基础,以及英国的外交政策。

推动法律改革的力量是全方位的,但却不是系统性的。有关殖民地丑闻的报道、法院的庭审报告、法律规章和条约的草案,以及对不同法律改革方案的建议等,将关于帝国法律的信息揉入了碎片化的宪法性评论之中。伦敦的官员和法学家们努力地对部分行政管理体制进行调整，以便将法律讨论这一不和谐的声音转变为一个兼具松散的统一性和灵活性的秩序框架。来自最遥远殖民地的最朴实臣民的申诉在帝国中心获得了出人意料的关注。英国政府设立了一批调查机构——殖民地调查委员会（Colonial Commissions of Inquiry），以收集关于帝国法律的信息并了解其内部运作。殖民地部（Colonial Office）以一丝不苟的态度对帝国内少数仍拥有立法权的殖民地的立法进行审查。英国官员们坚持不懈地试图通过对托马斯·梅特兰德（Thomas Maitland）所谓的“中层力量”的控制来影响帝国的外围。为实现这一目标，他们以新的决心对顽固的精英阶层进行监督，并且通过委任体系任命忠于帝国中央的中层官员。这些中层官员并非人人都受过法律训练，但他们都在各殖民地参与了帝国宪政运动，此类运动的内容因地而异，但都具有潜在的全球性影响。在帝国之外，外交部官员、海军军官以及流动的官僚们相互合作，通过将国内法的适用延伸至极致以及通过把小国们拉进松散的帝国体系，确立对海洋的管辖权，从而为广泛的商业网络内的交易提供便利。

法律无处不在。它是诸多齐头并进的帝国变革计划的媒介，同时它也为众多有关殖民地问题的争论，包括关于殖民地立法权和英国君主特权的争论，提供了文本和潜台词。然而它并不见诸于法学家的巨著抑或是枢密院的案件等宪法性法律的通常载体。[1]法律改革也不局限于数量激增的成文规章和宪法,甚至不被成文规章和宪法所主导。[2]总体而言,有关帝国法律的评论具有一种地方性和兼容并蓄的风格,并且经常是单调乏味的——除了冗长的新闻报道和晦涩难懂的申诉,偶尔还会掺进一些添油加醋的丑闻。法律变革的线索隐藏于杂乱无章的调查委员会报告、模糊不清的殖民地行政管理手册以及富有法律思想的殖民地总督们自我美化的传记之中。在大约40年前,约翰·曼宁·沃德(John Manning Ward)成为以浅显易懂的方式呈现19世纪早期的帝国法律变革的最后几位历史学家之一,这或许毫不为奇。[3]在今天,深入阅读浩瀚而难以驾驭的关于法律的历史档案不仅需要法律人类学的洞察力,还需要借助新帝国史学的研究方法。然而,在关于法律的故事中,只有一部分产生于对轰动性事件最有洞见的研究,如沃伦·黑斯廷斯(Warren Hastings)在孟加拉的倒台,托马斯·皮克顿(Thomas Picton)在特立尼达岛的恶行;或者产生于对殖民地法律关键性争论的巧妙分析,如军事管制法在牙买加的合宪性,新南威尔士原住民的待遇。[4]此类事件阐明了核心趋势和矛盾,但是关于它们的分析亦可能分散人们的注意力,使人们忽略更为平凡以及逐渐增长的在法律框架下重塑整个帝国的努力。

我们主张将这一被忽略的时期作为世界历史的一个独特阶段来进行更为宏大的描述。克里斯托弗·贝利(Christopher Bayly)曾重拾对“帝国在19世纪早期的全球变迁中所处的地位”的学术兴趣,但他的里程碑式的综合分析对帝国的法律变革却过于轻描淡写，只是将其纳入有关新自由主义与反革命独裁统治之间的重大政治斗争的描述之中。[5]而当我们将法律置于全球变革这一故事的中心并且对19世纪早期的帝国法律冲突进行广泛考察时，我们对帝国和世界的历史将会有新的、不同的理解。[6]帝国宪政以不稳定的地方化形式展现，它由截然不同的人群为追求各种各样的目的而提出，并在不同的地方分解为对帝国中心的要求，这些要求包括维护法律的多元化，对殖民地臣民的部分特权加以限制、部分特权予以支持，确保最低限度的程序公正，以及强化对殖民地法律的专业化进程和内容的监督。

上述变革计划看似普通，其实不然。法律变革影响到了殖民主义进程和制度中最为核心的内容。对帝国臣民的特权和责任进行干预将颠覆奴隶主和奴隶之间的日常相处方式，并且改变殖民地立法与帝国立法之间的关系。对法院的改革以及对治安法官权力的调整从根本上改变了法律的实施，以至于引发了一系列涉及殖民地刑事、民事程序，对奴隶制的规制以及罪犯管理的法律危机。[7]夺取对中层法律官员任命权的控制从所有层面改变了运作中的殖民地法律。任命信奉人道主义者担任总督、法官、摄政官和总检察长使得对殖民地法律的审查、重新解释和变革成为可能。[8]看似微不足道的法律冲突却引发了宪法性巨变，这样的事例比人们预料的更为频繁。无论在帝国的中心还是外围，关于法律改革的倡议常常演化为在帝国范围内扩大君主特权的呼声——对于一个因反对君主暴政而处决了一位国王并且放逐了另一位国王的国家来说,这是一个奇怪的现象。综而言之,这些从孟加拉到特立尼达岛的帝国历史新篇章汇聚成了一个关于试图通过法律改变世界的故事。

在一个全球性帝国范围内追寻法律对话的踪迹不仅打破了帝国内部殖民历史、现实报道以及改革议程三者之间的界限,它还有助于我们理解英国作为一个地位不稳固的霸主在19世纪早期形成的复杂而脆弱的全球秩序中所扮演的角色。那些阻碍我们对帝国内部的法律改革进行分析的制约因素对帝国边缘以及帝国外部的管辖权政治也产生了重大影响。本书的大部分内容将探索帝国内部的法律冲突如何延伸到全球地缘政治中并且为政治实体间法律(Interpolity Law)奠定框架。[9]我们认为,仅仅关注国家间关系的急需品——条约、万国法的文本或者后拿破仑时代的欧洲外交,并不能充分解释帝国内部法律和帝国外部法律之间复杂的互动关系。在19世纪早期,当"国际法"(International Law)一词还是杰里米·边沁(Jeremy Bentham)新创造的一个未经检验的术语,而万国法(Law of Nations)仅限于一系列调整战争和条约领域之国家行为的可变通规则时,我们发现,在远离法学院和外交会堂的、发生于帝国边界的平淡无奇的管辖权争端中,一些最为重要的关于全球秩序的对话正在展开。即便是以条约为基础的制度,如1815年之后建立的管控大西洋奴隶贸易的制度,看上去也并不特别地具有国际性:它们产生于帝国法律秩序参差不齐的边缘。我们认为,那些历史学家们称为人道主义运动的保障人权行动(如反对奴隶制和海上劫掠）与普适性原则并无太大的关系，它们更多的是体现了一种重构帝国和地方权力结构之连接点的努力。此类计划的性质和局限性，如果从那些为了维护区域和全球秩序而对帝国法律与实践进行调整的大英帝国改革者的便利视角观之，会变得更容易理解。一旦置于帝国法律重构的背景下，英国对于在帝国之外扶持能够有效运作的政治实体以保护其商业活动和商人的偏好，亦不能仅仅被解读为炮舰外交。不过，这种对秩序的渴求并未带来英国强权下的世界和平。实际上，在世界的大多数地方，它的作用仅在于证明英国使用暴力的合法性。然而在某些地方，它在对抗来自新兴欧洲国家的竞争，其他强势帝国的权利主张，以及一些小型政治实体或流动性商业团体的阳奉阴违时却举步维艰。

放眼世界，大英帝国的改革者们可以发现类似的法律秩序重构计划的图景。在 18 世纪末，一项全方位的法律与行政管理重构计划重塑了西班牙帝国。当时，有关殖民地的法律地位及代表权的问题困扰了关于 1812 年《卡迪兹宪法》的讨论。与大英帝国的改革一样，西班牙的帝国改进方案以法律及其实施为中心，而远离帝国中心的地方性冲突推动着制度变革的内容与步伐。法国对于全球秩序的构想亦将法律置于帝国改变世界之宏大计划的中心。拿破仑的军队携《拿破仑法典》席卷欧洲。在更远的地方，政治派别各异的法国官员们试图在殖民地灵活地适用法国法，他们将法国法与当地法相结合，甚至将法国法作为一个与革命兼容的体系来适用。西班牙和法国的举动与其他强大帝国的法律重构计划不谋而合。在这一动荡时期,奥斯曼帝国、哈布斯堡王朝、莫卧儿王朝、俄罗斯以及中华帝国都意识到了其统治对象和构成单元的多样性,因而创建了精心设计的多元化法律体系。[10]

雄心勃勃的秩序重构计划亦延伸至帝国边界之外。对外交往和贸易迅速扩展到了那些不受单一帝国支配的小型群岛政治实体。这些地区的政治实体间关系依赖于对法律权力的相互承认,并产生了管辖权竞争和挑选法院等熟悉的模式。在18世纪和19世纪之交,法律思想和实践之线日益贯穿原本割裂的区域——如太平洋的小岛或波斯湾的酋长国。与此同时,在全球的海洋上,商人法和海事法在一个由执法权限各不相同的法院组成的碎片化网络中以某些相似的方式运作。广泛适用的有关捕获和信贷的惯例时常取代万国法,而条约则继续成为建构中的世界秩序之最直观、最基本的建筑材料。[11]

在越来越多的关于帝国法律秩序重构和跨政治实体的法律试验的事例中,大英帝国的法律秩序具有特殊的意义。在拿破仑战争之后的数十年间,英国法律改革试验的影响扩展到世界各地,并从与其他政治实体和改革计划的互动中积累经验。这一过程具有无序性和不稳定性。我们借用华莱士·史蒂文斯(Wallace Stevens)的表述,以 *Rage for Order* 作为本书的书名,但我们也注意到,史蒂文斯在其诗中所指的是“造物主的渴求”,而英国在19世纪早期“对秩序的渴求”在借用该表述时并不特指某个主体,其例证亦具有随意性。它体现了一种由诸多缔造者构建的复杂而变动的世界秩序。

英国的秩序重构计划产生了持久的效果——尽管这一效果有时难以捉摸。当我们重新翻开帝国法律秩序的历史并且追溯关于帝国法律秩序与其他政治形态之关系的事例时，我们看到了一幅与主流的国际法思想史不同的、遗落的国际法史前史的略图。[12]英国对于殖民地法律多元化的支持，使帝国中心和外围之间新产生的宪法性差异实质化：其通过强化和改进殖民地的专制统治以消除基层暴政的努力在殖民地法律主体与宗主国法律主体之间造成了显著差别，为19世纪晚期大英帝国宪法层面的严重不公平埋下了根基，同时也为新兴的国际法律秩序中"文明国家"和"非文明国家"的区分奠定了基础。大英帝国的官员们所采用的策略为1850年后在德国和法国参与起草国际法的一丝不苟的法学教授们提供了正面和反面的范例。他们的系统化努力并不只是为欧洲民族国家间的关系构建规范性法律基础，国际法学者们还开启了对各个帝国尤其是19世纪的大英帝国所创建的零乱的法律秩序的整理工作。[13]这一富有创造性的张力值得我们关注。最后，我们认为，英国的全球秩序构建计划有助于我们更好地理解一些19世纪晚期的国际法学者们既无法掌握亦无法忽略的东西：19世纪早期对秩序的渴求在帝国内部和外部引发了管辖权问题上的争执，而此种争执将继续使改善国际治理的努力陷入困境。

第一节 中层力量

对于暴政的控诉充斥于革命时期的英国——但它并不是权利辩论的前奏,甚至也不是现代民族国家崛起的前奏。[14]在全世界的英国统治区域,对暴政的关注通常基于更狭隘的考虑:它表达了对于法律权力之滥用的确切担忧。有时,这些担忧针对的是不受监督的英王代表们的倒行逆施。光荣革命后在英国国内形成的对于君主权力的制约对1774年之后征服的殖民地几乎没有任何影响,英王的特权在那些殖民地依然被精心地保留下来。[15]在那些地方,现代世界早期存在的对于普遍性君主专制的担忧扩散为无处不在的对英王代表们(即殖民地总督、法官以及基层官员)的独断专行权力的控诉。[16]与此同时,尤其是在那些实行自治的殖民地,关于暴政的讨论产生于王权对法院和治安法官之监督的缺失。[17]松弛的司法体制使奴隶主们可以肆意虐待他们的奴隶而不受任何惩罚,同时也为那些未经训练且腐败堕落的岛屿殖民地法官们骗取种植园主们向宗主国债权人支付的赔偿金提供了机会。

此类情形的后果非常严重。当时,无论是殖民地还是英国本土的人们都认为基层暴政属于一种实质性的威胁，它可能会传染至家庭、总督、流放地、种植园，以及任何类型的因裁判权和惩罚权的授予而使某些人凌驾于其他人之上的政治社会。很多人认为，独断专行的司法在某一区域的存在，会导致其蔓延至帝国体系的其他部分，或者更有甚者，暴政有可能从帝国外围蔓延至帝国中心。众所周知，埃德蒙·伯克(Edmund Burke)和查尔斯·福克斯(Charles Fox)曾警告道：沃伦·黑斯廷斯在孟加拉的肆意妄为将会对英国式的自由构成侵蚀。[18]英格兰首席大法官曼斯菲尔德(Mansfield)勋爵针对奴隶制这一邪恶的暴行也曾发表过相关的意见：奴隶制与普通法毫无关系，“(奴隶制)是如此令人厌恶，以至于除了实在法以外，没有任何东西能够被容许来为它提供支持”。[19]暴政——而非革命或主权诉求——的“传染性”，使得来自殖民地的卑微的控诉在英国本土引发了强烈的反响。[20]在悉尼随意收回租地，在戈雷岛草率地处决违抗命令的士兵，在特立尼达岛折磨囚犯，在好望角根据荷兰法律任意放逐英国臣民——在这样和那样的事件中，关于暴政的讨论引发了宪法性危机，并推动了法律改革计划的实施。[21]

蓄奴行为是一种最极端的基层暴政。基于这一原因，不仅在殖民地范围内，而且在全球范围内，对不公正待遇的控诉往往始于将其他群体(如殖民地居民、水手、罪犯、仆人、士兵、无业游民、被征服的臣民、妇女等)与奴隶进行对比。历史学家们要么将此种类比视为伪善，要么将其视为 19 世纪人道主义思潮的一部分。[22]但在当时的人们看来，这一类比具有明确的法律意义,即对不受约束的法律权力的担忧。以奴隶制为参照能够呈现出关于随意性裁判和处罚的清晰画面。奴隶主的鞭子象征着私人在制定规则、裁判和处罚等方面不受监督和制约的权力。对于附属者之待遇的关注时常激发改革的呼声,然而该呼声主要并不是针对当事人所受的苦难,而是针对源于某一特定权力结构的权力滥用。对基层暴政的遏制几乎总是意味着限制某些臣民对其附属者的管辖权并同时扩大另一些臣民的管辖权。

解决基层暴政问题的有效手段在于整合“中层力量”。我们从托马斯·梅特兰德总督那里借用了这一术语,这是他在解释改革锡兰法律体系的理由时创造的。[23]这一术语表达了通过对法律实施机制(包括治安法官的任意性管辖权和总督的衡平法管辖权)的重构来扩大帝国对殖民地之行政权力的抱负。梅特兰德注意到,锡兰当地权贵们根深蒂固的法律权力对英国在锡兰的统治权威造成了侵蚀。与诸多其他官员一样,他提议对法律官僚体系和法院进行重组,以此作为解决问题的办法。他和他的同僚们构想出了一项通过任命忠于帝国的人担任殖民地法院系统新职位来遏制基层暴政的新机制。这一构想面临的一个问题在于受过法律训练的人员极其短缺;另一个问题是那些被任命为法官的人经常凭借他们的职位与委任他们的殖民地官员争夺权力。[24]然而无论是帝国中心还是外围的改革者们都坚持这一观念,即把合适的、受到有效监督的帝国臣民配备到中层法律职位将有利于巩固帝国的合法权威。梅特兰德对于他所谓的“司法中层力量”的准确载体语焉不详。[25]他并不是法学家，而且他与锡兰首席法官的争斗表明他所构想的决非我们今天所称的“法治”。他的“中层力量”方案最终将用来强化其在锡兰的权力。

梅特兰德对于中层力量之构想的各种版本在整个大英帝国范围内引起了反响，关于通过捍卫中层官员的独立权威对混乱无序的殖民地进行干预的提议此起彼伏。在构想“中层力量”时，梅特兰德或许受到了某些观念的影响，这些观念至少间接地源自亚里士多德的主张，即“中等条件”的人能够充当政治秩序的稳定器。[26]在亚里士多德看来，中层人士比其他人更为反对暴政，同时在抵御腐败方面也比那些极为富裕和极为贫穷的人做得更好。亚里士多德关于“中层结构”的主张对于那些在学生时代就沉浸于经典名著的英国官员来说可能非常熟悉。[27]然而究其本质而言，有关中层力量的构想并不激进。帝国官员们的司法改革方案并不依赖于财富的重新分配或一个介于富人和穷人之间的新阶层的创设。此类观念倒是出现在美国独立革命之后的宪法性争论中，当时中层人士的特质渗透到了关于何为宪法性政府之最佳形式的讨论中。然而在大英帝国对革命最为抗拒的时期，帝国的改革者们(包括废奴主义者)经常不厌其烦地表明他们对于帝国秩序的构想既不排斥商业活动的扩张，也不排斥商业活动扩张的成果被少数人所独占。[28]实际上，非常显著的一点是，重构帝国秩序的主要论据强调的并非中层人士的品质，而是新提议的法律和治理结构的功效。改革后的制度本身，以及它为确保中层官员们在行使自身权力过程中能够遏制私人管辖权和维护帝国意志而提供的内嵌机制,有望增进秩序和消除暴政。

大英帝国内无处不在的关于暴政的讨论——从埃德蒙·伯克在黑斯廷斯审判中的演说到杰里米·边沁对于殖民地治理的思考,再到19世纪下半叶关于殖民地戒严令的讨论——依然只是故事的一部分。[29]随着对基层暴政的批评与对司法专断的指责混合在一起,它们将关于殖民地问题的争论转化成了对于理想的帝国秩序的讨论。简而言之,以法律为中心的特征使得对基层暴政的批评演化为强有力的改革契机。关于帝国秩序重构的理论直接产生于殖民地的法律纷争。相较于伦敦的法学家或政治家们的著述,殖民地官员的书信、当地精英人士的主张以及那些看起来无权无势的帝国臣民们所采用的法律策略向我们展示了更广阔的关于19世纪早期之帝国法律结构的图景。试图还原殖民地中低层官僚及其对立者和同盟者的法律思想,或许非常不合时宜。然而这一工作对于那个时期全球思潮的特征性描述却是必不可少的。轮换于帝国各地不同职位的官员们制订了对殖民地法律官僚体系进行干预的行动计划,他们怀着对秩序的信仰——或者说是痴迷,带着对秩序构想的一贯追求,从一个殖民地辗转到另一个殖民地。[30]这些官员们同时也将管辖权问题,即"什么人、什么事在何时处于哪个机构的法律权力之下"与更广泛的宪法性问题联结在一起,这些问题包括帝国主权权力的范围、殖民地的立法权限以及英国法中的哪些部分可以扩展适用于殖民地和殖民地以外的区域等。我们有必要提醒历史学家们注意到与此相关的殖民地档案中存在的偏见与模糊：毕竟，官方报告和新闻报道只记载令人满意的和服务于自我的真相。[31]然而这些刻意的模糊亦具有创造性价值，它们共有的表达模式和诉求构成了帝国秩序重构这一故事的关键部分。

我们必须认识到，中层力量不只限于通过对忠诚的中层人士的慎重授权而实现的统治集团的创设。帝国本身也代表了一种中层力量——一种介于合法的专制统治与非法的暴政之间的结构或系列实践。伦敦的官员们不断试图将对殖民地的批评纳入殖民地调查委员会的调查范围，以此实现上述两种版本的行政权力之间的区分。调查委员会的刻意创设是为了将英国君主的代表安插到殖民地行政管理部门和殖民地受访者之间，以便收集信息和调停争端。此种努力获得了广泛的认同：几乎所有人对帝国秩序构想都包含公正司法制约下的坚实的行政权力。这一独特的观念令一些当代最优秀的历史学家们感到困惑，并促使他们去探求 19 世纪自由主义的起源或新权威主义的踪迹。[32]帝国内如此多的人近乎痴迷于法律和法律秩序常常使得上述立场（自由主义和新权威主义）难以被区分。人们可以谴责基层暴政并从不同的政治立场呼吁制度性的解决办法，然而他们提出的改革方案却惊人地相似。废奴主义者通过强化帝国管辖权来限制奴隶主的权力。雄心勃勃的总督们打着保护弱势臣民的幌子借机扩大自身权力（有时甚至还扩张领地）。诉讼参与人痛斥总督对于司法程序的干预,不满晦涩难懂或过时的殖民地教条,或抱怨那些未经训练的法官的愚昧无知。[33]所有人都认同遏制殖民地暴政所需的根本性改革——加强英国君主对于殖民地基层司法权的监督。从某种角度来看,这一改革方案带有反对革命的色彩,体现了一种对法国革命之狂热蔓延所引发的担忧的回应。然而稍微变换一个角度来看,它似乎可归入开明改良主义流派,充满了忽隐忽现的权利对话。此外,对基层暴政的遏制有时还能消除政治分歧,将专制主义冲动转化为制度构建,或将改革议程转化为帝国权力的工具。

诚然,人们也试图为英国君主权力的合法运行确立界限。然而,在支持更为强大的自上而下之权力以及更森严的等级秩序方面,改良主义与反革命热情的融合程度却引人注目。强化帝国管辖权以制衡专断权力这一目标催生了各种次级任务:建立明晰的殖民地上诉程序,限制包括殖民地官员、奴隶主和地方贵族在内的当地精英的权力,以及宣扬所谓的程序正义的基本标准。

帝国的中层力量亦代表设想中的在无需实施英国统治的情况下创设区域性秩序的能力。武力威胁以及多数情况下武力的实际使用,都属于借助一种不同类型的中层力量向外投射秩序:陆军军人和海军军官,无论在他们的帝国内部职位上还是在他们跨越帝国边界的突袭行动中,都充当了忠诚的——有时或许是糊涂并且赤裸裸机会主义的——立法者。[34]海军舰长们坚称他们对奴隶贩子和海盗进行武力打击的合法性,但他们认为这样做并非是基于普适性原则,而是基于他们所收到的指令、立法赋予的豁免权或者悬赏法令的授权。英国领事们高调地要求小国和新生国家的统治者依他们所认可的方式行事,有时甚至以陈列于海岸的坚船利炮相威胁。在诸如此类的情形下,帝国官员们致力于从陌生和不稳定的政治素材中变幻出人们所熟悉的主权国家结构。他们亦敦促当地人采纳欧洲人和其他竞争对手们更易理解的统治制度。通过这些交锋,无论在 1815 年(公认的用于划分英国全球扩张之不同阶段的时间点)之前还是之后,帝国内部的法律话语不断地回荡在帝国对外扩张的征程之中。

法律话语和帝国扩张之间最明显的联系莫过于在那些英国的管辖野心不断膨胀的地区,将提供保护作为一种扩张性的法律策略。对奴隶的保护开启了对大西洋区域的奴隶主实施管控的新路径,保护澳洲土著居民的计划为尚不稳固的殖民地刑事管辖权向澳大利亚和新西兰等遥远的边缘地区的延伸提供了平台。类似的关于保护潜在的帝国新臣民的言词还为帝国进行领土吞并提供了支持,正如保护锡兰的僧伽罗人免受其国王之暴政的承诺为英国入侵康提王国以及迅速改革该国法律制度提供了正当理由。[35]

与中层力量有关的秩序重构方案极少被人关注。除了一些显著的例外(包括殖民地调查委员会),它也很少被明确地表述为一项全面的改革计划,缺乏连贯性,往往服务于区域性秩序而非创设整个帝国或全球性秩序,反映了不同的人在不同的地方为追求不同的目标所做的努力。这解释了为什么历史学家们很容易将19世纪早期错误地视为一个混乱无序的、缺乏决断力的时期,一个19世纪下半叶更具野心的“帝国计划”的微弱先兆。[36]这也解释了为什么1850年之前从殖民地改革到帝国外部管辖权政治的演进路径(废除奴隶贸易除外)依然模糊不清。这还解释了为什么国际法学者们从19世纪早期的帝国法律档案中很难找到相关资料——那些表明他们的先辈对欧洲帝国主义计划的思想参与的证据除外。

第二节 地方宪政

人们对于漫长的19世纪上半叶发生的屈指可数的几次伟大的宪政试验已有共识。其中颇具影响的试验,一次是美国联邦宪法的创制;[37]另一次是1815年维也纳会议所宣告的国家体系的建立,该体系发展成为一套在思想上日益获得支持的政治结构,并且其历史进程常常使不断增长的全球条约体系黯然失色。[38]上述两个试验所受到的关注远远超过大英帝国为构建宪政秩序所作的多方面的努力。

历史学家们对于帝国宪法历史的了解只是蜻蜓点水。我们知道,英国殖民开拓者及其资助人只是将宪法理解为规范 17 世纪殖民冒险事业的一个松散的框架。[39]我们也知道，帝国宪法对他们而言并非一种稳定的结构，而是广泛的政治斗争的现实目标，此种斗争涉及权力体系、臣民权利的内容，以及殖民地治理之基本理念的挑战。[40]帝国宪法有一些反复出现的显著特征，诸如向枢密院的上诉以及英国各个机构对立法进行的非常态化审查。殖民地不得制定与英国法相抵触的法律，这一原则也得到了策略式的遵守。然而除了上述有限的成例之外，在关于宗主国法律权力的形式与影响范围，以及普通法的地位等问题上，变化无常和即兴发挥成为主流，不确定性无处不在。[41]帝国制宪会议从未出现过，就连华而不实的故作姿态也极为鲜见。与美国革命战争前夕的论战以及革命之后诞生的越来越多的与宪法同时并存的尚有大量的法律评论，这些评论对官僚报告中枯燥无味的虚华词藻的偏好远甚于关于宪政改革的活跃主张。此类四平八稳的法律讨论充斥于会议纪要之中。

我们关于 19 世纪早期大英帝国秩序重构的故事将探究这些经常被隐藏的关于帝国法律及宪法的讨论，并考察其带来的变革效应。多种多样的具有影响力的地方性政治理论都是从帝国的法律政治中发展而来的。[42]我们特别关注的是经伦敦和殖民地授权而展开的法律调查，中层官员们带来的殖民地治理模式和法律的变换——这些官员中的很多人在帝国的动荡地区轮换任职并将其影响力扩展到帝国边界之外，还有偶尔出现的丑闻及其对关于帝国权力之辩论的影响。所有这些都成为了未被正名的宪法性记载的一部分。

对于基层暴政和司法专断的担忧成为在帝国范围内撬开法律改革之门的力量,借助关于滥用处罚或处罚不公的故事形式在帝国内以最快的速度传播,这便是丑闻的内容。[43]奴隶主的残暴,船长对于俘虏和水手们所受之苦难的漠不关心,专横的总督对司法的歪曲,帝国边缘地区的暴戾官员们对武力的滥用——诸如此类的指控充斥于殖民地官方或非官方的书信往来中,并占据了英国国内外报纸的头条及读者来信栏。议会有选择性地重印了部分关于丑闻的原始资料,并将其作为素材提供给改革者和批评者。随着有关司法专断的故事从不同的视角进入政治讨论,它们将发生于殖民地的鲜为人知的小事件升格为在街头巷尾、客厅和议会展开的激烈争论的事件。相较于通过上诉程序将稀奇古怪的殖民地案件转化为帝国法律界关注的问题,关于丑闻的新闻报道这一迂回路径通常能产生更大和更直接的效应。所以,一则发生于尼维斯岛的关于当众惩罚奴隶的地方性丑闻先是为在特立尼达岛强化君主专制提供了正当理由,随后又成为对加勒比地区的法律实践进行调查这一宏大计划的诱因。轰动一时的 1808 年新南威尔士总督威廉·布莱(William Bligh)被罢黜事件引发了长达十年的关于司法管理体制的讨论,并导致了 1823 年殖民地法院体系的重构。[44]

丑闻和危机还催生了对另一种信息处理程式的需求,即通过法律调查更为有序地收集和积累信息。1800 年后,对开展法律调查的热情像宗教运动一样席卷大英帝国。殖民地官员们委托受过或未受过法律训练的英国行政人员对当地法律进行调查,以便能够更好地将怪异的当地法律体系(包括英国之前的欧洲殖民者留下的法律体系)置于英国法和英国法院之下。此类法律民族志计划导致了对法律和法律实践的详尽编纂。法律民族志计划有时为制定新的法律规章提供了依据,有时则因为时机选择或情势变化将法律改革引向不同的方向而无疾而终。在19世纪10年代的锡兰,一位名为约翰·多伊利(John D'Oyly)的才华出众的语言学家受命对康提王国的法律进行编纂。在他的综合性法律指南《康提宪法概要》完成之际,战争、叛乱以及伦敦勒令进行的政治上更强势的法律调查终结了他的努力,并使他的康提"宪法"成为一纸空文。[45]

伦敦方面也以更大的手笔实施法律调查工作。在1819~1840年涌现出了一大批法律调查委员会,它们共同致力于创建新的殖民地法律信息库,并对地方法律事务进行干预——此种干预有时非常强势。这一全球性的进程产生了自成一类的宪法性记录——调查委员会报告。这些报告的内容既包含关于民间争端细枝末节的陈词滥调,也包含关于如何使殖民地法律更好地与英国法基本原则保持一致的总体方案。

这一宏大的法律评述既非无中生有,亦非严格按照从中心到外围的顺序传播。它产生于在各地巡回任职的作者们的亲身经历。类似于托马斯·梅特兰德这样的行伍出身并且未受过法律训练的人和一群鱼龙混杂、四处游荡的律师们一起,通过在不同的任职岗位推动精心设计的殖民地法律改革来谋求职务上的晋升。此类改革往往以从前的经验为基础并通过类推来实施,这也是合乎常理的。在梅特兰德对锡兰的法律事务进行探查并推动建立新的法律体系来界定“中层力量”后,他把他的经验带到了马耳他和爱奥尼亚群岛,在那里他遭遇了不同的情况,并对其以法律为中心的方法作了完善,使之成为批评者们所谓的“打着宪法幌子的暴政”。[46]作为特立尼达岛前首席大法官以及两任法律调查委员会委员,约翰·托马斯·比格(John Thomas Bigge)创设了自己的框架,以便于理解诸如特立尼达、好望角和新南威尔士等不同殖民地之法律的相似性。将法律经验从一个殖民地移植到另一个殖民地并不只是理论推演。它离不开对当地法律政治土壤的沉浸——尽管批评者们认为此种沉浸过于深入并且本质上具有自利性。作为背风群岛的总督,休·埃利奥特(Hugh Elliot)利用他在托托拉岛对一起涉及种植园主暴行的丑闻事件的干预,为自己谋得了一个更好的派驻职位——东印度公司治下马德拉斯总督。在那里,他运用他在西印度群岛形成的对帝国权力的理解实施了“第五报告”这一毫不起眼的名称中所列的措施——这一法律改革对英国在印度的统治产生了深远的影响。就威廉·布莱而言,他在从管理舰船到管理一块流放罪犯的殖民地的职业转换过程中显然没有学到多少东西。“赏金号”(Bounty)上的哗变者们所炮制的关于布莱之暴虐的传言和丑闻一直跟随着他到新南威尔士,并在那里演化为对殖民地宪政改革的诉求。

上述官员们对于英国法律权力的看法并不是孤立地形

成的。梅特兰德曾是一名英国军人,他对于何为正当法律秩序的观念早在他在圣多明各与杜桑·卢维杜尔(Toussaint Louverture)对峙时期已开始形成。埃利奥特在通过加入废奴主义者行列和东印度公司委任体系以谋求职务晋升之前,就已受到了苏格兰启蒙运动的强烈影响。[47]其他的法律改革者们则在不经意间与伦敦的激进派纠缠不清:詹姆士·布鲁克(James Brooke),一位前往东南亚的冒险家兼英国官员,发现他的政策被下议院的激进派们指责为非法越权。在他们从世界一端到另一端的随机岗位轮换中,影响官员们的其他因素以更加无序和不明显的方式显现。伦敦有时也试图实现法律人才有针对性地流动。在危机时期将一位会法语的法官从圣卢西调往毛里求斯监督当地的法律体系,就代表了一种精心设计的(即便是无效的)打造实质性殖民统治纽带的尝试。[48]

此种地方宪政模式导致的一个后果是帝国治理中的区域主义,它的出现部分是偶然的,部分是有计划的。尽管存在法律上的多样性,不同的殖民地还是可以被划归各个从属于单一统治体系的不同群落。西印度群岛殖民地(既包括自治的岛屿,也包括被征服的岛屿)共同成为同一个法律调查计划的对象;而奴隶主势力和支持奴隶制的法律根深蒂固的毛里求斯与好望角和锡兰联合,形成帝国殖民地中的三角同盟,它们的主要相似点在于濒临印度洋,并且受过外国法的影响。梅特兰德的职位升迁将特立尼达岛、锡兰、马耳他和爱奥尼亚群岛联结在一起,而另一些官员们在试图将好望角的改革经验移植到新南威尔士殖民地时并不那么成功,反之亦然。[49]

各种冲突的重复上演导致的另一个后果是原本分散的关于暴政的讨论汇聚成对一套较为一致的宪法最低标准的诉求——该标准主要包含最基本的程序正义以及司法层级制度。这一脆弱的共识反映了诸多法律人士对于建立在改革后的中层力量基础上的英国秩序之应有面貌的认识。它表明了宗主国法律和殖民地法律之间新的、某些情况下无法消除的差别。它开创了一个不同寻常的、持续的时期,在此期间帝国的诸多千差万别的组成部分似乎被纳入了同一个宪政模型之内。加拿大、新南威尔士和好望角之所以与印度、锡兰和塞拉利昂共享一个宪法框架,并不是因为种族差别无关紧要,也不是因为各殖民地被认为情况相当,而是因为帝国的法律话语足够灵活,以至于在不求诸普遍主义的情况下也能实现兼蓄并包。

在这一时期的殖民地冲突中形成的地方化的帝国宪政体现的未必是法律思想家的言行。地方宪政计划对帝国统治的所有关键性问题造成了冲击,这些问题包括英国臣民在帝国中的法律权利,帝国向新领土扩张的合法性,帝国对新臣民实施统治的权利,逃犯和海盗的法律定义,其他政治实体保护英国财产或人员的义务,法院和行政部门之间的权力制衡,帝国行使管辖权的合理范围,以及战俘、罪犯和奴隶的法律地位等。而法律手册和议会辩论几乎从不涉及这一不断蔓延的宪政主义运动。

地方宪政的引以为豪之处在于其深受英国影响，并且早在18世纪就发源于北美和印度的风格迥异的核心城市——北美和印度都属于帝国秩序重构计划中的失败典范。[50]斯图亚特王朝和英国议会为了使北美殖民地与帝国保持步调一致而先后所作的努力既过于简单，又过于温和，以至于无法劝服北美殖民开拓者们支付税款或服从他们的总督和法官。无论是黑斯廷斯在印度进行的温和专制试验，还是埃德蒙·伯克对他进行弹劾或将东印度公司的统治置于议会控制之下的失败尝试，都令人不快地揭示了18世纪晚期帝国中心对于帝国法律改革之渴望的局限性。然而所有上述失败的尝试所追求的目标都具有重要意义。19世纪早期的许多狂热的改革都明确或含蓄地参考了发生于美国革命前夜的关于北美殖民地法律地位的影响深远的讨论，以及关于在孟加拉建立切实可行的多元化法律秩序的精心尝试。印度和美国的模式流传到了既有的殖民地和新获得的领地——有时以警醒故事的形式。然而，在经历了美国革命战争、宗主国的丑闻、法国和海地革命，以及拿破仑战争所带来的创伤后，18世纪的宪政政治在19世纪早期转变成了另一种类型的法律讨论。

在这一动荡不安的背景下，伦敦和帝国各地的不同人群开始鼓吹塑造一个统一的（即便是有弹性的）帝国法律秩序所能带来的好处。殖民地报告、书信往来以及新闻报道将殖民地法律问题更充分和更持续地带入英格兰和苏格兰关于殖民地的讨论中。奴隶贸易的废除将道德主张与加强中央对帝国的控制所能带来的其他利益相融合,并使人们意识到条约作为全球变革之工具的局限性。一支蒸蒸日上的英国海军同时充当了帝国利益的代言人和执行者。英国在法国革命之后获得了很多殖民地,在这些殖民地中,法律改革试验显得诱人且必要,同时最重要的是还具有可行性。

国际法学者们极少对关于帝国和法律之故事的这部分内容进行总结和概括。因此,这一宏伟而多维度的计划产生的影响以及留下的遗产在很大程度上仍处于模糊状态。然而这段历史标志着全球法律发展过程中的一个具有重大影响的、持续的"宪政时刻"(constitutional moment),对这段历史的理解对于仍在进行中的界定宪法与国际法之关系的努力具有重要意义。[51]

第三节 国际法视野下的帝国秩序

绝大多数关于国际法历史的描述从18世纪晚期的革命急速跳跃到19世纪晚期人们对于国家间秩序的构想。除了亨利·惠顿(Henry Wheaton)和弗里德里希·卡尔·冯·萨维尼(Friedrich Carl von Savigny)之外,极少有国际法学家在从19世纪早期到19世纪晚期的这段时期内留下有关国际法的经典作品；而除了维也纳会议之外，在此期间也很少发生引人注目的大事件。将19世纪国际秩序的构建描述为一项在该世纪“最后五分钟”内完成的计划，这一倾向据某位学者所言凸显了国际法学者们在这一较晚的时期将他们自己构建为一个职业群体所作的努力；此时国际法领域已经确立了自己的研究对象，即通过主权国家的行为和协议所创建的全球性法律秩序。[52]

这段历史或许也承认英国的作用，但此种承认通常只限于提及英国在19世纪上半叶欧洲国家体系的构建以及随后该体系的对外输出中所起的领导作用。在其关于国际法发展阶段的经典著作中，威廉·格鲁韦（Wilhelm Grewe）将1815～1919年的这段时期称为国际法的“英国时代”，用以描述一个英国主导下的“将欧洲国家体系扩展为全球性国家体系”的时代。在格鲁韦看来，英国所倡导的“世界均衡”构想与欧洲国家间的权力平衡理念非常相似。[53]

殖民地或欧洲以外的世界往往以下述两种方式之一出现在这段历史中。其一，帝国成为欧洲人在对全球秩序进行思考时所面临的一个理论问题。19世纪晚期的国际法学者们力图将准主权的帝国式结构与由主权国家构成的国际体系相调和。其二，欧洲人从帝国中寻找实证素材和对照物，试图形成关于普遍主义原则的观念以及对实证国际法之基础的精准理解。帝国为正在形成的“文明国家标准”提供了原始素材，该标准将国际社会的成员资格限于欧洲国家以及被欧洲国家所认可的满足了特定条件的国家。[54]

虽然学界有一些关于帝国与国际法之历史的研究,但它们对于大英帝国的地位或多或少缺乏系统性的评价。[55]格鲁韦认为英国所作的一切努力的结果是创造了一个“世界范围的、无组织地相互联系的国家体系……该体系完全取决于大英帝国的利益与需要”。格鲁韦注意到大英帝国创设了一套独特的“间接统治”策略,并发现该策略的影响渗透到了19世纪“欧洲历史的每一次重大转折事件”之中。例如,导致希腊、比利时和卢森堡独立的事件,克里米亚战争及其后续影响,意大利的统一,以及应对巴尔干半岛紧张局势的柏林会议。然而格鲁韦的分析到此为止,他更为关注的是乔治·坎宁(George Canning)对英国外交政策的阐述——后者将英国外交政策阐述为按照欧洲的模样重塑世界的精巧剧本。[56]

还有人从英国在全球范围内实施禁令(尤其是禁止海盗和奴隶贸易)的努力中探求一些有影响力的国际法规范的起源,包括人权法的起源。[57]这一将帝国重新纳入国际法的尝试采用了不同寻常的路径,即回溯至废奴运动和打击海盗行动深入人心的19世纪中叶。尤其值得一提的是,相关的历史记载强调英国精心组织了混合委员会,以对从贩奴船上抓获的俘虏进行审判。这些基于双边条约之授权而设立的委员会体现了英国的决心和控制力,但据我们所知,它们的运作类似于负有人道主义职责的国际机构。然而很少有证据表明混合委员会产生于如下流传甚广的观点(当然并非官方观点),即海盗行为和奴隶贸易构成反人类罪。我们将在下文中指出,与其说双边条约授权建立了一套国际监管机制,倒不如说它们为以英国国内法和修订后的捕获法为依据的帝国执法行动创设了一系列自由空间，并形成了一个零散的规制体系。这些条约很难说是国际正义的产物。它们的发展历史将帝国和国际法联结在一起，但这并不是因为它们依赖于或创设了公认的国际法规范。

当然，人们总能发现这样一些历史学者，他们并未因为帝国在国际法中之地位的不明晰而受到困扰。他们仅仅把帝国视为国家的一种形态，并且早在 19 世纪晚期之前就发现了欧洲人以国家为中心建立全球性秩序的计划。这一学派的明星人物当属法学家埃默尔·德·瓦泰尔（Emer de Vattel），他于 1758 年出版的专著《万国法》（*The Law of Nations*）向整整一代追随者表达了这样一种观点，即世界秩序是由主权国家构成的。根据某些学者的解释，这些国家是帝国还是民族国家其实无关紧要：主权是瓦泰尔笔下的万国法的基础，而新国家们很清楚成为国家俱乐部成员的价值。瓦泰尔的作品流传甚广，他的书被托马斯·杰斐逊（Thomas Jefferson）收入藏书室，而他的观点则时常被新南威尔士那些流放犯出身的律师挂在嘴边，这使一些历史学家们认为 19 世纪为深入构建一个人们早已知其概貌的体系提供了机会。[58]

上述诸多研究路径的共同点在于这样一种倾向，即把国际法的历史完全置于思想史的框架内。[59]欧洲的法学家们，以及偶尔客串出场的美国和其他地区的法学家们，共同设计了故事情节并充分演绎了其中的跌宕起伏。[60]而我们将要提出的是一种带有悖论性的不同研究路径:其主题是国际法历史发展进程中的以退为进。

为了更好地理解作为国际法历史发展阶段之一的19世纪早期,我们必须将目光脱离国际法和国际法学者,而转向帝国法律变迁的过程。这一视角调整使我们能够对这一时期的一些最令人困惑的趋向进行解释。我们看到,历史人物们通过将帝国内部的法律义务扩展至帝国之外,对区域和全球性秩序的构建提出了理想标准。我们揭示了关于改革帝国法律秩序和强化帝国管辖权的计划,并在不同政治实体间的关系中追寻着它们的印迹。我们还发现,帝国对全球秩序框架的构建并未过多参考自然法原则或瓦泰尔的主权观念,其维度也远远超过了提出一套将某些外围殖民地一概排除在外的文明国家标准。

与上述趋向相联系的一段思想史散见于各种不同寻常的载体中,如中层官员们关于殖民地法律冲突和法律规章的书信往来,有关帝国最弱势的臣民们所采取的法律策略的记录,调查委员会的报告,关于殖民地丑闻的记载,商人和旅居者们的跨境交流,殖民地暴力的痕迹,关于小规模战争的传言等。在大英帝国,帝国宪法及其多样化的渊源解决的是具有全球性法律意义的问题,诸如获取殖民领地的合法条件以及英国法在帝国之外扩张适用的方式等。这一嘈杂的论争偶尔会提及,但更多的时候则盖过了瓦泰尔及其同行学者们的枯燥论断。殖民地改革计划和地方性辩论的传播的确借助了时常模糊、偶尔清晰的对法学家们关于万国法之立场的理解,然而殖民地法律政治亦催生了与法律之间存在不稳定联系的新的、强大的体制。与此同时,海事律师的意见,或对特定争议的案件评论,也充当了万国法专题著作的替代品,尽管它们更为契合帝国政治的压力和要求。[61]

帝国在国际政治中的中心地位是可以理解的,因为无论是帝国政府及其领导人,还是反对帝国的势力,都希望帝国存续。早期的民族主义者们积极追求的目标不是将新的和现存的政治结构纳入帝国之内,就是以与帝国世界相一致的方式建立他们的政治实体。新政治实体的支持者们亦极大地依赖发源于帝国框架的政治权力表达。在每一个时代的转折点,回溯历史并探寻民族主义的起源都是极其诱人的。然而,一些最强硬的反对帝国的政治运动对帝国法律制度却网开一面。这一策略体现的并不仅仅是一种高明的对冲赌注——一种为应对强势帝国之统治的持续或复兴的可能性所作的准备。民族主义既反对帝国,又产生于帝国;民族主义运动提出了一系列替代性策略,以求在不终结帝国霸权的情况下获得更大的自治权。关于自治权的冲突和谈判亦明确提及了法律和法律的多元化。正如对基层司法权的控制充斥于帝国改革的呼声之中,民族主义在 19 世纪早期的很多时候体现为一场捍卫地方司法优先权的运动,并以对地方法院和法官的控制为象征。[62]

由此产生的制度性方案是不可预测且变化多端的。帝国的附属地宣告了他们的独立,共和国变成了帝国(反之亦然),帝国内的联邦(或联邦内的政治实体)宣布了建立国家的意图。以18世纪革命的全球影响为重点的历史描述有时将所有上述现象视为对破坏性变革的回应,该变革导致了19世纪国家的产生和帝国的强化。[63]当时的人们看到的并不是最终结果,而是一系列令人眼花缭乱的、始终以帝国为参照的政治和法律结构。在我们的叙述中,我们发现大英帝国的官员们为了接纳这些不同的结构,将它们贴上“试验”的标签并置于一个宪法框架之下,该框架在维持甚至澄清“帝国”这个已知定量之轮廓的同时,还能够包容多样性。

帝国和国家之间相互纠缠的这一特征引发了一系列与某一特定类型的领土之管理有关的法律问题——此类领土既非完全位于帝国之内,亦非永久地处于帝国之外。此类领土的国际法律人格以及此类领土上臣民的法律权力的性质和范围等问题,在不模糊国内法和国际法(或帝国间法律)之边界的情况下是无法解决的。英国官员们有意识地将法律改革精心设计为一个既能适用于殖民地,又能对处于帝国之外的人员和领土主张帝国合法权利的方案。帝国官员们对殖民地法律体制重构的积极参与很容易对帝国新取得的领地上司法体系的设计产生影响。类似于后世出现的干涉主义趋向,此类方案涉及对英国的保护之含义的不断重新定义,同时也涉及英国之权力的性质与合法性来源,以及在何种情况下英国可以对他人的法律进行改造。

此类方案的发展方向并不完全是由英国的行为决定的。对大英帝国之权力的反对表现为多种形式,并且经常成为增加或减少对法律体系之干预的诱因。英国势力范围内外的政治实体和臣民团体揭竿而起,他们经常主张自治权,并且有时会在谈判中运用民族主义辞令,以争取在帝国内部或外部的更有利地位。当欧洲人试图通过动员帝国臣民、资源及辞令将国家纳入20世纪早期的国际社会中时,他们实际上从事的是某位学者所谓的“帝国国际主义”(imperial internationalism)运动。[64]我们可以把这一术语略作修改后适用于19世纪早期,通常将反对英国或其他欧洲帝国支配地位的策略称为“帝国间民族主义”(inter-imperial nationalism)。从声称受苏禄苏丹支持的海上劫掠者到结成联盟的南美洲人民,再到寻求强大同盟的希腊民族主义者,他们在反对英国的势力并攻击帝国体系的同时,却承认被吸收进其他帝国网络的可能性,甚至是较大的可能性。

上述运动的结果之一是在从太平洋到南亚再到南大西洋的多个地区,英国将帝国权力设计成一种对一些更小的主权者实施控制的权力;换言之,这是一种压倒一切的主权权力的必然结果,而约翰·奥斯丁(John Austin)认为这样一种权力在由主权国家构成的全球秩序中是不可能存在的。界定帝国权力的方式有许多种。它可以包括干预和解决其他政治实体间争端的能力。它可以体现为英国关于财产保护和规范臣民行为的标准和期望所产生的影响。它可以产生于日益强化的对于司法专断行为的干预。它还可以发端于在不受英国统治的区域执行英国禁令的权力。在19世纪早期具有重大影响的数十年间,大英帝国运用上述所有方式去打造和主张对正在形成中的区域性法律制度的控制性影响。

我们要做的是对区域性国家体系以及英国官员们所构想的海洋秩序的错综复杂之处进行探索,而非通过研究各种干预行动来寻找国际法规范或原则的起源。在许多英国海军或英国的政治控制力难以触及或遭到强烈反对或征服成本过高的地方,英国官员们试图建立一个不均匀的法律力场,以促使各主权国家承认、容忍甚至支持英国的干预行为和商业开发活动。[65]

人们现在应该很清楚我们为什么轻易地使用“全球”一词来描述一个只能对地球表面有限的部分实施不完全和不稳定控制的帝国的策略。英国权力的扩张无疑是通过参与商业网络、兼并新殖民地以及掌控一支强大而英勇的海军来实现的。与此同时,帝国在很多地方也遭遇了强烈的反抗,各届英国政府以及部分有影响力的英国民众,都对帝国统治扩张的成本表示忧虑。尽管如此,帝国的全球扩张(或者至少是全球扩张的野心)在这一时期获得了新的动力和目标。此外,无论英国权力控制下的实际领土范围如何,通过具有政治多样性的区域性结构和英国打造的禁令体系来扩展影响力的方案呈现出真正的全球性特质。在关于帝国作为世界秩序框架的图景中,法律的作用光彩夺目。它同时也左右着英国的改革计划对帝国以外的复杂政治结构(包括联邦、民族主义运动以及新的区域性体制)的影响,以及对即将到来的国际法时代的影响。

结　语

英国在19世纪对秩序的渴求鲜为人关注,这或许并不奇怪。这方面的原始资料极为分散而且往往平淡乏味,其对于殖民地法律的影响亦缺乏均衡性。变革性的市场力量,伴随着不断激增的殖民地叛乱,掩盖了一幕幕不那么华丽的帝国法律改革图景——无论是资本主义还是革命,都与帝国和法律有着千丝万缕的联系。关于殖民地法律改革的故事因缺乏明确的结局,无法满足我们对戏剧性事件的渴望。针对殖民地丑闻的制度性解决方案往往会引发新的危机,即对法律的惶恐不安;通过法律创造更好秩序的努力有时反而会导致完全无序的结果。没有一条清晰的线索可以将19世纪早期大量存在的关于法律的讨论与19世纪中叶殖民地民主体制在某些英属政治实体中的出现联结起来。1857年的印度叛乱改变了帝国统治形态,但由于它是通过选择性地固化19世纪早期法律秩序构建中的某些策略来实现的,因此我们不应将其视为决定性的突破。其他的素材包括过于简略但一度流行的关于帝国对人民的苦难漠不关心的证据(这很容易获得),或者更为振奋人心却具有误导性的关于人权法起源的假想。对于有关通过单个帝国的法律来影响世界秩序这一广泛却不成功的尝试的叙述,我们可以找到很多反驳材料。

然而,通过法律重建大英帝国,这一进程的重大影响和范围必然值得我们再度审视。我们对帝国法律变革这一复杂问题的探索只能是提纲挈领式的,而非包罗万象的。在第二章中,我们将在诸多的殖民地丑闻中选取两例来阐述法律改革呼声的广泛起源,其中一例是关于一位残暴的总督,另一例是关于肆无忌惮的、残忍的奴隶主。我们将说明这两例丑闻如何为帝国范围内关于被征服殖民地之前途的关键性讨论提供素材以及如何对上述讨论作出回应。第三章和第四章将探索如何运用关于暴政的话题在全球范围内实现帝国法律改革,以及(更有争议地)证明在帝国边界之外推行管辖权帝国主义(jurisdictional imperialism)的正当性。第三章将探索19世纪早期最引人注目并且未被充分研究的帝国内部法律改革机制:殖民地调查委员会。1802~1840年设立的众多法律调查委员会致力于收集关于治理不当的证据,诊断殖民地法律的异常,并且就全球范围内英国殖民地广泛而深入的重组提出建议。调查委员会属于制度建设,但它们同时也存在漏洞。通过将王权插入殖民地行政部门和殖民地臣民之间,以及将法律多元化奉为帝国宪政主义的基本原则,调查委员会成为了这一法制动荡时期法律多元化特征的典型。调查委员会构想出了一种新的帝国治理模式,然而它们也造成了新的分裂,从而拖累了法律改革的步伐。

如第四章所述,帝国内部在保护臣民问题上对管辖权的思考催生了帝国边界之外的管辖权布局。如果说对西印度群岛上奴隶的保护需要将管辖权扩展至奴隶主并且对自治的奴隶制殖民地的立法进程实施干预,那么保护锡兰的康提人则为废黜康提国王以及对据称是不公正的法律体系进行全面改造提供了正当理由。类似的逻辑亦可用来支持以下主张:通过条约对爱奥尼亚人提供保护,需要英国对他们的法院和宪法制定程序加以控制,而爱奥尼亚人可将同样的主张扩展为要求英国对海外的爱奥尼亚人行使领事裁判权。帝国官员们不断地混淆各种类别的"保护",并将有关保护的主张与领土吞并悄然联系在一起——这一令人烦恼的、多数情况下不被人关注的遗产时常困扰着后世关于人道主义干涉的讨论。

随后,我们将讨论帝国法律在区域性制度产生过程中所起的作用,这些区域性制度在很大程度上构成了今天的全球性法律制度。第五章将追溯英国通过对贩奴商和海盗的管控构建海洋秩序的渐进式努力。我们认为帝国内部的法律和帝国之间的妥协,而非条约或源自万国法的普适性原则,对大西洋及东南亚海上航道监管制度的形成产生了重大影响。理解这一动态有助于我们将这一时期解读为一个关于不稳固的霸权在塑造地方性法律实践中所起的作用之复杂而显著的实例,而非国际法的史前期。第六章将重新解读英国在拉普拉塔河流域和太平洋列岛构建秩序的努力,而非仅将其视为准帝国主义。在帝国以外构建秩序并不像向外扩张管辖权那般简单——虽然从19世纪中叶开始,管辖权的扩张(即便是微小的扩张)在大英帝国似乎已成了狂热的追求。对英国官员们而言,帝国以外的全球秩序时常意味着扶持新的国家或将既有的政治实体纳入清晰的区域性秩序之中。它牵涉对其他国家之间的纷争主张裁断权,要求其他国家在处理商业争端时遵守规则,以及威逼各国依据含糊的英国通商准则来保护商人或对商人提供赔偿。总而言之,上述两章表明,国际法的历史对帝国极富创造力的法律政治应予以承认。

英国对秩序的渴求从根本上影响了殖民地的政治架构。它在世界不同区域国家结构的形成中扮演了关键角色。它亦在全球范围内塑造了法律秩序的观念。当时的人们早已深刻地认识到历史学家们后来才发现的东西:帝国法律站在内部秩序和外部秩序力量的交叉点上——位于我们今天所称的国际关系和帝国对各类政治实体的统治之间。在19世纪晚期,欧洲国际法学者们曾为如何调和帝国的存续和设想中的国家间秩序而伤透脑筋。而在19世纪更早一些时候,他们探求的却是截然不同的问题,即如何在帝国框架内构建世界秩序。法律在英国对秩序的渴求中占据中心地位,同时法律也催生了全球法律帝国内诸多混乱的根源——荒诞不经的改革,难以控制的法律冲突以及拙劣的法律调查。

注释

1. Duncan Bell, "Empire and International Relations in Victorian Political Thought", *Historical Journal*, Vol. 49, No. 1, 2006, pp. 289 – 291. 作者在文中高度评价了 Martti Koskenniemi 的著作：Martti Koskenniemi, *The Gentle Civilizer of Nations: The Rise and Fall of International Law*, 1870 – 1960, Cambridge, Cambridge University Press, 2002。
2. 关于宪法研究已成为一种全球性趋势，参见 Daniel Hulsebosch and David Golove, "A Civilized Nation: The Early American Constitution, the Law of Nations, and the Pursuit of International Recognition", *NYU Law Review* 85, No. 4, 2010, pp. 932 – 1066; Linda Colley, "Empires of Writing: Britain, America and Constitutions, 1776 – 1848," *Law and History Review* 32, 2014, pp. 237 – 266, at 237。19 世纪被称为"宪法时代"，尽管直到最近，"跨国和比较的视角仍然在很大程度上被宪法史研究所忽视"。Kelly L. Grotke and Markus J. Prutsch, "Constitutionalism, Legitimacy, and Power: Nineteenth-Century Experiences", in *Creating Community and Ordering the World: The European Shadow of the Past and Future of the Present; Report from the Research Project "Europe between Restoration and Revolution, National Constitutions and International Law: An Alternative View on the Century*, 1815 – 1914", ed. Martti Koskenniemi and Bo Stråtch, Helsinki, University of Helsinki, 2014, pp. 136 – 145, 136, 141.
3. John Manning Ward, *Colonial Self-Government: The British Experience*, 1759 – 1856, London, Palgrave Macmillan, 1976. 晚近，对大英帝国和世界秩序的评价主要聚焦于 19 世纪晚期，例如，Duncan Bell, *The Idea of Greater Britain: Empire and the Future of World Order*, 1860 – 1900, Princeton, Princeton University Press, 2007。当人们论及帝国在 19 世纪所拥有的全球性影响力时，它经常被描述为一个关于商业扩张的故事。例如，参见 Jeremy Black, *The British Seaborne Empire*, New Haven, Yale University Press, 2004, chap. 5。
4. Robert Travers, *Ideology and Empire in Eighteenth—Century India: The British in Bengal*, 1757 – 1793, New York, Cambridge University Press, 2007; Nicolas B. Dirks, *The Scandal of Empire: India and the Creation of Imperial Britain*, Cambridge, MA: Belknap Press of Harvard University Press, 2006; James Epstein, *Scandal of Colonial Rule: Power and Subversion in the British Atlantic*

during the Age of Revolution, Cambridge, Cambridge University Press, 2012; R. W. Kostal, *A Jurisprudence of Power: Victorian Empire and the Rule of Law*, Oxford, Oxford University Press, 2009; Amanda Nettelbeck, "'A Halo of Protection': Colonial Protectors and the Policy of Aboriginal Protection as Punishment", *Australian Historical Studies* (*AHS*), Vol. 43, No. 3, 2002, pp. 396 – 411; Alan Lester and Fae Dussart, *Colonization and the Origins of Humanitarian Governance: Protecting Aborigines across the Nineteenth-Century British Empire*, Cambridge, Cambridge University Press, 2014; Zoe Laidlaw, *Colonial Connections*, 1815 – 1845: *Patronage, the Information Revolution and Colonial Government*, Manchester, Manchester University Press, 2005; John McLaren, *Dewigged, Bothered, and Bewildered: British Colonial Judges on Trial*, 1800 – 1900, Toronto, University of Toronto Press, 2011; Kirsten Mc Kenzie, *Imperial Underworld*, Cambridge, Cambridge University Press, 2016.

5. Christopher Bayly, *Imperial Meridian: The British Empire and the World*, 1780 – 1830, London, Longman, 1989; Christopher Bayly, *Empire and Information: Intelligence Gathering and Social Communication in India*, 1780 – 1870, Cambridge, Cambridge University Press, 1999.
6. 这与 Paul G. McHugh 的观点(对"法律档案"应作狭义的解读)形成鲜明对比:Paul G. McHugh, *Aboriginal Societies and the Common Law: A History of Sovereignty, Status, and Self-Determination*, Oxford, Oxford University Press, 2004, pp. 24 – 28。
7. Lisa Ford and David Roberts, "Legal Change, Convict Activism and the Reform of Penal Relocation in Colonial New South Wales: The Port Macquarie Penal Settlement, 1822 – 1826", *AHS*, Vol. 46, 2015, pp. 206 – 222; Lauren Benton and Lisa Ford, "Magistrates in Empire: Convicts, Slaves, and the Remaking of the Plural Order in the British Empire", in Lauren Benton and Richard J. Ross, eds., *Legal Pluralism and Empires*, 1500 – 1850, New York, NYU Press, 2013, pp. 173 – 198.
8. 我们在此处对"人道主义"一词的使用反映了历史学家们对这一时期的诸多改革方案之特征的通常描述。但正如我们在第二章和第五章中所述,法律改革通常以管辖权的重新分配为目标,以强化帝国权威为主旨,并伴之以有关改善人类普遍境遇的温和或漫无边际的讨论。
9. 当我们讨论跨越各类不同规模的政治实体(从帝国到微型国家,再到法律地位不确定的政治共同体)的法律时,"政治实体间法律"(interpolity law)一词比"国际法"(International Law)更为确切。关于这一词语及其在分析现代社会早期的全球性互动时的使用,参见 Lauren Benton and Adam Clulow,"Legal Encounters and the Origins of Global Law," in Jerry Bentley, eds., Sanjay Subrahmanyam, and Merry Wiesner-Hanks, *The Cambridge World History*, Vol. 6, pt. 2, Cambridge, Cambridge University Press, 2015。

10. 有关《卡迪兹宪法》中对于殖民地的规定,参见 M. S. Mirow, *Latin American Constitutions: The Constitution of Cádiz and its Legacy in Spanish America*, Cambridge, Cambridge University Press, 2015, Chap. 3; Josep M. Fradera, *Colonias para despues de un imperio*, Barcelona, Bellaterra, 2005; Scott Eastman and Natalia Sobrevilla Perea, *The Rise of Constitutional Government in the Iberian Atlantic World: The Impact of the Cádiz Constitution of* 1812, Tuscaloosa, University of Alabama Press, 2015。Miranda Frances Spieler 认为关于法国宪法及殖民地的讨论使法国在殖民地的权利以合乎宪法的方式中止;参见 Miranda Frances Spieler, *Empire and Underworld: Captivity in French Guiana*, Cambridge, MA: Harvard University Press, 2012, Chap. 2。Malick W. Ghachem 指出,在海地革命的第一阶段,革命者们曾试图保留和改良"黑人法令";参见 Malick W. Ghachem, *The Old Regime and the Haitian Revolution*, New York, Cambridge University Press, 2012。关于《拿破仑法典》对法国以外之地区的影响,参见 John Savage, "Atlantic Codes: The Impact of Napoleonic Law in the Nineteenth-Century Atlantic World," in Christophe Belaubre, Jordana Dym, and John Savage eds., *Napoleon's Atlantic: The Impact of Napoleonic Empire in the Atlantic World*, Leiden, Brill, 2010。与大英帝国的情况一样,法国和西班牙的法律秩序重构也与有关废奴和奴隶制的宪法框架紧密联系在一起。参见 Rebecca Hartkopf Schloss, *Sweet Liberty: The Final Days of Slavery in Martinique*, Philadelphia, University of Pennsylvania Press, 2009; Josep M. Fradera and Christopher Schmidt-Nowara, *Slavery and Antislavery in Spain's Atlantic Empire*, New York, Berghahn Books, 2015。关于在奥匈帝国重新定义法律多元化的尝试,参见 Natasha Wheatley, "*Law, Time, and Sovereignty in Central Europe: Imperial Constitutions, Historical Rights, and the Afterlives of Empire*", PhD diss., Columbia University, 2015。对于此起彼伏的重构帝国统治秩序之努力的最全面回顾,当属 Jane Burbank and Frederick Cooper, *Empires in World History: Power and the Politics of Difference*,

Princeton, Princeton University Press, 2010;关于奥斯曼帝国的法律多元化,参见 Karen Barkey, "Aspects of Legal Pluralism in the Ottoman Empire", in Lauren Benton and Richard Ross, eds., *Legal Pluralism and Empires*, 1500 - 1850, New York, NYU Press, 2013。

11. 我们将在第五章和第六章中分析政治上相互割裂的区域的法律,并在第五章中探求海事制度的国际影响。Jennifer Pitts 在"Empire and Legal Universalisms in the Eighteenth Century"(*American Historical Review*, Vol. 117, No. 1, 2012, pp. 92 - 121)一文中,对欧洲思想家们为 18 世纪殖民地的多样化构建法律框架的努力作了细致的分析。

12. 晚近,较具影响力的国际法思想史包括:Antony Anghie, *Imperialism, Sovereignty, and the Making of International Law*, Cambridge, Cambridge University Press, 2005; Martti Koskenniemi, *The Gentle Civilizer of Nations*; Jennifer Pitts, *A Turn to Empire: The Rise of Imperial Liberalism in Britain and France*, Princeton, Princeton University Press, 2005; David Armitage, *Foundations of Modern International Thought*, Cambridge, Cambridge University Press, 2013。对于辩证哲学史方法论的依赖,可能使部分国际法思想史中存在的问题更为严重;Ian Hunter 在"The History of Dialectical History: The Case of International Law"(James Burns Memorial Lecture, St. Andrews Institute of Intellectual History, University of St. Andrews, October 30, 2015)中曾对该方法可能造成的歪曲和失真提出过警告。Jennifer Pitts 对于那些将政治理论与帝国相关联的著述曾经作过非常好的、中肯的评论,参见 Jennifer Pitts, "Political Theory of Empire and Imperialism," in Sankar Muthu, ed., *Empire and Modern Political Thought*, Cambridge, Cambridge University Press, 2012, pp. 351 - 376。

13. 这与 David Armitage 的观点形成对照,David Armitage 认为,在英国现代史早期的关键性年份(1688、1707、1765、1776、1801、1832 年)中,只有 1688 年和 1776 年与国际法的历史有重大的关联;此外,还有一些年份(1713、1748、1757、1763、1802、1815 年)因其在英国历史上缺乏划时代的意义,一般只在国际历史传说中隐约出现。不过 David Armitage 指出,上述许多年份在大英帝国的扩张过程中亦属于重要时刻。David Armitage, *Foundations of Modern International Thought*, p. 136.

14. 大英帝国内关于暴政的讨论回应了有关拿破仑是一位暴君的认定,同时也从法国人关于暴政的著述中汲取了力量,其中包括孟德斯鸠关于集权专断之危险的论述,以及本杰明·康斯坦特和杰曼·德·斯戴尔关于将行政管理多元化作为对抗中央集权之手段的构想。参见 K. Steven Vincent, "Liberal Pluralism in the Early Nineteenth Century", in Julian Wright and H. S. Jones, eds. , *Pluralism and the Idea of the Republic in France*, New York, Palgrave Macmillan, 2012。

15. James Millette, *The Genesis of Crown Colony Government*: *Trinidad*, 1783 – 1810, Curepe, Trinidad: Moko Enterprises, 1970.

16. 例如参见 James Epstein, *Scandal of Colonial Rule*, Cambridge University Press; Kirsten Mc Kenzie, "'The Laws of His Own Country': Defamation, Banishment and the Problem of Legal Pluralism in the 1820s Cape Colony", *Journal of Imperial and Commonwealth History*, Vol. 43, No. 5, 2015, pp. 601 – 645.

17. Lauren Benton and Lisa Ford, "Magistrates in Empire: Convicts, Slaves, and the Remaking of the Plural Order in the British Empire".

18. *An Impartial Report of the Debates in the House of Commons on the East India Reform Bills*, London, G. Kearsley, 1783, Robert Travers 对此作了讨论, 参见 Robert Travers, "'*The Magna Charta of Hindostan*': *Constituting the British Empire in Eighteenth Century India*" (paper presented at the annual meeting of the American Historical Association, New York, January 2015)。

19. "Somerset v. Stewart Cite Report", in Thomas B. Howell, ed. , *A Complete Collection of State Trials and Proceedings for High Treason and Other Crimes and Misdemeanors from the Earliest Period to the Year* 1783, Vol. 20, London, R. Bagshaw, 1814, p. 82. 该报告记录了曼斯菲尔德法官如何谈论奴隶主出售/处罚奴隶的权力:"案件陈述表明某个奴隶逃离了他的主人的控制并拒绝为主人服务,他因此被拘禁并将被卖往国外。程度如此高的支配行为必须获得行为地国法律的认可方能实施。"

20. David Armitage 认为,《独立宣言》通过阐明摆脱帝国统治的合法性,引发了"主权观念的扩散"。David Armitage, *The Declaration of Independence*: *A Global History*, Cambridge, MA: Harvard University Press, 2007, pp. 103 – 104. 对于革命理念之传播的关注成为了诸多关于大西洋区域革命新近研究的重点。最近的关于海地革命的研究试图在对新闻报道、人物和理念的研究与对制度变迁的分析之间实现平衡。例如参见 Malick W. Ghachem, *The Old Regime and the Haitian Revolution Cambridge*, Cambridge University Press, 2012. ; Rebecca J. Scott and Jean M. Hébrard, *Freedom Papers*: *An*

Atlantic Odyssey in the Age of Emancipation, Cambridge, MA: Harvard University Press, 2012; Ada Ferrer, *Freedom's Mirror: Cuba and Haiti in the Age of Revolution*, Cambridge, Cambridge University Press, 2014。

21. 关于发生在悉尼的土地纷争事件,参见 George Johnston, cross-examination of Bligh, in John Ritchie, ed., *A Charge of Mutiny: The Court Martial of Lieutenant Colonel George Johnston for Deposing Governor William Bligh in the Rebellion of* 26 *January* 1808, Canberra, National Library of Australia, 1988, pp. 57 – 60; Grace Karskens and Richard Water house, "'Too Sacred to Be Taken Away': Property, Liberty, Tyranny and the 'Rum Rebellion'", *Journal of Australian Colonial History*, Vol. 12, 2010, pp. 1 – 22。关于格雷岛的事件,参见 *The Trial of Joseph Wall, Esq., Late Governor of Goree, for the Wilful Murder of Benjamin Armstrong, a Serjeant* [*sic*] *of the African Corps, at the Old Bailey, on Wednesday, January* 20, 1802, London, A. Macpherson, 1802。关于特立尼达岛的酷刑事件,参见"Picton v R", in Thomas Howell, ed., *State Trials and Proceedings for High Treason and Other Crimes*, Vol. 30, London, R. Bagshaw, 1822, pp. 225 – 956; "Report of Enquiry by the Council on Alleged Illegal Punishments", in Brisbane to Bathurst, 27 September 1825, *Historical Records of Australia* (*HRA*), ser. 1, Vol. 11, Sydney, Library Committee of the Commonwealth Parliament, 1917, pp. 854 – 861。关于好望角的事件,参见 Case of L. Cooke and W. Edwards, Libel on the Governor, The National Archives (TNA), Kew, United Kingdom, CO 48/95. 关于发生在孟加拉的征税事件,参见 Travers, *Ideology and Empire*, Chap. 2。

22. Jenny S. Martinez, *The Slave Trade and the Origins of International Human Rights Law*, New York, Oxford University Press, 2012; Michael N. Barnett, *Empire of Humanity: A History of Humanitarianism*, Ithaca, NY: Cornell University Press, 2011; Gary J. Bass, *Freedom's Battle: The Origins of Humanitarian Intervention*, New York, Random House, 2008. 该领域某些最具影响力的学者对于人道主义思潮所作的细致入微的研究,被收录于 *Empire and Humanitarianism: Journal of Imperial and Commonwealth History*, V. 40, No. 5, 2012, pp. 727 – 896。研究附属政治的历史学家们已注意到将奴隶与其他处于屈从地位的群体相类比所能产生的效用。例如,Denver Brunsman 在 *The Evil Necessity: British Naval Impressment in the Eighteenth-Century Atlantic World* (Charlottesville, University of Virginia

Press,2013)一书中关于同一时代的水手与奴隶的类比。

23. 锡兰即现在的斯里兰卡。关于梅特兰德之干预行动的详细背景,参见第四章。

24. John McLaren, *Dewigged, Bothered and Bewildered: British Colonial Judges on Trial*, (1800 – 1900, Toronto, University of Toronto Press, 2013)在这一时期被填充至中层法律管理职位的人中,有很多是苏格兰人。当时有一大批苏格兰专业人士在帝国旅居,他们亦属于其中的一部分,关于这一话题的著述有很多,但对19世纪早期担任帝国法律职位的苏格兰人的广泛研究仍是空白。John M. MacKenzie 和 T. M. Devine 的著作 *Scotland and the British Empire*(Oxford, Oxford University Press, 2011)共有十章,但没有一章谈及法律职业中的苏格兰人。我们的确知道苏格兰人对这一时期的帝国治理作出了重要贡献,他们主张农业基础对帝国的重要性,并宣扬其他的苏格兰启蒙思想。参见 Martha McLaren, *British India and British Scotland*, 1780 – 1830: *Career-Building, Empire-Building, and a Scottish School of Thought on Indian Governance*, Akron, OH: University of Akron Press, 2001;关于威廉·富勒顿的影响,参见 James Epstein, *Scandal of Colonial Rule: Power and Subversion in the British Atlantic during the Age of Revolution*, Cambridge, Cambridge University Press, 2012。

25. 梅特兰德对约翰斯顿的指示,见诸于某一信件的附件(Maitland to Castlereagh, 25 January 1809, TNA, CO 54/31)。亦可参见本书第四章。关于这一时期治安法官的转变,参见 Lauren Benton and Lisa Ford, "Magistrates in Empire: Convicts, Slaves, and the Remaking of the Plural Order in the British Empire", pp. 173 – 198; Brendan Gillis, "Conduits of Justice: Magistrates and the British Imperial State, 1732 – 1834", PhD diss., Indiana University, 2015。

26. Aristotle, "Politics", in Jonathan Barnes, ed., *Complete Works of Aristotle*, Vol. 2, *The Revised Oxford Translation*, Princeton, Princeton University Press, 1984, pp. 2047 – 2059.

27. Ibid., pp. 2057 – 2058.

28. 不可否认,对于帝国,甚至对于全球商业活动的尖锐批评也是存在的,全球商业活动被批评者们认为是导致帝国衰落的传染性腐败和其他弊病的根源。参见 Jennifer Pitts, *A Turn to Empire: The Rise of Imperial Liberalism in Britain and France*, Princeton, Princeton University Press, 2005; Sankar Muthu, "Conquest, Commerce, and Cosmopolitanism in Enlightenment

Political Thought",in Muthu,*Empire and Modern Political Thought*,pp. 199 - 231.

29. Nicholas B. Dirks,*The Scandal of Empire*:*India and the Creation of Imperial Britain*;Jeremy Bentham,*A Plea for the Constitution*:*Shewing the Enormities Committed to the Oppression of British Subjects*,*Innocent as well as Guilty*,*in Breach of Magna Charta*,*the Petition of Right*,*the Habeas Corpus Act*,*and the Bill of Rights*;*as Likewise of the Several Transportation Acts*;*in and by the Design*,*Foundation and Government of the Penal Colony of New South Wales*:*Including an Inquiry into the Right of the Crown to Legislate without Parliament in Trinidad and other British Colonies*, London, Mawman, Poultry, and Hatchard, 1803; Kostal, *A Jurisprudence of Power*, chap. 5; Nasser Hussain,*The Jurisprudence of Emergency*:*Colonialism and the Rule of Law*,Ann Arbor,University of Michigan Press,2003,pp. 46 - 58. 有关边沁对于殖民地的看法,参见 David Armitage,"Globalizing Jeremy Bentham", *History of Political Thought* Vol. 32,No. 1,2011,pp. 63 - 82;Jennifer Pitts,*A Turn to Empire*: *The Rise of Imperial Liberalism in Britain and France*, Princeton,Princeton University Press,2005,chap. 4;Lauren Benton,*A Search for Sovereignty*:*Law and Geography in European Empires*,1400 - 1900,New York,Cambridge University Press,2010,pp. 191 - 196.

30. 有关19世纪早期大英帝国统治模式变迁过程中任职地点、政治抱负和人道主义之间的交集的最新分析,参见 Alan Lester and Fae Dussart, *Colonization and the Origins of Humanitarian Governance*。亦可参见 David Lambert and Alan Lester,*Colonial Lives across the British Empire*:*Imperial Careering in the Long Nineteenth Century*,Cambridge,Cambridge University Press, 2006; John McLaren, *Dewigged*, *Bothered and Bewildered*: *British Colonial Judges on Trial*,1800 - 1900;Zoe Laidlaw,*Colonial Connections*, 1815 - 1845:*Patronage*,*the Information Revolution and Colonial Government*。关于某位官员职位轮换的一项重要的传记体式的研究,参见 Julie Evans, *Edward Eyre*: *Race and Colonial Governance*, Dunedin, New Zealand: University of Otago Press,2005。Catherine Hall 提醒我们既要考察在世界各地殖民地任职岗位流动的个体官员的结构,也要考察他们与宗主国的联系以及在宗主国度过的时间;参见 Hall,*Civilising Subjects*:*Metropole and Colony in the English Imagination*, 1830 - 1867, Chicago, University of Chicago Press,2002;Hall,*Macaulay and Son*:*Architects of Imperial Britain*,

New Haven, Yale University Press, 2012, 尤其是第五章关于 Thomas Macaulay 作为一个“帝国人”的描述。家庭关系亦影响了官员在帝国范围内的流动,参见 Emma Rothschild, *The Inner Life of Empires: An Eighteenth-Century History*, Princeton, Princeton University Press, 2011。

31. Ann Laura Stoler, *Along the Archival Grain: Epistemic Anxieties and Colonial Common Sense*, Princeton, Princeton University Press, 2009; Antoinette Burton, *Empire in Question: Reading, Writing and Teaching British Imperialism*, Durham, NC: Duke University Press, 2011, pp. 94 – 105.

32. 对帝国范围内的自由主义感兴趣的历史学家们为解决这一困惑所做研究最为锲而不舍:他们或者揭示了打着自由主义幌子的权威主义,如 Uday Singh Mehta, *Liberalism and Empire: A Study in Nineteenth-Century British Liberal Thought*, Chicago, University of Chicago Press, 1999;或者坚称自由主义思想的复杂性,如 Jennifer Pitts, *A Turn to Empire: The Rise of Imperial Liberalism in Britain and France*; Eric Stokes, *The English Utilitarians and India*, Oxford, Clarendon Press, 1959; Bell, “Empire and International Relations”, pp. 284 – 289; Andrew Sartori, *Liberalism in Empire: An Alternative History*, Oakland, University of California Press, 2014。

33. Case of L. Cooke and W. Edwards, libel on the governor, TNA, CO 48/95; John Shaw to Charles Telfair, 8 and 16 February 1815, Mauritius: enclosures respecting Mr Shaw, TNA, CO 167/28.

34. Christopher Bayly, *Imperial Meridian: The British Empire and the World, 1780 – 1830*, pp. 194 – 216; Zoe Laidlaw, *Colonial Connections, 1815 – 1845: Partronage, the Information Revolution and Colonial Government*, pp. 102 – 117.

35. 参见第四章至第六章。

36. John Darwin, *The Empire Project: The Rise and Fall of the British World-System, 1830 – 1970*, Cambridge, Cambridge University Press, 2009; Helen Taft Manning, *British Colonial Government after the American Revolution, 1782 – 1820*, New Haven, Yale University Press, 1933.

37. Hulsebosch and Golove, “A Civilized Nation”; David C. Hendrickson, *Peace Pact: The Lost World of the American Founding*, Lawrence, University Press of Kansas, 2003; Peter Onuf and Nicholas Onuf, *Federal Union, Modern World: The Law of Nations in an Age of Revolutions, 1776 – 1814*, Madison, WI: Madison House, 1993.

38. 关于新视角的研究,参见 Paul W. Schroeder, "The 19th-Century International System: Changes in the Structure", *World Politics*, Vol. 39, No. 1, 1986, pp. 1 - 26; Mark Mazower, *Governing the World: The History of an Idea*, New York, Penguin, 2012; Jennifer Mitzen, *Power in Concert: The Nineteenth-Century Origins of Global Governance*, Chicago, University of Chicago Press, 2013。关于晚近的历史研究,包括对维也纳会议之研究的文献综述,参见 Mark Jarrett, *The Congress of Vienna and Its Legacy: War and Great Power Diplomacy after Napoleon*, London, I. B. Tauris, 2013。亦可参见 Tim Chapman, *The Congress of Vienna: Origins, Processes, and Results*, London, Routledge, 1998; Christopher John Bartlett, *Peace, War and the European Powers*, 1814 - 1914, Houndmills, Palgrave Macmillan, 1996; Carsten Holbraad, *The Concert of Europe: A Study in German and British International Theory*, London, Longman, 1970; René Albrecht-Carrié, *The Concert of Europe*, New York, Walker, 1968; Harold Nicolson, *The Congress of Vienna: A Study in Allied Unity*, 1812 - 1822, London, Constable, 1946; Charles K. Webster, *The Congress of Vienna*, 1814 - 1815, London, Thames and Hudson, 1934。
39. Ken MacMillan, *The Atlantic Imperial Constitution: Center and Periphery in the English Atlantic World*, New York, Palgrave Macmillan, 2011.
40. Daniel Hulsebosch, *Constituting Empire: New York and the Transformation of Constitutionalism in the Atlantic World*, 1664 - 1830, Chapel Hill, University of North Carolina Press, 2005, pp. 15 - 70. Robert Travers 对"与宪法习语相关联的帝国概念"以及"法律文化间充满漏洞的边界"作了探索,参见 Robert Travers, "Constitutions, Contact Zones, and Imperial Ricochets: Sovereignty and Law in British Asia", in H. V. Bowen, Elizabeth Mancke, and John G. Reid, eds., *Britain's Oceanic Empire: Atlantic and Indian Ocean Worlds, c.* 1550 - 1850, Cambridge, Cambridge University Press, 2012, pp. 98 - 129, 103。
41. Ken MacMillan, *The Atlantic Imperial Constitution*; Hulsebosch, *Constituting Empire*; Mary Sarah Bilder, *The Transatlantic Constitution: Colonial Legal Culture and the Empire*, Cambridge, MA: Harvard University Press, 2004; Lauren Benton and Kathryn Walker, "Law for the Empire: The Common Law in America and the Problem of Legal Diversity", *Chicago-Kent Law Review*, Vol. 89, No. 3, 2014, pp. 937 - 956. 一种重要的令状及其使用创设了英国

与殖民地之间的持续性和非持续性模式。参见 Paul Halliday, *Habeas Corpus*: *From England to Empire*, Cambridge, MA: Harvard University Press, 2012。

42. 关于地方性政治思想的发展史,参见 Sartori, *Liberalism in Empire*, p. 7。我们对帝国宪法文化的探索以地方为重心,这一点与 Linda Colley 不同,后者侧重于追溯大量的冠之以宪法的文件,而这些文件中有相当一部分体现了英国的影响力(参见 Colley,"Empires of Writing")。我们认同 Markus Prutsch 对于"一个带有浪漫主义色彩的'宪法'概念"的警惕,该概念中嵌入了与宪法讨论相伴的、关于存在一种自由民主体制的突破的技术性假设。Markus J. Prutsch,"Crisis, Populace and Leadership: Reflections on 'Modern Caesarism'", in Koskenniemi and Stråtch, *Creating Community and Ordering the World*, pp. 123 – 135, at 123.

43. Dirks, *Scandal of Empire*; Epstein, *Scandal of Colonial Rule*; Kirsten McKenzie, *Scandal in the Colonies*: *Sydney and Cape Town*, 1820 – 1850, Carlton, Melbourne University Press, 2004.

44. 参见第二章。

45. "A Sketch of the Constitution of the Kandyan Kingdom. By the late Sir John D'Oyly. —Communicated by Sir A. Jobxston, Vice-President, R. A. S., F. R. S. Read May 7, 1831. To Graves C. Haugston, Esq., M. A., F. R. S., Honorary Secretary to the Royal Asiatic Society. December 31, 1831", *Transactions of the Royal Asiatic Society*, Vol. 3, No. 2, 1833, pp. 191 – 252.

46. Ward to Grey, 4 June 1849, TNA, CO 136/131. "宪法下的暴政"这一标签似乎在 18 世纪晚期开始流行,例如,它曾被用于描述詹姆士二世的改革, Catherine Macaulay, *The History of England from the Accession of James I. to that of the Brunswick Line*, Vol. 1, London, J. Nourse, 1763, p. 216;或被用于描述英国公民武装起来后所造成的影响, William Paley, *The Principles of Moral and Political Philosophy*, London, R. Faulder, 1786。1800 年以后,该标签的使用极为频繁。

47. Andrew Dewar Gibbs, *Scottish Empire*, London, Alexander Maclehose, 1937; John MacKenzie,"Essay and Reflection: On Scotland and the Empire", *International History Review*, Vol. 15, No. 4, 1993, pp. 714 – 739; T. M. Devine, *Scotland's Empire and the Shaping of the Americas*, 1600 – 1815, London, Penguin, 2012;关于新近的讨论,参见 Epstein, *Scandal of Colonial Rule*, pp. 46 – 89; Douglas Hamilton, *Scotland*, *the Caribbean and the Atlantic*

World,1750 - 1820,Manchester,Manchester University Press,2005。

48. 参见第三章;John McLaren,*Dewigged,Bothered and Bewildered:British Colonial Jodges on Trial*,1800 - 1900,chap. 9.

49. Zoë Laidlaw,"Richard Bourke:Irish Liberalism Tempered by Empire",in Lester and Lambert,*Colonial Lives across the British Empire*,pp. 113 - 144.

50. P. J. Marshall,*The Making and Unmaking of Empires:Britain,India,and America*,*c.* 1750 - 1783,Oxford,Oxford University Press,2007.

51. "宪政时刻"这一标签在国际法历史中被用于描述诸如《联合国宪章》的起草以及美国"9·11"恐怖袭击等重大事件。参见 Jenny S. Martinez,"Towards an International Judicial System",*Stanford Law Review*,Vol. 56,No. 2,2003,pp. 429 - 529;Anne-Marie Slaughter and William W. Burke-White,"An International Constitutional Moment",*Harvard International Law Journal*,Vol. 43,No. 1,2002,pp. 1 - 21。Scharf 在其著作中用"格劳秀斯时刻"一词来标记习惯国际法的变更,参见 Michael P. Scharf,*Customary International Law in Times of Fundamental Change:Recognizing Grotian Moments*,Cambridge,Cambridge University Press,2013。我们在这里所指的持续的宪政时刻既不涉及某一特定的转折性事件,也不涉及习惯国际法的变更。这一时刻跨越数十年,涉及旨在实现宪政性目标并具有全球性影响的行政管理秩序重构。关于"政治的司法化",参见 C. Neal Tate and Torbjorn Vallinder,eds.,*The Global Expansion of Judicial Power*,New York,NYU Press,1995,p. 1。我们的研究与以下两类研究亦存在某些共同之处:关于"全球行政法"的研究,以及大体上相关的将国际法体系描述为宪法的研究。参见 Benedict Kingsbury,Nico Krisch,and Richard Stewart,"The Emergence of Global Administrative Law",*Law and Contemporary Problems*,Vol. 68,No. 15,2005,pp. 15 - 62。

52. 这一表述出自于:David Kennedy,"International Law and the Nineteenth Century:History of an Illusion,"*Nordic Journal of International Law*,Vol. 65,1996,pp. 391。Kennedy 认为,对于国际法学者们而言,19 世纪似乎比现代社会早期更为遥远,国际法学者们对于 19 世纪的理解"与 1800 年和 1900 年之间发生的或想到的任何事件只有非常松散的联系"(第 386 页)。关于重新认识国际法在 19 世纪的基础的重要性,亦可参见 Luigi Nuzzo,"History,Science and Christianity:International Law and Savigny's Paradigm",in Luigi Nuzzo and Miloš Vec,eds.,*Constructing International Law:The Birth of a Discipline*,Frankfurt,Vittorio Klostermann,2012,pp. 25 -

50; Liliana Obregón, "The Civilized and the Uncivilized", in Bardo Fassbender and Anne Peters, eds., *The Oxford Handbook of the History of International Law*, Oxford, Oxford University Press, 2012, pp. 917 – 941。Koskenniemi 对国际法史中 19 世纪早期法学家们的经典著作进行了扩充,参见 Koskenniemi,"Ruling the World by Law(s): The View from Around 1850", in Koskenniemi and Stråtch, eds., *Creating Community and Ordering the World*, pp. 16 – 32。

53. Wilhelm G. Grewe, *The Epochs of International Law*, trans. by Michael Byers, New York, Walter de Gruyter, 2000. 国际社会通过欧洲主权国家体系的扩散和传播而产生,所谓的英国学派对此已作了更广泛的描述;参见 Hedley Bull and Adam Watson, eds., *The Expansion of International Society*, Oxford, Oxford University Press, 1985。大量的著述对这一研究路径提出了批评和修正,但一些国际关系学者认为,上述批评并未完全纠正以下固有的错误,即把西方国家描绘成"进步、理性、秩序以及对全球秩序有约束力的(普遍性)价值和规范之渊源"的代名词,而把非西方国家描绘成"落后的、西方文明成果的接受者"。Shogo Suzuki, Yongjin Zhang, and Joel Quirk, "Introduction: The Rest and the Rise of the West", in Shogo Suzuki, Yongjin Zhang, and Joel Quirk, eds., *International Orders in the Early Modern World*, New York, Routledge, 2014, p. 3.

54. Antony Anghie, *Imperialism, Sovereignty and the Making of International Law*; Shogo Suzuki, *Civilization and Empire: China and Japan's Encounter with European International Society*, New York, Routledge, 2009; Edward Keene, "The Standard of 'Civilisation', the Expansion Thesis and the 19th-Century International Social Space", *Millennium*, Vol. 42, No. 3, 2014, pp. 651 – 673; Martti Koskenniemi, *The Gentle Civilizer of Nations: The Rise and Fall of International Law* 1870 – 1910.

55. 研究帝国与国际法之关系问题的新近著述包括: Antony Anghie, *Imperialism, Sovereignty and the making of International Law*; Edward Keene, *Beyond the Anarchical Society: Grotius, Colonialism and Order in World Politics*, Cambridge, Cambridge University Press, 2002; Lauren Benton, *A Search for Sovereignty*, chap. 5; Lauren Benton and Benjamin Straumann, "Acquiring Empire by Law: From Roman Doctrine to Early Modern European Practice", *Law and History Review*, Vol. 28, No. 1, 2010, pp. 1 – 38; Andrew Fitzmaurice, *Sovereignty, Property and Empire*, 1500 –

2000,Cambridge,Cambridge University Press,2014.

56. Wilhelm G. Grewe,*The Epochs of International Law*,p. 451.

57. 例如,参见 Jenny S. Martinez, *The Slave Trade and the Origins of International Human Rights Law*,pp. 158 – 170。

58. 参见 Ian Hunter 对法律史的批评,Ian Hunter,"Vattel in Revolutionary America:From the Rules of War to the Rule of Law",in Lisa Ford and Tim Rowse, eds. , *Between Indigenous and Settler Governance*, Abingdon, Routledge,2013,pp. 12 – 22。关于瓦泰尔的《万国法》一书在这一时期的使用及其面临的压力的细致讨论,参见 Peter S. Onuf and Nichdas Onuf, *Federal Union,Modern World:The Law of Nations in an Age of Revolutions*, 1776 – 1814。

59. 该领域的绝大部分研究成果均是如此,从前面所引的研究自由主义的学者,包括:Vday Singh Mehta,*Liberalism and Empire:A Study in Nineteenth-Century British Liberal Thought*;Duncan Bell,"Victorian Visions of Global Order:Empire and International Relations in Nineteenth-Century Political Thought",Jennifer Pitts,*A Turn to Empire :The Rise of British Imperial Liberalism in Britain and France*,Princeton,Princeton University Press,2005, and Hunter,"Vattel in Revolutionary America :From the Rules of War to the Rule of Law",到法学院学者,诸如:Anghie,*Imperialism*,*Sovereignty*;and Koskenniemi,*The Gentle Civilizer of Nations*。部分思想史的确承认殖民地政治的影响;一个典型的例子是:Karuna Mantena,*Alibis of Empire:Henry Maine and the Ends of Liberal Imperialism*, Princeton, Princeton University Press,2010。

60. 新近的研究已拓宽了国际法领域重要学者的范围,本书作者在此处无意贬低此类研究的重要性。探讨欧洲以外的法学家对国际法之贡献的代表性作品包括:Liliana Obregón,"Completing Civilization:Creole Consciousness and International Law in Nineteenth-Century Latin America", in Anne Orford,ed. ,*International Law and Its Others*,Cambridge University Press, 2006,pp. 247 – 264;Arnulf Becker Lorca,*Mestizo International Law:A Global Intellectual History*,1842 – 1933,Cambridge,Cambridge University Press,2014;关于草根阶层对国际法的贡献,参见 Saliha Belmessous,ed. , *Native Claims:Indigenous Law against Empire*,1500 – 1920,Oxford,Oxford University Press,2012。

61. 一些研究思想史的历史学家们开始探求理论与实践之间的接合点。

Jennifer Pitts 在其著述中将 Stowell 爵士（高等海事法院的一名法官）拔高至重要国际法理论家的行列：Jennifer Pitts，"Empire and Legal Universalisms in the Eighteenth Century"，*American Historical Review*，Vol. 117，No. 1，2012，pp. 92 – 121。亦可参见 Ian Hunter 对于知名律师和法学教科书作者 Joseph Chitty"将瓦泰尔之思想融入英国政治和英国法"的描述：Ian Hunter，"Global Justice and Regional Metaphysics：On the Critical History of the Law of Nature and Nations"，in Shaunnagh Dorsett and Ian Hunter，eds.，*Law and Politics in British Colonial Thought*：*Transpositions of Empire*，New York，Palgrave Macmillan，2010，pp. 22 – 24。Andrew Fitzmaurice 对于 Travers Twiss 的研究兴趣亦属于这一学术尝试的一部分：Andrew Fitzmaurice，*Sovereignty*，*Property and Empire* 1500 – 2000，pp. 229 – 239，276 – 284。

62. 对于这一现象在法属非洲去殖民化背景下的新近研究，参见 Frederick Cooper，*Citizenship between Empire and Nation*：*Remaking France and French Africa*，1945 – 1960，Princeton，Princeton University Press，2014。

63. 关于对"革命时代"（age of revolutions）这一概念的质疑，参见 Jane Burbank and Frederick Cooper，*Empires in World History*：*Power and the Politics of Difference*，Princeton，Princeton University Press，2010，pp. 219 – 223。

64. Mark Mazower，*No Enchanted Palace*：*The End of Empire and the Ideological Origins of the United Nations*，Princeton，Princeton University Press，2009，pp. 23 – 24.

65. 参见第五章和第六章。我们感谢 Paul Schulte 的建议，即通过与力场相类比来描述此类区域性影响。

第二章　遏制殖民地暴政

CHAPTER TWO
CONTROLLING DESPOTIC DOMINIONS

1810 年,一位独裁者和一位废奴运动领袖的世界发生了交汇。威廉·威伯福斯(William Wilberforce)的盟友、伟大的废奴主义者詹姆斯·史蒂芬(James Stephen)在英国最高法院出庭,为托马斯·皮克顿上校进行辩护。皮克顿曾被指控在其担任特立尼达岛总督的短暂任期内犯下了各种罪行,其中包括未经司法程序而杀害 29 位英国臣民。[1]不过上述指控未能成立。但在 1806 年,皮克顿因授权对一位名叫路易莎·卡尔德容(Luisa Calderon)的黑人自由民女子非法实施酷刑而被判有罪。在上诉阶段,史蒂芬向法庭力陈,如果英王授予了皮克顿下令对路易莎·卡尔德容实施酷刑的权力,那么任何法庭均无权干预。"英国人生而自由的权利"激励了北美殖民地人民反抗英国统治的斗争,但在那些被英国征服的殖民地内,殖民地臣民们却并不享有此种权利。同样地,从西班牙统治特立尼达时期传下来的法律是不是允许酷刑,这也同样无关紧要。无论特立尼达岛的法律多么令人憎恶,帝国宪法已将掌控该岛法律体系的专属权力保留给了英王及其代表。皮克顿或许对权力过于沉醉,但他并未触犯任何法律。[2]英王在被征服的殖民地内享有完全不受限制的权力,而该案则可能要求法庭对此种权力进行裁判。法庭显然对此感到不安,因此宣布休庭以对案件作进一步考虑,但再也没有重新开庭。皮克顿后来在滑铁卢战役中阵亡,成为英雄。[3]

史蒂芬将其大部分职业生涯都投入了废除奴隶贸易和改革奴隶制的运动之中,那么他为什么要庇护一位残暴的总督,使后者在对一个十几岁的孩子实施酷刑后却免受惩罚呢?对这一问题的回答将揭示19世纪初关于帝国和废奴运动的一些重要信息。史蒂芬和其他参与帝国治理的新生代们决非暴政的代言人,相反,他们致力于借助宽泛的王权来遏制暴政。[4]改革者们以埃德蒙·伯克和杰米里·边沁等人对殖民地统治的批评为理论基础,然而却反对伯克和边沁等人所强调的议会监督权;他们默默地秉持这样一种观点,即要将被征服的奴隶制殖民地从奴隶主的暴政中拯救出来,君主特权是最可靠和最有效的办法。[5]而在某些历史更为悠久的殖民地,由于地方立法机构的建立使英国君主的直接统治在宪法上不再可能,改革者们转而争取扩大由君主任命的总督的权力。

废黜权力过大的君主在英国是一项根深蒂固的传统,

主张唯有君主特权方能遏制殖民地暴政，这本应是一个不和谐的声音。不过在美国、法国和海地革命之后的数十年内却并非如此。彼时，关于暴政的讨论无处不在，而对于自由、平等和博爱的主张则鲜有耳闻。反对奴隶制的人最有可能公开宣扬在新征服的殖民地内实施君主专制的好处，但其实不仅是他们，各地都存在对现状不满，并要求加强帝国中央权力的人。即使他们并未请求英国对殖民地进行干预，但他们会写信回去，这些信件本身就提供了关于殖民地的信息，从而强化了宗主国的监督。在18世纪的少量通信中还只是涓滴细流的抱怨在19世纪的最初十年里汇聚成了洪流。诚然，某些关于暴政的讨论确实是支持分散权力的。[6]但大部分时候，整个帝国内心怀不满的人们——无论是商人、水手、奴隶、殖民地居民、士兵、罪犯、宗教少数群体还是激进主义者——都是对基层暴政进行控诉，并借此支持对顶层权力的强化，以推动改革；并继而扩大殖民地法律官僚体系内中层官员的权限。[7]

在一个变革的时代，关于地方统治集团之暴政的讨论很容易被接受，因为它唤醒了神圣的革命传统，但又不会走得过远以至于演化为叛乱。它使抱怨带上了丑闻的气息，然而却并未要求享有哪怕是最基本的消极自由——英国人愿意相信他们根据《大宪章》和1689年《权利法案》享有这样的自由。关于司法专断的控诉活灵活现地描述了关于好人如何变成坏人，以及人们如何醉心于权力而无视公共利益的故事。如果我们注意观察，就会发现18世纪80年代的黑斯廷斯审判以及19世纪初的皮克顿审判都表明,相比于单纯的抱怨而言,丑闻会更快地促成具有变革意义的宪法性论争,而这些论争涉及殖民地权力与帝国权力之间的关系,以及帝国治理的性质。无论被保守派还是改革者所使用,关于暴政的话题已成了帝国法律秩序重构的魔咒。由此而发生的改革进程结合了以下两种时有冲突的目标:一是强化宗主国对地方法律官僚体系的监督;二是扩大那些可能对殖民地的公共管辖权、私人管辖权以及基层管辖权实施控制的中层官员的权力。

本章将考察两例丑闻——一例是关于总督的专制,另一例是关于奴隶主的暴行,其目的在于探寻19世纪早期关于暴政的讨论与关于大英帝国法律秩序的新兴理念之间的奇特关系。就受君主权力直接统治的英国殖民地需要何种最低限度的宪法标准这一问题,相关讨论的基准是由1808年发生在新南威尔士这一罪犯流放地的政变所设定的。[8]1811年,在军事法庭对发动叛乱的陆军中校乔治·约翰斯顿(George Johnston)的审判中出现了关于暴政的辩论,这一辩论对殖民地居民的诉求做了最详尽的公开表达,即他们期望良治以及在帝国内享有臣民身份。虽然该辩论的部分参与者有雅各宾主义的倾向,但控诉者们并未要求在这块独特的殖民地上建立立法机构,或者是设立陪审团。相反,针对布莱总督的专制所提出的指控主要集中于其对原本就破败不堪的司法体系的干预。证人们所要求的只是最基本的公平原则——保护财产和依法实施惩罚。对"朗姆酒叛乱"的宽松处理进一步证明了他们的诉求是有影响力的。如果要用专制的方式来治理新殖民地的话,那么英国政府会想尽办法,避免实行会让英国人联想到拿破仑的专制形式。

与此同时,1810 年和 1811 年在背风群岛发生的两例奴隶主折磨并杀害奴隶的丑闻,则揭示了帝国秩序重构和废奴运动之间的关系。对于改善奴隶境遇的呼吁,学者们在多数时候要么无视其所固有的管辖权维度,要么过于轻率地将其与现代人权联系在一起。[9]围绕着爱德华·哈金斯(Edward Huggins)在尼维斯岛以及亚瑟·霍吉(Arthur Hodge)在托托拉岛上的暴行而展开的争论清楚地表明,奴隶主的残暴多被视为一种宪政秩序严重混乱的征兆,而非奴隶权利问题。这些丑闻无论在当地还是在整个帝国范围内都起到了变革性的作用。人们认为治安法官、法院和由种植园主组成的立法机构无力治理背风群岛,这成了要求在被征服的奴隶制殖民地内推行君主专制统治的重要依据。在 1811 年关于特立尼达岛宪法的讨论中就有人提出了这一点,到了 19 世纪 20 年代,它又支持了在全球范围内进行法律调查和重构帝国秩序的吁求。

诸如此类的丑闻是如何演变为宪法性讨论的,对于这一问题的理解有助于我们发现一些问题,这些问题十年之后方始明朗,并构成了一套关于法律调查和宪法改革的方案——这是一场对帝国范围内整体秩序的全面反思。综合来看,针对布莱的政变,对于两名奴隶主的审判,以及托马斯·皮克顿的上诉,表明一种新的关于宪法秩序的思考正在帝国内部逐渐成形。这一新的图景依赖于宽泛的王权,并由独立和公正的官员运用法律对王权进行轻微地调和。

第一节　君主专制

从某种程度上来说,19 世纪初,处于世纪之交的威廉·布莱可以说比托马斯·皮克顿还要倒霉。1808 年 1 月 26 日,距离布莱担任新南威尔士殖民地总督还不到两年,这一天,新南威尔士兵团“在阅兵场集合”,然后“伴着《英国掷弹兵进行曲》的旋律”冲向总督府,逮捕了布莱。[10]陆军中校乔治·约翰斯顿导演了这场逮捕狂欢,并宣称自己为该殖民地的代理总督。(在宣布实施戒严令一天之后)他实施的第一项举措就是重建法院和重新配置治安法官。约翰斯顿于 1 月 27 日发表声明称:“今后将不会再出现对暴力、不公或压迫的控诉。除非依据法律,否则任何自由民均不得被逮捕、拘禁,或是被剥夺其房屋、地产或自由。公正将得到不偏不倚的遵行……每个人都将享有其勤劳和安定所带来的果实。”[11]约翰斯顿显然也担心如何解释这场政变,因此他直到两个多月后才写信回国。他在 4 月初寄出了一封信,强烈地重申了他对英王的忠诚并为这场兵变辩护,称其目的是在一个有着桀骜不驯的总督和难以管束的臣民的殖民地上维护国王的治理。他声称："布莱总督……背叛了君主寄予他的崇高信任和信心，他根据预谋已久的计划，破坏祖国的法律，威胁和控制法院，而对于那些不幸惹他不快的人，他则剥夺了他们的财富、自由和生命。"[12]

对于任何一位殖民地官员来说，激起一次兵变就已经够倒霉的了。布莱却遭遇了两次。1789 年，布莱的军舰"赏金号"上的绝大多数船员（包括一些出身名门的年轻军官）联合起来，夺取了军舰的控制权，并将布莱和 19 名忠于他的下属扔上了一艘敞篷船，让他们凭着这艘船从大溪地航行到帝汶。英国媒体和一些海军高层把这趟旅程描述为勇气和航海技术的胜利，布莱因失去对"赏金号"的控制一事在军事法庭受审时也体面地被宣告无罪。[13]但总体上，这起事件的结局对布莱而言是很尴尬的。虽然参与兵变的人中有十人被逮捕，但只有三人被实施了绞刑。在剩下的人里面，四人被宣告无罪，三人被赦免。这些人所描述的布莱不仅暴虐，而且"满嘴污言秽语"，这就使布莱关于兵变、叛国以及本人如何英勇地幸免于难的自述大打折扣。[14]看起来，对于布莱之专横行径的控诉使海军军事法庭几乎赦免了此次兵变者的罪行。当然，在 18 世纪后期合法指挥权的怪诞魔力下，布莱并不显赫的出身和不讨人喜欢的性格或许就足以使反对他的兵变者免受绞刑了。

布莱失去新南威尔士的过程几乎跟上述故事一样丢人。兵变者声称当他们发现布莱时，他为了躲避抓捕正躲在床底下,他们将他软禁了数月之久。最后经过谈判,布莱终于获得了一艘船——“鼠海豚号”(*Porpoise*),而条件是他得开着这艘船直接回国。然而,布莱却负气地上演了一出背信弃义的闹剧,他宣称自己是总督,并把船开到了范迪门斯地(今塔斯马尼亚——译者注)的殖民定居点去博人眼球。[15]在那儿他也没能待多久。威廉·帕特森(William Paterson)上校写给副总督戴维·柯林斯(David Collins)的一封措辞严厉的信件,加上布莱招牌式的专横性格,让他在一个月之内就被赶回了自己的船上,而且被禁止跟岛上的居民进行接触。他一直待在泊于德文特河的船上,直到1810年1月拉克伦·麦考利(Lachlan Macquarie)总督前来接替他的职位。[16]

没有人为这场叛乱承担责任,直至1811年5月,约翰斯顿因兵变在伦敦受军事法庭审判,才有人为这场叛乱承担责任。针对约翰斯顿的庭审与针对皮克顿上校庭审的司法程序不同,后者由于难以构成非法监禁和渎职等法定诉由,因而受到颇多掣肘,最终不了了之;而前者的审理完全以总督的暴政这一问题为基础。约翰斯顿在辩护中提出,他之所以推翻布莱,是因为悉尼人民难以忍受布莱的不法行为,离叛乱仅有一步之遥了。根据这一说法,约翰斯顿和新南威尔士兵团不再是叛乱者,而是为了维持该殖民地的秩序对不法行为出手干预。他们声称布莱一直在“侵犯公共正义和私人财产”。他所实施的是“一种暴政,表现为制度与任性的极端混杂,以及持续不断的暴力,包括实质性的伤害和粗俗的言语谩骂”。[17]约翰斯顿称,这一暴政的根基,正是布莱招牌式的干预司法行为。

在1806年前后的新南威尔士，暴政确实存在很大的滋生空间。虽然这块殖民地不是从欧洲大陆那些邪恶的普世帝国手中抢过来的，但它却是作为一个极其特别的宪法性例外而建立的。它在1788年作为英国第一个也是唯一一个专门用来流放罪犯的殖民地而被当作定居地；距此十余年前，美国的革命使美国港口不再对流放犯开放，而数年之前，还曾有过一系列把罪犯作为新兵派往西非的灾难性尝试。[18]为了推动这一不同寻常的殖民地试验，新南威尔士被赋予了一部量身定做的删节版宪法。该殖民地没有立法机构——考虑到其人口中的大多数是罪犯，这种缺失就不难理解了。总督的委任和指令文件与1787年《司法宪章》(Charter of Justice，见英国议会法案27 Geo II，c. 2)一起，授予了总督极大的司法、军事和行政权力，而无须接受任何政务委员会(council)的指导。在1824年以前，总督们还行使了广泛的立法权，虽然他们从未就此获得过正式的授权——这也是一个可以理解的创新，因为新南威尔士离英国本土实在是太远了。在总督之下设有简单的行政架构，其中包括一名军法官，他在6名军官的协助下通过混合军事法庭行使刑事管辖权。有人认为新南威尔士总督的权力比帝国任何其他总督都要大，持这种观点的人大概没有读过特立尼达和马耳他的宪法。但无论如何，新南威尔士确实是一个独裁之地。[19]

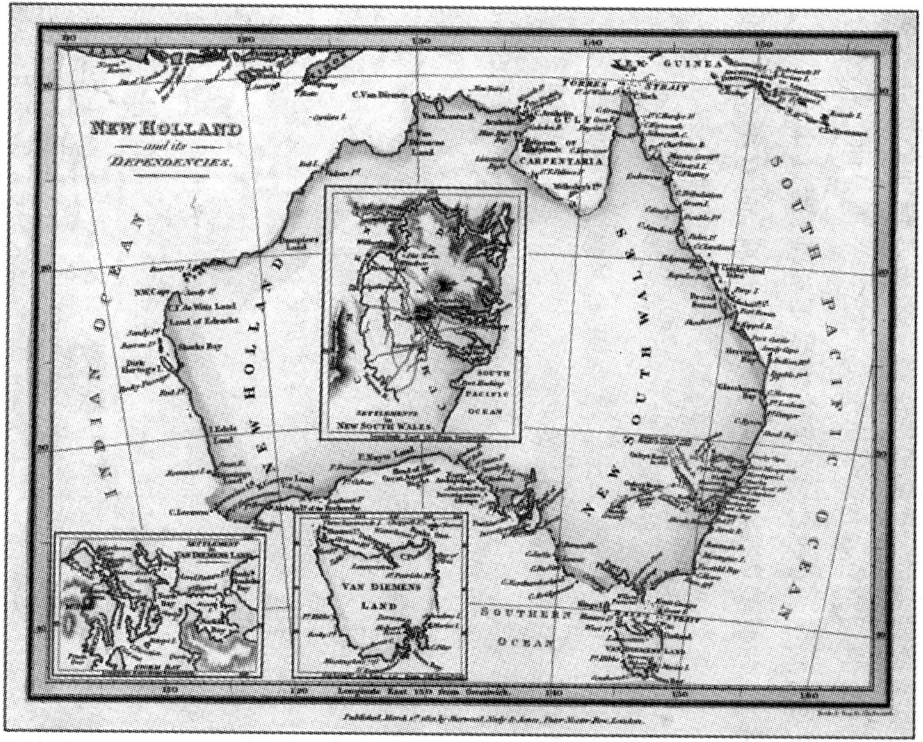

＊图片来源:复制于澳大利亚国家图书馆瑞克思·南恩·基维尔地图库(编号:NK10630)。

不过,新南威尔士总督的统治也不是完全不受制约。首先,布莱和他的前任们一直饱受诘难,而如前总督金(King)所言,其原因之一是总督们所接受的指令使得“在任何一个社会中,统治者和被统治者的职责和利益之间的冲突都没有像在新南威尔士那样剧烈,对于认真履职的总督而言就更是如此”。[20]英王的指令要求该殖民地作为一个露天管教所来运作,罪犯们可以在这里从事农业,从而把自己改造成某种类似于正直的自耕农的人。罪犯应当被安排在公共劳作场所——但这个政策只持续了不到十年的时间,因为后来发现私人劳作场所显然能够更好地管理罪犯和更好地供给他们的生活。最重要的是,政府希望当地居民到城外居住。城外的士兵和前流放犯们很轻易地就被授予了拥有完全产权的大小不一的农地,而在早期的悉尼从未有人获得过可自由继承的土地。[21]

总督的权力再大,也无法实现如此不切实际的构想。就像任何一个离开欧洲去往海外殖民地的人一样,水手、士兵、自由民以及人数不断增长的刑满获释者都希望通过经商来致富——他们进口并销售货物、猎取海豹皮和提取鲸油,并交易剩余农产品。为此,他们坚持留在悉尼。1806 年布莱到任时,殖民地的大部分居民(该殖民地 7563 名居民中的 4000 人)都居住在悉尼城内。[22]士兵和服务业者们在总督府附近建了房子,商人和店主在港口附近建了家园和商铺,而罪犯们则在一个岩石密布的地方建立了一个繁荣的小镇,并索性就把这种地方叫做岩石镇。[23]悉尼城就是基于这样不稳固的不动产权属而建立起来的。虽然有少量的房产根据菲利普(Philip)总督的指令被授予了14年的租期,但悉尼的大部分房产是根据“总督之言”或“占有信”,再加上比这还要模糊不清的买卖合同而修建的。[24]殖民地居民们正是在这样不稳固的土地之上进行着贸易活动。他们在未获得宗主国许可的情况下维持着自己的生意,却让每个总督的日子都很难过。

布莱最开始确立暴虐的形象,就是因为他试图把悉尼人从总督府和港口附近赶走。[25]殖民地的很多居民都不喜欢亨特(Hunter)总督和金总督,但只有布莱威胁要把居民们从其家园和商铺中赶走。[26]物资供应所副专员罗伯特·菲茨(Robert Fitz)在政变发生前写信回国并控诉,布莱对租契的侵犯“令不动产的使用权变得极不稳定;如果任何一位总督都可以撤销其前任之行为的话,那不管什么性质的不动产都必然会变得不确定”。[27]在对约翰斯顿的审判中,布莱被指干涉了戴维·迪更森·曼(David Dickinson Mann)、托马斯·维特(Thomas Whittle)、丹尼尔·麦凯(Daniel Mackay)、纳山尼尔·卢卡斯(Nathaniel Lucas)和果万(Gowan)先生等人在其悉尼的租地上所进行的修缮——布莱则辩称其干涉是根据城市规划进行的。[28]约翰·麦卡瑟(John Macarthur)提供了足够的证据,证明就其租地和教堂土地之间的界限一事,他与布莱总督之间一直存在争议。[29]布莱还因为其对贫民房屋的毁损而遭到了质问,其中包括毁坏了约翰·施(John Shee)、弗里德里克·默朗特(Frederick Meurant)、威廉·金伯(William Kimber)、阿普斯(Apsey)先生和朱迪施·弗林

(Judith Flinn)太太的房子,这些人在总督的领地上兴建了简陋的小屋。流放犯出生的农民兼商人爱德华·威尔斯(Edward Wills)的妻子曾经在信中抱怨道:"他从有的人手里抢走了好房子,还之以不好的房子。从另一些人手中他则是抢走了他们的房子,让他们流落街头,而且不提供任何赔偿。对有些人他是不让他们建房,对另一些人他则是违背他们的意愿而做出改建,总之他就是用尽办法压榨所有的人。"[30]

约翰斯顿一方的证人还指称布莱干预司法,从而使法院无力保护殖民地的臣民免受其暴政。约翰·布莱克斯兰德(John Blaxland)在军事法庭上称,在布莱被推翻的前夜发生的"城里的骚乱"是由于"布莱总督对法院的干预:他试图毁掉刑事法院,而这是使我们的生命免受其专制权力侵害的唯一保障"。[31]被告指称布莱至少三次指示对违法者进行了一事再审或一事再罚:达西·温特沃什(D'Arcy Wentworth)既遭到了军事法庭的训诫,又遭到了助理军医办公室的开除;[32]两名来自爱尔兰的、被控煽动叛乱的政治犯被刑事法院宣告无罪,但随后却因同一事由被地方治安法庭宣判有罪;还有一些罪犯在被法庭宣告无罪之后又遭受了"300、400、500 或 600 记鞭刑"。[33]在寄回国内的信件和有关兵变的审判中,布莱均被指控"违背军队的通常做法和惯例",干预刑事法院法官的选举,以及将涉及其盟友宪兵司令威廉·高尔(William Gore)之欺诈行为的审判推迟至自己回到悉尼之后,以便影响审判进程。[34]

叛乱者称布莱任命了品行败坏的人来担任公职,而这进一步损害了司法公正。麦卡瑟作证说,“聚集在总督身边的大部分人都是处境窘迫之辈,布莱让他们做任何事情他们都会去做”。[35]布莱的盟友中争议最大的要数前罪犯、律师乔治·克劳斯利(George Crossley),他因篡改一位已过世客户的遗嘱而被流放到新南威尔士。[36]被告人出示了大量的证据,证明布莱与克劳斯利往来密切,或者至少在其被赶下台之前数周就宪法问题咨询过克劳斯利。[37]前军法官理查德·阿特金斯(Richard Atkins)作证说,他自己也曾经就法庭遇到的法律技术问题咨询过克劳斯利,克劳斯利在涉及约翰·麦卡瑟的法律纠纷中还参与了诉状的撰写,而正是这起纠纷促成了叛乱的发生。[38]叛乱者们都认为,克劳斯利具有如此大的影响力非常让人担忧。安东尼·坎普(Anthony Kemp)的证词说,“有这样一个臭名昭著的人起着引导作用,没有人会觉得自己的生命或财产是安全的”。[39]对克劳斯利(以及其他前罪犯)的不满揭示了一种比布莱总督的统治更为隐秘且危险得多的暴政。与军官关系密切的殖民地精英们警告道,刑满获释者们正在商业、社会和政府中日益占据优势。他们的担忧是发自内心的;随着时间的推移,整个帝国的殖民地居民们开始越来越关注社会地位和举止礼仪,他们对种族的区分也愈加在意。[40]在新南威尔士,此种担忧很快会扩大为精英阶层(包括新的高等法院法官们)和新总督拉克伦·麦考利及其前罪犯居民之间无法弥合的裂痕。与此同时,与前罪犯相关的指控在伦敦显然也很有市场,在伦敦的民众和政府看来,这块殖民地的特性就是道德败坏。[41]

这种暴政、腐败和道德败坏的名声在布莱总督的"污言秽语"中得到了淋漓尽致的体现。[42]证人们指称布莱的放纵体现了对帝国权力的藐视。他们说卡姆登(Camden)勋爵和伦敦的其他一些权贵曾承诺授予一些自由民相当面积的土地,布莱却愤怒地拒绝兑现这些承诺。[43]前军法官理查德·阿特金斯的证词最为确凿有力。阿特金斯承认"有时候",他会因为"怕极了"总督发脾气而"违反自己的情感和判断来实施惩罚"。[44]当阿特金斯就达西·温特沃什被一事再罚这件事提醒布莱时,据说布莱大叫道:"法律,先生!让法律去死吧!我的意志就是法律,逆我者亡!"[45]

所有这些关于暴政的指控都在布莱和约翰·麦卡瑟的冲突中交汇了。当时,在新南威尔士兵团担任过军官的每一个聪明的自由民都获得了地位上的提升,麦卡瑟也利用这个机会赢得了伦敦当权者的好感。他于 1805 年回到新南威尔士,他之前密谋反对前任总督的行为已得到了宽恕,而且卡姆登勋爵还承诺给他一大片土地来养羊。不出所料,布莱拒绝给他这块土地。麦卡瑟称布莱"做了极其暴烈的答复……让国务大臣去死……国内他说了算,这儿我说了算"。[46]而当布莱委派"首席商人"罗伯特·坎贝尔(Robert Campbell)对殖民地的朗姆酒蒸馏器进口实施限制时,他又一次触怒了麦卡瑟。[47]麦卡瑟无视这一限制,依然我行我素地进口蒸馏器。当坎贝尔派其侄子在没有法院令状的情况下扣押了麦卡瑟的蒸馏器时,麦卡瑟将其告上了法庭。麦卡瑟在法庭上宣称:"所以事情是这样的,一个英国臣民,住在英国的土地上,而这片土地的法律是依据皇家特许令所创设的,但是,这个人的财产却被一个未经授权的人夺走了,后者除了说这是总督的命令之外,没有出示任何官方权限或给出任何其他的理由。所以诸位,英国人在新南威尔士享有的财产权是不是就是这幅样子,这就是你们现在所要决定的事情。"[48]

1807 年年底,麦卡瑟不断增加的控诉清单上又多了一项任意逮捕。为了防止罪犯逃离殖民地,布莱曾颁令要求所有船主缴纳一笔保证金,以保证他们不会帮助罪犯偷渡。[49]1807 年 6 月,麦卡瑟和甘汉姆·布莱克赛尔(Garnham Blaxcell)所拥有的"帕拉玛塔号"(*Parramatta*)把一名罪犯偷渡到了大溪地,结果东窗事发。当该船"装载着 75,660 磅猪肉"于 12 月回到悉尼时,罗伯特·坎贝尔扣押了该船,把船员关押在船上,并要求船主缴纳 900 英镑的保释金。[50]该要求遭到了拒绝。当船员们向军法官寻求救助时,阿特金斯要求麦卡瑟出庭。[51]但麦卡瑟又拒绝了,声称他曾被非法阻止进入该船。[52]于是,阿特金斯发布了针对麦卡瑟的逮捕令。12 月 15 日,当警察局局长弗朗西斯·奥克斯(Francis Oakes)前来送达逮捕令时,麦卡瑟以暴力相威胁把他赶走了,他后来声称:"我认为这样侵犯一个英国臣民的人身自由,在任何时候都是不能被允许的和不正当的,除非有人明确地宣誓作证,证明此人犯了足以导致监禁的罪行。"[53]

第二天,麦卡瑟遭到逮捕,随后被保释,并被勒令在地方治安法庭出庭受审。治安法庭或许也参与了这场愈演愈烈的司法不公闹剧，因此将该案移送到了刑事法院。此时，麦卡瑟提出，反对军法官阿特金斯担任他的审判法官。作为一个未受过法律训练的醉鬼和负债之人，阿特金斯很容易成为攻击对象。[54]麦卡瑟要求阿特金斯回避，原因是麦卡瑟曾经在一起债务中纠纷起诉过他，所以他“对(我)怀有根深蒂固的怨恨，这种怨恨体现在其对恶意谎言的散布中，也体现在这个拥有权力的人即将对我施加的每一个不公正行为之中，而我相信我的生活和行为本身就是一出公开的讽刺剧。”[55]在这样一通发泄之后，阿特金斯当然就极力要求以藐视法庭为由逮捕麦卡瑟。但参与案件审判的六位军官却站在他们的前同事和知交一边，要求总督任命另一位军法官来审案。当总督解释他没有权力这样做，并要求该案继续审判时，这些军官公然违抗了命令。布莱则以“叛国嫌疑”的指控传召了他们。[56]

就在这个时候，约翰斯顿上尉出手干预了。他要求悉尼的监狱长释放麦卡瑟，否则后果自负。[57]就在麦卡瑟被释放的当晚，约翰斯顿率领军队前往政府大楼抓捕总督。没有人知道麦卡瑟在何种程度上与约翰斯顿共同谋划了这一系列令人遗憾的司法审判闹剧。但显然，在英国国内为兵变洗白方面，人们期望关于司法不公的指控能起到关键作用，而事实上它也确定起到了这种作用。以司法问题为核心的对殖民地暴政进行指控确实效果非凡。

布莱及其支持者同样很清楚暴政话语的分量。在1811年军事法庭对约翰斯顿的审判中，他们竭尽全力把布莱描绘成独裁者的天敌和正义的守护者。布莱手下的宪兵司令威廉·高尔作证说,少数“对总督的政策心怀不满……之人”之所以阴谋反对布莱,是因为他试图阻止该殖民地的中层势力,即现任和离任的军官以及他们的治安法官亲信们滥用权力。他指出,布莱限制与不稳定的当地货币挂钩的期票的流通,从而激起了一小撮人的愤怒;确实,一位居民在其写回国内的一封充满怨气的信件里也指称布莱通过诸如此类的“朝令夕改的规章和任意性的管制措施”,对商人们进行“一刻不停地骚扰”。[58]参与叛乱的治安法官们的权力滥用行为更为人熟知。布莱曾命令高尔“如无治安法官的授权不得监禁任何人”,以及保证“不经我本人的批准不得释放任何囚犯”。高尔作证说布莱还试图限制治安法官对罪犯施加“严酷的”刑罚,以及限制对罪犯施以“肉刑……以获取口供来证实被怀疑的罪行”。[59]

警察局局长弗朗西斯·奥克斯描述了布莱刚到的时候,是怎样把这块殖民地从投机商人手中拯救出来的。1806 年 3 月,一场洪水摧毁了霍克斯伯里的庄稼,对剩余的粮食储备“享有垄断权的某些人物”无情地利用了这场灾难。[60]布莱到达后不久,135 名悉尼人和 234 名霍克斯伯里居民向他请愿,指控包括约翰·麦卡瑟在内的当地权贵在这场灾难中坐地起价。[61]布莱的处理方式是在水灾期间向请愿者(其中很多曾经是罪犯)发放粮食配额。他还帮助请愿者们减轻了债务,这也是他和麦卡瑟发生冲突的另一原因。麦卡瑟在洪灾发生前借钱给农民,让他们以固定数量的粮食来偿还。阿特金斯作出判决,让这些农民以洪灾前的粮食价值来偿还债务,而布莱拒绝推翻该判决,从而打破了麦卡瑟大发横财的美梦。[62]

罗伯特·坎贝尔和约翰·帕尔默(John Palmer)都声称,在兵变之前,大部分殖民地居民对现状还是很满意的。自由民马丁·梅森(Martin Mason)甚至称住在农村的人们都被叛乱吓坏了,而且城市和农村的居民们是在被胁迫的情况下才签署了给约翰斯顿的贺信。[63]查尔斯·沃克(Charles Walker)作证说,约翰·麦卡瑟曾公开批评布莱,说他把太多的土地给了"一群无赖",而没有给"殖民地里值得尊敬的绅士们"足够的土地,在叛乱之前麦卡瑟就警告说"这块殖民地忍受布莱总督的统治已经够久了"。[64]事实上布莱的罪过比这还要大得多。他异常吝啬,在任期内只授予过三块土地,一共只有"2180 英亩,而他的前任则给出了 73, 337 英亩"。[65]

布莱的盟友们大肆宣扬当地权贵的恶行,但这并没能对法庭产生影响。约翰斯顿密谋推翻一位总督的壮举心照不宣地延续了英国和法国革命的传统,他因此而被革职,但并未被判处绞刑。除他之外,没有任何其他人因该次兵变而在军事法庭或其他法庭受审。导致这一结局的部分原因是很个人化的。麦卡瑟是一个好斗而无趣的人,在累积了多年经验后,他利用丑闻的天赋日渐显现。相较于命途多舛的威廉·布莱,麦卡瑟和他的狐朋狗友们更会经营人脉,而布莱在"赏金号"事件中不光彩的历史和随后所遭受的独裁指控,已经让他在英国海军部树敌颇多,而鲜有人助了。[66]

约翰斯顿之所以没有被判处绞刑,还有一部分宪法层面的原因。王室有非常具体的理由——宪法上的理由——对涉及新南威尔士总督的暴政指控持谨慎态度。关于布莱的暴政,虽然大部分的指控都是关于布莱治下司法运作的日常细节的,但悉尼的叛乱还提到了有关总督的立法权和法院组成方面的结构性问题。1803 年,边沁写过一本没有发表的小册子,认为新南威尔士作为一块流放地的整个制度设计就是不合宪的。他指出新南威尔士并不是一块被征服的殖民地(conquered colony)。在此情形下,君主对它并不享有像其后来在特立尼达所享有的那种不受限制(虽然"不受限制"本身也不乏争议)的权力。虽然在 1818 年之前,政府从未主张过新南威尔士是一块"移居殖民地"(settled colony),但它显然并不属于征服殖民地,因此英王也不能对其享有"坎贝尔诉霍尔"案(Campbell v. Hall)中所确定的那种宽泛皇权。[67]因此,边沁认为英王在新南威尔士已经越权了。新南威尔士的英国人(罪犯和现役军人除外,边沁认为对他们应当适用军法)应当享有英国法所赋予的权益。但是相反,这块殖民地却在君主授权和议会法令的某种奇异混合下不合规矩地被构建了起来。[68]

边沁对于新南威尔士的批评意见在坊间流传甚广,虽然伦敦政府并没有把它当作一回事,但边沁的观点却渗入了殖民地当地的宪法讨论中。麦卡瑟在其短暂的流亡期间曾在伦敦跟边沁见过面,而且显然拜读了后者的小册子。在 1805 年回到新南威尔士的时候,他警告金总督说:"所有的地方性规章都是非法的……除非得到议会法令的认可。”[69]金甚为忧虑地把这一对话报告给了国内,但国内没有任何反应。值得一提的是,麦卡瑟自己所设想的解决方案也只是一种温和的宪法性改变。在 1809 年一封署名 T. W. 普拉默(T. W. Plummer)的信件中,麦卡瑟提议设立一个经由任命产生的或由治安法官选举产生的立法委员会,来保证总督的独裁可以受到最受尊敬的居民们的制约。[70]总体而言,他似乎还是赞同金总督的观点,即“英格兰的法律”并不“足以治理本殖民地”。[71]在布莱被推翻 15 年之后,1823 年《新南威尔士法案》终于实现了该殖民地宪法秩序的重构,而麦卡瑟的建议则成了这一重构的核心内容。[72]

发生于悉尼的叛乱延续了一个悠久的革命传统,该传统跨越了 1215 年发生在兰尼米德(《英国大宪章》的签署地——译者注)的对峙和 1688 年的光荣革命。叛乱的一些重要参与者,尤其是托马斯·维特,有明显的雅各宾主义倾向。[73]在一场遏制法国革命浪潮的全球性战役中,这样的倾向本该毁掉悉尼的叛乱者们。但事实却并非如此,部分原因在于关于暴政的话题很大程度上也从英国的革命传统中汲取了力量;即使是抗拒革命的王室也不能无视对暴政的指控。更何况,美国、法国和海地都在发生更为恼人的激变,在这样的背景下,新南威尔士的小小叛乱根本就算不上革命。如前所述,叛乱者们对弑君毫无兴趣,他们所要求的不过是财产安全和稍微独立一些的司法体系而已。正如 19 世纪 20 年代殖民地调查委员会收集的数据所显示的,在这个反对革命的帝国里,正是这样的目标构成了人们对自由之吁求的实质性内容。

这些叛乱者被免于处罚的另一个原因与托马斯·皮克顿人尽皆知的丑闻有关,这些丑闻涉及他在加勒比地区的肆意妄为。就在约翰斯顿受审的同一年,议会中的部分议员以皮克顿滥用权力为由要求在特立尼达岛设立一个立法机构。在此背景下,为了维护布莱而绞死叛乱者可能是极其危险的。对约翰斯顿施以惩罚可能会成为一个不合时宜的公开例证,说明美国革命之后帝国内试验性的君主统治是失败的。这里牵涉的不仅是特立尼达的宪法,更是帝国秩序建构的一种新模式。

1763 年,英国同意在格林纳达建立一个立法机构,然而却引发了一系列宪法性灾难,这件事让一代英国决策者们认识到,推定“大不列颠的政府和法律……对外国人也一定同样好、同样合适”是一个“错误”。[74]在格林纳达,少数出生于英国的新教徒们控制了该立法机构,拒绝向帝国纳税,并开始残酷地压迫作为多数群体的说法语者和黑人自由民,以至于在 1795 年,被压迫者们奋起反抗,并把这块殖民地交还给了法国人。[75]这一顿悟从 1773 年起就奠定了所有殖民地宪法的基础,这一年议会向东印度公司硬性指派了一位总督。以印度为典范,就宗主国和殖民地宪法之间日益扩大的差别会带来何种后果这一问题,向君主专制的转移开启了一场逐步升温的讨论。[76]

在 18 世纪 80 年代早期,这场讨论的风向发生了重要转变,反对议会对帝国的监督以及加强君主特权的观点占据了上风。作为攻击沃伦·黑斯廷斯的前奏,查尔斯·福克斯(Charles Fox)和埃德蒙·伯克认为,在印度,一个全然不受监督的英王代表可能会带来比东印度公司的统治更为糟糕的恶政。他们建议印度应当由一个议会下设的委员会来治理。作为回应,福克斯议案的反对者们提出了另外一种关于帝国的论点,后来证明后者要比前者重要得多。他们认为,在印度实施君权统治比议会下设委员会进行统治要更安全。将殖民地暴政纳入君权的监督之下可以将其与议会相隔离,以免后者遭到浸染。[77]空间距离和宪法上的差异可以防止殖民地暴政从帝国边缘向帝国中心蔓延。但是在 19 世纪早期,随着殖民地总督的恶行受到伦敦媒体的广泛报道,空间距离的隔离作用正在消解。

帝国专制不仅仅是恐惧和便利的产物。在诸如新南威尔士和特立尼达这样的殖民地,尤其是后者,宽泛的君权保证了良治试验得以进行。1773 年之后关于帝国改革的很多讨论都假定宗主国和殖民地臣民在法律地位上有严格的界限。废奴主义者与雄心勃勃的行政管理人员一起,把专制统治下的特立尼达变成了一个自由劳工试验场,或至少是改良版奴隶制的试验场。无论边沁如何认为,新南威尔士是被当作一个道德改造地而设计的;农场的劳动可以将小偷重新变为良民。[78]在 1810 年,正是这样一种君主专制下的改革愿景给了詹姆斯·史蒂芬为皮克顿的暴政提供辩护的动力。而布莱和皮克顿那臭名昭著的独裁统治所威胁的,也正是这一愿景的实现。

第二节　奴隶主的暴行

经由一个有序的、分层的法律框架而实施的专制可以实现对帝国的改革,这是因为在英国本土的管理者和改革者看来,真正的暴政其实另有所在。君主是仁慈的,他颁布的法律是正义的,但不守规矩的中层官员们却没有能力让其不服管束的邻居们遵守君主的法律,帝国改革的计划正有赖于纠正这样的错误。当皮克顿和约翰斯顿在伦敦的法庭受审之时,发生在加勒比地区的一系列争议亦清楚地说明了这些问题。

1810 年 1 月 23 日,在尼维斯岛的主要城镇查尔斯顿的公共市集上,发生了一起令人不安的闹剧。爱德华·哈金斯和他的儿子们命令两个司机鞭打 32 名奴隶,奴隶中有男有女。一下子惩罚这么多奴隶吸引了一群人去围观,没人出头阻止鞭打或抗议其残酷性,但至少有一位旁观者详细地记录了整个事件。约翰·伯克(John Burke)记录了鞭打的次数:最严重的 9 名男性被打了 47 ~242 次;那 9 名女性更惨,遭受了 49 ~291 次鞭打。他也记下了几个站在旁边看热闹的治安法官的名字。据伯克后来说,他记下这一幕是因为他觉得“国家会派人来管这件事的”。[79]

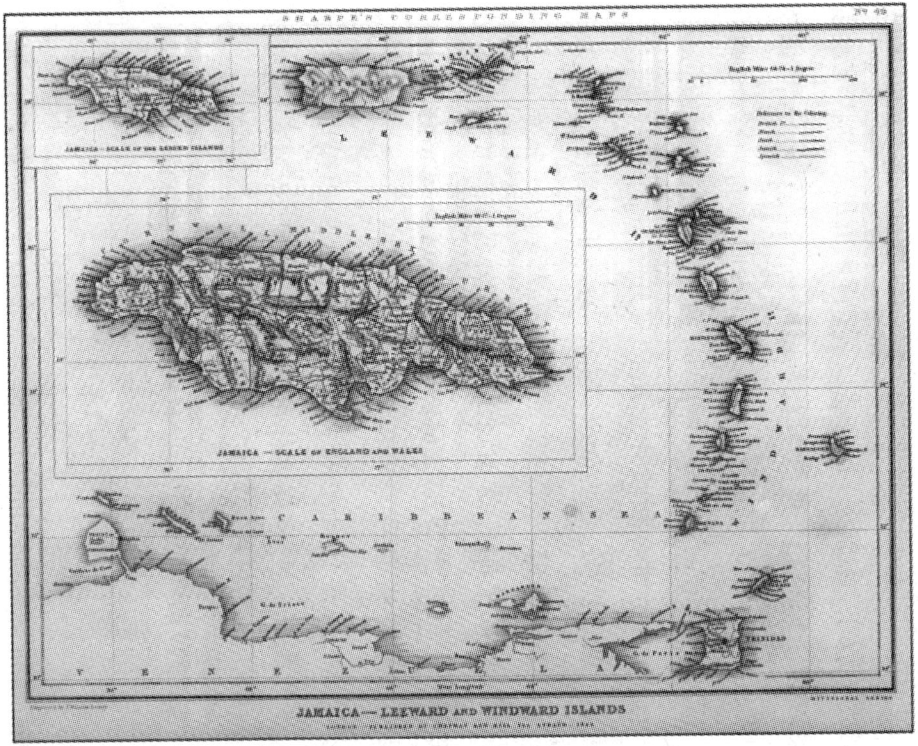

* 图片来源:复制于戴维 · 拉姆齐历史地图库(编号:2175050)。

国家确实出手管了这件事。哈金斯有钱、有人脉,他不久前刚买了一个很大的甘蔗园,他的女婿是尼维斯地方政务委员会的主席。但即便如此,哈金斯还是在当年 3 月遭到了大陪审团的指控,理由是他“在公共市集上以非常残忍的手段对黑人奴隶”实施惩罚,这违反了《背风群岛奴隶状况改善法案》(以下简称《改善法案》——译者注)。[80]这一法案竟然能让岛上的一名奴隶主因为其残暴行为而受审,显然不同寻常。1789 年,在圣克里斯托弗,背风群岛的民众大会(General Assembly)和政务委员会召开了一次难得的会议,并通过了前述法案,它为奴隶提供了为数不多却极其宝贵的保护。政务委员会设计这个法案的初衷是为了抵御宗主国对于殖民地奴隶制日益加强的干涉。法案主要规定了对奴隶所犯的无足轻重的小过错的惩罚——这些过错包括未经许可外出或是从小手工艺者那里买东西等。有人声称这一立法确保了奴隶们能够得到“确定、及时和积极的法律保护”,像詹姆斯·史蒂芬这样的废奴主义者则对这一说法嗤之以鼻。[81]

当地的《改善法案》尽管有诸多缺陷,但却首次将奴隶主惩罚奴隶的私人权力置于公共权力的约束之下。与 1788 年的《牙买加改善法案》不同,《改善法案》并没有限制奴隶主可以实施的鞭刑的数量,但它规定治安法官有责任调查所有关于当地奴隶主暴行的指控。[82]无论这一权力多么微弱,它仍具有推动变革的潜力。它意味着承认奴隶主对奴隶的管理权并不是所有权的天然延伸,而是由国家所授予的一种特权。[83]在哈金斯案中,被害人的数量、他的司机所实施的鞭打的次数,以及围观的治安法官的不作为蔑视了法律对于奴隶主暴行的粗略禁止,而且可能会撕毁种植园主自律这一单薄的粉饰。因此在这次鞭打事件一周之后,尼维斯的立法机构通过了一份决议,以维护其对奴隶主极其有限的管辖权,该决议谴责爱德华·哈金斯实施了如此严厉的惩罚,认为其构成了“在本岛上从未有过的野蛮行径”。[84]

在辩护过程中,哈金斯和他的家人主张该岛应适用另一套秩序安排。他们声称奴隶主惩罚奴隶的权力是维持当地治安的基础。在一份打算传回伦敦的陈述中,爱德华·哈金斯提出了在他看来使公开鞭刑合法化的基本原则:法律“赋予了奴隶主纠正其奴隶之错误的权力”。[85]哈金斯和他的儿子们还提到了奴隶起义的幽灵。彼得·哈金斯(Peter Huggins)在作证时描述了其父的庄园内日益发酵的不满情绪。他声称奴隶们从“反对”发展到了“实际的违抗;从违抗……到骚乱;然后从骚乱到造反”。[86]“为了让”其他庄园的“奴隶不敢实施类似行为”,鞭打这些奴隶是必要的。哈金斯一家人是有的放矢地抛出这个说法,讲给一群忧心忡忡的种植园主们听,这些种植园主们读着关于海地革命的消息,担心关于本地奴隶状况改善和法律保护的讨论会煽动自己的奴隶起来造反。[87]彼得·哈金斯还讲述了其他一些事件,整个就是一份种植园主恐慌事件目录。在新获取的庄园中,“小逃亡”(奴隶逃走一小段时间)现象十分猖獗。派去抓捕逃逸者的“猎人”们经常空手而归,而如果惩罚他们的话,他们自己也会逃走。十几个奴隶会突然一起生病。奴隶们打了一个私下听命于哈金斯的奴隶,并导致一群人出于抗议晚了好几个小时才去工作。有一次"一大堆人……逼向了"哈金斯,他不得不威胁要开枪才逼迫他们退开。彼得·哈金斯还作证说他很快发现"如果他本人不在地里监督的话,奴隶们什么活也干不了"。他命令奴隶们"每天晚上花一个小时从动物的窝圈里移除粪便",以作为对拒绝工作的惩罚。这个命令导致了一周的僵持局面,在这期间很多男女奴隶仍然拒不执行该项命令,有的人更是干脆完全不工作。[88]由于在晚上移除粪便是1798年《改善法案》所禁止的少数几种奴隶工作之一,奴隶们对该项工作的拒绝显然表明他们知道有改革的希望,而且决心捍卫改革已经赋予他们的少许权利。[89]

当哈金斯在针对他的所有指控上都被宣告无罪时,地方性的争议就扩散成了帝国层面的丑闻。从他3月被起诉到5月出庭受审期间,哈金斯的盟友们设法在小陪审团里安插了他们的人。[90]当地的一些报纸刊登了措辞激烈的信件,由此引发了对于哈金斯中伤诽谤行为的指责,以及岛上的法律官员们对于正当程序的坚决维护。[91]在英国本土,议会搜集并发表了总督的通信记录、政务委员会和大陪审团的会议记录以及证据笔录;英国的报纸节选并发表了这些记录的一部分。这些铺天盖地的批评关注的重心并不是鞭打行为或是众多遭受鞭打的奴隶,而是这块殖民地上那些英国宪法的捍卫者——治安法官、陪审团和法院——竟然无法遏制种植园主的暴行。[92]

首当其冲受到诘难的是治安法官们。1810 年 3 月，尼维斯的大陪审团曾考虑以玩忽职守为由起诉那些看热闹的治安法官，但是他们最后只起诉了哈金斯，因为除非哈金斯首先被定罪，否则无法将那些治安法官认定为哈金斯所犯罪行的教唆者。[93]当年 9 月，利物浦(Liverpool)伯爵指令背风群岛的新总督休·埃利奥特将涉嫌参与鞭打事件的“所有人员都绳之以法”，包括“所有的治安法官或其他官员，他们是如此罪大恶极地无视自己的公共职责，以至于竟然可以……在这样令人不齿的场景面前熟视无睹或袖手旁观”。[94]在哈金斯被宣告无罪将近一年之后，伦敦方面仍然敦促埃利奥特将那些治安法官革职，“这一事件人尽皆知，让他们的职业共同体蒙羞，就连王储殿下也谴责他们所犯下的罪不可恕的失职行为”。[95]

在治安法官失职的背后还存在更为深层次的问题，即这片殖民地的司法运作应当采取何种模式。对于群岛上发生的案件，相关评论所关注的部分问题在于殖民地中训练有素的司法人员的匮乏以及由此而造成的司法不公，此种不公不仅针对奴隶，对自由民也是一样。一位来自尼维斯的批评者曾给《圣克里斯托弗报》写了一封信，称首席大法官是“一个积习难改的醉汉，经常醉醺醺地去审案”，并且暗示还有其他奴隶也死在了哈金斯的庄园里，对此却没有展开任何调查，为此该批评者自己也陷入了诽谤官司。[96]此外，当地对于陪审团不公的抨击还提出了一个担忧，即由奴隶主阶层对其他奴隶主的行为进行裁判是否合适。[97]

1811 年,来自托托拉岛的一个代表团所带来的消息又一次重创了加勒比地区殖民机构的声誉,这些消息是关于对亚瑟·霍吉折磨并杀害其奴隶的控诉。[98]代表团带来了两份经宣誓的证词,一份来自佩林·乔吉斯(Pereen Georges),他是一位曾在霍吉的庄园生活和工作过的被解放的奴隶;另一份来自史蒂芬·麦基奥(Stephen McKeough),他曾在霍吉的庄园担任监工。他们对霍吉暴行的描述令人发指。他们指控他把开水分别灌进两个家奴玛格丽特(Margaret)和埃尔斯(Else)的喉咙,导致二人死亡。麦基奥还目睹并指使他人对一个奴隶实施残酷的鞭刑,原因是此奴隶被派去抓捕逃亡的奴隶,却空手而回。[99]还有一位名叫普劳斯普尔(Prosper)的奴隶,据说因为偷了一个芒果而遭到了非常严重的鞭打,他在苟延残喘了几天后再也没有能够站起来,他的尸体被草草埋葬在了他生前所住的棚屋门前的一个浅坟里。还有一些孩子也遭到了折磨,据说其中包括霍吉和他的一个女奴所生的女儿。埃利奥特在给妻子的信中说,在当地颇有人缘的霍吉所实施的行为“是我听到过的整个大英帝国里最骇人听闻的”。[100]

如果说哈金斯受到审判是因为他公开实施的暴行打脸了原本就惜墨如金的保护法案,那么霍吉因为对奴隶实施酷刑而被举报可能是因为他得罪了托托拉岛的当地权贵。[101]在审判中,证人们隐晦地提到了一些非常私人的积怨,而相关的往来信件显示,指控霍吉的证词是由威廉·考克斯·罗伯特森(William Cox Robertson)组织收集的,而他这样做的目的可能是推动一项从托托拉岛的海军当局那里获取赏金的复杂计划。具有讽刺意味的是,《废奴法案》反而使得托托拉岛的行政职员和政府官员们被卷入了一种有利可图的生意,他们可能在收受钱财后安排被解放了的奴隶去做学徒,或有时候骗他们回去做奴隶。[102]

无论其动机是什么,霍吉的敌人们选对了行动时机。此前有人指责埃利奥特总督在哈金斯的审判问题上处理不当,对此他甚为恼火,总督也知道托托拉岛是知名的非法奴隶贸易的温床,因此他急切地想要展示自己的权威。[103]然而他并没有多少权威可以展示,统治着背风群岛这一角落的是各种立法机构,总督拥有的唯一的正式权力,是反对有违君主利益的立法,而这一权力极少被使用。选择治安法官和高级法官的并非英国君主,而是立法机构。首席政府律师(solicitors general)和首席法律顾问(advocates general)固然是由伦敦指派的,但只是物色既有意愿又有资质的人选来支持总督对抗当地的立法者和法官,就已经让宗主国的选任体系倍感压力了。[104]虽然埃利奥特的权力有限,他还是想确保审判霍吉的不完全是当地人。由于当地的刑事法庭即将休庭,他指派了一个巡回听审的特别委员会,并且安排了一个人代替生病的首席政府律师前往托托拉岛,以加速审判进程。[105]当一个特别尽职的陪审团认定霍吉谋杀普劳斯普尔的罪名成立时,埃利奥特拒绝了法庭提出的赦免建议,于是亚瑟·霍吉成为了西印度群岛第一个因为杀害奴隶而被处以绞刑的英国奴隶主。

将一个地位显赫的种植园主处以绞刑,这显示了在自治殖民地加强总督对司法程序的控制权所能带来的益处。与此同时,霍吉的长期暴行也凸显了西印度群岛的治安法官们普遍未能对奴隶主行使其有限的权力。在审判的开场陈述中,首席政府律师把治安法官的共谋这一问题摆在了案件的中心位置。他对比了两种秩序,一是拥有强有力的治安法官系统的殖民地秩序,一是有权势的人能任意界定其法律特权的无政府状态:"人们希望他们(治安法官)在公正地行使其职权的过程中能够获得充分的帮助和鼓励,希望他们所作的判决能够得到尊重和切实执行;否则的话我们就不需要法庭了,而是进入一种无法无天的状态,每个人都得自己主张自己的权利,并各凭本事去维护其自认为拥有的特权。"[106]

从这一角度来看,霍吉的罪行所代表的不仅是对奴隶主权力的野蛮滥用,还是对治安法官管辖权的否定,治安法官本应拥有以法律来限制奴隶主专制的权力。在 1811 年和 1812 年,在激进的改革者和掌管帝国的人看来,相比于皮克顿和布莱之流的独裁,背风群岛奴隶主们的暴行是一个更加迫切的宪法问题。埃利奥特在 1810 年写信回国说,西印度群岛的白人社会是由"经理人、监工、自封的律师、自学成才的医生和富有冒险精神的商人"所组成的,这是一个惯于腐败的鱼龙混杂的群体,缺乏足够的教育和训练来为政府和法院输送合格的工作人员。奴隶主及其白人仆从的私利往往会"压倒正义的天平",使"任意和不正当的权力行使"能够"被美其名曰合宪行为,并隐藏在这个幌子之下"。[107]无法无天的奴隶主们使自治安法官以上的帝国治理机制成为了一个笑柄。伦敦也承认问题的症结在于法律制度。1811 年，利物浦伯爵要求埃利奥特就“每一个岛上的民事和司法制度情况”提交“最详尽的信息”，以使“国王陛下的政府能够考虑应采取何种步骤，来整顿司法运行中可能存在的任何滥用职权行为”。[108]埃利奥特的回复是建议由帝国中央来任命那些不受当地关系网影响的人担任治安法官和高级法官。[109]他还建议制定统一的奴隶法案：“也许有一天，英国的立法机构会认为其有必要本着基督教的仁慈精神来准确地界定一个人可以对其同类所行使的权利的限度。”[110]

在其关于霍吉审判的评论中，亚拉伯罕·门德斯·贝利萨里奥（Abraham Mendes Belisario）（一位试图谋取一份闲职的托托拉岛事务专家）亦提议组建更为独立的司法机构，因为“奴隶主不应被允许在同一件事上既当裁判员又当运动员”。[111]他认为治安法官和高级法官应当有权听取和采信奴隶们关于白人和自由人暴力行为的证言，而且对奴隶的严厉惩罚应当得到法官的批准。贝利萨里奥进一步提出，对奴隶进行登记是监管奴隶主的关键。他主张，奴隶登记记录应当逐年收集并且“附上奴隶主的名字”上报至英国，“从当地居民中任命一位专门负责监督奴隶保护的专员”，以及更完整地保存根据 1807 年《废奴法案》而被殖民地海事法庭“解放”的奴隶们的档案。单是奴隶登记制度就可以极大地增强国家对于奴隶主的权力，因为这样可以使奴隶的死亡成为一种公开记录。贝利萨里奥指出，如果有登记制度的话，人们就能够及时发现霍吉庄园里奴隶数量的减少，这样就可以更早地结束他的恐怖统治。

贝利萨里奥是一位野心家,而埃利奥特则是改革者利益的代言人,所以毫不奇怪地,他们所提出的建议皆借鉴了废奴主义者的脚本。[112]在1802年出版的《蔗糖殖民地的危机》(*The Crisis of the Sugar Colonies*)一书中,詹姆斯·史蒂芬曾提出了极为相似的主张,以说服英国政府在特立尼达岛继续维持君主专制,他认为君主的统治是至关重要的,因为奴隶制所侵蚀的不仅是奴隶主,还有英国的统治机构。立法机构无法代表占人口大多数的奴隶的利益,而在立法者和法官们都收受了其奴隶主邻居们的恩惠的情况下,法院亦无法主持正义。[113]在1811年,关于哈金斯和霍吉的报道被用于同样的目的,并且对帝国政策产生了更大的影响。利物浦伯爵公布了埃利奥特关于背风群岛之丑闻的信件,以反击针对特立尼达岛的君主统治的攻击。[114]1811年6月,西印度群岛废奴运动的一位直言不讳的反对者、著名商人和议员约瑟夫·马里亚特(Joseph Marryat)攻击利物浦伯爵,指责其意图"继续维持那种早已使得该岛(特立尼达岛)声名狼藉的专制统治形式",并呼吁"将英国宪法和法律引入该岛",而埃利奥特的观点则构成了保守党对此的回应。[115]乔治·坎宁宣称,他"希望看到至少有一个殖民地是依赖于帝国立法的"(原文可能有误,似乎应为"独立于"——译者注)。[116]亨利·布劳汉姆(Henry Brougham)亦反对马里亚特的提议:"当我们谈及英国法律时,我们所指的是英国的法官、英国的陪审团,以及英国的信念和原则……当我们说要将英国的法律移植到西印度群岛时,那就是一个笑话,因为被带到那里的唯有法律的虚名,所有真正的英国信念都是带不走的。如果是这样的话,英格兰的法律只能充当欺骗和压迫的助推器,而且是在法律和正义的外表之下实施的,这将令其倍感蒙羞……除了在这个国家,英国宪法不会在世界上任何其他地方存在。”[117]

从中期来看,哈金斯、霍吉及其他种植园主们像横行恣肆的“幽灵”一样推动了更为宏大的对自治殖民地进行重组的计划。我们将要在第三章讨论对殖民地法律的系统性调查,而展开这些调查的背景正是关于背风群岛法律专制的讨论。1822 年,纽金特(Nugent)勋爵提出了一项个人议案,要求议会单方面改革背风群岛的“司法运作”。纽金特同意埃利奥特的看法,他指出“西印度群岛的法律体制被诸多重大难题所困扰”——其中最主要的是“试图在一个由奴隶主和奴隶组成的、极少部分人独享所有政治权利的社会里引入自由政府机制,这是明显不合常理的”。这个自私自利的小团体必然会屈从于“团体意志……这对法律的公正实施而言是致命的”。

在纽金特看来,这些岛上系统性的暴政是由诸多原因造成的,而其中最具危害性的要数地方上的利益冲突。他指出,“治安法官经常需要对涉及财产纠纷的案件进行裁判,而他们自己也会卷入极其类似的财产纠纷,因此他们对这些案件所作的决定经常会掺杂他们对于自己情况的考量”。此外,当地官员向谁负责也很重要,“这些岛屿的首席法官们……大部分的薪水都依赖于民众大会的年度投票”,他们必须以有利于奴隶主和奴隶管理人的方式来解释法律。这些问题导致了他们对法律的蔑视。由此造成的结果不仅是对奴隶的残忍,还有商业环境的恶化。纽金特称,“商人和不在岛上居住的财产所有人由于不可能在与当地种植园主和经理人的对抗中获得公正对待,因此不得不作出无法承受的妥协,这种情况时常发生”。纽金特认为,在西印度群岛,“代表制的政府和陪审团审判只不过是压迫和不公的工具”。无论对奴隶还是对于债权人而言,他们要想获得公正审判的权利,都有赖于将殖民地法律主体系统地纳入受中央监管的法律秩序之下,这将是一种反革命的强硬态度与自由主义冲动的奇妙融合。[118]

上述一系列的不公正现象未能为在特立尼达岛实行君主专制提供支持(虽然马里亚特利用这个机会再次呼吁该岛应当有一部自由的宪法)。纽金特撤回了他的提案,以交换一份承诺,即一个法律调查委员会将被派往背风群岛。到1825 年的时候,这个法律调查计划已扩大到涵盖西印度群岛的所有殖民地。这些调查为 19 世纪 30 年代加勒比地区诸岛法院的重构和系统性的立法审查奠定了基础。哈金斯和霍吉的卑劣暴行为帝国的宪法性危机提供了脚本,这一危机回荡于大英帝国的各个角落和各个时期。而法律调查计划的动力在于令奴隶主屈服于帝国权威之下,而非捍卫奴隶的权利。

结 语

帝国一直纠结于各种法律概念之间的类比：罪犯和奴隶，对土地的所有权和对奴隶的所有权，奴隶主的暴行和总督的专横。随着殖民地地区相关争议的展开，催生了一系列宪法性问题，如关于殖民地造法的合理性、英国式正义的影响范围、治安法官的忠诚和责任、军事管制的性质和界限，以及保护英国臣民免予司法专断的吁求等。历届英国政府都在探求某种一致的路径，从而在对程序正义的公开宣扬和对君主专制的私下支持之间实现平衡。

我们考察了 19 世纪最初几十年内关于暴政和秩序之讨论的交汇，治安法官、奴隶主和总督之间的权力斗争，以及有关法律试验的理论和实践，这种考察所带来的第一个好处，是让我们得以修正帝国和全球政治变革的年表。近年来，出现了一种有益的史学研究趋势，即“国家建构”方面的研究和帝国重构的历史之间人为划定的鸿沟开始消解。[119]但将英国历史划分为以下两个不同时期的倾向依然根深蒂固，即“财政—军事国家”(fiscal-military state)的兴起、形成时期，以及从 19 世纪 30 年代或 1815 年战争结束后开始的国家权力的官僚化时期。[120]这种历史时期的划分勾勒出了“一个英国故事”,在这个故事中,帝国治理的问题和经验似乎充当了英国(以及欧洲)关于国家之讨论的某种模糊的背景,尽管国家理论的变迁已被重新界定为对治理实践的回应。[121]

帝国的法律史补全了这一叙事,同时也令这一叙事变得复杂化。凌乱的法律改革试验的启动并没有等到全球性危机的结束,而是在全球战争的背景下就开始了。历史学家们早已注意到,在漫长的18世纪中,英国重建地方司法体系的尝试与战争在时间上是重合的。[122]在19世纪早期笼罩在拿破仑战争阴影下的奴隶制殖民地中,围绕着针对总督的专制、奴隶主的卑劣暴行、治安法官在保护(尽管并非平等地保护)帝国臣民方面的作用,以及帝国对殖民地实施直接监督的权限而展开的公开斗争,各类与战时殖民地管理有关的重要问题也开始浮现,其中包括对殖民地的保护、战利品的判定、民兵的组织、军事法和战时管制法的地位、对叛乱者和囚犯的惩罚等。

我们重新把法律的实施作为针对暴政之批评的核心,这样做的另一个好处在于揭示了变革性的争议已经超越了当下的机构改革,甚至超越了帝国的宪政目标,而主张存在一个贯穿整个帝国的广泛的市民社会,该社会甚至涵盖了在法律上处于最卑微地位的臣民。历史人物们认为他们对独裁者的控诉有着更深远的意义,而对帝国宪政的吁求很好地契合了这一主张。[123]与此同时,这一宪政讨论的不确定性也提醒我们不要试图对帝国的法律争议作过于狭隘的界定——

仅仅去探寻其理论逻辑,而非将其理解为广泛的法律政治的多维展现。[124]同样有必要指出的是,一贯以法律为中心的关于殖民地秩序的讨论与道德和人道主义层面的全球性计划并不相悖,前者也并不仅仅是后者的体现而已。法律为有关帝国公民社会的构想提供了框架,在这一构想中,对自然法和自然权利的援引代表了包容性,而与此同时实证法则规定了一个分层次的权利体系。[125]主张奴隶主应当受帝国法律而非殖民地法律的规制,或是新南威尔士的总督不得干涉殖民地的财产权或法庭审判,并不等同于主张殖民地的英国臣民(自由民、罪犯或奴隶)都应当享有他们在英国本土可能享有的那些权利和特权。

这一视角使我们无法将治理问题上的道德立场视为在法律之外形成的,并且随后作用于国家和帝国法律制度的因素。[126]行使独断权力的机会产生于法律秩序内部,而其所带来的危险,即对阶层分化明显的殖民地世界的挑战,也是以法律术语来定义的。在这样的背景下,关于自然权利的主张和关于权利即君权(rights-as-prerogatives)的辩论是齐头并进且有意为之的。在这一帝国法律发展的关键时期,政治家们巧妙而坚定地避免了在自由主义和威权主义的权利体制之间做出选择。将帝国公民社会设想成一个由不同类型的权利享有者群体所构成的单一的政治共同体,这一愿景的先决条件既包含了强有力的帝国权威,也包含了殖民地在治理和法律层面的试验。

当把有关哈金斯、霍吉、皮克顿和布莱等人专制暴行的讨论汇总到一起,我们最终意识到,在19世纪初,重构帝国秩序的动力肇始于某种以法律及其实施为核心的多方参与和多中心展开的努力。地方上的权威人士和心怀不满者精心炮制了针对殖民地行政官员和中层势力的极为有效的批判。虽然他们之中有些人倡导雅各宾主义,但大部分人所参与的是比较温和的关于法律实施细节的讨论。与有关奴隶主的争论结合起来看的话,针对布莱的兵变同时揭示了权利话题在关于帝国改革的讨论中的重要性和局限性。新南威尔士的精英阶层希望他们的财产权能得到保护,渴望司法独立,但是在他们之中并没有人真的认为应当用英国本土的法律来规制殖民地。从背风群岛关于奴隶主暴行的讨论,到其下暗涌的关于管辖权和法律实施的争论,基于对它们的深入考察,我们承认改善奴隶境遇构成了帝国法律改革的基石,但也没有必要为其镀上一层人道主义的迷人光辉。此种改善是经过精心设计的,它以牺牲殖民地奴隶主、立法者和治安法官的利益为代价,来维护君主的特权。无论批评者们抨击的是总督还是兼任治安法官的奴隶主们,他们的主要关注点都在于对某种监督性权力的渴求;此种权力能够遏制司法专断,并把享有不同权利的殖民地臣民纳入统一的帝国法律秩序之中。这一进程实践着英国式的全球秩序标准,同时亦表明法律不偏不倚地处于其中心位置。无论在帝国的中心还是外围,构建全球性帝国秩序的努力都是围绕着创设和整顿某种多层次的法治体系而展开的。

注释

1. 威廉·弗拉尔顿为这次枢密院审判提交了一份介绍以及一份证据摘要,其中讨论了大量的专制行为。William Fullarton, *Substance of the evidence delivered before the... Privy Council, in the case of Governor Picton...* (Edinburgh, Murray and Cochrane, 1807). 这次庭审是根据编号 33 Hen. 8, c. 23 的法案进行的,法庭对这个问题进行了非常有趣的调查(很多超出了审判的范围),这些都收录在国家档案馆里,参见 The National Archives (TNA), Kew, United Kingdom, CO PC1/3557。枢密院的意见参见 Privy Council to the King, January 5, 1807, TNA, CO PC1/3557。
2. Howell, *A Complete Collection of State Trials...*, Vol. 30 (Longman, Hurst, Rees, Orme, and Brown, 1822), pp. 931 – 937. 史蒂芬的辩护意见原文已经佚失,但他的论点摘要却被王室律师记下了(当然也只是记录了一小部分)。
3. See James Epstein, *Scandal of Colonial Rule: Power and Subversion in the British Atlantic during the Age of Revolution*, Cambridge, Cambridge University Press, 2012.
4. 在其 1820 年关于特立尼达之未来的著作中,史蒂芬强烈地主张该岛不应当设立立法机构,因为奴隶主们是不会公正地对待奴隶的,二者的利益冲突太过激烈。James Stephen, *The Crisis of the Sugar Colonies: Or, an Enquiry into the Objects and Probable Effects of the French Expedition to the West Indies*, London, J. Hatchard, 1802.
5. Jennifer Pitts, "Legislator of the World? A Rereading of Bentham on Colonies", *Political Theory*, Vol. 31, No. 2, 2003, pp. 200 – 234; Pitts, "Empire and Legal Universalisms in the Eighteenth Century", *American Historical Review* (*AHR*), Vol. 117, No. 1, 2012, pp. 92 – 121.
6. Marryat's Speech, Commons Sitting of Thursday, 25 July 1822, House of Commons Hansard, *HCPP*, ser. 2, Vol. 7; W. C. Went worth, *A Statistical, Historical, and Political Description of the Colony of New South Wales and Its Dependent Settlements in Van Diemen's Land*, London, G. and W. B. Whittaker, 1819, pp. 162 – 165, 327 – 329. 此外还可参见爱德华·伊加对调查委员比格所做的陈述,本章后文对此有讨论。
7. Lauren Benton, "Just Despots: The Cultural Construction of Imperial Constitutionalism", *Law, Culture and the Humanities*, Vol. 9, No. 2, 2013, pp. 213 – 215.

8. 可以跟以下文献进行比较:James Spigelman,“Bicentenary of the Coup of 1808”,*Legal History*,Vol. 12,No. 1,2008,pp. 1 – 18。作者认为以捍卫士兵荣誉为名而发动的非法暴动过早地促成了被动性地实施法治的努力。
9. Lynn Hunt 认为关于奴隶的讨论中“权利的进步性逻辑那压倒性的力量”有着很大的影响力。Lynn Hunt,*Inventing Human Rights*,New York,Norton,2007,p. 160. 还可见 Robin Blackburn,*The American Crucible:Slavery,Emancipation and Human Rights*,London,Verso,2011. 对这种人权崛起的叙事的批判,参见 Samuel Moyn,*The Last Utopia:Human Rights in History*,Cambridge,MA:Belknap Press of Harvard University Press,2012;另外还有反思性地将海地革命的影响和关于权利的讨论联系起来的文献,参见 David Geggus,“The Caribbean in the Age of Revolution”,in David Armitage and Sanjay Subrahmanyam,eds. ,*The Age of Revolutions in Global Context*,New York,Palgrave Macmillan,2010。Ada Ferrer 则试图把这些立场串起来,她在海地革命中发现了对权利的一贯性的理解,即将其理解为被赋予的权威,同时也来自于权威,并且在某种意义上是“对权利范围的一个强有力的重新界定”。Ada Ferrer,*Freedom's Mirror:Cuba and Haiti in the Age of Revolution*,Cambridge,Cambridge University Press,2014,p. 334.
10. Alan Atkinson,“The Little Revolution in New South Wales,1808”,*International History Review*,Vol. 12,No. 1,1990,p. 65. 布莱是在 1805 年被任命的,但他直到 1806 年中才抵达该殖民地。
11. Court Martial,appendix 19,quoted in Alan Atkinson,“The British Whigs and the Rum Rebellion”,*Journal of the Royal Australian Historical Society* (*JRAHS*),Vol. 66,No. 2,1980,p. 85.
12. Major Johnston to Viscount Castlereagh,11 April 1808,in *HRA*,ser. 1,Vol. 6,1806 – 1808,Sydney,Library Committee of the Commonwealth Parliament,1916,pp. 208 – 221,at 209.
13. A. G. L. Shaw,“Bligh,William (1754 – 1817)”,in *Australian Dictionary of Biography*. Available at http://adb. anu. edu. au/biography/bligh-william – 1797.
14. 关于“赏金号”上发生的兵变有很多研究。其中最著名的研究之一为 Greg Dening,*Mr Bligh's Bad Language:Passion,Power and Theatre on the Bounty*,Cambridge,Cambridge University Press,1992。布莱自己的说法则可参见 William Bligh,*Bligh and the Bounty:His Narrative of the Voyage to Otaheite,with an Account of the Mutiny and of His Boat Journey to Timor*,

London, Methuen, 1936。

15. 布莱从到任的时候就一直想要把这条船搞到手，参见 Lt Colonel Foveaux to Under Secretary Cooke, 21 October 1808, *HRA* 1, No. 6, p. 669，不过直到 1809 年才如愿以偿，参见 Lt-Governor Paterson to Viscount Castlereagh, 26 March 1809, *HRA* 1, No. 7, pp. 72 – 73；布莱自己的说法可参见 Bligh to the Hon. William Pole, 3 June 1809, *HRA* 1, No. 7, pp. 90 – 94。

16. Ross Fitzgerald and Mark Hearn, *Bligh, Macarthur and the Rum Rebellion*, Kenthurst, Kangaroo Press, 1988, pp. 116 – 117; related in Bligh to Viscount Castlereagh, 10 June 1808, *HRA* 1, No. 7, pp. 125 – 127.

17. John Ritchie, ed., *A Charge of Mutiny: The Court Martial of Lieutenant Colonel George Johnston for Deposing Governor William Bligh in the Rebellion of* 26 *January* 1808, Canberra, National Library of Australia, 1988, pp. 143 – 144.

18. Emma Christopher, *A Merciless Place: The Lost History of the Convicts sent to West Africa and the Settlement of Australia*, Crows Nest, NSW: Allen and Unwin, 2010; A. Roger Ekirch, *Bound for America: The Transportation of British Convicts to the Colonies*, 1718 – 1775, Oxford, Clarendon Press, 1987.

19. Bruce Kercher, "Resistance to Law under Autocracy", *Modern Law Review* 60, No. 6, 1997, pp. 780 – 781; Alex Castles, *An Australian Legal History*, Sydney, Law Book Co., 1982, pp. 32 – 35.

20. See Brian H. Fletcher, *Landed Enterprise and Penal Society: A History of Farming and Grazing in New South Wales before* 1821, Sydney, Sydney University Press, 1976, p. 101.

21. Grace Karskens and Richard Water house, "'Too Sacred to Be Taken Away': Property, Liberty, Tyranny and the 'Rum Rebellion'", *Journal of Australian Colonial History*, Vol. 12, 2010, pp. 1 – 22.

22. Ritchie, introduction to *A Charge of Mutiny*, xvii.

23. Grace Karskens and Richard Water house, "'Too Sacred to Be Taken Away': Property, Liberty, Tyranny and the Rum Rebellion,"; Grace Karskens, *The Rocks: Life in Early Sydney*, Carlton, Vic.: Melbourne University Press, 1997.

24. Alan Atkinson, *The Europeans in Australia: A History*, Vol. 1, *The Beginning*, Melbourne, Oxford University Press, 1997, p. 274; Kercher, "Resistance to Law under Autocracy", p. 787.

25. Spigelman, "Bicentenary of the Coup of 1808", p. 8; Richard Atkins, evidence, in *A Charge of Mutiny*, p. 175.
26. John Macarthur, evidence, in *A Charge of Mutiny*, pp. 180 – 186.
27. Robert Fitz to William Chapman, 15 October 1807, in F. M. Bladen, ed., *Historical Records of New South Wales* (*HRNSW*), Vol. 6, *King and Bligh*, 1806, 1807, 1808, Sydney, William Applegate Gullick, 1898, p. 305.
28. George Johnston, cross-examination of Bligh, in *A Charge of Mutiny*, pp. 57 – 60.
29. John Macarthur, evidence, in *A Charge of Mutiny*, pp. 180 – 187.
30. Quoted in Atkinson, *The Europeans in Australia*, p. 273.
31. John Blaxland, evidence, in *A Charge of Mutiny*, p. 298.
32. D'Arcy Went worth, Memorial to Viscount Castlereagh, 17 October 1807, *HRNSW* 6, pp. 314 – 328, 336 – 349; and see Atkins, evidence, in *A Charge of Mutiny*, pp. 160 – 161.
33. Lt. William Minchin, evidence, in *A Charge of Mutiny*, p. 238.
34. Fitz to Chapman, 15 October 1807, *HRNSW* 6, pp. 305 – 306; Richard Atkins, evidence, Anthony Fenn Kemp, evidence, and John Blaxland, evidence, in *A Charge of Mutiny*, pp. 164, 218, 321 – 322.
35. Macarthur, evidence, in *A Charge of Mutiny*, p. 210. Allegations against Gore: Macarthur and Judge-Advocate, in *A Charge of Mutiny*, pp. 190, 188; Kemp, evidence, in *A Charge of Mutiny*, p. 218. Allegations against Mason: Col. Johnston, cross-examination of Martin Mason, evidence, in *A Charge of Mutiny*, pp. 127 – 129. Corruption of Hawkesbury settlers: Richard Atkins, evidence, in *A Charge of Mutiny*, p. 174.
36. K. G. Allars, "George Crossley: An Unusual Attorney", *Journal and Proceedings* (*Royal Australian Historical Society*), Vol. 44, No. 5, 1959, pp. 261 – 300.
37. Robert Campbell, evidence, and Richard Atkins, evidence, in *A Charge of Mutiny*, pp. 87, 165.
38. Richard Atkins, evidence, in *A Charge of Mutiny*, pp. 165 – 168.
39. Anthony Fenn Kemp, evidence, in *A Charge of Mutiny*, p. 219.
40. Kirsten McKenzie, *Scandal in the Colonies: Sydney and Cape Town*, 1820 – 1850, Carlton, Melbourne University Press, 2004, pp. 11 – 12.
41. 关于伦敦知识界对新南威尔士的态度,以下文献中有一系列丰富的例子:

Ron Coleman Solomon, "Barron Field and the Supreme Court of Civil Judicature: Law, Personality and Politics in New South Wales, 1816 – 1824", PhD diss., University of New South Wales, 2013, pp. 51 – 52.

42. Grey Dening, *Mr Bligh's Bad Language: Passion, Power and Theatre on the Bounty*, Cambridge, Cambridge University Press, 1994.

43. Anthony Fenn Kemp, evidence, in *A Charge of Mutiny*, pp. 228 – 229. 这包括授予约翰·布莱克斯兰德、约翰·唐森及其兄弟的土地，参见 Fitzgerald and Hearn, *Bligh, Macarthur and the Rum Rebellion*, p. 86; John Townson to W. Windham, 23 September 1807, *HRNSW* 6: 286 – 287; John Townson to W. Windham, 10 October 1807, *HRNSW* 6, pp. 299 – 301; John Blaxland to [?], 16 October 1807, *HRNSW* 6: 308 – 313。

44. Richard Atkins, evidence, in *A Charge of Mutiny*, p. 161.

45. Ibid..

46. John Macarthur, evidence, in *A Charge of Mutiny*, p. 179.

47. Hearn and Fitzgerald, *Bligh, Macarthur and the Rum Rebellion*, pp. 85 – 86; Fitz to Chapman, 15 October 1807, *HRNSW* 6, p. 306.

48. Report of Proceedings, *HRNSW* 6, p. 335.

49. 在早期的殖民地，罪犯从海上逃走并不少见。Grace Karskens, "'This Spirit of Emigration': The Nature and Meaning of Escape in Early New South Wales", *Journal of Australian Colonial History* 7, 2005, pp. 1 – 34.

50. Fitzgerald and Hearn, *Bligh, Macarthur and the Rum Rebellion*, 88 (they say £ 800); Macarthur, evidence, in *A Charge of Mutiny*, p. 191.

51. Fitzgerald and Hearn, *Bligh, Macarthur and the Rum Rebellion*, p. 88.

52. John Macarthur to Richard Atkins, 14 December 1807, in *A Charge of Mutiny*, p. 464.

53. Macarthur, evidence, in *A Charge of Mutiny*, p. 193.

54. 当代学者对于阿特金斯究竟有没有在醉酒的时候履过职是有争议的，参见 A. T. Yarwood, *Samuel Marsden: the Great Survivor*, Carlton, Melbourne University Press, 1977, pp. 64 – 65。

55. 麦卡瑟威胁说如果他在这次的指控中被判无罪，他就要起诉阿特金斯错误地监禁了他。参见"Copy of the Protest against Judge Advocate Atkins, Read by Mr. John McArthur, to the Members Composing the Criminal Court Assembled the 25th of January 1808", in *A Charge of Mutiny*, pp. 466 – 467。

56. Macarthur, evidence, in *A Charge of Mutiny*, p. 196.

57. See William Bligh, *Account of the Rebellion of the New South Wales Corps*, ed. John Currey, Malvern, Banks Society Publications, 2003, pp. 30 – 31.
58. William Gore, evidence, in *A Charge of Mutiny*, p. 97; see John Townson to W. Windham, 10 October 1807, *HRNSW* 6:301.
59. Gore, evidence, in *A Charge of Mutiny*, p. 98.
60. Francis Oakes, evidence, in *A Charge of Mutiny*, p. 91.
61. Fitzgerald and Hearn, *Bligh, Macarthur and the Rum Rebellion*, p. 71.
62. Karskens and Water house, "'Too Sacred to Be Taken'", p. 11.
63. Mason, evidence, in *A Charge of Mutiny*, pp. 125 – 126.
64. Walker, evidence, in *A Charge of Mutiny*, p. 136.
65. Ritchie, introduction to *A Charge of Mutiny*, xiv.
66. 约瑟夫·班克斯(Joseph Banks)告诉布莱,当他告诉海军部的人"赏金号布莱"被任命新南威尔士总督的时候,他们笑得他都待不下去了,只得跑出了屋子。参见 Banks to Bligh, 21 April 1805, ML A78 – 4。1805 年,一个军事法庭认定布莱"以一种独裁、压迫和没有军官体面的方式"对待了"勇士号"上的一名军官,"赏金号"事件再加上这次判决,已经让布莱在伦敦鲜有支持者了。而且根据阿特金斯的说法,支持他的那些少数人也没什么用。1807 年的约瑟夫·索特(Joseph Short)审判让布莱在海军中的名声进一步恶化。在索特和布莱去新南威尔士的途中,他们因为级别吵了起来。布莱不让索特在新南威尔士登陆,并以不服命令为由把索特送回去接受军事法庭的审判,结果索特的家人死在了回英格兰的路上。布莱的妻子伊丽莎白·布莱(Elizabeth Bligh)(她很明智地拒绝了跟她丈夫一起搬到悉尼去)称,在索特案中,法官、前任总督和证人们合谋,把审判变成了一场旨在"召回并毁掉布莱"的运动。参见 Mrs. Bligh to Banks, undated (10 February 1808), ML A78 – 5。虽然索特曾经在布莱的船首开了枪,法庭还是给了他一个体面的无罪判决。以下文献详细地讨论了这些事件:Atkinson, "British Whigs and the Rum Rebellion"。
67. *Campbell v. Hall*[1774]1 Cowp 204, 98 ER 1045, 该案判定君主在被征服的殖民地上享有极大的治理和立法的权力,直到该殖民地拥有一部后征服时代的宪法为止。如果已经建立起来一套限制君权的法律制度,那么之后就只有议会可以对之加以更改。在这种情况下,国王一旦让格林纳达成立一个有税收权的立法机构,那国王自己就不能在那里征税了。
68. Alan Atkinson, "Jeremy Bentham and the Rum Rebellion", *JRAHS* 64, No. 1, 1978, p. 2.

69. Ibid. ,p. 4.

70. T. W. Plummer to Colonel Macquarie,4 May 1809,*HRA* 1,No. 7,pp. 197 – 200. 阿特金斯认为这封信实际上是麦卡瑟写的,或至少很接近他的意见。参见 Atkinson,"Jeremy Bentham and the Rum Rebellion",p. 7。

71. 金写道:"如果我们考虑四分之三的居民都是因为英格兰法律的人道才免于遭受可耻的死刑,而且其中大部分人的邪恶和恶习是如此的根深蒂固……再加上几乎看不到这些要赎罪的人做了多少的悔改……因此有必要采用限制性的地方法规,对所有人来说这都应当是显而易见的。" Memorandum by Governor King on the Legality of Government and General Orders,2 January 1806, *HRA*, ser. 4, *Legal Papers*, Vol. 1, 1786 – 1827, Sydney,William Applegate Gullick,1922,p. 44.

72. 4 Geo. IV c. 96.

73. Atkinson,"British Whigs and the Rum Rebellion".

74. See D. J. Murray,*The West Indies and the Development of Colonial Government*,1801 – 1834,Oxford,Clarendon Press,1965,p. 51.

75. Kit Candlin,*The Last Caribbean Frontier*,1795 – 1815,New York,Palgrave Macmillan,2012,p. 123.

76. Robert Travers,"'The Magna Charta of Hindostan':Constituting the British Empire in Eighteenth-Century India", American Historical Association, New York,January 2,2015.

77. *An Impartial Report of the Debates in the House of Commons on the East India Reform Bills*(London,1783)as discussed by Travers in ibid. .

78. John Gascoigne,*The Enlightenment and the Origins of European Australia*, Cambridge,Cambridge University Press,2005,pp. 9 – 13.

79. "No. 4,in Letter from Governor Elliot to the Earl of Liverpool,25 November, 1810", House of Commons, "Papers relating to the West Indies: viz. correspondence relating to punishments inflicted on certain Negro slaves, in the island of Nevis;and to prosecutions in consequence",May 1811,*House of Commons*,*Parliamentary Papers*(*HCPP*),No. 204,XI 353(hereafter"Papers relating to the West Indies:Nevis"),p. 23.

80. "No. 10,Letter from Governor Elliot to the Earl of Liverpool,25 November, 1810",House of Commons,"Papers relating to the West Indies: Nevis", p. 36.

81. C. Ellis,14 December 1796,speaking for the West India Committee,quoted

by *The Edinburgh Review*:*or Critical Journal*,October 1824,p. 221.

82. David Barry Gaspar,"Ameliorating Slavery:The Leeward Island Slave Act of 1798",in Robert L. Paquette,ed. ,*The Lesser Antilles in the Age of European Expansion*,Gainesville, University Press of Florida, 1996, pp. 241 - 258, at 242. 有意思的是,这部法案通过之前,背风群岛刚刚制定了一波法律,其重点在于对奴隶加以控制并保护奴隶主的特权。这波立法规定由治安法官对被控实施严重罪行的奴隶进行审判。Elsa Goveia,*Slave Society in the British Leeward Islands at the End of the Eighteenth Century*,New Haven, Yale University Press,1965,p. 176.

83. Malick Ghachem 对这一点做了精妙的论述,他还引用了孟德斯鸠的观点,孟德斯鸠将奴隶制定义为"建立一个人对另一个人特有的支配权,使前者成为后者的生命与财产的绝对主人"。Malick Ghachem,*The Old Regime and the Haitian Revolution*,New York, Cambridge University Press,2012, p. 64.

84. "No. 10,Letter from Governor Elliot to the Earl of Liverpool,25 November, 1810",House of Commons,"Papers relating to the West Indies:Nevis", p. 19.

85. "No. 10,Letter from Governor Elliot to the Earl of Liverpool,25 November, 1810",House of Commons,"Papers relating to the West Indies:Nevis", p. 36.

86. "No. 7,Letter from Governor Elliot to the Earl of Liverpool,25 November, 1810",House of Commons,"Papers relating to the West Indies:Nevis", p. 29.

87. Ibid. .

88. Ibid. ,pp. 29 - 31.

89. "An Act more effectually to provide for the Support, and to extend certain Regulations for the Protection of Slaves, to promote and encourage their Increase, and generally to meliorate their Condition," in *The Laws of the Island of Antigua*:*Consisting of the Acts of the Leeward Islands*,*Commencing* 8*th November* 1690, *Ending* 21*st April* 1798; *and the Acts of Antigua*, *Commencing* 10*th April* 1668,*Ending* 7*th May* 1804, Vol. 1, London, Samuel Bagster,1805, No. 36, pp. 20 - 43. 通常被称作《改善法案》(Melioration Act)。约十年前,在帝国最重要的蔗糖产出殖民地牙买加也通过了类似的法案。Natalie Davis 指出,关于奴隶制的多元法律秩序也影响到了关于奴

隶的法律实践；参见 Natalie Davis, "Judges, Masters, Diviners: Slaves' Experience of Criminal Justice in Colonial Suriname", *Law and History Review*, Vol. 29, No. 4, 2011, pp. 925 - 984；还可参见 Lauren Benton, *Law and Colonial Cultures: Legal Regimes in World History*, 1400 - 1900, Cambridge, Cambridge University Press, 2002, pp. 59 - 66。

90. J. W. Tobin to Governor Elliot, 7 September 1810, Leeward Islands: Despatches, 1810 Oct-Dec; Offices and Individuals, TNA, CO 152/96; "No 2. In Governor Elliot to the Earl of Liverpool, 24 August 1810", House of Commons, "Papers Relating to the West Indies: Nevis", p. 6.

91. "Letter from John Dasent Smith to Governor Elliot, Nevis, August 31, 1810", Leeward Islands: Despatches, 1810 Oct-Dec; Offices and Individuals, TNA, CO 152/96; "No. 3, in Governor Elliot to the Earl of Liverpool, 24 August 1810", House of Commons, "Papers Relating to the West Indies: Nevis", p. 7.

92. 关于当地的抗议，参见"No. 2, in Governor Elliot to the Earl of Liverpool, 24 August 1810", House of Commons, "Papers Relating to the West Indies: Nevis", p. 6。

93. "Letter from J. W. Tobin to Governor Elliot, 7 September, 1810", TNA, CO 152/96.

94. "Letter from the Earl of Liverpool, to Governor Elliot; 20 September 1810", House of Commons, "Papers Relating to the West Indies: Nevis", p. 1.

95. "Letter from the Earl of Liverpool, to Governor Elliot, 12 April, 1811", House of Commons, "Papers Relating to the West Indies: Nevis", p. 2.

96. "Letter from J. W. Tobin to Governor Elliot, 7 September, 1810", TNA, CO 152/96. Tobin 还抱怨说陪审团中有两个人对案件的事实调查是不公的，其中一个是"在市场对鞭打袖手旁观的治安法官之一"，他还说该案中出庭的大部分律师都是"负债累累的人"。London Chronicle 发表了这封信的节选，圣克里斯托弗和尼维斯的首席法官以及其中的一位出庭律师因此向埃利奥特提出了申诉，这位律师辩称自己受过高级的法律训练。House of Commons, "Papers Relating to the West Indies, viz. Letters to Governor Elliot from Mr. Garrett, Mrs. Weekes and Mr. Peterson", January 1812, *HCPP*, No. 30, X 311.

97. "Letter from J. W. Tobin to Governor Elliot, 7 September, 1810", TNA, CO 152/96.

98. Letter from Governor Elliot to the Earl of Liverpool, 1 April 1811, in House of Commons, "Papers Relating to the West Indies: Viz. Correspondence between the Earl of Liverpool and Governor Elliot; In Reference to the Trial and Execution of Arthur Hodge for the Murder of a Negro Slave", June 1811, *HCPP*, No. 254, XI 397 (hereafter "Papers Relating to the West Indies: Hodge").

99. Belisario, *Report of the Trial of Arthur Hodge*, pp. 17 – 19.

100. The National Library of Scotland, MS 12960, pp. 190 – 193.

101. 霍吉最主要的盟友 William Musgrave 给总督写信,认为针对霍吉的指控背后有一个"邪恶的阴谋"。Letter from William Musgrave to Governor Elliot, 2 April 1811, in "Papers Relating to the West Indies: Hodge", pp. 10, 11; 还可参见 Lauren Benton, "The Melancholy Labyrinth: The Trial of Arthur Hodge and the Boundaries of Imperial Law", *Alabama Law Review*, Vol. 64, No. 1, 2012, pp. 91 – 120. 不过,因为 Musgrave 不经大脑地为针对奴隶的暴行进行了辩护,因此没有人再注意他对阴谋的指控,也没有人会同意他对暴行的立场;他对法庭说"从法律上来讲,主人杀死(一个黑鬼)并不比杀死一条狗更严重"。A. M. Belisario, *A Report of the Trial of Arthur Hodge, Esquire (Late One of the Members of His Majesty's Council for the Virgin-Islands) at the Island of Tortola, on the 25th April*, 1811, *and Adjourned to the 29th of the Same Month; for the Murder of His Negro Man Slave Named Prosper* (Middletown, Tertius Dunning, 1812), p. 77. 到底 Musgrave 有没有说这句话现在已经不可考了。检察官在保释听证上引用了这句话。之后在整个英国传播的各种案件摘要都重复了它。例如参见"Publications on West Indian Slavery", *Edinburgh Review*, Vol. 19 (November 1811 – February 1812), pp. 129, 144; "West Indian Slavery: Abstract of the Affidavits on the Table of the House of Commons, Relating the Circumstances Which Led to Mr. Hodge's Trial", *Pol. Rev. & Monthly Mirror of the Times* 10 (August 1811 – January 1812), pp. 367, 371。在五年之后关于该案的评论中,这句话仍然是关注的焦点。参见 *West-Indian Sketches, Drawn from Authentic Sources: The Nature of West-Indian Slavery Further Illustrated by Certain Occurrences on the Island of Tortola*, London, Ellerton and Henderson, 1816, p. 39; "Antidote to 'West Indian Sketches', Drawn from Authentic Sources", *Colonial Journal* 3 (March 1818), pp. 47, 52; Bryan Edwards, *The History, Civil and Commercial of the British*

Colonies in the West Indies, Cambridge, Cambridge University Press, photographic reprint 2010(1819),pp. 458 –460。

102. 废奴带来了意外的发财机会：可以抓捕奴隶来获得赏金，也可以通过把他们派做佣人或是秘密卖出而获利。Benton,“The Melancholy Labyrinth”; Benton,“Abolition and Imperial Law,1780 –1820,” *Journal of Commonwealth and Imperial History*, Vol. 39, No. 3, 2011, pp. 355 –374. 关于随着塞拉利昂《废奴法案》的颁布而出现的牟利行为，参见 Padraic Scanlan, “MacCarthy's Skull: The Abolition of the Slave Trade in Sierra Leone, 1790 –1823”, PhD diss., Princeton University, 2013.

103. 托托拉岛以无法无天出名并不是什么新鲜事。1777 年英王任命 George Suckling 担任维京群岛的第一任首席大法官，他就将托托拉岛描述为“骚乱和无法无天”的，而且该岛由大多数的腐朽官员所控制，这些人阻碍法庭的设立，并“僭称他们拥有超越其他臣民之权利的不合宪的权威”。George Suckling, *An Historical Account of the Virgin Islands, in The West Indies: From their Being Settled by the English near a Century Past, to their Obtaining a Legislature of their Own in the Year* 1773; *and the Lawless State in which His Majesty's Subjects in those Islands Have Remained since that Time, to the Present* (London: Printed for Benjamin White, 1780), pp. 49, 65, 34.

104. Murray, *West Indies and the Development of Colonial Government*, pp. 13 –24. Zoë Laidlaw, *Colonial Connections*, 1815 – 1845: *Patronage, the Information Revolution and Colonial Government*, Manchester, Manchester University Press, 2005, pp. 61 –89.

105. Letter from Governor Elliot to the Earl of Liverpool, (1 April 1811), “Papers Relating to the West Indies: Hodge”, pp. 1 –2.

106. A. M. Belisario, *Report of the Trial of Arthur Hodge*, p. 36.

107. “Letter from Governor Elliot, to the Earl of Liverpool, 21 November 1810”, House of Commons, “Papers relating to the West Indies: Nevis”, p. 13. An account of the trial was published in London and in Middletown, Connecticut: Belisario, *A Report of the Trial of Arthur Hodge*.

108. “Letter from the Earl of Liverpool, to Governor Elliot, 12 April 1811”, House of Commons, “Papers Relating to the West Indies: Nevis”, p. 2.

109. Letter from Governor Elliot to the Secretary of State, 15 May 1811, TNA, CO 152/97.

110. Letter from Governor Elliot to the Earl of Liverpool, 18 May 1811, The National Library of Scotland, MS 13055, 122 – 122v.

111. A. M. Belisario, *Report of the Trial of Arthur Hodge*, p. 88.

112. 作为议员,詹姆斯·史蒂芬领导了一项运动,试图在英属西印度群岛设立奴隶登记制度,到最后他和他的盟友们唯一成功设立了登记制度的地方只有特立尼达而已。废奴主义者们认为登记制度会有助于估测非法买卖奴隶的情况,并使奴隶的状况得到监督。

113. James Stephen, *The Crisis of the Sugar Colonies: Or, an Enquiry into the Objects and Probable Effects of the French Expedition to the West Indies*, London, J. Hatchard, 1802., pp. 133 – 134, 137, 189. 史蒂芬担心这些生产蔗糖的小岛注定只能实施"侏儒版本的英国宪法",拥有奴隶的立法者们进行治理的方式永远都不会符合占人口大多数的奴隶的利益(第 190 页)。史蒂芬认为在西印度群岛上统治者不会服务于大多数人的利益,对此的更多讨论参见 Lauren Benton and Aaron Slater, "Constituting the Imperial Community: Rights, Common Good and Authority in Britain's Atlantic Empire, 1607 – 1815", in Pamela Slotte and Miia Halme-Tuomisaari, eds., *Revisiting the Origins of Human Rights*, Cambridge, Cambridge University Press, 2015, pp. 140 – 162。

114. Liverpool to Elliott, January 1812, Leeward Islands: Despatches, 1810 Oct-Dec; Offices and Individuals, TNA, CO 152/99.

115. Marryat, 13 June 1811, *HCPP*, ser. 1, Vol. 20.

116. Canning, 13 June 1811, House of Commons Hansard, *HCPP*, ser. 1, Vol. 20.

117. Henry Brougham (Camelford), 13 June 1811, House of Commons Hansard, *HCPP*, ser. 1, Vol. 20.

118. Lord Nugent, Commons Sitting of Thursday, 25 July 1822, House of Commons Hansard, *HCPP*, ser. 2, Vol. 7.

119. Burbank 和 Cooper 对此提供了简明的阐释,他们提议用"帝国—国家"来称呼那个时代占主导地位的政治实体。Jane Burbank and Frederick Cooper, *Empires in World History: Power and the Politics of Difference*, Princeton, Princeton University Press, 2010, pp. 8, 179, 235, 245.

120. Bayly 数十年前就已经指出在 19 世纪最初几十年间"大英帝国力量和野心的巨大扩张",但这一现象,尤其是其法律维度,仍然未得到足够的重视;C. A. Bayly, *Imperial Meridian: The British Empire and the World, 1780 – 1830*, London, Longman, 1989, p. 115。历史的分期也很难改变。

注意以下这一书名中的终止时间:John Brewer, *The Sinews of Power: War, Money, and the English State*, 1688 – 1783, Cambridge, MA: Harvard University Press, 1990. Bayly 在 *Imperial Meridian* 一书中不同意这种将战争的影响从治理的转变中孤立出来的趋势,但即使是他,也将 1780 ~ 1820 年这段时期定性为“世界危机”的阶段,而在其他著作中他又回到 1815 年,将其作为一条分界线,分隔开危机期和一段国家错位及制度变革的混乱期;参见 C. A. Bayly, *The Birth of the Modern World*, 1780 – 1914, Oxford, Wiley-Blackwell, 2004。在 Janet McLean 的 *Searching for the State in British Legal Thought: Competing Conceptions of the Public Sphere*, Cambridge, Cambridge University Press, 2012, 这本书中,从 1783 年到 19 世纪 30 年代的这段时间没有得到足够的重视,虽然 Janet McLean 旨在批驳这样一种观点,即对英国国家的理解出现了一个巨大的改变——从布莱克斯通式的将国王看成国家主权的具体呈现转变为纯粹通过权力的实施来定义国家这样一种功利主义的观念(第 19 页)。

121. Janet McLean, *Searching for the State in British Legal Thought: Competing Conceptions of the Public Sphere*, Cambridge, Cambridge University Press, 2012, p. 21. 在这一段中 McLean 谈到“殖民地的试验影响了英国”关于国家的“讨论”,但她并没有重点关注这些试验的影响。

122. See especially Joanna Innes, "The Domestic Face of the Military-Fiscal State: Government and Society in Eighteenth-Century Britain", in Lawrence Stone, eds., *An Imperial State at War: Britain from* 1689 *to* 1815, New York, Routledge, 1994; Peter King, *Crime, Justice, and Discretion in England*: 1740 – 1820, New York, Oxford University Press, 2003. Brendan Gillis 认为,早在 18 世纪中叶,整个帝国就已经认为治安法官处在一个独特的位置上,他们可以将建立当地秩序的工程与更广泛的政治目标联结起来;参见 B. Gillis, "Conduits of Justice: Magistrates and the British Imperial State, 1732 – 1834", PhD diss., Indiana University, 2015。Linda Colley 指出治安法官部分是为了自己的利益而制造了这种联结;在美国独立战争中治安法官和其他苏格兰官员通过站在效忠派的立场来谋取政治优势;参见 Linda Colley, *Britons: Forging the Nation*, 1707 – 1837, New Haven, Yale University Press, 1992, pp. 140 – 141。

123. 例如 James Epstein, *Scandal of Colonial Rule: Power and Subversion in the British Atlantic during the Age of Revolution*, pp. 272 – 275; Daniel J. Hulsebosch, *Constituting Empire: New York and the Transformation of*

Constitutionalism in the Atlantic World,1664 – 1830,Chapel Hill,University of North Carolina Press,2005,pp. 194 – 202。

124. 关于"法律政治",参见 Lauren Benton,"Introduction:Forum on Law and Empire in Global Perspective",*AHR*,Vol. 117,No. 4,2012,pp. 1092 – 1100。关于帝国宪法讨论的多变性,参见 Daniel J. Hulsebosch,*Constituting Empire:New York and the Transformation of Constitutionalism in the Atlantic World*,1664 – 1830。

125. 这种模式可以说反映了对自然法和公民秩序之间关系的一种霍布斯式的理解。参见 Martin Loughlin,"The Political Jurisprudence of Thomas Hobbes",in David Dyzenhaus and Thomas Poole,eds.,*Hobbes and the Law*,Cambridge,Cambridge University Press,2012,pp. 16 – 19。Jane Burbank 对帝国分层式的权利体系做了具有深刻洞见的分析,这种权利体系削弱了关于自然权利的讨论的重要性,Jane Burbank,"Thinking Like an Empire:Estate,Law,and Rights in the Early Twentieth Century",in Jane Burbank,Mark von Hagen,and Anatolyi Remnev,eds.,*Russian Empire:Space,People,Power*,1700 – 1930,Bloomington,Indiana University Press,2007。

126. 人们并不认为对秩序的威胁是来自法律之外的,就连罪犯、海盗和反叛的奴隶也是在法律秩序之内的。参见 Lauren Benton,*A Search for Sovereignty:Law and Geography in European Empires*,1400 – 1900,pp. 140 – 161,279 – 300。

第三章　调查委员的世界

CHAPTER THREE

THE COMMISSIONER'S WORLD

1829 年年初，一部关于限制对奴隶使用镣铐和项圈的毛里求斯法律出现在了殖民部詹姆斯·史蒂芬的办公桌上。作为著名的废奴主义者的儿子以及时任殖民部法律顾问，史蒂芬判定毛里求斯的这部法律为恶法。他指出西印度群岛的殖民地早已禁止“为惩罚奴隶而使用镣铐和项圈”，并斥责了毛里求斯的英国总督，因为后者竟然批准了一部仅仅旨在规范“折磨程度”的立法。在史蒂芬看来，一部正当的法律应当完全禁止镣铐的使用，并且对任何依据“奴隶主的家庭权威”而使用此种器械来惩罚奴隶的奴隶主施以“严厉的刑罚”。[1]

数周之前，史蒂芬对另外两部来自西印度群岛的法律也提出了类似的尖锐批评。其中，一部来自尼维斯的立法者，他们对关于设立奴隶保护官和奴隶监护官的指令作出了颇具创造性的回应。尼维斯的法案任命该岛上所有的太平绅士"以个人和集体身份……担任奴隶保护官",史蒂芬宣称这一安排完全就是要花招,其目的在于"缩小而非扩大国王陛下的权力行使范围"。[2]另一部来自圣基茨岛的法律,因授权两名治安法官可以对奴隶判处长达六个月监禁以及在踩轮(treadmill)上从事苦力,亦受到了史蒂芬的责难。该法不仅创设了新的惩罚权,而且还试图设立一个立法者委员会来管理踩轮,史蒂芬称这部法律是"对君主特权的严重侵犯……该法不仅违反宪法原则,而且将导致事实上的严重不公和虐待,所以令人憎恶"。[3]

在殖民部的那个凌乱的角落里,詹姆斯·史蒂芬在改变殖民地的法律方面所能做的其实非常有限。作为殖民部的时任法律顾问和常务副部长,史蒂芬从 1813 年开始实施了一项殖民地立法审查制度,在该制度下,他有权拒绝批准殖民地的法律并将其发回殖民地进行修改。[4]殖民部的这项工作持续了十年之久,但其重要性却依然模糊不清。该项工作与殖民地改革的纲领有着明显的联系——废奴主义运动领导地位在父子之间的衣钵传承即象征着此种联系,这一点与该项工作所取得的有限成效形成了鲜明对比。虽然史蒂芬可以对印度洋和加勒比地区殖民地的法律进行审查,但他很清楚并常常让他感到沮丧的是,对于创制了殖民地立法的那个政治世界,他的办公室只有非常有限的影响力。他试图从法律中探寻线索,以理解相关立法背后的动机,但他对于地方法律政治的理解常常是迷茫的。殖民部的官员们——包括史蒂芬在内,其实都是使用笨拙的工具在黑暗中劳作。[5]

如果我们孤立地看待立法审查工作,将它视为与殖民地的其他改革尝试无关的一项宗主国的冒险事业,那它的确会令人费解。然而,史蒂芬对立法的审查却隶属于一项更为宽泛的宪法性干预计划。为了重整殖民地法律体系内的中层权力,帝国官员们对殖民地立法进行监督,通过有限的关系网任命与其志同道合的中层官员到殖民地任职,并以一种认真到近乎着魔的方式收集有关殖民地法律的信息。本章将要考察的是一个涵盖上述所有三项职能、重要而具有变革意义的事物:殖民地调查委员会。

对帝国秩序的调查在一开始并不顺利。虽然在19世纪以前临时委员会就曾经对殖民地的争端展开过调查,但从1802年委员会才开始在帝国的深层改革中发挥作用。这一年,一个调查委员会被派往特立尼达岛,其任务是完成一份“关于该岛实际的民事、海军和军事状况……的报告”,以便“改善岛屿资源并为其提供持久的安全和保护”,这些措辞体现了在新获取的殖民地上开展调查和进行宪政试验之间的密切联系。[6]这个委员会没能实现对特立尼达秩序的重构。英国政府把令人厌憎的总督托马斯·皮克顿上校纳入委员会,并且让该委员会承担殖民地治理和殖民地调查的双重职能,这就注定了这一全面调查的初次尝试最终将沦为一场闹剧。[7]

十年之后,英王再次派遣另一个委员会前往殖民地调查其宪法和法律。1812 年,一个由一位外交官、一位殖民地退休法官和一位在任行政官员组成的委员会奉命前往马耳他,其任务是为马耳他这个小岛起草一份永久性的宪法,就针对马耳他政府的暴政指控展开调查,以及对该岛法院普遍存在的运作不良问题作出诊断。马耳他委员会成功地完成了一份调查报告,虽然该报告被指存在偏袒政府的倾向并且一直未被公布,但事实证明该报告产生了足够的影响,以至于粉碎了整整一代的马耳他精英人士对于殖民地高级职位及自治权的渴望。[8]

数年之后,殖民地调查计划正式启动。1819 年,曾在内殿律师学院(Inner Temple)受训的律师、特立尼达前首席法官约翰·托马斯·比格抵达悉尼,开始对新南威尔士的状况、宪法和法律展开调查。从 1822 年开始,英国政府设立了一系列调查委员会,它们主要由拥有岛屿殖民地背景的伦敦律师组成,政府要求他们分别就法院、法律、司法程序,以及 18 个西印度群岛殖民地上根据《废奴法案》被解放的奴隶们的处置情况提交报告。[9]数月之后,政府又对比格的工作做了重新安排,让他与一名有丰富印度洋地区履职经验的职业军人搭档,组成东部调查委员会,对好望角、毛里求斯和锡兰的状况、宪法、法律和奴隶制进行调查。1834 年,一个由托马斯·巴宾顿·麦考利(Thomas Babbington Macaulay)牵头的、议会设立的调查委员会开始着手对印度的民法和刑法进行编纂。[10]令人好奇的是,由法官组成的、甚至有一次是由法学家约翰·奥斯丁担任委员的两个外部委员会和三个内部委员会在1824年、1831～1832年、1835年和1836年又对马耳他这个牢骚满腹之地的法律进行了调查，这使马耳他成为帝国内被调查得最为彻底的一个殖民地。1838年，当杜伦（Durham）勋爵被派往叛乱之后的加拿大时，狂热的调查时代开始转变方向。他的委员会建议在英属北美殖民地建立自治政府，这标志着一个转折，即从19世纪早期的帝国秩序重构计划转向构建一个具有宪法和种族上的差异性的帝国，后者是在1857年印度叛乱之后开始成型的。[11]

从某种角度来说，殖民地调查计划的规模并不大。自1800年开始，数以百计的委员会对英国本土治理中每一个可能想到的事项——从囚犯的境况到英格兰和威尔士工厂中的工作条件，都进行了调查。另外，还有数百个委员会对邻近的外围地带，即爱尔兰和苏格兰进行了调查。尽管调查委员们史无前例地追求一种大不列颠的“国家”趋同（“national”convergence），但上述委员会还是对这些邻近的外围地区与本土之间在教育、工业、农业和治安方面的差异作了调查。[12]从这一角度来看，调查创造了历史上的一种新的“治理方式”，其基础在于对本土居民及公私机构的信息进行系统性收集。[13]绝大多数委员会都从属于一个以帝国本土为中心的计划，这一计划的实施在殖民地调查高峰期结束十年之后达到了高潮。[14]

从另一个角度来看，殖民地调查委员会代表了一种独一无二、雄心勃勃的尝试，其目的是在全球范围内创设一种具有一致性的大英帝国秩序。这些委员会的成员由伦敦任命,并且大部分受过法律训练,他们对从加勒比地区到马耳他的法律实施机制进行调查和诊断。与为数众多且日益专门化的国内调查不同,殖民地调查具有令人惊叹的广泛性。这些委员会固然会收到各不相同甚至时常自相矛盾的指令,但其设立者们均要求每一个委员会检视殖民地法律的核心要素、考察殖民地法院的结构和实践,以及评估法院与殖民地立法、行政机关之间的关系。在新征服的殖民地及新开拓的流放殖民地新南威尔士,调查委员会走得更远。无论是否得到相关指令,委员们都自作主张地对殖民地行政官员的更换提出建议;同时,作为对那些心怀不满的殖民地居民(从奴隶到种植园主)所提供的信息的回应,他们还会提议进行一系列主动的、干预性的改革。他们所从事的是一项开放式的秩序构建计划,其范围之广前所未有。

这一具有宪政意义的时期的很多方面都未被深入研究,本章将选取其中的小部分进行探讨。[15]我们首先将考察调查委员会作为国王钦命的事实发现者的作用,它们把王权插入了殖民地公众、殖民地法院及政府之间内讧式的纷争之中。之所以进行调查,是因为人们认为是由于缺乏必要的信息,英国才无法有效地将1798~1815年所获得的原属法国、荷兰及西班牙的殖民地纳入帝国。几十年来,专家们还一直抱怨帝国唯一的流放殖民地为了填补中央的糟糕设计所留下了的空白,发展出了连中央自己都无法理解的古怪和非法的机构。商人、废奴主义者以及帝国的改革者们竭力主张扩大调查计划的范围，以涵盖那些历史更为悠久的、充斥着关于奴隶制法律及司法专断之争议的自治殖民地。委员们开展调查的时间从数周至一年，他们被要求提交关于殖民地法律和法院的全面报告，而且还经常需要将殖民地社会的特性传达给本土的规划者们——这似乎是一项包罗万象却又得不偿失的工程。[16]

由约翰·托马斯·比格牵头的前往新南威尔士和好望角殖民地的两个调查委员会进行的调查是这一时期最为丰富多彩的，调查清楚地呈现了君权降临给当地带来的希望和危机。比格试图把令人憎恶的殖民地丑闻变成支持帝国改革的证据，这其实就是委员会那令人困惑的宪法性作用的核心——委员会的作用不仅在于对殖民地法律信息的收集，更是要对其加以整理和提炼。从对沃伦·黑斯廷斯的审判开始，“帝国的丑闻”席卷了媒体；利益相关的、心怀不满的以及被放逐的殖民地居民的证言主导了议会各委员会的听证；而来自朋友和盟友的私人信件则将殖民地内微小的猜忌和深重的仇恨都事无巨细地带到了英国精英阶层的会客室中。[17]政府创设调查委员会，正是为了在上述运作不良、路径繁杂的帝国信息传输网络之外另辟蹊径。这些由律师组成的委员会展示着温文尔雅的、中立而公正的语言和礼节，搜集第一手的证言，它们承诺要呈现关于帝国的事实真相——或者更确切地说，是要建构人们乐意接受的真相，以支持帝国行政部门来对抗其更为吵嚷的批评者。这是一项令人担忧的工程：正如比格的委员会明明白白地显示的那样，光是信息收集环节就已经令委员会出现了可乘之隙,并使委员们很容易受到各方势力的影响。不过,无论怎样心存偏见或孤傲清高,委员们在某种程度上还是集思广益地听取了对帝国宪法的建议。

在本章的第二部分,我们将借助加勒比地区的法律调查委员会来引出帝国调查计划的两条不同线索。对背风群岛刑法的调查最后扩展成了一个全面的区域性调查项目,通过对这一混乱进程的考察,我们将强调帝国重构中的偶然性。这场混乱极大地增加了某些人的权力。极具魄力的加勒比地区调查委员亨利·麦道克(Henry Maddock)、富图纳提斯·德瓦里斯(Fortunatis Dwarris)、杰贝兹·亨利(Jabez Henry)和亨利·科尼斯(Henry Coneys)利用他们所接受的自相矛盾的指令扩大了调查的范围,并通过向特别挑选的受访者提出精心设计的问题而操控了调查的结果。他们在加勒比地区实施的这一做法通过类推对整个帝国产生了影响。调查委员们还塑造了宪法层面上的殖民地群(constitutional clusters),这有时是基于地理上的巧合(东部调查委员会在印度洋将好望角、毛里求斯和锡兰集中了起来),有时是基于任命上的巧合(比格将新南威尔士和好望角联系了起来)。在加勒比地区,委员们相互参考彼此的工作,以消除新旧殖民地之间的差异,使其具有法律上的一致性,他们希望此种一致性既符合事先的设计,又能为根深蒂固的地方特性留下一定的空间。

从这个角度来说,无论加勒比调查委员会是如何地仅具有临时性、如何地被操纵或如何地敷衍马虎，它都为我们展示了调查工作的另一个重要方面。在描述和判断各殖民地间的法律差异的过程中，委员们还进行了至关重要的宪法性干预。多样性本身并不是目的，委员们其实是在提出这样一种主张，即法律的多样化就是帝国的一种常态。正如詹姆斯·史蒂芬在结束其在帝国法律中枢机构的长期任职时所评论的那样，英国本土对殖民地的各种干预都服务于为“大英帝国的五十个合众国”(fifty united States of the British Empire)构建秩序这一目标。[18]对法律多样性的接纳包含了这样一种确信，即世界各地的大英帝国臣民所享受的权利和承担的责任是不同的。这一观点几乎马上就会招来质疑，并会成为19世纪60年代伦敦的自由主义者们讨论的焦点，这些讨论涉及英国臣民的权利是否应当延伸至整个帝国，以及哪些权利应当延伸至整个帝国。[19]与此同时，委员会对殖民地在宪法上的特异性进行了详细描述，这起到了重要的作用：通过将英国的新、老殖民地贬低为各种宪法上的化外之地，委员会为君主对自治殖民地的干预以及在其他殖民地继续推行君主专制奠定了基础。这种反自由主义的内核与一种实现正义的真诚努力紧密地包裹在一起。相较所有其他帝国宪法改革的方式，殖民地调查计划最坚定地将增强君主权力作为对抗殖民地暴政的最后一道防线。

第一节 调查委员会、腐败以及罪犯

让君权插足殖民地的政治生活并不是一件容易的事,比格对新南威尔士和好望角殖民地的调查清楚地表明了这一点。那些引人入胜的调查工作将委员会带往了不同的方向,使有些委员会成为了殖民地暴政的同谋,而把另一些委员会重塑成了自由主义改革的狂热支持者。这是一个反复纠缠而具有建构性的过程。委员们探寻着人们易于接受的事实,以便提出人们易于接受的改革建议,但他们的报告亦充斥着殖民地生活的琐碎细节以及殖民地居民的意见。帝国的法律改革从来就不是一项自上而下的简单工程。

特别是在新南威尔士,比格从各种独特的渠道仔细地搜集了关于帝国弊病的信息。对于伦敦那些立志于改革的行政官员而言,持续涌现的叛乱者、梦想破灭的前总督以及地方权威人士已经使新南威尔士殖民地的状况及其法律和制度成为了某种令人极度焦虑的事物。所以当 1819 年比格委员来到悉尼时,他面对的是一个四分五裂的当地社会,这毫不奇怪。当时,拉克伦 · 麦考利总督实施了一项政策,允许品行良好的刑满获释人员重新担任公职,这一政策触及了人们竭力维系的殖民地社会名望体系的底线。[20]一群自由民精英人士(亦被称为排外主义者)试图推翻总督并限制刑满获释人员的社会阶层流动和公民权利。该运动的成员包括当地最富有的商人,甚至还包括了某些温和的自由主义宪政改革的支持者,如朗姆酒叛乱的参与者约翰·麦卡瑟。[21]他们的对手则主要由刑满获释人员组成,这些人开始煽动实行地方政府和法院的自由化,并且在一定程度上为正在服刑的罪犯争取权利。对于调查委员会,当地社会的不同人群有着某些互相重叠和诸多互相对立的利益诉求,他们公开地争夺着比格的注意力。

与此同时,比格所收到的指令注定了他的调查将深陷殖民地丑闻的泥沼。他的公开任命状要求他在就新南威尔士的状况提出报告时应秉持这样一个主旨——把向该地运送罪犯描绘为"当地社会的所有阶层都真正惧怕的一件事情"。[22]同时,比格还受命窥探殖民地所有大大小小的行政事务,以及调查"所有人,无论其地位多么尊贵、品德多么高尚"。[23]而比格对这一宽泛的授权有点过于当真了。所有人都知道他拒绝听取经宣誓的证词,而更偏好从心怀不满的精英人士那里收集"直言不讳的证词",这些精英们经常在会客室里私下抱怨,而刑满获释人员却完全无法参与其中。[24]这样做导致的结果就是,没有任何其他委员会的报告像比格的报告那样更强烈地受到餐桌政治的影响。私下的谣传讲述着麦考利总督如何优待刑满获释人员,如何拒绝将足够的罪犯分配给私人劳动场所,以及关于其举止礼仪和治理方式的各种琐碎抱怨。

后来发生的事情是这样的。比格委员在这块殖民地上的第一个心腹是当地新任的首席医师詹姆斯·鲍曼(James Bowman)。鲍曼曾跟比格一起乘坐"约翰·巴里号"(*John Barry*)出航。鲍曼的任命惹恼了麦考利,因为麦考利原本想把这个职位留给他的朋友威廉·雷德芬(William Redfern),后者曾经是一个士兵、兵变者和罪犯,并从1802年起一直担任罪犯们的助理医师。雷德芬和鲍曼之间的紧张关系、麦考利和雷德芬之间的密切关系以及鲍曼和比格之间的友谊,呈现了一幅极富戏剧性的关于殖民地运作不良的场景,而它在很大程度上影响到了比格对该殖民地的报告。

交锋是从一个善意的举动开始的:麦考利为了安抚雷德芬的失望情绪,任命他担任治安法官。当地的富人们或许很乐意让雷德芬来为他们治疗拇囊炎,但要让他担任法官,他们可就没那么乐意了。比格振振有辞地对雷德芬的任命提出了反对。比格认为,光是雷德芬曾经被定罪这件事情就足以使他无法担任治安法官。不过他的反对理由中还掺杂着一些有关雷德芬渎职且举止粗鲁的恶毒流言。[25]例如,比格指责雷德芬侵吞政府药品、对医院管理不善,以及写信辱骂鲍曼。[26]比格获得了这场交锋的胜利。在他还没有离开该殖民地的时候,麦考利就已经接到正式命令,要求他解除对雷德芬的任命。[27]

然而,比格对雷德芬的利用并未到此结束。这位由兵变者转行而来的行政官员成为麦考利治理不当的一个典型代表。在比格看来，雷德芬显示了该殖民地的那些刑满获释人员道德沦丧的现象，以及癞蛤蟆想吃天鹅肉的心理。在正式的询问中，比格对麦考利的质问就涉及了其“在鲍曼先生抵达之后给他的冷遇，以及一直拒绝给他哪怕是最小的便利……而对于他所偏爱的人则百般迁就，其中就包括雷德芬先生”。[28]麦考利与雷德芬的友谊亦说明了把罪犯重新纳入上流社会的危险。比格的报告长篇累牍地描述了麦考利总督强行把雷德芬推介给悉尼精英阶层的努力，各类官员和民间显贵们在餐桌上为了避免跟雷德芬坐在一起而要的小花招也占据了报告中数页的篇幅。在这里，雷德芬的行为举止问题与他曾被定罪一样重要。比格抱怨说雷德芬的举止“鲁莽又冒失，完全没有任何的自尊自重”。[29]对于雷德芬所代表的这类问题，比格的解决方法是关闭前罪犯在殖民地官僚体系中的晋升门路。一个有序的流放地社会或许可以允许刑满获释人员参与商业活动，但他们永远不应参与到殖民地的统治之中。就这样，一些琐碎的小事盘旋升级，成为了具有变革意义的政策。

不过，在诱使比格委员卷入殖民地积怨这类事上，自由民并不是唯一的推手。[30]对比格来说，他在当地接触的对他的调查工作影响最大的人之一是前罪犯、律师爱德华·伊加(Edward Eagar)。在比格抵达才一个月，伊加就给委员会写了一封长信，概述了新南威尔士政府和法院存在的系统性问题，讨论了殖民地的经济状况，并建议对流放犯管理部门进行彻底重组。伊加谴责总督手中所掌握的“广泛和专制的权力”:“他没有任何政务委员会,因此对他不存在任何监督。他行使着绝对和完全的立法、行政和司法权。他的公开声明和一般性的命令被当作议会的法案来执行。”[31]在伊加看来,这一切的最终结果就是“一场彻头彻尾的暴政”,它包含了五花八门的权力滥用:“任意和非法的立法……任意、不当且过重的税收(以至于破坏了商业环境)……繁杂和非法的治安和财政规章……迫害政府讨厌的人,不仅剥夺对他们的保护,甚至连一般的法律保障也不给他们……系统性地镇压所有的自由言论……(以及)剥夺人们所享有的另一项重要的宪法权利,即新闻自由”。[32]伊加认为,解决上述问题,不仅仅需要一个经任命产生的立法委员会,而且还需要一个经选举产生的民众大会。[33]比格把这封信转交给了殖民部,就新南威尔士的重构而言,这封信在殖民部所起的作用比比格自己的建议要大得多。比格的建议比较保守,他只是主张对新南威尔士的政府进行结构性改革。

伊加还发动了反对该殖民地民事法院的运动,而在这件事上他更彻底地把比格卷了进来。伊加的信把新南威尔士的治安法官们描述成了基层暴政者的典型。他们那模糊不清的管辖权涵盖了治安、工资和小额借贷等事项,对于自由民和罪犯,他们还有权“依据其自由裁量处以鞭刑、监禁、苦力以及流放至纽卡斯尔”。[34]伊加痛骂高级法院在民事案件中的“不确定性、拖延和高昂的诉讼费用”,以及在刑事案件中“漠视人民的宪法权利……(并)对行政当局所拥有的专制权力俯首帖耳”。整个司法系统对行政权力缺乏监督,而且明显与“英国人的观念、情感、习惯、惯例和习俗”相违背。[35]

随后，伊加转而采用戏剧化的方式来夸张地展现最高民事法院（Supreme Court of Civil Jurisdiction）的失败。这个法院是由巴伦·菲尔德（Barron Field）法官掌管的，菲尔德是一名不得志的伦敦律师，他试图通过讨好排外主义者来提升自己不上不下的社会地位，并通过大幅提高法庭诉讼费用来增加自己为数不多的收入。为了布置戏剧的场景，伊加需要先把自己弄上法庭。问题是诉讼当事人已经不能在民事案件中担任自己的代理人，而刑满获释人员也已经被禁止作为律师出庭。在比格抵达悉尼后不久，伊加与一个自由民记者合谋，对诉讼当事人必须要由律师代理的规则提出了挑战。在这一点上获得胜利之后，伊加就在一起债务纠纷诉讼中担任了自己的代理人，并在该案中对菲尔德那漫天要价的法庭费用的合法性提出了质疑。[36]然后，伊加开始插手发生于帕拉玛塔的一起腐败丑闻。他帮助一位名叫弗朗西斯·奥克斯（Francis Oakes）的当地警察指控菲尔德的朋友汉尼拔·麦卡瑟（Hannibal Macarthur）贪污腐败。伊加称麦卡瑟作为一名治安法官，曾与帕拉玛塔的狱卒合谋，以向法庭出具良好品行证明书为交换，向囚犯们索贿。伊加试图让菲尔德法官在调查委员面前出丑，而菲尔德此时也已被彻底激怒，于是开始亲自介入。他自己坐上了帕拉玛塔的审判席，驳回了奥克斯的指控，并以极其严厉的措辞对伊加轻率提起诉讼的举动进行了谴责。整个过程中比格一直不动声色地坐在法庭后排，但却听得全神贯注。[37]

在这场表演结束之后,伊加又以“诽谤和索要非法费用”为由对菲尔德提起了诉讼。[38]菲尔德法官则不顾比格委员的明确建议,提出了一项历史性的抗辩作为报复:他请求中止案件的审理,以便从伦敦取得证据证明伊加是一个曾被判剥夺财产的罪犯——换言之,他试图主张,由于伊加曾在英格兰被判重罪,因此他现在不能享有一些重要的法律权利,包括“在法庭进行起诉”的权利。菲尔德法官所审理的案件中有三分之一涉及曾经的罪犯。因此菲尔德提出这一主张,就相当于对这块殖民地上几乎每一个刑满获释人员订立合同、拥有财产或进行诉讼的能力都提出了质疑——对于这样的结果,即便是像比格委员这样保守和褊狭的人也无法接受。[39]

在比格关于新南威尔士司法系统的报告中,并未太多提及菲尔德的荒唐行径。[40]但比格在菲尔德法官的法庭上所作的观察还是起到了极其重要的作用。他在写回国内的私人信件中提到了法官对“被赦免的罪犯在殖民地法院的诉权”所抱有的“强烈的情绪”,以及他“对包括伊加先生在内的一部分曾是罪犯的居民的行事准则所持有的鄙视和仇恨态度”。这种情绪说明菲尔德“并不具备在这样一块殖民地上履行司法职能所必需的性情和审慎”。[41]这些评论直接导致了菲尔德被解职,以及从 1824 年开始的对殖民地民事管辖权的重构。

比格关于新南威尔士的报告信息量极大,其中有些是未经整理的,有些则对殖民开拓者的声誉造成了无端的损害。[42]但即便是这些偏颇且言过其实的报告也是有意义的。比格报告中那些不堪入耳的故事均有来自不同渠道的殖民地意见做支撑,这些故事为一个较为统一的改革蓝图提供了依据。比格提出的核心建议是对罪犯管理制度进行彻底改革,包括为殖民地的开拓者们重新配备罪犯劳动力,建立一批二次流放地,以及禁止刑满获释人员担任公职。[43]这与英国政府所设想的模式并不完全一致;相反,它是排外主义者与爱德华·伊加所提议的模式的结合。但在证明只需对殖民地法律体制进行极其保守的改革这一点上,比格这些充斥着丑闻的报告并没有取得多大的效果。他详细地报告了伊加对于殖民地宪法架构的批评,但他的结论是:即便没有最高法院,这个殖民地也会运行得很好;如果治安法官能够保持原有水准的话,他们会比季审法庭(Quarter Sessions)更适合这块殖民地。他还认为没有必要设立政务委员会来制衡总督的专制。[44]殖民部则无视这些建议,在该殖民地同时设立了上述三个机构:最高法院、季审法庭和政务委员会。[45]比格对这一暴躁不安的殖民地中的丑闻所做的详细报告给新南威尔士的自由民精英们带去了一场不够彻底的胜利。比格讲述了他们的故事,而殖民部也认为这些故事可以用于支持他们的吁求,即确立罪犯在殖民地的附属地位,同时实行一种稍微自由一些的专制。

就比格自己而言,他对丑闻的收集和整理所得到的回报是获得了另一份富有争议的工作。他很快就被委以新任,跟威廉·科尔布鲁克(William Colebrooke)上校一起组成东部调查委员会,对好望角、毛里求斯和锡兰进行调查。这是一个奇异的三地组合,其中包括了一块居住着大量英国殖民者的前荷兰殖民地,一个不受管束的、说法语的奴隶走私犯的窝点,还有一个人口众多的岛屿,而岛上的居民们已经多次表示了摆脱英国统治的意愿。比格只完成了对好望角的调查报告,然后就因病返回了伦敦。他确实应该休息了。

在经历了20年的摇摆不定之后,好望角殖民地终于在1814年归顺了英国。它很快就成了非法奴隶贸易的集散中心,同时也是荷兰殖民者、新来的英国人以及殖民地内外的非洲人之间激烈竞争的场所。对好望角的调查有两个关键的目的。第一是为了应对来自基督教传教士的压力,传教士们要求对奴隶的状况以及关于战利品奴隶(从非法奴隶贸易船上解救的奴隶)分配的腐败指控进行调查。[46]委员会尽职尽责地从好望角的当地权威人士那里收集证词,这些证词中有的为非自由劳工的状况进行辩护,有的则对其严加谴责。更为重要的是,委员们还从战利品奴隶那里收集了好几卷证词,细数了其所遭受的虐待。他们的声音应和了其他奴隶的申诉,其中有几十人冒着被殴打和拘禁的风险亲自作证,证实存在暴行、不公平贩卖、与家人的分离和非法拘禁。[47]这些证据为殖民地政府广泛而迅速的干预提供了依据。1826年,当委员们尚未离开好望角的时候,殖民地政府就任命了一位奴隶监护官。1828年,第50号法令确立了一项新的规章,以规范该殖民地中的契约制奴役(indentured servitude)和非洲劳工。[48]

调查委员会的第二个任务是对日益激烈的、要求改革殖民地法律和行政管理体制的呼声作出回应，这些呼声来自一个颇有背景的英国群体，即所谓的1820年定居者。行事张扬的总督查尔斯·索默赛特（Charles Somerset）勋爵收回了其政敌、副总督鲁范·东肯（Rufane Donkin）在其休假期间（1820～1821年）授予好望角英国移民们的土地和公职，从而激起了他们的敌意。从那时起，索默赛特的剥削和贵族做派就成为了一个代号，代表着限制自由的政策、对荷兰法律体制的维系，以及好望角的荷兰精英们所享有的制度性控制权。[49]

因此，当好望角的奴隶和契约制奴仆们还在争取将自己的遭遇告诉国王的委员会时，一群心怀不满的自由民已经开始准备一场殖民地丑闻秀了。比起悉尼的那场秀，这场丑闻秀无论在娱乐性还是深刻性上都更胜一筹。1824年，一群出生于英国本土的持不同政见者因为对索默赛特政权的刑事诽谤而遭受了审判。其中，布内特（Burnett）主教是“一位因试图打破对军事合同的垄断而破产的农场主、绅士”，而这些合同的受益者正是索默赛特的亲信。布内特因其对殖民地裙带关系和任命制度的尖刻批评而遭到逮捕。还有两位也因刑事诽谤而被捕，一位是商人兰赛洛特·库克（Lancelot Cooke），另一位是他的公证人威廉·爱德华兹（William Edwards），也因为刑事诽谤而被捕。这两人在专门提交给总督一人的备忘录中控诉收税官在处理战利品奴隶时有腐败行为。[50]爱德华兹后来又一次遭到了指控，原因是他出版的小册子宣称索默赛特跟臭名昭著的詹姆斯·巴里（James

Barry)医生之间有同性恋关系。[51]

由说荷兰语的司法官员适用荷兰法律来管理在英国出生的、深受自由主义教育的臣民,这会带来特殊的问题,而好望角的上述诽谤案则凸显了这些问题。当布内特在诽谤指控中拒绝为自己辩护时,他再明确不过地揭示了上述问题。这起指控是由一位不能完全读懂英文的荷兰检察官在荷兰刑法体系下提起的,而在该体系中被告不享有任何最基本的英国法下的程序性权利。[52]布内特的抗议提出了一个问题,而该问题在所有的被征服殖民地都以这样或那样的方式被提出过:对生而自由的英国臣民(而非新归顺的英国臣民)适用各不相同的殖民地法律真的合适吗?在好望角,与在新南威尔士一样,这个问题显得尤为重要,因为各个不同群体在法律能力上的细致差别早已产生。在新南威尔士,有罪犯、被释放的罪犯、自由民、军人和土著居民;在好望角殖民地,则有科萨人、克瓦桑族人、荷兰人后裔、英国人、奴隶、被解放的奴隶、奴仆和罪犯。公开的讨论或是单个的法院案件经常会把复杂的差别归结为各种二元对立。但就大英帝国的秩序而言,问题远没有那么简单。帝国秩序在宣称要为所有臣民提供法律保护的同时,亦承认适用法律时应考虑不同臣民群体之间的差别,而这些群体中的很多人力图通过法庭对此提出强烈的反对。

这一背景在很大程度上解释了好望角的那些诽谤案后来的发展。公证人威廉·爱德华兹并没有选择拒绝为自己辩护,相反,他以法庭为平台,主张对他的“逮捕是违法的——没有收集必要的准备材料,完全不存在任何犯罪事实,而且该法庭没有审理该案的权能”。[53]爱德华兹第一次被逮捕(原因是他为一份文件做了公证,而该文件实际上是一份尚未公开的请愿书)是由那位说荷兰语的检察官提请的,所依据的是他对荷兰法的某种完全不能让人信服的解释。对他的第二次审判则更具轰动性。爱德华兹辩称他撰写的那些揭发丑闻的小册子并不具有诽谤性——这一论点让他有机会“在一个座无虚席的法庭里,故意地、公开地重复其中最具侮辱性的段落,而且对委员们所提出的重复而严厉的警告——该种行为将会被视为他的犯罪加重情节——全然置若罔闻”。[54]

这场表演还以其他方式显示了荷兰法律制度的失败。当爱德华兹宣称那些小册子不具诽谤性的时候,那些说荷兰语的法官们却以为他是在承认他写了这些小册子。委员们私下认为,法官之所以会得出这样的结论,既有他们翻译水平上的问题,同时也是因为荷兰刑法的奇特性。总体而言,委员们认为该案中能够证明爱德华兹有罪的证据实在是微乎其微:“这一点可能会在英格兰引发关注和惊讶”。[55]尤其成问题的是,“在这块殖民地的法庭中,法庭成员同时充当法律和事实的裁判者,而且常常不给出其据以作出判决的理由”。[56]因此,无论在实质上还是在程序上,对爱德华兹的审判都充分地展示了荷兰法在好望角的缺陷,以及它是如何被滥用来压制对时任行政当局的批评的。

好望角委员会在这场争议中的角色体现了地方政治对

调查工作的重大影响。好望角的丑闻带来了巨大的宪法性改革——比新南威尔士的丑闻起的作用要大得多。在新南威尔士,刑满获释人员对公职的可耻滥用成为了一根导火索,导致了一位总督的下台和社会阶层上升之路对罪犯的关闭。而在好望角,委员会听取并报告了丑闻,其目的是中和比新南威尔士更加不堪入目的调查结果,使其更适于他们那份比起新南威尔士来说自由主义得多的报告,这要求他们将危机管理和搜寻人们易于接受的事实结合起来。委员们被明确要求对审判进行调查——经过委员们筛选的信件和评论汇编中,光是库克和爱德华兹的审判就占据了整整一卷。[57]委员们对这些争议将成为议会讨论的主题表示不满,因为他们还没来得及"提醒人们注意这些争议和我们公开调查某些最重要的目标之间的联系"。[58]最为重要的是,他们通过这些丑闻来论证必须要对殖民地的荷兰法和荷兰行政管理进行全面改造。尽管爱德华兹被证实是一个逃犯,而且几乎确定无疑地犯了刑事诽谤罪,但他导演的这出闹剧还是在经过委婉处理后被呈送到了英王面前,这使好望角的委员会报告成了整个帝国范围内最具变革性影响的报告之一。索默赛特被匆忙地从总督之位上解职,自由主义者理查德·伯克(Richard Bourke,他很快会成为新南威尔士的总督)暂时替代了他的位置。委员会还建议立即将荷兰司法官员替换成英国官员,以及"尽早采纳……那些能够与殖民地现状相适应的"英国民事程序和法律。委员们还对这块君主直辖殖民地(crown colony)中总督的权力作了抨击。好望角委员会建议完全剥夺总督的司法权，并要求总督必须向一个更为强势的政务委员会咨询政务。在这一点上，好望角委员会比其他地方的委员会还要更激进一些。[59]

比格在新南威尔士和好望角都深入考察了殖民地政治，但其目的却有微妙的差别。在这两个地方，他的委员会都听取了当地的争议，并将丑闻重新包装，以提出截然不同的理由来支持殖民地的改革。上述过程显示了帝国的调查计划中所存在的无法避免的可乘之隙。两个曾被判处极刑的人——伊加是曾经的罪犯，爱德华兹还是个逃犯——对这两个殖民地的法律和政治改革产生了不成比例的影响。他们把关于腐败、秘密监视、同性恋和酷刑的流言从茶余饭后的闲谈和煽动性的小册子中抽取出来，并展现为支持帝国改革的严肃理由。这些事件还表明，委员会对于地方性论争的宪法重要性起到了放大的作用，这些论争涉及臣民地位和程序公正——所有人都认为这是两个密切相关的问题。不管委员会去到哪里，都重复了同样的模式。即便是那些最新归顺的英国殖民地居民（如僧伽罗人、塔米尔人和锡兰的康提人），以及那些法律地位严重受限的群体（罪犯、前罪犯、奴隶和前奴隶）也加入了这一帝国秩序的重构，即通过调整帝国权力、殖民地权力和地方权力之间的三角关系，来推进某种经过修正的、仍具备法律上之多样性的帝国宪政。

第二节　西印度群岛的自由度

在19世纪20年代帝国所开展的调查中,最有趣的当属加勒比殖民地法律调查委员会的工作。[60]对那些不辞辛劳地阅读了其调查报告的人来说,这听起来或许有些奇怪。这些委员会的报告表述生硬、程式化且冗长,具备了19世纪官僚文书的所有典型特征。即使如此,这些委员会却展现出了19世纪20年代调查工作中的两个关键性方面。通过创造性地解释调查指令以及对标准化问题和标准化报告模板的运用,它们显示了委员们那变戏法般的推动帝国改革的力量。这种标准化的程式是枯燥乏味的,但它使委员会显得中立,从而回击了自治的种植园主们事出有据的怀疑——种植园主们怀疑委员会是一个阴谋的组成部分,其目的是使他们的立法机构听命于英王。这种模糊性并不能真正起到作用,最后正是委员会的这种程式化特性起了极大作用,将西印度群岛整合成了某种宪法上的化外之地,在该地区内所有的殖民地都需要实施由帝国施加的改革。

法律调查委员会的程式化特性很能说明问题,部分的原因在于它完全不是事先计划好的。第一个法律调查委员会被宣布设立，是为了平息纽金特勋爵向议会提出的私人议案，他呼吁对背风群岛的民事、刑事法律及程序进行全面改革。作为撤回其议案的交换条件，纽金特得到了一份承诺，即对该殖民地中可能存在的针对奴隶、商人和债权人的结构性不公展开调查。[61]从委员们收到的指令来看，这项调查计划在某些方面比纽金特所要求的较为狭隘，但在另一些方面又更为宽泛。在 9 月 20 日的一封私人信件中，战争与殖民地大臣巴瑟斯特（Bathurst）伯爵私下指示第一个法律调查委员会的委员们将其调查区域从背风群岛扩展至向风群岛，同时将其调查内容限定在“刑法在涉及奴隶和自由的有色人种居民时的适用，而在涉及白人时，调查只限于当地刑法的实施与英国的刑事法庭规则和惯例存在实质性背离的情形”。[62] 1822 年 10 月 10 日公开发布的给西印度群岛委员会的指令则比之略为宽泛一些，它要求委员们对所有的刑事法律进行调查。[63]

与此同时，在 9 月 21 日，巴瑟斯特警告委员们“当前的机会不应当浪费在调查某些与民事司法的运作相关的问题上”。他们关注的焦点应当是程序，而非法律的实质内容。[64]两个月之后，巴瑟斯特又指示委员们“极其秘密地”就西印度群岛法官的受训背景进行报告——他们是否受过“正规的法律教育”，在他们被擢升为法官之前是否担任过律师，他们的收入是否来自于收取的费用，他们是否在群岛上土生土长，还有他们是否从当地贸易或种植园中获取利益。[65]同一天，他还下达了更进一步的指示，要求委员们（同样是秘密地）报告对于将向风群岛和背风群岛的司法和行政管理合并为两个大区的看法,即把巴巴多斯、圣文森特岛、多巴哥岛、格林纳达合并成一个区,把安提瓜岛、蒙特色拉岛、圣基茨、多米尼加、尼维斯和维京群岛合并成另一个区。按照这一计划,每个殖民大区都将设立一个总督、一个首席法官和一个总检察长,而他们将在各岛定期巡回履职。这些官员都不能在西印度群岛拥有土地、奴隶和家庭联系。这个计划并非出自殖民部的手笔,副国务大臣罗伯特·霍顿(Robert Horton)在将其转发给委员们时还附带提出了一系列的疑虑。他更偏向于采用较为简单的处理方式:为已有的每一个行政区域各自任命一位首席法官,由其来监督现有的殖民地法院。上述两种方案均未直接针对当地的立法机构,其中一个提出了对西印度群岛法院的深度重构,但两者都希望对这些殖民地的司法体系进行重大改革。[66]

这些混乱的指令看起来更像是一场头脑风暴,而不是一个真正的计划。巴瑟斯特和他在殖民部的团队在 9 月和 11 月间忙碌了一段时间,以设想自治的西印度群岛在未来应如何构建。随着法律调查委员们在加勒比地区不停地穿梭,各种纷乱的意图变得更加缠绕不清。委员们收到的公开指令逐步升级,使调查对象扩展到了牙买加(这是在委员们自己的坚持下加入的)、伯比斯、百慕大、德梅拉拉、特立尼达和洪都拉斯。这其中绝大部分的调查都是依据不同的指令而展开的。[67]到 1826 年的时候,调查已经扩展到涵盖了该地区所有的英国定居点。

随着法律调查委员们将其所收到的互相矛盾的指令转化成一项或多或少具有一致性的工作,他们也把自己塑造成了富有远见的改革者。亨利·麦道克和富图纳提斯·德瓦里斯这两位最初的委员属于体系构建者——相比大英帝国其他地方的委员们而言,他们在这方面或许更为突出。从很多方面来看,他们都可以说是自己设计了自己的委员会。他们坚持要求巴巴多斯的总督不能把他们的委员会称作刑事调查委员会,从而规避了殖民部所下达的公开以及私下的指令。虽然他们的委员会本身是以此命名的,但他们认为"刑事调查"这个名字会给人造成他们的调查权力过于狭窄的错误印象。[68]这两位委员对他们的工作有着更为宽泛的界定,而他们正是按照此种理解开展工作的。

麦道克和德瓦里斯在每个殖民地都问了数百个问题,在不同地方问的问题只有微小的差别。这些问题中的大部分根本没有涉及刑法或奴隶,而是为了探查民事和刑事法院的组成及其运作。在他们的第一份报告中,有 58 个问题是关于奴隶法院的权力和职能的,还有 93 个问题则涉及对衡平法院管辖权(chancery jurisdiction)的调查。[69]这些问题所关注的内容不仅有法院和上诉的宪法基础和管辖权,而且还包括了有效的法律是哪些、法官的权力和责任、审判的性质、各种当事人的权利和豁免,以及有关衡平法、抵押、破产、无遗嘱死亡、外国债务和奴隶的法律规定。[70]委员们对新获取的、适用外国法的殖民地也提出了类似的法律问题。在新获取的殖民地中,委员们还对君主专制的情况进行了调查。德梅拉拉和伯比斯适用的是荷兰法,在这两个地方,委员们共提出了469个问题,其中150个问题涉及主要的刑事、民事法院和既有的法律;另有125个问题涉及各式各样的殖民地机构(包括总督),其中的大部分都拥有某些司法职能;不同的调查负责人分别对破产、外国判决、逮捕、诉讼费用、执行和上诉等问题进行了调查。尽管在关于法院的具体调查中浮现出许多有关奴隶的问题,但与奴隶的公民权利直接相关的问题只有34个,反而在关于法院的具体调查中涌现出了更多有关奴隶的问题。[71]

宽泛的指令和比之更为宽泛的调查使西印度群岛的报告呈现了某种独特的宪法性写作的样式。所有的报告都包括了对殖民地现行法律(尤其破产法和遗嘱法)的概括、关于殖民地法院的证据、关于行使司法职能的重要职位(包括狱卒)的讨论,以及关于自由有色人种和奴隶之法律地位的思考。大部分报告的结尾都会对殖民地层面或者偶尔对次级行政区层面的改革建议作一个简短的归纳。这一模板为千差万别的加勒比地区各殖民地提供了相互呼应的改革建议。虽然这一地区的殖民地各自适用荷兰、西班牙和英国法律,但调查委员会织就了一张法律多元主义的网络,使熟悉的法律变得陌生,而陌生的法律变得熟悉。如果我们将委员们1825年关于巴巴多斯的报告和其1827年关于特立尼达的报告做一个对比,就能非常明显地看到这一精心而细致的工作。

委员们于1822年12月21日抵达巴巴多斯。他们在这片最古老的英国加勒比殖民地上所发现的情况成为后来所有调查的缩影。麦道克和德瓦里斯在抵达三周之后，就开始写长信回国，报告该殖民地法律的糟糕状况。他们从中层权力存在的问题开始，指出“那些在该岛上担任法官的人非常不适合行使这份职责”。[72]其中有一位名叫贝斯特(Best)的助理法官，他在两天之内将一名奴隶折磨致死，随后就销声匿迹了。虽然委员们不情愿挑明，但似乎很显然是巴巴多斯的种植园主们隐匿了这位杀人法官的行踪。[73]

与十年前爱德华兹(Edwards)总督提出的批评相呼应，委员们也报怨巴巴多斯法院中贝斯特法官的那些同事们完全无法胜任职位。他们中没有一个人“具备担任现职所需的前期职业训练和习惯”。[74]委员们在报告中指出，当地人民普遍支持由中央任命和支付薪水的法官，而这些法官应当“在岛上没有财产，与岛上居民没有关联，并且不习惯于岛上那不规范的程序”。[75]所有被任命为法官的人都应当在英格兰或爱尔兰接受过律师职业训练，而在适用荷兰、西班牙或法国法律体系的殖民地，或许可以由苏格兰人担任法官。[76]他们还对那个颇有争议的提议表示了赞同——上诉管辖权应当集中到两个巡回法院手中，而它们将管辖整个向风群岛和背风群岛。[77]正如德瓦里斯在1828年写给新任副国务大臣豪利斯·特威斯(Horace Twiss)的私人信件中所指出的，由中央任命和支付薪酬的法官(“您的法官”)将成为宗主国意志的代言人，使帝国边缘地区受到中央的约束。[78]

然而，法官的无能和腐败只是巴巴多斯及其邻近地区所面临的诸多问题中的冰山一角。那里的法律本身对于委员们来说也是陌生离奇的:这些法律过时、腐朽而且模糊不清。在麦道克和德瓦里斯抵达巴巴多斯仅仅六周之后,他们就难以置信地报告说,有247部当地立法机构通过的法律竟然只有手写版,以至于法院为了确定法律的内容,不得不在尚处于半成品状态的手写法案中艰难地搜寻。而较早的印刷版的法律汇编又属于非官方性质,既不完整也不准确。[79]就他们能够找到的该殖民地法律的内容而言,委员们发现殖民地不动产法中夹杂着一些毫无意义的特殊规定;遗嘱查验和破产法充满变数;同时,理所当然地,财产法和主仆关系法(master-and-servant law)关于奴隶的规定中亦存在严重而可恶的离经叛道之处。问题的一部分症结在于巴巴多斯接受英国法的年代太过久远(人们很难就具体时间达成一致)。[80]另一个问题是法律和程序遭到了当地腐败的立法机构的篡改。简言之,两个世纪的自治已经造成了司法上的混乱无序。这也是该地区所有历史悠久的自治殖民地的通病。无论走到哪里,麦道克和德瓦里斯都发现当地"完全不存在任何固定的殖民地法律原则"。[81]

为了消除这些不确定性,麦道克和德瓦里斯要求巴巴多斯和其他自治殖民地公布其所有的法律。他们要求当地立法机构通过宣告性的立法,将英国普通法扩展为"适用于国王陛下之所有臣民的确定规则;为了消除对此可能产生的任何真实或假想的怀疑,可以在这种宣告性立法中明确地规定,在任何时候,所有属于国王治下的非洲或克里奥人奴隶都被认为、而且应当被认为享有普通法的保护，并接受普通法的惩罚”。[82]麦道克和德瓦里斯还要求制定一部统一的奴隶法——以各殖民地法律为基础，并一定程度上参考以前的西班牙法律。富图纳提斯·德瓦里斯后来向殖民部提出了一个更宏大的设想，这同时也是直白地请求殖民部在调查结束之后继续留任他。他主张对西印度群岛的所有法律进行集中编纂。他认为“之所以必须要进行法律编纂——并不是为了追求宽泛的边沁主义……而是为了在某种有限的程度上确保奴隶享有普通法的保护，并将这些殖民地的成文法置于某种理性和智慧的基础之上。那么由谁来负责编纂法律——恰到好处地评估和决定普通法的哪些部分适合于这些殖民地，哪些部分不适合？又由谁来呕心沥血地阅读英国法律全书，并决定哪些法案以及法案的哪些部分应当被这些殖民地接受和适用呢？”[83]

委员们呼吁在巴巴多斯及其邻近的殖民地进行法律改革，这看起来或许稀松平常。对于适用英国法律及程序之某种变体的殖民地而言，受过训练的法官、公开颁布的（并且经过些许改造的）法律以及组织上更为简化的法院，这些似乎都是相当合理的要求。但上述要求看似“平常”其实具有欺骗性。这些要求中的每一个都是以对殖民地宪法的重构以及随之而来的对殖民地臣民地位的重新界定为基础的。[84]委员们虽然没有直接批评西印度群岛的地方立法机构，但他们要求公布和编纂法律，正是基于有充分的证据证明西印度群岛立法机构的无能。如果注意观察的话，任何人都会非常清晰地看到这一论断所带来的影响。委员们关于公布法律的要求恰好契合了詹姆斯·史蒂芬对每一部殖民地法律进行批准、修改或予以驳回的雄心,这样一来,在调查时代,法律层面的矛盾就有了新的意义和潜在影响。[85]当麦道克和德瓦里斯还在背风群岛和向风群岛四处奔波的时候,西印度群岛的立法者们就已经被示范奴隶法搞得焦头烂额了,这些示范法是由伦敦的法律官员根据1824年的《特立尼达指令》(Trinidad Order)起草的。詹姆斯·史蒂芬审查了(并且通常是拒绝了)他们对此所作的修改。在1820~1833年,史蒂芬审查的大部分法律都来自加勒比地区的奴隶制自治殖民地。[86]英国议会于1833年在整个帝国范围内废除奴隶制后,史蒂芬进一步完善和扩大了法律驳回制度,以实现对西印度群岛的刑法和主仆关系法"逐步而系统性的改造",以及对澳大利亚和加拿大那些新建立的自治垦殖政治实体(settler polities)的控制。[87]

对司法任命和法院改革控制权的争夺还引发了宪法层面的严重分裂。虽然国王毫无疑问享有设立法院和审查司法任命的特权,但德瓦里斯并不相信国王能够不经过微妙和旷日持久的谈判就撤销当地立法机构设立的数不胜数的法院。[88]在19世纪20年代,即便是锐意改革的殖民部也没有勇气去大肆推行这样的想法。[89]有人根据德瓦里斯的建议起草了一个法案,但是到1829年4月的时候,豪利斯·特威斯"非常痛心地说,我们要实现重构西印度群岛的司法系统这个重要目标,看来希望非常渺茫"。[90]詹姆斯·史蒂芬和王室律师（King's Advocate）都反对这一法案的激进性。[91]直到1836年，一系列关于西印度群岛刑法和主仆关系法的宪法性冲突为宗主国通过一长串立法对加勒比地区强势实施整顿开辟了道路，在此之后，前述法案才被提交和通过。[92]因此，虽然没人能否认德瓦里斯关于西印度群岛法律状况的报告写得相当枯燥乏味，但委员会对西印度群岛这片自治领土的诊断——认为其法律脱离常规、法院运转不良，却戏剧性地重塑了帝国中心和自治的西印度群岛之间的关系。

特立尼达的法律调查委员会则做了完全不同的工作。1823年年底巴瑟斯特才把特立尼达加入委员们的行程之中——这进一步证明了这次调查的偶然性。麦道克和德瓦里斯于1824年1月抵达那里，那时他们已经完成了对10个自治殖民地的调查。杰贝兹·亨利在5月加入了他们，同时也带来了关于扩大调查范围的指令，即把调查范围扩大至涵盖牙买加、圣卢西亚岛、巴哈马群岛、百慕大群岛、德梅拉拉、伯比斯，以及洪都拉斯的英国定居点。亨利的到来是为了让德瓦里斯有时间完成委员会的报告，同时也是为了回应当地对于调查工作抱怨，从而增强调查工作的合理性。这些抱怨认为亨利·麦道克过于偏向奴隶，而富图纳提斯·德瓦里斯则过于偏向种植园主。[93]

与之前的委员会不同，特立尼达委员会的设立是为了安抚种植园主，而非传教士。就在纽金特勋爵呼吁对背风群岛进行重组的同一天，商人和议员约瑟夫·马里亚特提出（这已经不是第一次了）要在特立尼达实施英国法并实行自治。

他指控在位已久的总督伍德福德(Woodford)渎职,因为后者允许司法机关收取高得离谱的庭审费用,而且对最微小的批评都要把批评者关进监狱。他还称,伍德福德的苛捐杂税再加上该岛上广泛存在的所有权期限的不确定性,对不动产权利造成了威胁,而对此法院却不能提供合理的救济。[94]

不过在马里亚特看来,相比于伍德福德对英国臣民的暴政,更为糟糕的是西班牙法律在该岛的持续适用。马里亚特提醒人们,旧的西班牙法律在西班牙已被《拿破仑法典》所取代。因此,能够正确地运用特立尼达业已过时的法律制度的从业人员会越来越少,而其中的大部分是生活在前西班牙殖民地的、穷困潦倒的克里奥人。在特立尼达,这些过时的西班牙法律不但被一群对其一知半解的英国法官拙劣地适用,而且其内容也缺乏效率和公平性。西班牙法律阻止债权人出售财产,从而使"对债务人的惩罚基本上变得不可能",但同时却允许因为一些鸡毛蒜皮的过错而对人施以数年的监禁。马里亚特希望委员们能够支持将英国法引入特立尼达,并设立一个地方立法机构——这一请求也获得了该岛上出生于英国的居民们的支持。[95]

自从征服特立尼达以来,英国政府就一直想方设法让该殖民地游离于议会的监督之外。但当它最终决定针对上述抨击采取行动时,其回应却出人意料地顺应民意。1823 年 9 月,巴瑟斯特指示委员们"前往特立尼达"调查马里亚特的指控。他们受命调查该殖民地的土地所有权情况——自 1784 年以来,西班牙皇室和历任英国总督相继授予了很多土地,这导致了所有权属方面的混乱。巴瑟斯特还指示委员们从以下方面去探究特立尼达是否应当采用英国法:当地居民真正想要的是什么;岛上的英国司法人员是否真的对西班牙法律一知半解;西班牙法律体系是否过于低效、严厉且运行成本高昂;以及相比于英格兰法,其是否对奴隶和自由有色人种提供了更好的保护。不过巴瑟斯特强调,委员们不得对"关于是否应当召集一个立法大会(Legislative Assembly)的问题"进行调查。[96]

因此,是调查委员会的委员支持在特立尼达和西印度群岛的其他君主直辖殖民地实行法律多元主义,并不是巴瑟斯特。当委员们离开特立尼达的时候,他们完全确信,对岛上多元化的居民来说,经过修订的西班牙法律是最好的选择。[97]他们认为"比较保险的方案是继续推行自该岛被割让给英国以来就一直实行的做法,即通过由政务委员会发布的改革性指令,以及通过逐步引进英国法中那些比西班牙法更适合该殖民地当前社会状况的内容,在司法实践和法律适用过程中消除上述缺陷"。[98]

该建议对殖民地和宗主国臣民的法律地位作了慎重的区分。但委员们对特立尼达法律多元主义的支持并不完全是反自由主义的。例如,虽然委员们认为该岛的人口构成(大部分是黑人自由民和奴隶)使陪审团审判无法实行,但他们确实也呼吁扩大人身保护令的适用范围。[99]他们还建议对一些过时和"压迫性的"西班牙法律规则进行改革:将法定成年年龄从25岁降低到21岁,将丈夫们从赋予妻子"对婚姻持续期间取得的财产的共享权”这一“繁重的”义务中解放出来,以及引入荷兰式的遗嘱登记制度。[100]更为重要的是,他们要求立即对刑法进行修订。首先,他们坚持废除所有不被英国法所认可或者是基于肤色歧视的惩罚。[101]其次,他们建议立即采用英国的司法程序,认为“英国的审判模式和刑事诉讼程序,以及经《皮尔法案》(Mr. Peel's bill)修订的关于保释的法律,应全面替代殖民地现有的程序和规定”。[102]

最有意思的是,委员们还违背了他们所接受的明确指令,在报告中进一步表示他们赞同特立尼达居民所提出的“非常恰如其分”的要求,居民们所要求的并不是设立一个立法机构,而是设立一个代表制的“政务委员会”,从而“使他们能够对该殖民地的税收和支出实施合理的控制”。[103]委员会还公开支持已经存在了数十年的诉求,即限制总督干涉司法的权力。委员会很谨慎地指出,这一诉求的基础是“某种抽象的原则,而我们希望该原则能够扩展到所有的殖民地,而不是惹人嫉妒地仅适用于本殖民地”。[104]从好望角到马耳他,在整个帝国范围内都出现了同样的诉求。[105]只有在新南威尔士,比格委员认为总督既不需要政务委员会,也不需要削弱司法权力,但即便如此,议会还是对该地总督的特权进行了限制。

如果说从巴巴多斯到尼维斯,法律调查委员会都将自治殖民地描绘为宪政秩序混乱之地,那么其关于特立尼达和其他君主直辖殖民地的报告则试图呈现一种更为美好的帝国形象。这个帝国在法律上是多元的——奴隶制、人口构成和空间上的距离使法律的多样性成为帝国建构中不可或缺的特征。统治该帝国的将会是一种受制约的君权:君主在殖民地的代表将在政务委员会的建议下进行立法和治理,而政务委员会的成员则来自于殖民地中那些优秀而值得信任的臣民。在这个更为美好的帝国中,英国法官将逐步改造不合常理的殖民地法律,这些法官的薪酬由英国本土支付,他们依据最新的英国刑事程序实施英国式的刑事审判。冗长乏味的法律细节为一个专制、公正而有序的帝国确立了标准,在委员们的设想中,这样一个帝国将从英属西印度群岛那法律运作不良、权力行使不公以及法律传统多元化的错综迷局中崛起。

结　语

约翰·奥斯丁不仅是一个功利主义者,还是一个非常自负的人。基于其学识,他的委员会于1836年被派往马耳他,其任务是就这块难缠的殖民地的法律和治理状况再次撰写一份报告——自从1800年取得这块殖民地以来,这已经是伦敦第三次向其派出调查委员会了。但是因为奥斯丁的浮夸自大,他的报告在上议院和殖民部中成为笑柄。

在奥斯丁那冗长而离题的讨论中,有一点提供了理解帝国法律调查计划的关键。奥斯丁论证道,帝国是一个关于主权控制的范畴。奥斯丁否定了“某些英国法官的意见”,即君主不能将任何“不符合‘自然公正’或‘英国宪法之基本原则’的制度”引入殖民地。奥斯丁的这一倾向带有主权理论的色彩,而该理论会将他后来的著作完全纳入国际关系理论的范式。他认为,如果上述附带意见正确的话,那么“任何主权行为,无论多么精准和必要,都能被并不重要的法官任意解释了”。如果是这样的话,帝国的治理就上下颠倒了。奥斯丁进一步指明:“对于‘自然公正’或‘英国宪法之基本原则’这一术语并不存在人们普遍接受的含义;因此,人们可以轻易地调整对主权的实证法理解,使其符合他们对该术语之真实意义的实际或假想的看法。”[106]简言之,奥斯丁认为殖民地臣民身份这个东西纯粹是君主所授予的礼物,君主的义务并非保障自由,而是根据法律和显而易见的帝国利益来统治殖民地的人民。

奥斯丁的委员会是四分之一个世纪之内伦敦派往马耳他调查其宪法和法律的第三个委员会,这一事实提供了最好的证据,证明虽然奥斯丁认为帝国政府对作为从属地的殖民地所拥有的控制权是天经地义而确定无疑的,但实际上并非如此。殖民地的管理者和律师出身的委员们都认同这样一种观点,即对殖民地的法律调查,无论其意图如何,都会带来宪法性的影响。调查无疑宣示了君主构建秩序的能力。然而,即便君主能够通过行使监督和权威带来些许的公正——

这一过程不同于追求旨在实现公正的宪法义务——其结果也有可能是更大的政治动荡以及对其权威更为持续的挑战。

诸多证据表明，人们既憧憬着帝国所建构的秩序，同时又深深地担忧审查和调查的破坏性影响。譬如在锡兰，早在委员们抵达之前，即将离任的总督爱德华·巴恩斯（Edward Barnes）就已经开始抱怨调查“对这个国家人民的思想所造成的挥之不去的影响”，并预言委员会将“引发人们的胡乱猜测，以为国王陛下有理由认为有些事情不大对劲，从而削弱当地政府的统治”。[107]巴恩斯的看法是有一定道理的。委员们发现自己很快被当地人的申诉所淹没，虽然这些申诉在他们看来“言过其实”，但他们也不能置之不理。[108]这些申诉中包括了对英国政府扩大强迫劳动，以及殖民地司法独裁和司法不公的强烈批评，以至于锡兰委员会的报告呈现出一种意料之外的特性，即对英国治理不善的广泛揭露。[109]该报告形容锡兰土著人在文化上过于落后，因此无法行使和履行宗主国臣民所具有的那些完全的权利和责任。但与此同时，它又试图让这些“不诚实的”土著人在总督的政务委员会里占有一席之地，并赋予他们陪审团审判的权利——这是一项委员们并不愿意给予特立尼达人以及新南威尔士的自由民或刑满获释者的权利。

在1829年的毛里求斯，委员们的到来将长期存在的抵制推向了实实在在的叛乱。虽然这是一块被征服的殖民地，并且从1810年开始就受君主的管辖，但当地说法语的种植园主们自始至终都反对英国人改革其法律制度的企图，尤其是反对旨在改善奴隶境遇和终止奴隶贸易的行动。在这样一个关系紧张的地方,东部调查委员会是极其不受欢迎的。作为对委员会到来的回应,种植园主们向伦敦发送了一份“对调查委员会工作的调查”,这一举动也得到了支持种植园主的英国总督的同意。这份文件明确表示,委员们提议的任何法律改革建议都将遭到系统性的抵制。种植园主们断言“在这片殖民地上,不会有任何一个司法官员、律师、法官或是任何一个人敢于去帮助实施那些计划中的改革措施”。[110]委员们注意到了种植园主的强硬态度。科尔布鲁克和卡麦隆(Cameron)在到达之后就报告说,当地的“情况造成了一种强大的抵触,阻止了”他们对奴隶贸易的调查,他们被殖民地社会所排斥,官方的受访者(除了总督之外)都只回答正式提出的具体问题。[111]

种植园主们的抵制渗透了该岛的法律政治。当1830年的帝国奴隶法案(这是一项由西印度群岛的委员会提议的法案)开始在该岛实施时,种植园主们拒绝记录对奴隶的惩罚、拒绝让奴隶在周日休息一天以及拒绝停止用马鞭惩罚奴隶。[112]在1831年的一起案件中,布朗夏德(Blanchard)夫人被指控“用马鞭鞭打了她的黑人女奴弗朗索瓦丝(Francoise)”,被告人“拒绝承认”奴隶保护官的权威,“宣称1830年2月2日的政务委员会指令是违法的,并称她将抵制该指令”。[113]到了1832年,总督查尔斯·考尔维尔(Charles Colville)报告,岛上的法国司法人员已经开始公开造反了,律师及其助理“全体拒绝为奴隶保护官提供诉讼服务,而那些已经开始的诉讼也被撤回”。[114]他警告伦敦说，很快法律“就会成为一纸空文”。[115]征税也停止了。[116]如果这还不够糟糕的话，考尔维尔还报告说法国居民们已经成立了一支武装民兵，“其借口是需要它们来保护家人”。[117]

在这里出现了英国宪政专制下的某种极其复杂的情况：考尔维尔总督竟然支持他的那些说法语的居民，反对由帝国中央部署的法律改革。考尔维尔拖延执行政务委员会关于禁止使用锁链和镣铐来惩罚奴隶的指令，殖民部曾因此对他提出过严厉的批评，对于他向上层家族发放有利可图的贷款一事，殖民部也表示过担忧。[118]殖民大臣维斯康特·高德里希（Viscount Goderich）在写给考尔维尔的解职信中，把这场法律权力危机完全归咎于这位总督：“这场对法律广泛而有组织的抵制……就是你领的头”。[119]

委员会在其他地方也遭遇了挫败，只不过没这么难看。1834 年，托马斯·巴宾顿·麦考利的委员会抵达印度，以对印度的法律进行编纂。他毫不掩饰地试图通过法治来实现开明的专制：他在与立法委员会进行磋商时说：“我们知道印度不可能拥有自由的政府。但她可以退而求其次，拥有一个稳固而公正的专制体制。”[120]尽管麦考利雄心勃勃，但直到 26 年之后印度才有了自己的刑法典：基于对印度之特殊情况的极度担忧，麦考利的计划当时就没能进行下去。[121]

还有一些改革计划之所以搁浅，是因为帝国的吝啬和审慎与帝国对秩序的渴求之间产生了强烈的冲突，从而使有关改革的建议无法真正落实。委员会的重要目标之一是设法对殖民地的管理进行整合并缩减管理成本。调查本身也必须讲求效率——约翰·奥斯丁在1838年身陷危机时才切身体会到这一点,当时上议院嘲笑他在马耳他的调查耗时过长、耗资过巨,而且走了太多弯路。[122]对节俭的强调延续到了委员会工作结束之后,没有任何政府部门负责跟进委员会提出的海量建议——唯一例外是史蒂芬在殖民部的那个小角落,但他也只有间接的责任。[123]有很多调查委员会建议直接就被拒绝了,而随着完善君主统治的冲动逐渐让位于有关印度和加勒比地区的人种缺乏相应能力的论述,加之加拿大的叛乱导致一个特立独行的委员会要求给予加拿大更多自治权,比其他白人移居殖民地十年来所享有的都要更多,从而其他的建议也被束之高阁了。[124]

如果对这些充满矛盾的结果投以太多关注的话,我们就会忽视对秩序的狂热渴求背后那令人难以置信的抱负。从1819~1840年,调查委员会调查搜集了帝国绝大部分地区的资料,并构想出了广泛的改革图景。这一过程及其提出的建议值得我们注意。它们所代表的是一种探寻,寻找的是一个足以为多元化的全球性帝国提供支撑的法律安排——而无论此种探寻是如何徒劳。对于比格、德瓦里斯和麦考利来说(虽然对奥斯丁来说或许未必如此),这一计划既不能简单地定性为独裁,也不能简单地定性为自由主义。委员们受命从事实证调查——对帝国的多元性进行分类和作出判断,并试图将外国法律制度与尚未得到充分阐明的英国宪法“基本原则”相匹配。他们有意地削减殖民地臣民的权利和义务,但他们同时(有时甚至与其所接受的指令相违背)致力于限制公职人员对这些臣民的任意性权利,并有选择性地扩大,或者更确切地说是承认某些特定群体的法律地位。尤其是在自治的西印度群岛,委员们通过强调殖民地法律与英国法之间的巨大差异,在英国本土臣民和其他类别的臣民之间划出了一条明显的分界线。这与某些人所形容的“殖民地区别治理”并不相同:委员会一方面部分和有条件地将新臣民纳入帝国体系,但另一方面又对他们加以歧视。[125]与此同时,各委员会在所受指令、组织形式、工作实质和调查报告等方面的相似性又有助于将帝国塑造成一个统一的法律管理框架。一方面是体系化建设,另一方面是对某种程度的混乱、冲突以及对臣民地位多元化的容忍,二者并行不悖。有一些委员试图以中立的裁判者身份去收集信息,但大部分委员某种程度上都是以特权者的身份介入无止境的法律争吵之中。从托托拉到马耳他再到毛里求斯,委员会在诸多案件中介入了殖民地法律争议,它们对一些殖民地臣民关于司法不公的指控进行回应,同时又引发了另一些人的反弹。

委员们的工作可以是颠覆性的。在多数情况下,他们强化了君权。委员会以国王代表的身份介入心怀不满的殖民地居民与包括各级法官在内的殖民地官僚之间,从而在不同程度上有效地将君权投射到了殖民地。通过公正中立的调查、与社会各界的接触,以及对殖民地的抗议者敞开大门,调查委员会为帝国对殖民地行使权力和进行干预提供了合理依据,同时又平息了帝国中心和外围对于殖民地专制的批评。这种复杂的效应有助于解释为什么委员会能够吸引那么多人给它写信和对它进行拜访。世界各地的殖民地臣民都清楚,委员会所代表的是帝国中央重整帝国的努力,因此他们都争先恐后地试图对这一进程施加影响。

从错综复杂的调查计划中产生了这样一种思潮,即为了实现全球性的帝国秩序,必须扩大帝国中央的权力,该思潮所描绘的帝国图景一方面更为强势,另一方面也更具包容性。与此相应地,殖民地法律体系在充满多样性的同时,却包含着一套统一的模式,即受限制的独裁、法律多元主义,以及程序层面的法治。对于伦敦的詹姆斯·史蒂芬和四处奔波的委员们来说,英国统治的正当性和权力正是依赖于这样一种枯燥乏味甚至有时令人生厌的三位一体工作机制:收集和审查立法、设计和重组殖民地的法律官僚体系,以及由乐于探询的律师组成委员会去开展调查。

注释

1. Stephen to Governor, 21 February 1829, TNA, Kew, UK, CO 323/46, 215v, 216v.
2. Stephen to Governor, 27 January 1829, TNA, CO 323/46, 80, 81, 81v. 史蒂芬同时指出,尼维斯的法案也有积极的一面,可以补偿一些过错,该法案承认了奴隶证言的法律效力,这是"迄今为止立法者在整个西印度群岛所做的最充分和最具自由主义的让步"(82v)。
3. Stephen to Governor, 27 January 1829, TNA, CO 323/46, 70, 70v.
4. 本章中提到的詹姆斯·史蒂芬皆指废奴主义者詹姆斯·史蒂芬的儿子。我们在第二章中提过他的父亲。1813 年,小詹姆斯·史蒂芬被任命为殖民部的法律顾问,直到 1825 年之前,他都还在从事私人执业,只是在殖民部领取报酬。1825 年,他停止了私人执业,成为殖民部的律师。在 1836 ~ 1847 年他担任了殖民部的常务副部长,同时也担任律师直到 1846 年。1849 年,他被任命为剑桥大学现代历史学钦定讲座教授。想要了解整个史蒂芬家族的基本情况,参见 Paul Knaplund, *James Stephen and the British Colonial System, 1813 – 1847*, Madison, University of Wisconsin Press, 1953, Chap. 2。Edward Gibbon Wakefield 和 Charles Buller 等人对史蒂芬的批评损害了他的声誉,而 Knaplund 所做的详细描述的重点就在于针对这些损害来挽救他的声誉。史蒂芬拒绝"针对殖民地政策问题上的宽泛议题发表意见",并在殖民地治理的大多数方面肯定殖民地的自治,Knaplund 将此归功于史蒂芬的公正和其不偏不倚的态度。Knaplund 的研究坚持认为,虽然史蒂芬没能成功地让殖民部的计划占据帝国治理历史的中心位置,但他仍然起到了重要的作用。亦可参见 D. B. Swinfen, *Imperial Control of Colonial Legislation, 1813 – 1865: A Study of British Policy towards Colonial Legislative Powers*, Oxford, Clarendon Press, 1970。
5. 关于史蒂芬的权力限度的讨论,参见 Helen Taft Manning, "Who Ran the British Empire, 1830 – 1850?", *Journal of British Studies*, Vol. 5, No. 1, 1965, pp. 88 – 121。对于立法审查较为晚近的阐释,参见 Russell Smandych, "'To Soften the Extreme Rigor of Their Bondage': James Stephen's Attempt to Reform the Criminal Slave Laws of the West Indies, 1813 – 1833", *Law and History Review*, Vol. 23, No. 3, 2005, pp. 537 – 588; and, particularly, Damen Ward, "Legislation, Repugnancy and the Disallowance of Colonial Laws: The Legal Structure of Empire and Lloyd's Case (1844)", *Victoria University of*

Wellington Law Review, Vol. 41, 2010, pp. 381 – 402。Ward 认为到了 19 世纪 40 年代的时候,立法审查已经成为了帝国治理最重要的工具之一。

6. Hobart to Picton, 5 July 1802, TNA, CO 295/2, 142; see instructions to commission: Hobart to William Fullarton, Thomas Picton and Samuel Hood, Esqs, 16 October 1802, TNA, CO 295/3, pp. 3 – 10. 需要注意的是,调查委员会并不是一种全新的制度,有多个委员会曾被派往康涅狄格州调查莫西干印第安人的申诉,参见 Mark Walters, "'Mohegan Indians v. Connecticut' (1705 – 1773) and the Legal Status of Aboriginal Customary Laws and Government in British North America", *Osgoode Hall Law Journal*, Vol. 33, No. 4, 1995, pp. 785 – 802。
7. James Epstein, *Scandal of Colonial Rule: Power and Subversion in the British Atlantic during the Age of Revolution*, Cambridge, Cambridge University Press, 2012.
8. Report of commissioners for inquiring into the affairs of Malta, TNA, CO 158/19.
9. 我们在这里不讨论奴隶贸易委员会,虽然它们也非常有趣而且值得被更多地研究。这其中没有任何一个委员会出版了报告,而且,关于在殖民地调查主人和契约制仆人之间的关系是否恰当这个问题,其中一些委员会的意见分歧相当尖锐:Anita Rupprecht, "'When He Gets Among His Countrymen, They Tell Him that He Is Free': Slave Trade Abolition, Indentured Africans and a Royal Commission", *Slavery and Abolition*, Vol. 33, No. 3, 2012, pp. 425 – 455。
10. 这个委员会的工作在这些殖民地中是个异类,因为它仿照的是"皇家刑法委员会"(Royal Commission on Criminal Law),而该委员会的成立是为了考虑编纂英国的刑法。参见 Lindsay Farmer, "Reconstructing the English Codification Debate: The Criminal Law Commissioners, 1833 – 1845", *Law and History Review*, Vol. 18, No. 2, 2000, pp. 397 – 425。
11. 虽然 1840 年之后,具有宪法性变革影响的委员会被派往帝国各处,但除了极少数例外,这些委员会调查的都是特定的危机,如 1865 年在牙买加对叛乱的残酷镇压。R. W. Kostal, *A Jurisprudence of Power: Victorian Empire and the Rule of Law*, Oxford, Oxford University Press, 2008.
12. Hugh McDowall Clokie and J. William Robinson, *Royal Commissions of Inquiry*, Stanford, Stanford University Press, 1937.
13. Graham Burchell, Colin Gordon, and Peter Miller, eds., *The Foucault Effect*:

Studies in Governmentality, Chicago, University of Chicago Press, 1991; Oz Frankel, *States of Inquiry: Social Investigations and Print Culture in Nineteenth-Century Britain and the United States*, Baltimore, Johns Hopkins University Press, 2006.

14. Clokie and Robinson, *Royal Commissions of Inquiry: The Significance of Investigations in British Politics*, pp. 26 – 53.

15. 晚近,对一个以上此类委员会进行研究的只有:Zoë Laidlaw, "Investigating Empire: Humanitarianism, Reform and the Commission of Eastern Inquiry", *Journal of Imperial and Commonwealth History*, Vol. 40, No. 5, 2010, pp. 749 – 768。

16. 注意有些委员会的调查时间还要更长:在西南威尔士就超过了一年(1819 ~ 1821)。好望角的委员会也提出了请求,要求批准其停留超过一年,参见 Unsigned to commissioners, 6 January 1824, TNA, CO 414/12。

17. Nicholas B. Dirks, *The Scandal of Empire: India and the Creation of Imperial Britain*, Cambridge, MA: Belknap Press of Harvard University Press, 2006; Zoë Laidlaw, *Colonial Connections, 1815 – 1845: Patronage, the Information Revolution and Colonial Government*, Manchester, Manchester University Press, 2005, pp. 94 – 168.

18. Quoted in Knaplund, *James Stephen and the British Colonial System*, p. 21.

19. Lauren Benton and Kathryn Walker, "Law for the Empire: The Common Law in America and the Problem of Legal Diversity", *Chicago-Kent Law Review*, Vol. 89, No. 3, 2014, pp. 937 – 956.

20. See Kirsten McKenzie, *Scandal in the Colonies: Sydney and Cape Town, 1820 – 1850*, Carlton, Melbourne University Press, 2004.

21. 参见第二章关于朗姆酒叛变的内容。

22. Bathurst to Bigge, 30 January 1819, *HRA*, ser. 1, Vol. 10, Sydney, Library Committee of the Commonwealth Parliament, 1917, p. 7.

23. Bathurst to Bigge, 6 January 1819, *HRA*, ser. 1, Vol. 10, p. 8.

24. John Kennedy McLaughlin, *The Magistracy in New South Wales, 1788 – 1850*, Sydney, University of Sydney, 1973; John M. Bennett, "The Day of Retribution: Commissioner Bigge's Inquiries in Colonial New South Wales", *American Journal of Legal History*, Vol. 15, No. 1, 1971, pp. 85 – 106.

25. Bigge to Macquarie, 2 November 1819, *HRA*, ser. 1, Vol. 10, pp. 218 – 219; Macquarie to Bathurst, *HRA*, ser. 1, Vol. 10, p. 215; John Douglas Ritchie,

Punishment and Profit: *The Reports of Commissioner John Bigge on the Colonies of New South Wales and Van Diemen's Land*, 1822 – 1823; *Their Origins*, *Nature and Significance*, Melbourne, Heinemann, 1970, pp. 116 – 119.

26. Report of the commissioner of inquiry into the state of the colony of New South Wales, 1822, *HCPP*, No. 448, XX 539, pp. 83 – 90 (hereafter Bigge, NSW Report 1).

27. Bigge to Bathurst, 20 November 1819, TNA, CO 201/142, pp. 16 – 18; Ritchie, *Punishment and Profit*, pp. 116 – 119.

28. John Douglas Ritchie, ed., *The Evidence to the Bigge Reports*: *New South Wales under Governor Macquarie*, Vol. 2, Melbourne, Heinemann, 1971, p. 206.

29. Bigge, NSW Report 1, pp. 88 – 89.

30. 无论在当时还是现在,比格的最尖锐的批评者们也都没有注意到这一微妙的情况。如可参见 Bennett, "The Day of Retribution", pp. 85 – 106。

31. Ibid., p. 4.

32. Ibid., pp. 8 – 9.

33. Ibid., pp. 11 – 12.

34. "(治安法官)处理各种治安和警察问题,有权管辖劳动和酬劳问题、40 先令以下的小额债务,在一些情况下还有权根据由政府命令所创制的某些罪名,对自由民处以罚款、监禁和流放。治安法官还负责监管犯罪人,除了死刑案件之外,可以对所有犯罪人是一方当事人或被告人的案件进行庭审和裁决,并可以根据自由裁量权对其处以鞭刑、监禁、苦力以及流放到纽卡斯尔,而且在治安法官享有管辖权的所有案件中——无论这些案件是关于囚犯还是自由居民的,其裁决均不可上诉。" John Ritchie, *The Evidence to the Bigge Reports*: *New South Wales under Governor Macquarie*, 1:5 – 6.

35. Ibid., p. 16.

36. 在这一点上,伊加在菲尔德的法院败诉,上诉到总督的时候也败诉了。但事后麦考利却命令菲尔德修订其费用。关于这一争议非常详细的描述,参见 Ron Solomon, "Barron Field and the Supreme Court of Civil Judicature: Law, Personality and Politics in New South Wales, 1815 – 1824", PhD thesis, University of New South Wales, 2013, pp. 163 – 187。

37. Ron Solomon, "Barron Field", pp. 174 – 180.

38. Bigge, NSW Report 1, p. 137.

39. Ibid. ,pp. 137 – 138.

40. Eagar to Bathurst,6 November 1822,in John Douglas Ritchie,*Evidence to the Bigge Reports:New South Wales under Governor Macquarie*,2:200 – 214.

41. John Douglas Ritchie,*Evidence to the Bigge Reports:New South Wales under Governor Macquarie*,1:171;Bigge to Bathurst,22 September 1822,TNA,CO 210/142,pp. 171 – 222.

42. 一位历史学家认为这些报告"充斥着吹毛求疵、诡辩和对麦考利及其支持者的严重偏见"。Bennett,"The Day of Retribution",p. 91. 伊加在 1822 年 11 月写了一份 60 页的文件,对比格进行批评,称比格"歪曲篡改事实……隐瞒或是只字不提其他一些重要的事实……做虚假陈述……对某些人纯粹基于怀疑就提出了控诉……(并)通过他的行为和范例,在殖民地中复活、鼓励并扩大了"弥漫于整个罪犯改造政治之中的"那种耻辱和压迫的气息"。John Douglas Ritchie,*Evidence to the Bigge Reports:New South Wales under Governor Macquarie*,2:257 – 258.

43. Bigge,NSW Report 1,p. 174.

44. 比格的司法报告仔细地结合了伊加这样的自由主义改革者和该殖民地唯一的两位训练有素的军法官——John Wylde 及其前任 Ellis Bent 的建议。相关的例子参见 *Report of the Commissioner of Inquiry, on the Judicial Establishments of New South Wales,and Van Diemen's Land*,1823,*HCPP*,No. 33,X 515,pp. 9 – 11,34 – 37;关于比格在总督权力方面的建议,参见第 82 页。

45. *New South Wales Act*(4 Geo 4 c. 96),1823.

46. Laidlaw,"Investigating Empire". 关于战利品奴隶政治,以及围绕这些奴隶的分配而产生的腐败指控,第 2 章有更多涉及。亦可参见 Lauren Benton,"This Melancholy Labyrinth:The Trial of Arthur Hodge and the Boundaries of Imperial Law",*Alabama Law Review*,Vol. 64,2012,pp. 91 – 122;Padraic Scanlon,"MacCarthy's Skull:The Abolition of the Slave Trade in Sierra Leone,1790 – 1823",PhD diss. ,Princeton University,2010。

47. Commissioners of Eastern Inquiry,Cape of Good Hope(Cape Colony):Slaves and Slavery;Prize"Negroes"and Free Blacks,TNA,CO 414/1 – 6.

48. 荷兰殖民者就此向委员们提出了申诉:Burgher Senate(Truter,secretary)to Richard Bourke,30 June 1826,F508 – 518;Burgher Senate's Address to the Lt. Gov. Richard Bourke in Council, 27 June 1826, F498 – 499; and Memorial,Cape Town,to the Presidents and Members of the Burghers Senate of this Town, signed by 370 Inhabitants, translated from Dutch by Truter,

conveyed to LG's Office,3 July 1826,F520 – 528[all from Commissioners of Eastern Inquiry, Cape of Good Hope (Cape Colony): Slaves and Slavery, TNA,CO414/4]。

49. J. B. Peires,"The British and the Cape,1814 – 1834",in Richard Elphick and Hermann Giliomee,eds.,*The Shaping of South African Society*,1652 – 1840, Middletown,CT:Wesleyan University Press,1988,p. 473;Kirsten McKenzie, *Imperial Underworld: An Escaped Convict and the Transformation of the British Colonial Order*,Cambridge,Cambridge University Press,2016.

50. 爱德华兹声称他只对第一份文件进行了公证。但他后来所受的指控和他的往来信件却证明事实并非如此。Kirsten McKenzie,*Imperial Underworld:An Escaped Convict and the Transformation of the British Colonial Order*, pp. 216 – 236。

51. 在詹姆斯·巴里死后,他的仆人声称他其实是个女人。还有些人称他其实是阴阳人。参见 Kirsten McKenzie,*Scandal in the Colonies*,3。关于这一指控以及对爱德华兹的审判,参见 Kirsten McKenzie,*Imperial Underworld:An Escaped Convict and the Transformation of the British Colonial Order*, pp. 213 – 244。

52. J. B. Peires,"The British and the Cape 1814 – 1834",p. 478.

53. Case of L. Cooke and W. Edwards; Libel on the Governor, Cape of Good Hope Colony (Cape Colony), Original Correspondence, TNA, CO 48/95 F606 – 643.

54. Bigge and Colebrooke to Bathurst, 23 March 1825, Case of Cooke and Edwards,TNA,CO 48/95,F578 – 579.

55. Bigge and Colebrooke to Bathurst, 23 March 1825, Case of Cooke and Edwards,TNA,CO 48/95,F572 – 573.

56. Ibid.,F578.

57. Case of Cooke and Edwards,TNA,CO 48/95.

58. See McKenzie,*Imperial Underworld:An Escaped Convict and the Transformation of the British Colonial Order*,p. 60.

59. "Report of J. T. Bigge, Esq., to Earl Bathurst upon Courts of Justice", in George McCall Theal, ed., *Records of the Cape Colony*, Vol. 28, London, 1903, pp. 13 – 17; "Reports of the Commissioners of Inquiry upon the Administration of the Government at the Cape of Good Hope",1826 – 1827, *HCPP*,No. 282,XXI 203,p. 14.

60. 关于该地区在漫长的19世纪中的法律政治，有的历史学家将其定性为一个自由度的界定问题，而不是关于自由劳动或强迫劳动的问题，本节的标题体现了这一定性。尤可参见 Rebecca J. Scott, *Degrees of Freedom: Louisiana and Cuba after Slavery*, Cambridge, MA: Harvard University Press, 2008; Rebecca J. Scott and Jean M. Hébrard, *Freedom Papers: An Atlantic Odyssey in the Age of Emancipation*, Cambridge, MA: Harvard University Press, 2012。在更笼统的层面，Christopher Leslie Brown 力主要在废奴运动和奴隶解放运动之间划出清晰的界限，认为"自由"这个范畴只是间接地出现在废奴运动的话语之中，而且其含意几乎从来都不明朗；参见 Brown, *Moral Capital: Foundations of British Abolitionism*, Chapel Hill, University of North Carolina Press, 2006。亦可参见我们在第二章中关于奴隶控制权之管辖争议的讨论。
61. 参见第二章。Nugent and Wilmot, 25 July 1822, House of Commons Hansard, *HCPP*, ser. 2, Vol. 7.
62. Bathurst to Maddock and Dwarris, 20 September 1822, TNA, CO 319/27, pp. 9 – 21.
63. Instructions, 10 October 1822, TNA, CO 319/27, pp. 5 – 8.
64. Bathurst to Maddock and Dwarris, 21 September 1822, TNA, CO 319/27, pp. 21 – 32.
65. Bathurst to Maddock and Dwarris, 9 November 1822, TNA, CO 319/27, pp. 32 – 34.
66. Wilmot-Horton to Dwarris and Maddock, 9 November 1822, TNA, CO 319/27, pp. 34 – 40.
67. 麦道克和德瓦里斯被命令在圣卢西亚岛、德梅拉拉、伯比斯、百慕大和牙买加推行"类似的调查进程"，参见 Bathurst to Maddock and Dwarris, 18 March 1824, TNA, CO 319/27, pp. 75 – 78; Instructions, 8 May 1824, ibid., pp. 65 – 94。
68. Dwarris and Maddock to Bathurst, 17 January 1823, TNA, CO 318/57. 但请注意，在1824年的时候，巴瑟斯特仍然将他们这个委员会描述成是为了"调查并报告刑法的实施"。Bathurst to Maddock and Dwarris, 18 March 1824, TNA, CO 319/27, 74. 他们因为超出了调查范围而受到了严厉的批评。Hay to Henry and Dwarris, 28 April 1828, CO 319/27, pp. 278 – 281。
69. "First Report of the Commissioner of Inquiry into the Administration of Civil and Criminal Justice in the West Indies", 1825, *HCPP*, No. 517, XV 233, pp.

211 - 245.

70. See "List of Questions to Justices of Peace, Provost Marshall and Coroner", in "Third Report of the Commissioner of Inquiry into the Administration of Civil and Criminal Justice in the West Indies", 1826 - 1827, *HCPP*, No. 36, XXIV 1, pp. 122 - 125.

71. "Second Report of the Commissioners of Inquiry into the Administration of Criminal and Civil Justice in the West Indies and South American Colonies", 1826, *HCPP*, No. 577, XXVI 37, pp. 51 - 206.

72. Maddock and Dwarris to Robert Wilmot, Esq., Undersecretary of State, 10 January 1823, TNA, CO 318/57.

73. Compare Maddock and Dwarris to Robert Wilmot Esq., Undersecretary of State, 10 January 1823, TNA, CO 318/57, with Maddock and Dwarris to Robert Wilmot Esq., 12 February 1823, TNA, CO 318/57.

74. Maddock and Dwarris to Robert Wilmot Esq., Undersecretary of State, 10 January 1823, TNA, CO 318/57.

75. Maddock and Dwarris to Robert Wilmot Esq., 12 February 1823, TNA, CO 318/57.

76. Results and General Conclusions, in "Third Report of the Commissioner of Inquiry into the Administration of Civil and Criminal Justice in the West Indies", 1826 - 1827, *HCPP*, No. 36, XXIV 1, p. 105; "Second Series: Second Report of the Commissioners of Enquiry into the Administration of Criminal and Civil Justice in the West Indies and South American Colonies. United Colony of Demerara and Essequebo, and Colony of Berbice", 1828, *HCPP*, No. 577, XXIII 507, p. 22.

77. Results and General Conclusions, in "Third Report of the Commissioner of Inquiry into the Administration of Civil and Criminal Justice in the West Indies", 1826 - 1827, *HCPP*, No. 36, XXIV 1, p. 105.

78. Dwarris to Twiss, 22 December 1828, "Commissioner of Legal Enquiry in the West Indies", Vol. 15, TNA, CO 318/72.

79. Maddock and Dwarris to Robert Wilmot Esq., 12 February 1823, TNA, CO 318/57.

80. "Third Report of the Commissioner of Inquiry into the Administration of Civil and Criminal Justice in the West Indies", 1826 - 1827, *HCPP*, No. 36, XXIV 1, pp. 97 - 98.

81. Ibid. ,p. 97.

82. Ibid. ,p. 98.

83. Dwarris to Twiss,22 December 1828,"Commissioner of Legal Enquiry in the West Indies",Vol. 15,TNA,CO 318/72.

84. 同时需要注意的是,委员们对于其中某些措施的激进程度是有异议的:德瓦里斯和麦道克的继任者杰贝兹·亨利和亨利·科尼斯针对德瓦里斯的报告(麦道克死于 1824 年,那时候还没有开始撰写报告)提出了私下的评论,对他提出的一些宏大的法律改革呼吁进行了限定。Henry and Coneys to Bathurst,9 December 1826,CO 318/61。

85. Paul Knaplund,*James Stephen and the British Colonial System*,1813 - 1847; Henry Lindsay Hall,*The Colonial Office: A History*,London,Longmans,1937. 与此同时,还需要重点注意的是,史蒂芬越来越被在移居殖民地实施自治的好处所吸引。Helen Taft Manning,"Who Ran the British Empire? 1830 - 1850",100,quoting Stephen to Howick,28 December 1837,Grey of Howick Papers,Durham University,p. 124。也有人认为,法律层面的矛盾本身就是帝国宪法既有的一个基本命题,参见 Mary Sarah Bilder,*The Transatlantic Constitution: Colonial Legal Culture and the Empire*,Cambridge,MA: Harvard University Press,2004; Daniel J. Hulsebosch,*Constituting Empire: New York and the Transformation of Constitutionalism in the Atlantic World*,1664 - 1830,Chapel Hill: University of North Carolina Press,2005。

86. Russell Smandych,"'To Soften the Extreme Rigor of Their Bondage': James Stephen's Attempt to Reform the Criminal Slave Laws of the West Indies,1813 - 1833",*Law and History Review*,Vol. 23,No. 3,2005,p. 581. 仅 1826 年一年,史蒂芬就审查并评论了"大约 530 部"殖民地法律。

87. Ibid. ,p. 37;Damen Ward,"Legislation,Repugnancy and the Disallowance of Colonial Laws: The Legal Structure of Empire and 'Lloyd's Case' (1844)",*Victoria University of Wellington Law Review*,Vol. 41,2010,pp. 381 - 402; Ward,"Civil Jurisdiction,Settler Politics,and the Colonial Constitution,circa 1840 - 1858,"*Victoria University of Wellington Law Review*,Vol. 39,2008,pp. 497 - 532. 史蒂芬称他在殖民部任职期间审核了 21000 部法律。William A. Green,"James Stephen and British West India Policy,1834 - 1847",*Caribbean Studies*,Vol. 13,No. 4,1974,p. 34.

88. 德瓦里斯提出他愿意帮助实施这一敏感的政治变革。"与各个岛上的立法机构进行谈判。对于其中的很多法院来说,它们实践所依据的规程几乎在所有的情况下都是由经过确认的、民众大会通过的法案所确立的,因此不经过它们的同意而想要达到目的是不可能的。那些包涵程序和实践规则的法案通常被称作'法院法案'(Courts Acts),要对这些法案加以重塑的话,熟悉殖民地司法程序的……律师的协助也是必不可少的。" Dwarris to Twiss, 22 December 1828, "Commissioner of Legal Enquiry in the West Indies", Vol. 15, TNA, CO 318/72.

89. Stephen to Under Secretary of State, 13 February 1829, TNA, CO 318/77, 6v.
90. Twiss to Dwarris, 4 April 1829, TNA, CO 310/27, 294v.
91. Henry and Dwarris to George Murray, 7 July 1828, TNA, CO 318/72. See Stephen's markup and unsigned letter in his hand: Stephen to Twiss, 13 February 1829, TNA, CO 318/77.
92. Manning, "Who Ran the British Empire 1830 – 1850?", p. 108. Administration of Justice, West Indies Act(1836)6&7 Will. IV, cap. 17.
93. Maddock to Horton, 3 July 1824, TNA, CO 318/57; Dwarris to Twiss, 1 May 1829, CO 318/77, F65 – 72.
94. Marryat, 25 July 1822, Vol. 7, House of Commons Hansard, *HCPP*, ser. 2, Vol. 7.
95. Ibid..
96. Bathurst to Maddock and Dwarris, 3 September 1823, TNA, CO 319/27, F20 – 28.
97. "Report of His Majesty's Commissioners of Legal Inquiry on the Colony of Trinidad", 1826 – 1827, *HCPP*, No. 551, XXIII 285, 33.
98. Ibid., p. 36.
99. Ibid., p. 56. 关于该令状在帝国中的背景情况,参见 Paul Halliday, *Habeas Corpus: From England to Empire*, Cambridge, MA: Harvard University Press, 2012。
100. "Report of His Majesty's Commissioners of Legal Inquiry on the Colony of Trinidad", 1826 – 1827, *HCPP*, No. 551, XXIII 285, p. 34.
101. Ibid., 57, pp. 42 – 43.
102. Ibid., pp. 55 – 56.
103. Ibid., p. 37.
104. Ibid., p. 55.
105. Report of Commissioners for inquiring into the affairs of Malta, TNA CO

158/19,27 - 33;"Cape of Good Hope. Reports of the Commissioners of Inquiry;I. Upon the Administration of the Government at the Cape of Good Hope:II. Upon the Finances at the Cape of Good Hope", 1826 - 1827, *HCPP*, No. 282, XXI 203, 14.

106. "Copies or Extracts of Reports of the Commissioners Appointed to Inquire into the Affairs of the Island of Malta, and of Correspondence Thereupon, Part I", 1837 - 1838, *HCPP*, nos. 141 - 142, XXIX 311, 389, 10; Wilfred E. Rumble, *The Thought of John Austin: Jurisprudence, Colonial Reform, and the British Constitution*, London: Athlone Press, 1985, pp. 144 - 192.

107. G. C. Mendis, *The Colebrooke-Cameron Papers: Documents on British Colonial Policy in Ceylon*, 1796 - 1833, Vol. 2, Oxford: Oxford University Press, 1956, p. 24.

108. Ceylon Report, TNA, CO 54/122, 4 and 12. 申诉者们利用了一种精心设置的政治性申诉机制。参见 Robert Travers, "Indian Petitions as a Literature of Complaint in Early Colonial Bengal", American Historical Association, Washington, DC, January 2014。

109. Mendis, introduction to *The Colebrooke-Cameron Papers*, 1: i - lxiv. Compare Sujit Sivasundaram, *Islanded: Britain, Sri Lanka, and the Bounds of an Indian Ocean Colony*, Chicago, University of Chicago Press, 2013, pp. 286 - 288.

110. 这是高德里希的描述,也是引自前述文件。Goderich to Colville, 4 April 1823, CO 168/17, 181v - 182.

111. "Report of the Commissioners of Inquiry upon the Slave Trade at Mauritius", 1829, *HCPP*, No. 292, XXV 49, pp. 3 - 4.

112. 罗杰·托马斯(Roger Thomas)于1829年被任命为奴隶保护官,接替一名抗命不遵的法国官员。托马斯报告说毛里求斯的种植园主存在大规模的抵制现象,他们也不按要求向托马斯提供惩罚记录。他估计有多达1320名奴隶主都是"抗命者",他们掌管着多达7万名至8万名奴隶,而他只收到了关于75名奴隶和89次惩罚的记录。Report of the Protector of Slaves of Mauritius from 1 January to 30 June 1831, CO 172/28.

113. Ibid..

114. Colville to Goderich, 22 February 1832, CO 167/159.

115. Letter from Thomas, 18 February 1832, enclosed in Colville to Goderich, 18 March 1832, CO 167/159.

116. Colville to Goderich,18 March 1832,CO 167/159.

117. Ibid. .

118. Goderich to Colville,15 January 1832,CO 168/17.

119. Goderich to Colville,4 April 1823,CO 168/17,173.

120. Legislative Consultations of 28 March 1836 (IOR P/206/81), quoted by Elizabeth Kolsky, "Codification and the Rule of Colonial Difference: Criminal Procedure in British India", *Law and History Review*, Vol. 23, No. 3,2005, p. 656.

121. 印度法院在将欧洲商人和投机者绳之以法方面能力有限,官员们对此也深为忧虑。Elizabeth Kolsky, "Codification and the Rule of Colonial Difference", pp. 632 – 633. 关于英属印度的法律政治有着浩如烟海的文献。有些文献对主要处在我们所考察的时代之外的历史时期做了犀利的分析,参见 Robert Travers, "Constitutions, Contact Zones, and Imperial Ricochets: Sovereignty and Law in British Asia", in H. V. Bowen, Elizabeth Mancke, and John G. Reid, eds. , *Britain's Oceanic Empire: Atlantic and Indian Ocean Worlds*, *c.* 1550 – 1850, Cambridge, Cambridge University Press, 2012, pp. 98 – 129; Radhika Singha, *A Despotism of Law: Crime and Justice in Early Colonial India*, Oxford, Oxford University Press, 1998;关于对英国臣民中的流氓无赖实施控制方面的困难,参见 Elizabeth Kolsky, *Colonial Justice in British India: White Violence and the Rule of Law*, Cambridge, Cambridge University Press, 2010。

122. Earl of Ripon, 3 May 1838, House of Lords Hansard, *HCPP*, ser. 3, Vol. 42; and note Colonial Office officials' annotations on Austin to Stephen, 25 May 1840, TNA, CO 158/118; Laidlaw, "Investigating Empire", pp. 749 – 768.

123. 事实上,到 19 世纪 30 年代的时候,由于对君主专制的激烈批评,与此同时人们呼吁大幅缩减殖民地开销,很多委员会的报告都被抛弃了,这也加快了自治运动的发展。Peter Burroughs, "Parliamentary Radicals and the Reduction of Imperial Expenditure in British North America, 1827 – 1834", *Historical Journal* 11, No. 3, 1968, pp. 446 – 461.

124. Stephen to Twiss, 19 May 1830, CO 318/77, F183 – 184; Report on the Affairs of British North America, from Early of Durham, Her Majesty's high commissioner &c. , 1839, *HCPP*, No. 3, XVII 1.

125. Contrast Partha Chatterjee, *The Nation and Its Fragments: Colonial and Postcolonial Histories*, Princeton, Princeton University Press, 1993, pp. 14 – 34.

第四章　保护的承诺

CHAPTER FOUR
THE PROMISE OF PROTECTION

1812年6月,威廉·赫尔(William Hull)率美国军队入侵加拿大。这位将军向"加拿大住民"公开允诺,只要不反对美国的入侵,他们的"人身、财产和权利"即可受到保护。赫尔宣称:"我前来保护你们,而非加害于你们"。此声明的目标受众是白人殖民者,包括那些移居上加拿大(Upper Canada)地区的亲英派人士。赫尔非常清楚,这些白人殖民者对"保护"这一措辞耳熟能详。[1]他之所以刻意选用这一表述,意在使他们确信,在美国主权治下将严禁对财产的恣意征收,而此前正是此种恣意征收迫使众多殖民者迁居至加拿大。

然而众所周知的是,在北美地区,"保护"的含义历来具有极大的不确定性。数十年来,英国官员们都在使用"保护"这个标签,以尽可能地从最好的角度来塑造帝国与诸多印第安政治实体之间的关系。在《1763 年宣言》中就曾出现这样的承诺:对那些处于"我们的主权、保护和统治之下",但保留给印第安人使用的"位于我们的版图或疆域中的领土",在其上生活的印第安人将不会受到"骚扰或妨害"。[2]在这项饶舌的规定下,对于自治的允诺与美国独立战争之后大量涌现的吞并印第安领土的主张交织在了一起。1796 年,印第安人准备出售大河峡谷(Grand River Valley)内沿着伊利湖北岸展开的一块 12 英里的廊形区域。他们依据条约对这一区域享有控制权。然而此举遭到了英国政府的阻挠,英国政府认为易洛魁联盟(Five Nations,由北美易洛魁五个印第安人部落组成——译者注)并非以主权国家的身份拥有该土地,因为这些印第安人此前已接受了英王的"保护"。英国官员辩称,鉴于殖民地"日益兴盛"的现状,要在上加拿大"中心地区"承认"如此大片法外之地"的存在,已经变得不太可能。[3]按照这一说法,一旦接受英国的"保护",盟友将在事实上降格成为帝国附庸。[4]与此种解释针锋相对的是,印第安领导人约瑟夫·布兰特(Joseph Brant)坚持认为"保护"一词应该具有其他不同的含义:易洛魁联盟虽然处在"国王陛下的直接保护"之下,但依然是"一个自由且独立的国家"。[5]

当赫尔在 1812 年将"保护"与统治明确联系在一起时,他并没有理会前述那些微妙的差别。赫尔的策略存在风险,因为对于接受"保护"到底意味着结盟还是臣服,抑或介于二者之间,仍然存在巨大的模糊性。从某种意义上说,正是因为这种模糊性的存在,"保护"作为一个政治艺术和法律辩论术语所拥有的吸引力才历久弥新。在近代早期，世界上就不乏各种条约对“保护”的相关事项作出约定。绝大多数情况下，这些条约都对安全议题作了相似的安排——附属政治实体同意放弃若干外交权力，以换取保护国在其对抗外敌时给予军事援助的承诺。明朝对马六甲享有的权利，奥斯曼帝国对瓦拉几亚享有的权利，以及幕府时代的日本将军（shogun）对荷兰人的通商许可，都是这方面的实例。在这些以及许多其他的政治实体间关系中，提供“保护”服务的对价通常体现为朝贡。一些提供保护的强权者甚至会主动索要酬金，并向付费者承诺可以免受其代理人的暴力侵害——这正是葡萄牙许可证（*cartazes*）贸易的核心：船舶需要向葡萄牙购买海上贸易许可证，以换取在葡萄牙控制的印度洋地区顺利通行而不被骚扰的权利。大多数情况下，当事方对于提供保护者和接受保护者之间的法律关系并没有清晰的认识，而此种精确性的欠缺带来了战略上的回旋余地。“保护”的受益方理论上能够并且事实上也经常转换他们的效忠对象，依附于更强大的对手——在七年战争和美国革命战争时期，俄亥俄河谷印第安部族的行为便是一个例子。另一方面，占支配地位的强权方经常在修辞学意义上操控“保护”话语的内涵，以此表明其更大的兴趣在于如何迅速强化其合法权威，而非仅仅是在表现上赢得新的附庸。[6]

有关“保护”的实践和话语也贯穿在欧洲诸帝国内部的司法政治博弈之中。在某些涉及“保护”的管辖权安排中，人们通过对诸如孤儿、寡妇和客居者等极其弱势的群体保留管辖权,将天主教会的长期吁求转化为一种保护“弱势群体”的特殊义务。以西班牙为例,正是基于这种保护弱势臣民的逻辑,西班牙国王决定将印第安人排除在宗教法庭的管辖之外,并特别创设“印第安护民官”(*protectores de indios*),其职责是为印第安人提供顾问服务并在帝国法庭代表印第安人出庭。[7]荷兰和葡萄牙在其海外殖民点也创设了类似的职位。

英属殖民地在19世纪之前并未配置由国王任命的官员来代表印第安人或外邦人的利益,但是“保护”这条主线却始终贯穿于殖民地治理的话语体系之中。诸多地区都援引英王的“保护”来反对殖民地统治者的权力滥用。例如,在新英格兰、莫西干以及斯托克布里奇,印第安人就直接向英王诉请“保护”,而其他出生于英国的臣民及其后裔也主张大英帝国对其海外臣民负有“保护”的责任。[8]“保护”因此获得了至少两方面的含义:一方面,“保护”的提供者是英国君主,此种保护延及臣民中的弱势群体或所有臣民;另一方面,“保护”的内容在于免受恣意行使之权力的侵害,即便权力的行使者是获得授权的英王代表。上述两种理解均为宗主国对殖民地宪政秩序的干涉创造了空间,殖民开拓者们(尤其是美洲移民)对此既爱又恨。[9]

以上述内容为中心的政治与法律关系史,与政治思想史中有关“保护”的通常叙述截然不同。后者将20世纪国际法中“保护”学说的源头一直追溯到近代早期,并涵括了从弗朗西斯科·德·维多利亚(Francisco de Vitoria)到埃默尔·德·瓦泰尔的欧洲政治理论学说。在维多利亚看来,对于自然法意义下迁移权和贸易权的“保护”，为西班牙对“新世界”的征服和殖民统治提供了合理依据。胡果·格劳秀斯(Hugo Grotius)则主张无论是私人还是国家都可以对侵犯这些权利的人实行制裁。托马斯·霍布斯(Thomas Hobbes)强调，提供“保护”是合法主权者的核心功能，它也是创设和维持臣民与主权者之间联系的力量。为了论证国家在判断干预行为或战争行为的正当性时应当扮演更强有力的角色，瓦泰尔与其他人一样，也认为国家“负有保护臣民的职责，并且该职责可以在域外履行”。同时，有关“保护”的思想史也将《威斯特伐利亚条约》视为一个转折点，因为它构建了一项为保护宗教信仰自由而对其他政治实体进行内部干预的国际义务。许多人坚持认为，欧洲有关“保护”的政治理论均源自于对普适性原则的理解。[10]

我们应当谨慎小心，以避免有关“保护”的世界历史被上述学说所取代。近代以来，欧洲人逐渐遭遇对于“保护”有着各自不同理解的各色民族。他们与这些民族进行谈判，以达成关于多层次主权结构和法律多元主义的安排。在这一过程中，帝国官员及其法律顾问们以全新的方式，对“保护”的欧洲式和非欧洲式理解做了融合。赫尔的声明就是一个在19世纪早期对“保护”进行极富想象力之运用的实例，它将保护当地居民免受干涉和侵害的承诺与即将到来的主权更迭结合在一起。这也是该时期的一项重要创举，并且很快在大英帝国范围内被演绎到了极致。

为了理解19世纪早期的帝国官员们通常以何种方式提

出有关“保护”之主张,本章将探索关于“保护”的言语如何被不断地调整,以适应不断变化的帝国管理体系。如詹妮弗·皮茨(Jennifer Pitts)所言,对于保护问题上的普遍性诉求的强调,体现了“一种显而易见的欧洲秩序”的扩展,及其作为“全球合法性”依据的定位;然而,我们对于演化中的帝国治理实践的分析将颠覆这一视角。我们将看到,大英帝国如何通过淡化个体保护和群体保护之间以及帝国内部关系和政治实体间关系之间的区别,从而在帝国法律秩序框架下纳入和构建政治实体间法律义务。[11]在这一过程中我们发现了一条更为混乱和模糊不清的通往19世纪后期的法律路径,在那个时期,人们对“保护”的援引仅仅是作为在国际法下可得到开脱的、老套的侵入式殖民主义的序曲。安东尼·安吉(Antony Anghie)在近代早期的法律理论中发现了帝国和国际法之间此种“合谋”的根源。[12]而我们在更为世俗的领域尤其是纷繁复杂的殖民实践中也发现了它的踪迹。这些殖民实践既扩展到了那些地理和文化上极为遥远的殖民地,也渗透进了狭小逼仄的英国白厅办公室。

在19世纪早期的殖民地法律冲突中,殖民地内部和外部法律关系同时展开,这也在某种程度上模糊了两种法律关系之间的界限。有关在帝国范围内保护奴隶和土著居民的讨论,在1815年之后为援引“保护”作为领土扩张之依据提供了背景。[13]事实上,这些计划都是直接相关的。对帝国新获得的领土上的司法管理体制进行改造的计划,被英国官员们有意识地描绘成一项支持弱势群体及/或英国贸易商的财产权和特权的方案。官员们(有时甚至是缺乏法律训练的官员们)发现自己承担的使命包括对错综复杂的殖民地法律秩序进行革新,巩固帝国权力,以及对下述具有“国际”特征的现象发表评论。例如,帝国政府与地方政治领袖之间达成的协议能否被视为国家之间的条约?调整他们之间关系的外交惯例与那些调整帝国间关系的外交惯例是否一样?哪些人有资格成为英国臣民?英国的司法管辖权能够延伸到什么程度以及如何实现这种延伸?英国与其他国家达成的条约或通商协定,是否也能够适用于那些不完全属于帝国的政治实体中的臣民?[14]

在努力应对这些问题的过程中,殖民地官员们一次又一次地回到“保护”这块试金石。从18世纪晚期开始,东印度公司先后多次与各国签署条约,这些国家将对外事务的控制权让渡给东印度公司,以换取东印度公司的保护。这拉开了一段不断增长(即便只是渐进式增长)的法律干预关系的序幕。[15]在那些由英国接替西班牙或荷兰作为殖民地统治者的地方,英国人常常因地制宜地将“保护官”这一职位纳入新的混合性法律体制,从而将英国实践融入既有制度之中,在特立尼达岛设立的奴隶保护官就是一个实例。废奴主义者使用这一术语来描述奴隶和黑人自由民受英国法保护的状态,以体现强化的帝国法律权威所具备的一项功能。在历史更久远的西印度群岛殖民地,尽管需要面对毫不妥协的殖民地立法机构,英国人仍然雄心勃勃、干劲十足;而在君主直辖殖民地,他们可以放开手脚更加直接地开展行动,因为伦敦的官员们可以通过枢密院谕令强制推行变革。[16]这一职位亦扩展到了英国管辖权尚未完全确立的地方,例如,英国在澳大利亚东南部地区的菲利普港设立了“土著人保护官”,其功能在于将英国的管辖权从地理上扩展至新南威尔士和范迪门斯地管辖边界以外的那些非法农场。[17]

通过将抵御外敌的承诺与抵御来自专制者、独裁者的权力滥用之侵害的“保护”理念相结合,英国实际上是在以一种具有全球性法律影响的全新方式阐述“保护”这一概念。对“保护”的援引使大英帝国而非国际社会拥有了一项独特的权能,即有权决定何时需要对争端进行干预,这些争端既包括其他政治实体间的纠纷,也包括关于何为统治边远地区人民之最佳方式的内部纷争。关于“保护”的讨论能够与维持现状的需求结合在一起。随着19世纪历史进程的推进,它们往往可能蕴含更多的深意,譬如对殖民地法律改革的倡议,对种植园主或擅自占用土地者之权利和特权的重新规制,帝国的扩张,以及对外国政治实体行使新的管辖权,等等。对英国官员们而言,关于保护的承诺并非基于那些英国宣称要保护的人的普遍权利;相反,其服务于强化大英帝国管辖权的合法性。

干预和管辖权之间的联系已经不再是关于“保护的责任”之国际法学说的明确组成部分。人道主义使命不应当等同于征服,也不应当导致吞并。然而,在晚近发生的以上述理由为依据的国际性干预事件中,帝国历史的印记依然隐约可见。

本章将表明,在19世纪早期,“保护”能够将帝国的当务之急与殖民统治以及帝国间法律义务巧妙地结合在一起。我们将在锡兰(今斯里兰卡)和爱奥尼亚群岛这两类不同的历史设定下,分析“保护”的法律含义。在锡兰,一系列令人眼花缭乱的法律管理重组计划塑造了英国与康提王国(掌控锡兰岛中部高地的一个独立政治实体)之间的交往关系。帝国官员们提出,为了实现在该岛创设全新的法律秩序这一帝国使命,对康提的征服是必不可少的步骤。他们亦通过有意识地操控英国和康提之间的交往记录,为战争提供如下正当理由:英国臣民和康提人为了免受当地权贵之专断权力的侵害,需要英国的保护和英国的法律。

在爱奥尼亚群岛,英国官员们则力图从法律和政治层面对基于条约的“保护”进行重新界定,以强化英国推行内部法律改革的权限。在此过程中,英国与其他帝国就《巴黎条约》所赋予的管理爱奥尼亚事务的权限范围进行了持续的谈判,而正是该条约将英国确立为爱奥尼亚的“保护国”。英国对该岛法律事务的普遍性干预与爱奥尼亚人以英国海外臣民身份提出的临时性保护请求相结合,改变了欧洲各国对于有关保护之条约的共同理解,并成为19世纪晚期关于欧洲列强在非洲进行扩张所依据的法律框架之论争的前奏。这些个案研究,以及保护策略在奴隶制殖民地和移居殖民地的不断扩散,表明“保护”已成为帝国秩序构建以及帝国全球影响力扩张过程中的一个核心主题。

第一节 中层力量

当荷兰人在1795年将锡兰岛割让给英国的时候,这个殖民地呈现出一种奇特的地理结构。在该岛四周靠近海岸线的环状地区,英国取代了荷兰的统治。而在锡兰中部,则是一个潮湿的高地区域,欧洲人认为那里充斥着流行病的危险,以及令人着迷的、丰富的植物种群。康提王国维系着对这一片高地区域的严密掌控,并对跨越其松懈的驻防边境线的人员和货物流动进行监管。该边境线为康提人提供了贸易通道,也是往来于高地和海岸的门户。康提还拥有一些重要的宗教圣地,全岛的僧伽罗佛教徒都会前来觐见朝拜。康提统治下的锡兰岛中心地区与海岸区域之间的关系极不稳定,而康提边境地区的贸易关系亦是如此。如同此前的荷兰人一样,英国总督也将康提王国视为一个显而易见的吞并对象。[18]

从1795年开始,英国为实现吞并康提这一企图,援引了诸多关于"保护"的辞令。锡兰的首任英国总督弗里德里克·诺斯(Frederick North)的最初尝试,是引入一种在南亚和欧洲为人熟知的保护模式——基于条约的保护。1802年

4 月，他敦促康提国王的顾问大臣们接受一项条约，以对此前存有争议的“荷兰对康提的征服”进行确认，同时授予英国对肉桂贸易的垄断权力。该条约还规定：康提国王不能与“外国人”会谈；不得允许欧洲人或马来人进入康提，除非他们持有英国总督颁发的通行证；资助一支英国军队入驻康提并为其提供后勤保障，以“更好地完成英王陛下对康提人民及康提国王之权威提供保护的约定”。[19]康提的顾问大臣们拒绝接受该条约中的大部分主张，但换来的却是诺斯对上述要求的进一步加码：到了 1802 年 11 月，他甚至还要求康提国王授权英国“对康提的政务委员会实施直接控制”。[20]

康提国王的顾问大臣们也以不同的方式提出了“保护”的请求。康提的首席部长（First Adigar）皮里玛·塔劳夫（Pilima Talauve）在 1800 年和 1802 年与诺斯会晤时露骨地暗示：康提处于混乱之中，他需要诺斯的帮助来推翻国王。[21]他的不满主要集中在一点：康提国王是一个外来者。在 18 世纪中叶，由于纳亚卡（Nayakkar）王朝在当地没有直系后裔，不得不从印度大陆合适的种姓阶层中引进君主。经过随后的几代统治，作为外来者的康提国王逐渐站稳脚跟，并从印度大陆带来顾问亲信以替换僧伽罗权贵。[22]对于塔劳夫以及他的合谋者来说，国王的异族起源为驳斥其统治的合法性提供了极好的借口。塔劳夫声称，国王一再冒犯当地习俗，如恣意没收财产、摧毁珍贵树木、在佛教寺庙外宰杀动物等，这些都表明了他不适合作为统治者。[23]

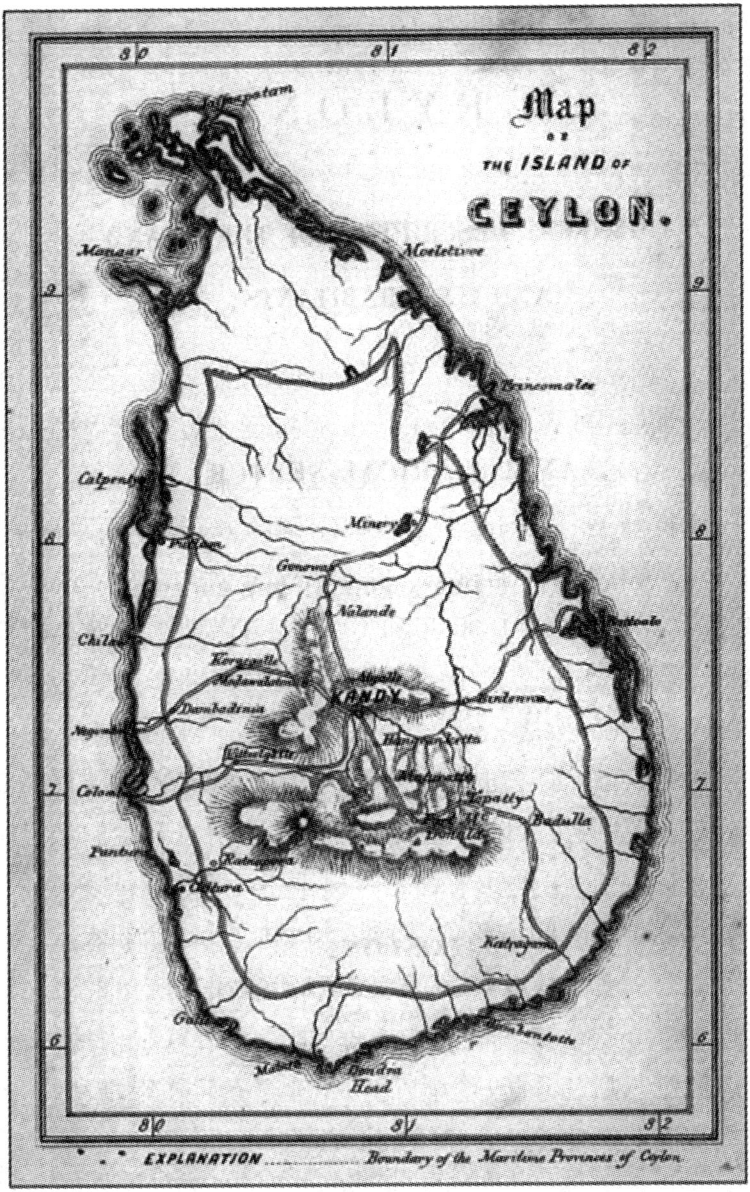

＊图片来源:复制于明尼苏达大学埃姆斯南亚图书馆。

诺斯对这位部长打算在1802年发动政变的计划并未明确表态支持,但是他确实开始四处搜罗可以为入侵行动提供支持的借口。1802年4月,康提人从两名在康提从事贸易的英国"本土臣民"手中罚没了一些槟榔果,诺斯利用这一挑衅事件大做文章。据揣测,下令罚没这两位在普塔拉姆经商的商人之货物的极有可能是首席部长本人,其意在挑起英国对康提的入侵。不过是否确有此事并不重要。诺斯首先派了一名专员去打探是否存在任何法律或其他情形能够为商人们被指控的此项盗窃行为开脱。随后,他以采取军事行动相威胁,要求国王对商人进行补偿。在同年9月给国王的信函中诺斯解释道,如果国王不能妥善处理这起纷争,"所肩负的对我国臣民提供保护的义务"将迫使我向康提宣战。[24] 1803年1月,诺斯扩大了他的要价,除赔偿之外,他还要求康提接受此前提出的"保护"条约。看起来,康提国王搪塞应付的时间似乎刚好长到足以为诺斯提供一个入侵的借口。然而,诺斯的行动却未能成功地推翻国王。面对英国军队的入侵,国王直接弃都城而逃(这一招他在九年后又故伎重演,但是效果却大不如前)。雨季的到来使英国军队在康提境内举步维艰,并且英国大兵大量病倒;到了6月,英国军队被康提游击队击溃。康提人屠杀了那些掉队的英国伤兵,并且迫使一支撤退的英国队伍投降。直到十年后,仍有一些英国军官在康提的监狱中服刑。

与康提王国相关的另一个令人头疼的问题,是如何在英国领土上定义适用于"本地臣民"的英国法律秩序。有意思的是,关于在英属锡兰构建法律秩序的讨论和关于在康提采取军事行动之合法性的讨论在刚开始是齐头并进的。在诺斯早先对马德拉斯政府司法体制的干预以暴动和叛乱告终后,伦敦命令他不得再过多干预荷兰人治下创设的分层化的法律运作体系。[25]尽管如此,为了应对大量行政管理上的问题,诺斯迫切要求将英国的管辖权扩展至其在锡兰的领地(各滨海省份)。在"好诉省份"贾夫纳,司法系统被一大堆积压案件所阻塞,导致请愿书大量涌向总督,远远超出总督的处理能力。当英国任命的一位治安法官在其寓所游廊遭枪杀之后,没有人能够找到继任者来接替。法律官员们公然争吵不休;一位名叫亚历山大·约翰斯顿(Alexander Johnston)的治安法官因为利用公共职权从事私人贸易以及行事"恣意而粗暴",受到了法庭的正式谴责。没有一位英国公务员对锡兰法律有深入的了解,这一点令诺斯痛心万分。因此,他指派了一位通晓当地方言的初级官员去搜集信息,并希望这些信息能够成为该殖民地"习惯法"的基础。这一做法后来在康提被重复采用。[26]诺斯短暂的浪漫主义法律改革实践遭到了中央政府的严厉制止,尽管最终导致他被召回的是之前那场代价高昂的失败战争。

当托马斯·梅特兰德作为诺斯的继任者于1805年抵达锡兰时,他注意到了诺斯的法律改革,但他更多的是抱怨诺斯的执行措施"松弛无度……到近乎软弱无能"。[27]诺斯曾在一些殖民定居点宣布了戒严令,这些戒严令仍然处于不同程度的生效之中。梅特兰德希望重新回归正常的法庭机制,但又不打算仅仅依靠民事审判权力，因为这些殖民定居点仍然面临“每天被入侵的威胁”。[28]作为一个没有受过法律训练的、自封的实用主义者和军事策略家，梅特兰德的主要关注点在于如何有效地控制军事开支。一开始他似乎并不热衷对法律体系进行草率地修补，然而数月之后，他却开始以皈依者的热情支持在殖民地进行法律改革。梅特兰德不再批评诺斯，转而指责荷兰人，因为他们通过怂恿和纵容一帮被称为“穆达里尔人”（Mudaliyars，一类种姓名称，此种姓阶层多讲泰米尔语——译者注）的本地权贵进行恣意的统治，导致了这个岛上的混乱。据梅特兰德称，荷兰政府把“所有的社会权力和军事权力”一股脑抛给穆达里尔人，而后者这种不受制约的权力代表了“这个岛屿的日常管理中最大的邪恶”，并构成了“一个完全的国中之国”（Imperium in Imperio）。[29]梅特兰德提出了一系列措施，以强化中层法官的权威，并将行政权力的范围扩展至地方层面。

梅特兰德亦开始通过法律来打造一幅关于英国权力的新图景。在这一图景中，首要的元素就是治安法官。梅特兰德极力限制穆达里尔人的司法权力，同时又避免给予本地乡绅过多的权力。在此过程中，他异常强调治安法官的重要性，认为“不论在我们广阔而狭长的领土的哪个驻地上”，这些治安法官（无论权力多么有限）“对于驻地居民的道德、良善秩序以及和平都是极其重要的”。[30]梅特兰德最初只是将其行动和提议定性为诺斯此前提出的司法体系的改良版本，后来则开始设计更为广泛的变革。[31]他力主撤销“省级法院”，并扩大"最高法院"的管辖权,而这两项举措都旨在扩大英国官员的控制权。他还在科伦坡、加尔图拉、尼甘布和巴尔贝亚等地创设了新的治安法官职位。梅特兰德认为,这些举措最终能够削弱穆达里尔人的独断权力,并使"所有争诉最终都交由最高法院处理"。[32]

在梅特兰德与由英国任命的法官的冲突之中,其不断改进的统治理论的第二个要素得以涌现。伦敦的官员们对于锡兰的法律改革甚为恼火。无论是对于镇压当地权贵,还是对于在一个如此远离帝国中心的区域设计法律政策,伦敦官员们均顾虑重重。除此之外,梅特兰德还遭遇了其改革计划的一个意想不到的后果:一个被强化了的英国司法部门现在反而开始对他的权力构成了钳制。[33]最初,梅特兰德对司法部门的顾虑似乎是源于他个人对首席大法官詹姆斯·勒欣顿(James Lushington)的憎恶。[34]但后来梅特兰德也开始坚持,为了维护殖民地秩序,总督对法律事务的强力控制至关重要。为此,他向帝国政府提交了一份建议,要求按该意图制定一部新的法律宪章。当该提议最初在上层遭遇阻力时,梅特兰德派遣亚历山大·约翰斯顿(Alexander Johnston)前往伦敦,以助力其法律改革计划。

在对约翰斯顿的指示中,梅特兰德力图阐明他对于"司法体系中的中层力量"的构想。他解释,这一新的法律权力配置应当包括对总督的授权,以使其在必要时能够直接对法律事务进行干预。但该构想并非简单的极权主义。在梅特兰德的设想中,"中层力量"不仅仅包含架空首席大法官或者宣布戒严令的权力，它还将内嵌于法律实施的架构之中。[35]梅特兰德向约翰斯顿坦陈，他并不清楚该体系到底应当采取何种确切的形式，也不清楚“根据英国法的一般原则，此种中层力量能够强大到何种程度”，但梅特兰德希望约翰斯顿能够和伦敦的官员们一起设计出一些举措，以建立起他构想的这套法律秩序。[36]

事情的结果未能如梅特兰德所愿。在一定程度上，新的《司法宪章》(Charter of Justice)实现了梅特兰德的大部分提议：在一些地区重新设立荷兰法庭；向所有地区任命治安法官；废除省级法官；案件或者被向下分配到地方法庭，或者被向上分配到最高法院，而最高法院的大法官们被要求巡回判案。[37]然而，令梅特兰德大失所望的是，根据这一新宪章，对法庭的监督权集中到了首席大法官手中。首席大法官而非总督有权“自主决定需要设立的法院的数量及其管辖范围”，并且有权掌控“这些法庭的所有人事任免”。[38]在离开锡兰前夕，梅特兰德留下忠告，认为其继任者新总督罗伯特·布朗里格(Robert Brownrigg)将承受该宪章下行政权力被削弱的“恶果”。[39]

为什么梅特兰德和勒欣顿等人都认为这些论争所涉及的问题极为关键呢？与同一时期被派往帝国各处的其他殖民地官员一样，他们都将自己视为解决帝国根本性宪法问题的参与者。他们也清楚，法律权力的结构不仅会影响该殖民地范围内的秩序前景，同样还会影响殖民地进一步扩张的可能性。在梅特兰德治下，帝国与康提的关系逐渐演变成为一种敌意受到压制的模式,但这种局势却并不稳定。梅特兰德注意到,英国控制着“环绕全岛周边的狭长沿海地带”,但是康提中部却“被这样一群人所占据,我们必须时刻将其视为我们永恒而天然的敌人;对他们而言,没有什么条约是必须遵守的”。[40]在梅特兰德看来,帝国与康提之间的僵持状态,使行政权力对各滨海省份的法庭实施强有力的控制成为必要。为了说明这一点,梅特兰德引述了最高法院当时新受理的一个案件,在该案中,他的政府对康提贸易的管制权受到了挑战。该案涉及康提官员在边境地区对一匹马的罚没,而梅特兰德认为该案将他置于一个艰难的境地。如果那个毫无助益的独立法庭认定此罚没行为无效,那么“必将导致以下两个结果之一:或者我必须制定规章,禁止向康提出口马匹,这是在这个关键时刻我能够对法庭做出的最具敌意的行为;或者,如果我不这么做的话,这个进口将立即发生,而我所能够依仗用来控制这些贸易的最好武器,将被全部夺走”。[41]因此,他召见了涉案马匹的所有者,并施压令其撤诉。梅特兰德认为,正是此类案例,表明确有必要“向总督授权,使其能够在他认为可能引发不良政治影响的情况下,中止最高法院的诉讼程序”。[42]

梅特兰德避重就轻地选择罚没马匹的案例作为切入口,实际上是回避了被俘英国人的问题,而后者更令人头痛。1803 年英国向康提发动的那场灾难性入侵,其结局不仅是士兵遭受屠杀,而且还导致了司令官戴维(Davie)少校和另外两人被俘。戴维从康提秘密送出的信件不断提醒人们记得这一场失败的战争，以及英国在锡兰内陆地区的软弱无力。这种软弱无力并未令伦敦的官员们感到担心。他们曾反对同康提政府签订条约，因为后者没有任何向往和平的迹象——而1803年的灾难更加强化了这一立场。[43]同时，他们极力主张应当承认康提的自治，并设想通过对内陆地区提供足够的安抚，建立一条穿越其间的通道，至于是否建立常设的外交机构则并不重要。[44]梅特兰德治下维持多年的军事僵局，似乎表明有可能在该岛形成一个持续的权力平衡格局。时任英国外交大臣卡斯尔雷(Castlereagh)称赞梅特兰德"审慎节制，免开战端"，并且希望当时"近乎和平的中立状态"能够发展成为"真正的和解"。[45]

对于梅特兰德及其继任者而言，康提的不服从令人恼怒。梅特兰德认为，为了应对康提的局势，需要借助一位强有力的总督行动来推行一系列法律策略。他要求获得不受"僵化且一成不变之规则"限制的、对康提的挑衅加以还击的权力；并主张在滨海领地和康提实施一项"法律民族志"计划，即通过搜集当地法律信息编纂一部"习惯法法典"，以支持英国权力在该岛的扩张。[46]梅特兰德的继任者罗伯特·布朗里格在这一方面走得更远。他任命了一位在剑桥受过教育的官员——约翰·多伊利来充当康提和英属锡兰之间的中介，并搜集关于康提之无序状态的信息。[47]虽然多伊利的民族志在十多年后才发表，但是他在康提的存在为英国的野心打开了新局面。

1814年，多伊利将一封来自康提新一任首席部长厄拉博拉·尼拉姆(Ehelapola Nilame)的信件交给了布朗里格总督,该信大肆渲染了康提国王的"罪恶行径和不公正做法",并暗示康提内部对国王的支持正在减弱。[48]作为一个比诺斯有过之而无不及的扩张主义者,布朗里格被这份有关康提暴政的报告激发了兴趣。他向伦敦去信,要求实施"一项经过深思熟虑的政策体系",从而对康提展现一种保持中立之外的姿态。他当时所设想的只不过是"一项可以增强对康提内部事务的介入并拓宽信息来源渠道的可行计划",不过与此同时,他也开始寻找可以作为战争借口的机会。[49]后来,当他看到17个部族带领着大约50个马来人和500个武装的康提人沿边境聚集,似乎在寻找流亡之所时,布朗里格宣称:"要不了多久,康提的部落酋长们也许会联合起来,公开宣称他们决心抵抗马拉巴尔(Malabar)国王的压迫,或者请求英国的保护"。[50]

"保护"这一主题开始呈现出新的生命。在一封1814年2月写给首席部长的信件中,多伊利比布朗里格更进一步,他承诺:如果康提人揭竿而起,那么英国将提供保护。[51]多伊利教导康提的权贵们如何请求"保护",他以一种不容置疑的方式告诉其中一人:除非英国政府"看到能够体现康提人民共同愿望的、清晰无误的证据",否则它不会向康提人民提供帮助。[52]他解释道,"在没有清晰明显的证据表明全体康提人民……决定撤回他们对于现任统治者的效忠并求助于英国政府保护的情况下……去发动一场战争"是不可能的。[53]

一年之后,布朗里格确信提供"保护"已经能够为发动战争提供充分的借口。他于 1815 年 1 月签署了一份声明，宣布入侵康提领土。这份声明为入侵行动提供了两项主要理由：一是对一系列小规模边界骚扰挑衅的回击，二是为那些“向英国政府请求保护”以免于“统治者暴政和压迫”的康提人提供帮助。[54]布朗里格将会把“英国政府的仁慈保护施予每一位康提人”。该声明的最后一段阐述了这项承诺的具体含义，英国承诺维持酋长们的“阶层和尊号”，不妨碍人们的宗教信仰自由，并将保留“他们的古法和祖制”。声明将上述承诺描绘成“福音的扩散”，而该“福音”则来自于“在英国君主庇护下……得以确立公正、安全与和平”。[55]

康提居民现在可以获得“保护”，条件是他们不但服从于英国军队，而且要反对暴虐的国王，还要“反对一切国外和国内的敌人”。[56]在同一天发布的第二份声明中，布朗里格告诉英国军队在与康提居民打交道时应尊重“人道主义事业”；并列明了与僧伽罗人，来自科罗曼德尔海岸的马拉巴尔人以及“摩尔人”（泰米尔语，意即穆斯林）进行交往的不同基础。对于僧伽罗人，应当告知“解救他们是战争的首要目标”：英国正在把他们从一个异族国王的压迫下拯救出来；而对于马拉巴尔人和摩尔人，可以允诺为他们提供返回南印度的安全通道，并且应当“劝他们牢记”，他们“生来便是英国君主的臣民”；如果他们反对英国军队，他们将背负“敌人甚至叛徒”的骂名。对于英国军队所可能遇到的任何其他种族的人，都可以“慷慨地提供保护，并邀请他们将自己纳入英国统治之下”。[57]

这些声明展现了“保护”这一用语的灵活性。在没有接到来自伦敦的指令的情况下,英国官员们自作主张地对“保护”一词作了扩张性的运用,由此,他们在将康提作为一个独立的政治实体对待的同时,也为将康提正式并入英属锡兰打开方便之门。国王被捕之后,在多伊利起草和约条款时,“保护”一词的扩张性色彩再次得到了展现。[58] 1815 年 3 月 2 日,在一次由英国主持并由康提贵族们参加的会议上,多伊利宣读了一份由他起草和翻译的文件。在他用英语和僧伽罗语分别宣读这份“公开的条约性文件”之后,现场升起了英国国旗并鸣放礼炮,宣示“英国对锡兰内陆地区统治的确立”。[59] 关于该“公约”的报告详述了英国“保护”的缘由:康提国王由于实施暴行、顽固不化地拒绝和平以及推行“普遍性压迫”的政策,从而丧失了统治权。[60] 不过,用于美化入侵行径的言论也包含了对康提法律的批评。“公约”的第一部分解释道,康提政府合法性的丧失源于其“非正义”的行为,体现为“随意和不公正地实施肉体酷刑,在不经审判甚至不经起诉或完全缺乏犯罪证据的情况下剥夺生命,以及对所有公民权利的普遍蔑视和侵犯”。[61] 这一论断揭开了康提法律改革计划的序幕。尽管该文件读起来不像是一份征服后协议,而更像是 19 世纪早期梅特兰德所憧憬的总督的法律权力梦想,但是,它勾勒出了一种新的多元化的法律秩序,其中包含戒严令(对于某些阶层和某些犯罪)的选择性适用,“根据既有做法”对民事和刑事司法的行政控制,英国总督对于死刑的专有裁量权,以及对于酷刑的禁止。[62] 一天之后,殖民地政府增加了更多的限制,包括规定非康提人和英国军人免受康提民事和刑事法院的管辖。

曾经对滨海地区法律政策造成困扰的行政和司法部门之间的紧张关系,在康提表现得更为激烈。布朗里格试图阻止最高法院的管辖权向康提各省的扩张,他认为根据1811年《司法宪章》的意图,“对于依照宪章确立的法律体系和组织形式是否、在何时、以何种方式和程度适用于新获得的领土,应当仅由组建中的政府来考虑和决定”。[63]布朗里格提出,康提应当继续成为法律上的例外:“我谨向阁下直言己见,在一块国王陛下的新领地之上,但凡要顺利平稳地行使那些并非以直接和显而易见的方式源于行政政府的政治、社会或司法权力,都必须要先经过一段相当长的时间。我认为,如果在现阶段就设立一个与行政机构在权力上存在竞争的司法机构,毫无疑问将对英国在该区域统治的巩固产生不利影响。”[64]布朗里格意在反驳最高法院的以下断言:“新并入的省份中的每个人——不论其是本地土著还是欧洲人,都应当接受最高法院的刑事管辖,并有权接受陪审团的审判,这是显而易见的。”[65]

最高法院的大法官们希望将康提各省作为英国正常统治下的锡兰的一部分,而布朗里格则主张,康提的“异国”属性意味着它代表了某种宪法层面上的与众不同——它是一块被征服的殖民地,因此国王的代表可以对其行使不受限制的权力。布朗里格坚持认为,“公约”并非殖民地政府的指令,而是两个政府之间的条约。作为一项国际协定,它超出了殖民地法官的审查范围:“两个国家之间的政治谈判(基于我的看法)可能确实很脆弱、短视和流于表面,可能所有的一切都不完美、无远见、不明智,它可能腐化、不道德甚或是野蛮,但是,根据任何公认的观念,我们都不能说它非法;就好比一部宪法再怎么与善政、公断或良知不一致,我们也不能确定无疑地宣称其违反法律。”[66]在这里我们可以看到,布朗里格试图通过把英国和康提置于一个国际框架之内,从而将行政权力投射到这片新获得的领土之上。[67]与此同时,他对宪法的提及也不仅仅是出于类比的目的。在布朗里格的设想中,锡兰岛的法律秩序是包含在帝国宪法框架之内的,而该框架承认英国统治下的诸多政治实体的共存。所以,他并非主张英国与康提的关系完全属于国际关系的范畴。相反,这种关系只是大英帝国政府治下的政治实体间关系的一个变体。

即便事实证明康提需要一个强势的行政机构,但最终的结果却仍在意料之外。英国对康提的法律政策不断发展,而位于这一进程中心的多伊利力图将其引向一个不同的结果,即一个多元化的法律秩序。在该法律秩序下,英国的权威将凌驾于康提法律之上,但并非从根本上替代后者。布朗里格任命多伊利为驻康提特派代表,授权他代表英国政府行使司法权力,并委托他对康提的习惯法进行编纂,以便能够依据当地法律进行裁判。多伊利热忱地完成了这项任务,并编纂了《康提王国宪法概要》一书,其中对康提的法律秩序进行了详细描述。该书直到 1832 年即多伊利逝世 8 年之后才得以出版。而在这本法律民族志手册能够为法律政策起指引作用之前,康提人已经开始造反了。

这次造反在很多方面都像是康提与英国之间早先冲突之剧本的重演,康提人运用游击战术选择性地与落单的英国军队进行交火。但是这一次,一些曾对英国的"保护"表示欢迎的康提权贵也参与了叛乱。随着康提君主制的解体,英国的"保护"事实演变成为了英国的"主权"。无论是英国为保护康提权贵的特权所作的承诺,还是多伊利通过编纂康提法律手册为英国的轻度治理提供基础的努力,都无法消除部族首领们对于英国统治的敌意。[68]这些首领们寻求的是一种更为古老的"保护",即建立一个由他们自己选择的新的君主制,而非被强制接受一套英国君主施加的王权统治。就殖民地政府而言,它利用这次叛乱再次强化了其将康提作为一个特殊的法律区域来对待的意图:直到"东部调查委员会"于1833年发布其报告之前,康提一直都经由行政命令进行治理。十余年前,当地部落首领曾对英国在滨海地区的统治造成了威胁,而这一次康提权贵的叛乱被认为是历史的又一次重演。

历史学家们对康提战争的起因和交战情况做了详细描述,而斯里兰卡的民族主义者后来还指出英国未能履行其在"康提公约"中做出的关于保护佛教的承诺。[69]相形之下,有关英国对滨海地区的吞并和统治的法律政治研究,则被归入了晦涩的帝国行政史。[70]但是对英国来说,无论是君主直辖殖民地的内部政策还是外部政策,法律都是一块试金石。[71]殖民地改革议程对有关吞并康提之法律基础的论争产生了影响。1810 年殖民地总督提议为英国领地创设一部新的法律宪章,从而使穆达里尔人进入殖民地总督的视线,同样的逻辑亦可作为 1815 年为推翻独裁国王而对康提进行干预的理由。殖民地内部的法律改革与帝国和康提交往过程中有关“保护”的辞令相互交织,共同服务于英国的管辖权扩张计划。与此同时,关于司法和行政部门之间法律权力消长的类宪法辩论,则延伸到了关于后入侵时代康提之法律秩序的讨论之中。在将“康提公约”同时描述成一项条约以及一项新的、多元化的康提法律秩序的基础之过程中,英国利用“保护”话语中内含的模糊性,设计出了一个不受限制的宪法框架。康提充当了一个宪政试验点,借助总督的专制来实施只获得部分授权的法律改革。

第二节　“帝国历史迄未遇到”之现状

19 世纪初的帝国法律史,更多的是关于法律策略而非立法的历史。殖民地官员在帝国各地巡回任职,并充当着包括政策建议和法律实践报告在内的各类信息的传输通道。在他们的引导下,英国的统治逐渐成形。他们的职业路径将各个遥远且风格迥异的殖民地串联在了一起。托马斯·梅特兰德的职业生涯就是这方面的例证。在他于1805年到达锡兰担任总督之前,梅特兰德曾以陆军准将的身份在西印度群岛履职,其间,他曾在海地与杜桑·卢维杜尔谈判,并在皮克顿上校突然去职后前往特立尼达主持过渡政府。1811年离开锡兰后,梅特兰德在英格兰待了一年,随后又被任命为马耳他的首任英国总督。自1800年从法国人手中夺来之后,马耳他就被打造成殖民中心,以巩固英国海军在地中海的控制力。我们无从得知梅特兰德在西印度群岛的经历如何影响了他在锡兰的执政理念,但是,如果要考察梅特兰德在锡兰的经历对于他在马耳他以及下一个任职地爱奥尼亚群岛的执政有何影响,则要相对容易一些。

爱奥尼亚群岛有一段拿破仑式的混乱历史。在1797年落入法国人控制之前的相当长历史时期内,该群岛都处于威尼斯的统治之下。仅仅两年后,在1799年,该群岛又被俄国和土耳其解放。之后,它以共和国的形式,从1803年开始实施自治,直到1807年被法国重新征服。英国在1809年占领了群岛中的第一个岛,而到战争结束之后,其控制范围扩大到群岛中的六个岛。爱奥尼亚群岛本身物产并不富饶,但是却与马耳他一起,确保了英国在地中海能够维系重要的海军基地和商业据点。1815年8月,英国政府准备占领科孚岛,以实现对爱奥尼亚所有七个岛屿的控制。巴瑟斯特认为"有充分的理由预判能够顺利吞并这个群岛",于是他任命托马斯·梅特兰德担任总督,掌管地中海区域除直布罗陀之外的

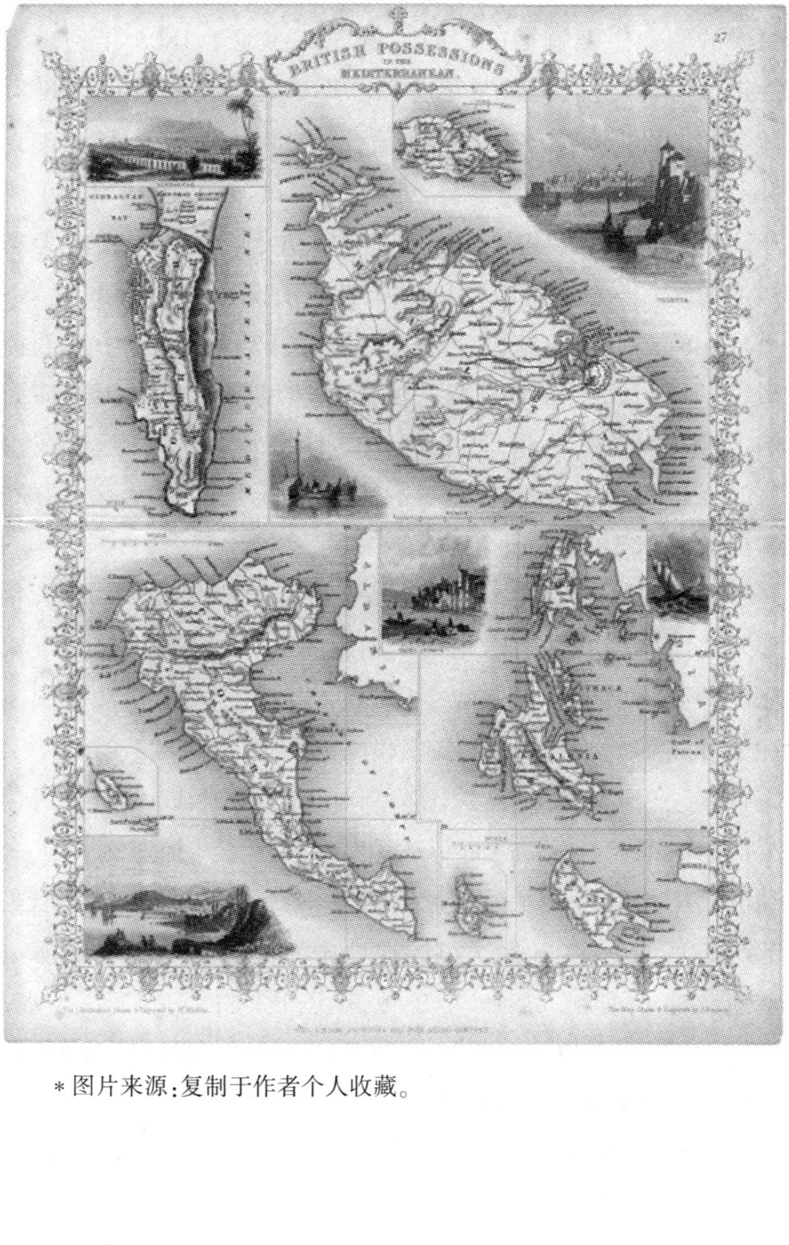

＊图片来源：复制于作者个人收藏。

所有英国领地。但事后这个预判被证明是一种毫无根据的盲目乐观。[72]巴瑟斯特希望梅特兰德能够与群岛人民携手创建一个类似于马耳他那样的政府，并且沿袭他在锡兰和马耳他履职时所采用的方针，以巩固英王对群岛的权威。

到了第二年秋天，英国官员们意识到他们此前的预判有误。1815 年的《巴黎条约》并未将群岛割让给英国，相反，英国在此条约下仅被授权扮演“保护国”的角色。[73]通过援引沙皇关于支持爱奥尼亚独立的承诺，俄国成功地阻止了英国获得爱奥尼亚群岛的主权。虽然梅特兰德仍从马耳他前往爱奥尼亚赴任，但他的使命却发生了变化：他现在要做的是在当地组建一个议会，然后再由议会来设计一部新的宪法以供批准。《巴黎条约》规定：在“保护国的许可”下，群岛可自行管理其“内部组织”。[74]不过对于何谓“保护国的许可”，条约措辞模糊，语焉不详，从而使英国官员们确信他们手中仍保留了“一切实权”。[75]梅特兰德受命启动与当地权贵的谈判，以便为群岛起草一部新的宪法。在巴瑟斯特的设想中，群岛人可能会试图“依据英国或法国的模式来制定一部宪法，就像按照英国或法国的配方制作一块布丁那样”；他敦促梅特兰德“让他们尽快弄出一部宪法，以修正现有的政府形式”。[76]

梅特兰德在锡兰和马耳他的经历已经显示，他并没有循序渐进的天赋。而且即便他更偏好一种微妙的行事方式，政治和法律的外在压力也很快会迫使他急速推进立宪计划。希腊的民族主义者们乐见群岛人民抵制英国权威，并不断煽风点火。外交官们和爱奥尼亚权贵对于英国插手当地法律体系也甚为恼火。正当上述团体想方设法地限制英国对于"保护国"之职责和特权的解释时,一系列法律案件却推动了英国"保护"范围的扩展。

当时的多起海事案件中都涉及这样一个问题,即奥斯曼帝国中的爱奥尼亚臣民是否具有英国臣民的身份。那些被土耳其人俘获的爱奥尼亚人要求获得英国臣民的待遇,以便享有"投降协定"下的好处。该协定是英国经由谈判争取到的域外安排,它规定,在涉及英国臣民的案件中,所有不利证据和不利判决都需要在英国大使或领事那里登记。[77]英国政府曾经拐弯抹角地谈到过这个问题,就在《巴黎条约》签署后不久,英国政府即颁布命令,规定只要爱奥尼亚船只进入地中海内英国控制的港口,即应被赋予与英国船只同等的权利。[78]然而,这一条看似简洁明了的行政命令并没有解决爱奥尼亚水手在国外的身份认定问题,法律上的模糊性依然存在。1817 年,英国官员们就一位爱奥尼亚船长及其船员的遭遇向奥斯曼法庭提出抗议,这些人因涉嫌海盗罪在位于希腊东南部的帕罗斯岛被捕。当地的奥斯曼政府称这些爱奥尼亚人是"臭名远扬的强盗",并建议"对他们的首领处以死刑,其他人则予以监禁";随后这些人便被押解至康士坦丁堡。当英国外交代表巴塞洛缪·弗里尔(Bartholomew Frere)获悉其中一位船员已被处决时,他声称"一个英国臣民"应当有权根据"他的本国法律"所允许的方式为自己辩护,这是条约为所有在奥斯曼帝国的英国臣民所创设的权利。[79]

差不多过了两周之后，双方依然在船员的身份问题上纠缠不清，尽管各方都略微调整了各自的论点。弗里尔现在把受指控的船员身份界定为“爱奥尼亚臣民”，而当地的统治者或统领也已同意这些船员可以接受英国官员的检查。尽管弗里尔最初主张爱奥尼亚人应当被作为英国臣民对待，但他现在将爱奥尼亚群岛描述为受英国保护的“外国”。弗里尔解释，他“主张囚犯们享有英国臣民的特权”，但该主张并不完全等同于不加限制地断言他们就是英国臣民。土耳其人则继续将这些囚犯贴上“海盗”和“亡命之徒”的标签，并通过这种方式，暗示船长和船员们因其所犯罪行的性质而丧失了英国的保护。土耳其官员们还指出，对于授予英国保护国身份的《巴黎条约》，虽然英国明确要求奥斯曼中央政府予以批准，但后者尚未表示同意。在土耳其人看来，这一“要求”恰恰证明，英国政府并不像它自己所宣称那样拥有“向其选定的任何外国提供保护”的无可辩驳的权利；相反，它表明英国政府承认此种权利需要获得其他帝国的同意。[80]

现在，双方都将这些囚犯们的命运与涉及更广泛议题的外交谈判捆绑在了一起。土耳其人指出，在过去，他们对于众多爱奥尼亚人的“真实身份”，“情愿睁一只眼闭一只眼”，统统将他们作为英国臣民对待。但在本案中，这些囚犯们的“爱奥尼亚人身份，既为公众所周知，又为他们自己所宣称”，因此，如果不通过批准条约对英国的保护国地位予以认可，就不可能将他们当作英国臣民来对待——而前者正是奥斯曼帝国被请求考虑的问题。英国大使试图将这些问题分开处理,但同时也提出威胁,除非双方能够在对爱奥尼亚人适用更广泛“保护”的问题上达成合意,否则英国将终止关于将帕尔加岛(一块居住着一小群基督徒的领地)割让给奥斯曼帝国的谈判。[81]弗里尔一方面采取看似强硬的态度,继续坚持主张在囚犯们被认定为海盗之前,必须向英国大使提供能够证明这一点的相关证据;而另一方面,弗里尔同时声称,英国有权将爱奥尼亚人作为臣民对待,而无须证明他们的臣民身份。[82]然而弗里尔对于细微差别的过分强调并不能改变以下事实,即所有人都认为,爱奥尼亚人之于英国管辖权的关系在本质上就是一个法律问题。但问题的关键是:依据什么法律?

英国对于海上的爱奥尼亚人的“保护”到底有何含义,这一点尚无定论,而与该问题同时呈现的,还有一系列反对英国对爱奥尼亚的内部事务进行过多和过于直接地干预的强烈抗议。那些针对英国在“保护”的模糊地带所开展的试验以及针对殖民地政府的反抗一触即发,而新兴的希腊民族主义与爱奥尼亚短暂上演的自治插曲结合在一起,更是火上浇油。[83]早在梅特兰德的政府完全组建之前,爱奥尼亚人就开始抱怨英国官员对于其内政的干预,尤其是后者对司法判决的干涉,以及对不听话的法官革职处理。凯法洛尼亚岛的一位知名人士基拉斯莫·克莱丹(Gerasimo Cladan,英国人称其为克莱丹伯爵)曾就英国军事指挥官的“不法”行为向伦敦的官员们申诉并请求救济,这些行为包括对一名被上诉法庭宣告无罪的爱奥尼亚人实施处决,以及将克莱丹伯爵本人从该法庭的法官名单中除名。英国指挥官们驳斥了伯爵的申诉,认为该群岛处于“不安定状态”,因此不可能“对法庭的运作进行任何实质性改善”。[84]

梅特兰德为群岛起草新宪法的计划也面临其自身的难题。正如俄国人后来所指出的,当地已经存在一部宪法,即塞普丁修拉共和国(Septinsular Republic)的《1803 年宪法》。塞普丁修拉共和国是一个附属于奥斯曼帝国并处于俄国政府的非正式保护之下的政治实体。英国人拒绝承认这部宪法,在他们看来,1803 年的宪法框架充其量不过是一部法律汇编,它就像 1803 年的《科孚宪法》那样,只能适用于个别的岛屿,而不能适用于作为整体的群岛。在爱奥尼亚,与在其他殖民地一样,法律改革处于英国主导的制宪运动的中心。英国方面指示梅特兰德通过建立“一套公正的司法体制”,以使爱奥尼亚人能够理解英国“保护”所附带的好处。[85]

尽管英国人认为《1803 年宪法》没有带来任何宪政秩序,但是他们并未放弃宪政主义话语。他们主张,只有英国起草的《1817 年宪章》才能将所有岛屿纳入一个单一的政治共同体框架内。这一论断将群岛的联邦属性——毕竟它们被称为爱奥尼亚群岛合众国——与英国对岛屿个体和群岛整体之权力的合法性联系在一起。随着爱奥尼亚的反抗行动逐步升温,这一立场变得尤为重要。作为对圣毛拉岛暴乱以及英国在 1820 年实施的武力镇压的回应,巴瑟斯特声称英国只有两种选择:“或者放弃对于爱奥尼亚群岛的‘保护’,或者……毫不动摇地表明其维护 1815 年《巴黎条约》和

《1817年宪章》所授予之权威的决心。"[86]换言之,如果英国要在当地显示存在感,那么它只能作为控制者而存在,而《1817年宪章》就是国际社会对其授权的证明。

就像在锡兰一样,梅特兰德既要面临来自当地人的挑战,又要面临来自英国任命的法官的挑战。这些法官认为,《1817年宪章》将权力过分集中于高级专员(high commissioner)之手。生于凯法洛尼亚岛,时任俄国外交部长的贵族爱奥尼斯·卡波季斯第亚斯(Ioannis Kapodistrias)抱怨道,在梅特兰德指示下起草的《1817年宪章》赋予了高级专员过多的权力,使其不仅能够控制参议院和立法议会成员候选人名单,而且还有权否决议会的立法。卡波季斯第亚斯认为,国际社会对英国的授权中并不包含此种对内政的干预;国际社会所期望的只不过是一种宪政秩序,而这一目标应当通过重新确立《1803年宪法》来实现。

巴瑟斯特在回应上述观点时,对英国"保护"的本质以及英国根据条约获得的授权作了非常有意思的解释。他首先指出了卡波季斯第亚斯的一种错误认识,即《巴黎条约》对英国在爱奥尼亚内部事务上的权限作了明确的限制。虽然缔约方"正式承诺放弃对这些国家内部事务的干预",但此种限制并不适用于"对该群岛行使排他性保护权"的政府。如果上述限制同样适用于保护国的话,那么除去"派兵驻防要塞以及保护其免受外来侵略的职责"之外,"保护"将变得毫无意义。在巴瑟斯特看来,对司法和行政管理体制的改进是始终要考虑的问题,而对于内部事务的"直接干涉"往往被视为必要的"权宜之计",这些都是毫无疑问的。[87]

不久之后,当地的英国司法官员们也加入了这场论争。1820 年 6 月,英国法官及最高委员会(Supreme Council)成员威廉·亨利(William Henry)辞去职务并提交了一份"权力滥用备忘录",详细描述了"爱奥尼亚群岛司法运作中的权力滥用情况"。亨利的报告声称最高委员会的大法官们完全听命于梅特兰德,并且"权宜之计理论"被频频援引,以至于颠覆了司法公正。作为例证,他提到有些人被贴上了"爱惹麻烦的好诉分子"的标签,而他们提起的诉讼则被法院大量地拒之门外。司法部门也充当了此种胡作非为的同谋,"我只能说在这样一种只图省事的司法体系下,必须有只图省事的法官来配合"。由此导致的结果与"一个像英格兰这样的伟大保护者"并不相称,并且引发了"司法领域的……一系列荒唐试验",如宣布医务人员为"群岛各地民事和刑事法庭的当然成员",并由其来"审理"有关公共安全和防疫程序的"案件"。[88]

对于梅特兰德在爱奥尼亚群岛建立极权政府一事,批评者日渐增多,亨利也加入了其中。梅特兰德的行为引起了激进派议员约瑟夫·休谟(Joseph Hume)的关注,他利用下议院在 1821 年和 1822 年就爱奥尼亚群岛问题举行听证会的时机,揭露了梅特兰德的极权主义做法。休谟指出,梅特兰德在前往爱奥尼亚群岛履职之前,就在"世界各地恣意妄为",同时,他使《1817 年宪章》沦为"对自由的嘲讽"。[89]作为呼应,休谟的助手亨利·贝内特(Henry Bennet)称《1817 年宪章》“仅仅是一阵嘲笑,一个戏法,一场玩闹”,并将它贬斥为“法国人惯于拟定”的那种宪章。[90]在批评者们看来,梅特兰德曲解了“保护”的含义,将其当作为行政集权提供宪法层面的掩护。如同在锡兰的情况一样,梅特兰德的反对者们并没有掀起太多的波澜,因为梅特兰德拥有战争及殖民地大臣的全力支持,而大臣本人也决意在群岛治理上确立一种强有力的英国监督体制。

构思一套全新设计的司法体系是一回事,但要将其付诸实践则又是另一回事。直到 19 世纪 30 年代中期,爱奥尼亚的法院改革依然几无进展。面对“大量形同虚设的立法”,以及一个“历经多年的托管和保护之后……依然处于一种令人尴尬甚至令人警醒之境地”的法律体系,新任总督霍华德·道格拉斯(Howard Douglas)牢骚满腹。[91]在关于一部 1832 年议会休会期间颁布的临时刑法典的合宪性问题上,道格拉斯发现自己陷入了一场与若干英国法官之间的意志之战。其中一位英国大法官威廉·布莱尔(William Blair)拒绝参与审理任何被提交到法庭的新的刑事案件,理由是他无法适用未经合法程序制定的刑法典。对于爱奥尼亚立法机构是否有权在未经英国政府批准的情况下通过临时刑法典,布莱尔大法官与他的盟友柯克帕特里克(Kirkpatrick)首席大法官都表示质疑。针对这一争议,格莱内尔格(Glenelg)勋爵向道格拉斯下达了指示,他裁定该刑法典是合法有效的(他认为这一裁定具有终局性),因为它已获得爱奥尼亚合众国最高法院的批准。格莱内尔格断言,任何其他不同的结论都相当于将爱奥尼亚群岛置于大英帝国宪法框架之外；司法和行政职能应当分离，“英国治下的所有领地皆奉此理”。[92]

令道格拉斯深为恼火的是，英国法官们并未就此放弃他们的主张，相反，他们向格莱内尔格写了一封信，解释为什么他们认为该刑法典是违宪的。他们在诉请中阐述的逻辑发人深省。这些法官们辩称，如果问题仅仅涉及应当通过何种程序来判断该刑法典之合法性，那么格莱内尔格的确解决了这一纷争。但是，鉴于英国与爱奥尼亚群岛之间的特殊关系，这一纷争所涉及的问题“不仅仅是一个国内问题，同时也可能成为一个国际问题”。[93]考虑到《1817 年宪章》规定群岛上“原有的法院体系”应当被保留，该刑法典看来似乎是违宪的。[94]鉴于此，该刑法典的合宪性，顾名思义，应当按照国际上对于英国与被保护国之间关系的通行理解来判断。虽然高级专员对于该刑法典之合法性的裁判对法庭和法庭上的当事方有约束力，但是它“并不能约束整体意义上或者民族意义上的爱奥尼亚合众国，后者仍然可以宣称对条约和宪章的解释是错误的，并且要求英国纠正任何此类错误。”[95]

这项声明凸显了爱奥尼亚群岛上帝国法和国际法之间的纠葛。按照“保护”的逻辑，群岛的所有内部事务都被置于某种外部法律的检视之下。虽然法官们认为爱奥尼亚合众国有权提出与英国行政当局不同的宪法性主张，但他们同时也确认，所有关于条约或宪章之性质的问题都应当提交给“英国主权者”来决定。换言之，宪法问题或许具有某些国际性法律问题的特性，但是这些问题只能由帝国政府来解决，因为后者基于国际协定的授权,拥有对爱奥尼亚国内法进行规范的权力。[96]

这一循环逻辑使群岛上有关法律的重大问题始终难有定论,这或许并不令人感到奇怪。被控在奥斯曼帝国领土内犯罪的爱奥尼亚人是否有权接受英国治安法官的监管?这个谜团仍然没有答案。伦敦方面现在更青睐于将这些案件从英国领事手中移交给代表英国行使管辖权的爱奥尼亚合众国行政当局,但这可能会导致对爱奥尼亚人利益的保护不周。[97]当一个土耳其人和一个希腊人因为招募阿尔巴尼亚人"为埃及巴夏服务"[巴夏(Pasha),土耳其古代对大官的尊称——译者注]而被捕时,道格拉斯下令将他们驱逐,这一决定想必得到了爱奥尼亚的批准。[98]由于高级专员对此类事件的反应都是基于个案的,因此他很清楚英国立场的模糊性。他将这种模糊性归咎于对"保护"的模糊理解,并指出,该群岛"处于一种介于殖民地和完全独立国家之间的非正常状态,但在某些方面却没有享受到这两者中的任何一种好处。"[99]

尽管一些爱奥尼亚权贵希望扩大英国的"保护",但依据《1817 年宪章》所组建的政府仍然遭到了反对,此种反对不断升温,并在 1849 年达到了白热化的程度。新任高级专员亨利·沃德(Henry Ward)批评此前的英国行政当局对支持希腊民族主义的爱奥尼亚人过于强硬,以及过度干预爱奥尼亚的内部事务。沃德认为,为了避免在放弃被保护国和"通过军事手段"维持占领这二者之间作出艰难选择,就必须推行改革以及采取一些民主化措施。[100]被隔绝在科孚岛的英国官员们逐渐意识到,凯法洛尼亚岛上如火如荼的农民武装起义的目标,是“将女王陛下的军队从凯法洛尼亚岛驱逐出去,并最终将该岛并入希腊”。[101]但是,沃德仍然坚信,群岛上的所有权贵们都反对“从接受英格兰的保护转为接受任何其他强权(尤其是希腊)的保护”。[102]他甚至想象,绝大多数没有土地的穷人都清楚地看到了英国“保护”的好处。他同伦敦的官员们一起,致力于寻求能够促进“和平、秩序和安全”的措施。[103]

然而无情的事实对英国的完美计划打了一记响亮的耳光。混乱无序的状态使格雷(Grey)勋爵不得不考虑,帝国是否可以将凯法洛尼亚岛上那些贫困而叛逆的年轻人重新安置到西澳大利亚的一个殖民地。[104]当沃德在1849年8月得知凯法洛尼亚岛发生另一起暴乱的消息时,他对采用温和措施所持的信念崩溃了。他宣布将在任何实际发生“叛乱”的地区以及英国认为正在酝酿叛乱的地区实行戒严令。他对这些针对群岛权贵的暴乱进行了分析,认为维持内部秩序的失败与爱奥尼亚人奇特的国际定位之间存在一定关系。沃德注意到,当农民们响应希腊的鼓动,并将他们的暴力行为“部分地指向地主,部分地指向‘保护国’的朋友或代理人”时,此种联系引发了强劲的“双重复仇动机”。[105]暴乱很有几分内战的色彩——“佃户反抗地主,农民反抗贵族,债务人反抗债权人”,但同时,它的领导者们又是一些“扛着大大的十字架以及希腊国旗”的人,他们谴责英国犯下了各种滔天罪行,其中就包括在一个古老的希腊女修道院中驻扎军队这样的亵渎行径。[106]

大英帝国对于这场叛乱的镇压没有丝毫怜悯。[107]“挑事的头目们”被逮捕、定罪、判处并执行死刑,沃德将叛乱归咎于在凯法洛尼亚岛和科孚岛上兴起的一个“秘密社团”。[108]与此同时,在群岛和伦敦,争论的焦点又重新回到了“保护”的宪法含义上。沃德指责梅特兰德在群岛的统治创设了“一种打着宪法幌子的暴政”。[109]在英格兰,沃德本人的强力镇压行为也遭到了查尔斯·菲茨罗伊(Charles Fitzroy)勋爵和乔治斯·德雷卡托斯·帕帕尼古拉斯(Georgios Dracatos Papanicolas)的批评——前者曾任扎金索斯岛总督,后者则是一位旅居伦敦的爱奥尼亚商人。他们为此散发了一系列的小册子和信件,公开谴责群岛各处都充斥着英国“如暴君般滥用权力”。菲茨罗伊反复呼吁向群岛派遣调查委员会,而后者在当时已成为人们所熟知的解决殖民地法律混乱困境的良策。[110]

结　语

历史学家们已经注意到“保护”在英国权威向帝国外部扩张过程中所扮演的角色,但是他们所阐述的历史通常起始于我们所研究的这个时代的末尾。1850 年的唐·帕西菲科(Don Pacifico)事件是一个标志性的分水岭,通过这一事件,英国政府清晰地阐明了它对位于世界任何角落的英国臣民提供保护的宽泛权利。但是,如果置于 19 世纪早期大英帝国有关"保护"的殖民历史背景下,这一事件又呈现出一些略为不同的特征。

唐·帕西菲科事件从一起轻微的地方性冲突演化成为一个国际性事件,主要得益于其主人公的生花妙笔。唐·帕西菲科因出生于直布罗陀而获得英国臣民身份。作为一个有着葡萄牙背景的犹太人,他长期生活在雅典。1847 年 4 月,一群反犹太的暴徒袭击了他的住处,抢走了他的个人财产以及他所持有的领事文件——这些文件系用于支持一项有争议的、要求葡萄牙政府支付服务报酬的请求权。帕西菲科请求英国进行干预,于是帕默斯顿(Palmerston)勋爵指示驻雅典的英国公使向希腊政府提交了一份相关损失的详细清单,以要求赔偿。[111]对于帕西菲科未通过当地法院寻求救济,事实上自己充当"自己案件的法官",并且自行确定相关损失的做法,希腊政府代表十分不满。一年后,随着英国持续施压要求赔偿,希腊政府抗议道,帕西菲科提出了"奇怪的借口,以试图在常规的司法救济途径之外寻求赔偿"。[112]希腊官员们还指出,帕西菲科或许是一位英国臣民,但是他在雅典经常被人们当作葡萄牙人,而对于这一点帕西菲科并没有提出过任何纠正,有一次他甚至还寻求西班牙政府为其出头。他的这些做法看起来似乎是在左右逢源,以便为自己求得最大限度的保护。[113]

帕西菲科事件发生的背景是,当时希腊政府在对待爱奥尼亚海员和货物问题上正遭遇新一轮的抗议。1846 年 12 月,“来自希腊的强盗和海盗”占领了斯拉西那港的海关大楼,并抢走了六艘爱奥尼亚船舶,为此帕默斯顿向希腊政府提出书面赔偿请求。[114]希腊政府否认对该攻击事件负有责任,并声明它的“唯一义务”就是“尽最大努力将罪犯绳之以法”。[115]1846 年 7 月,英国驻佩特雷的领事转交了一份来自“爱奥尼亚臣民”的申诉,该臣民指控希腊当局对他施以酷刑,以迫使其承认一起轻微的盗窃罪行。[116]其他的申诉亦纷至沓来,根据其中一份报告的描述,两个爱奥尼亚人仅仅因为在一家咖啡馆雨棚上同时悬挂希腊、英国和爱奥尼亚三国国旗,就“被抓捕并铐在一起,施以夹拇指的酷刑”,而后在皮尔戈斯镇游街示众。[117]还有四十位爱奥尼亚人联名上书英国驻佩特雷领事,请求“爱奥尼亚保护国的强力干预”,以使他们免受“不公正的威胁和迫害”。[118]1847 年 6 月,几个爱奥尼亚人据称在皮尔戈斯镇被逮捕并遭到鞭打,英国领事要求对此事调查取证。[119]希腊官员们对该诉求百般推诿,并回应称,向被鞭打的爱奥尼亚人提供赔偿这一请求“令人惊讶”,因为当局的行为只是为了维护公共治安。[120]

鉴于希腊在帕西菲科事件中拒绝提供赔偿,帕默斯顿下令英国海军舰艇封锁雅典。这一轻开战端的行为在英国本土招致了批评,为此帕默斯顿在下议院发表了一份长篇演说,为英国政府的行为进行辩护。这一闻名遐迩的演说将英国对其臣民的保护与罗马帝国对罗马公民的保护作了类比，从而使当时的人们以及后世的历史学家将唐·帕西菲科事件视为一个分水岭，认为它标志着英国全球霸权信条的确立。作为这一信条的基础，帝国政府为了保护其臣民的利益，享有不受限制地对他国进行干预，甚至在必要时使用武力的特权。

在大多数关于此事件的描述中，爱奥尼亚人总是被遗忘——同时被遗忘的还有该事件的其他殖民地背景。[121]但是，帕默斯顿的演说并非关于一般意义上的大英帝国权能，而是关于英国对外国管辖事务进行干预的法律授权。此番演说，描绘了一幅殖民地法律政治框架下关于“保护”的复杂图景。帕默斯顿并未主张英国在保护臣民方面拥有不受限制的行动权利，相反，他只是主张英国政府有权对此种有限干预权利的合法性作出判断。从这个意义上说，唐·帕西菲科事件构成了19世纪上半叶兴起的殖民地法律改革计划的一个不可分割的部分，它也是将混乱无序的法律纳入关于公平公正的帝国标准之下的又一次努力。

帕默斯顿在演讲中承认，在英国臣民能够获得当地法律救济的情况下，无论他们旅居何处，都应当被要求诉诸当地法律。他特别关注的是那些“对当地的裁判机关无法抱有任何信心的情况”。他强调，“专断或独裁”的政府有可能呈现出多种形式，腐败不堪的宪法体制就是其中之一。他所捍卫的干预权利，正是在当地司法体系无法按照英国的标准提供救济的情况下，对英国臣民进行保护的权利。因此，他问道：

“在此情形下,究竟应该由谁来判断裁判机关是否腐败?是英国政府,还是人们向其主张正义的所在国政府?”需要注意的是,在这里帕默斯顿仅提供了有限的选项,他并没有诉诸国际法中更为宽泛的规范。尽管帕默斯顿的一位支持者曾提醒他,法国和美国已经在保护其本国臣民的行动中确立了此种规范。帕默斯顿所维护的,是英国政府对暴政进行界定并采取相应行动的权利。[122]

同样隐含在帕默斯顿评论中的,是英国政府有权决定对何种主体提供何种程度的保护。他演说中用于讨论希腊对爱奥尼亚人的不公正对待的篇幅,要远远超过用于为政府保护唐·帕西菲科的行动进行辩护的篇幅——尽管在公开出版的演说稿中有关爱奥尼亚人的内容通常被省略了。帕默斯顿认为希腊警方存在系统性的权力滥用情况,并指出,在“希腊的每个城镇”,都存在“大量我们有义务提供保护的人——马耳他人、爱奥尼亚人以及一定数量的英国臣民”。他将马耳他人、爱奥尼亚人与英国臣民作了区分,但是,他也同时反对希腊当局经常错误地认为“爱奥尼亚人和马耳他人与希腊臣民没有区别”。帕默斯顿并不认为在希腊的马耳他人和爱奥尼亚人应当享有与英国人一样的保护。马耳他人是殖民地的臣民,因此,他们显然可以享有英国对其殖民地臣民提供的保护。而对爱奥尼亚人提供保护的权利和责任之程度则取决于英国的条约义务、希腊所施加的不公正待遇的程度以及英国对于是否存在不公正待遇的判断。希腊的暴政使得爱奥尼亚人(以及马耳他人)获得了更接近于英国人的法律地位,但又尚未达到毫无差别的地步。帝国政府有权判断每一位臣民是否受到了公正对待,而这一权利同时又将英国政府置于国际裁判者的角色。[123]

英国议会关于保护的辩论向来都是以其手头所掌握的材料为基础的,这些材料包括来自不同渠道的有关法律政治的报告,以及来自诸如上加拿大、锡兰和爱奥尼亚群岛等地的一些具体法律案件。在某个层面上,这些问题显然属于外交事务的范畴:在上加拿大涉及英国与印第安政治实体之间的关系,在锡兰涉及英国与康提王国之间的关系,而在东地中海则涉及英国与众多其他帝国势力,以及一个正在崛起的民族国家(似乎指希腊——译者注)之间的关系。但在另一个层面上,19 世纪早期国内法和国际法之间界限的不确定性,又使得这些问题主要体现为帝国问题。

有关"保护"的讨论,正是在内部合法性与外部合法性之间的模糊地带中发展起来的。内部"保护"旨在将异邦的法律主体(如奴隶主、奴隶、土著居民、罪犯)纳入帝国的管辖之下。而跨越政治实体边界的"保护"诉求,则催生了一些与帝国内部"保护"相联系的法律安排,同时也彰显了帝国权力对于政治实体间关系的影响力。在帝国范围内,上述"保护"计划的参与者们策略性地主张大英帝国和当地政治实体间关系的国际属性,以获取在法律秩序重构问题上的更广泛的授权——英国官员们在锡兰处理与康提的关系以及在爱奥尼亚群岛时均采用了这一策略。在这一过程中,他们心照不宣地表明,帝国不是国际社会,其有权决定受保护的状态以及跨境或在境内实施干预的条件。

由此产生的关于“保护”的构想几乎不可能带有自由主义色彩,但同时也远远超越了纯粹的极权主义。梅特兰德的批评者们称其为独裁者,然而,人们对他的帝国治理模式贴的标签却是“宪法下的暴政”。依其本身的结构即一种宪政结构而言,帝国法律秩序有助于遏制内部暴政以及消除外部暴政,这些都符合“保护”的利益。在英国官员们的构想中,通过行使帝国管辖权来发现和制约暴政,对帝国而言不仅仅是一份特殊的责任,同时也是一种独特的能力。由此产生的结果可能是行政部门法律权力的极度强化,以至于对暴政的控诉卷土重来,但这并不重要。在此种构想中,关于“保护”的诉求完全契合于一个日益复杂和臃肿的法律秩序,该法律秩序涵盖了享有不同权利的臣民,法律地位不确定的帝国组成单元,以及那些在某些方面位于帝国法律秩序之内但在另一些方面却游离于帝国法律秩序之外的领地。

注释

1. "Proclamation Issued by William Hull", in William Wood, ed., *Select Documents of Canadian War of* 1812, Vol. 1, Toronto: Champlain Society, 1920, p. 26. 着重部分系出自原文。
2. "Royal Proclamation of 1763", in A. L. Getty and Antoine S. Lussier, eds., *As Long as the Sun Shines and the Water Flows: A Reader in Canadian Native Studies*, Vancouver, University of British Columbia Press, 1983, pp. 29 – 37.
3. Russell to Duke of Portland, 28 January 1797, TNA, Kew, United Kingdom, CO 42/321, 46v.
4. Robert S. Allen, *His Majesty's Indian Allies: British Indian Policy in the Defence of Canada*, 1774 – 1815, Toronto, Dundurn Press, 1992, p. 94.
5. 布兰特的观点引自：Russell to Duke of Portland, 21 July 1797, TNA, CO 42/321, 108。
6. Lauren Benton and Adam Clulow, "Legal Encounters and the Origins of Global Law", in *The Cambridge World History*, Vol. 6, pt. 2, Cambridge, Cambridge University Press, 2015, pp. 80 – 100; Benton, "Shadows of Sovereignty: Legal Encounters and the Politics of Protection in the Atlantic World", in Alan Karras and Laura Mitchell, eds., *Encounters Old and New: Essays in Honor of Jerry Bentley*, Honolulu, University of Hawaii Press, 2016.
7. 有关"印第安护民官"的杰出区域性研究包括：Mauricio Novoa, *The Protectors of Indians in the Royal Audience of Lima: History, Careers and Legal Culture*, 1575 – 1775, Leiden, Brill, 2016; Diana Bonnett, *Los Protectores de Naturales en la Audiencia de Quito, siglos XVII y XVIII*, Quito, Facultad Latinoamericana de Ciencias Sociales, sede Ec ua dor, 1992; Charles R. Cutter, *The Protector de Indios in Colonial New Mexico*, 1659 – 1821, Albuquerque, University of New Mexico Press, 1986。有关本话题更一般性的论述，参见 Lauren Benton, *Law and Colonial Cultures: Legal Regimes in World History*, 1400 – 1900, New York, Cambridge University Press, 2002, Chaps. 2 and 3。
8. Craig B. Yirush, "Claiming the New World: Empire, Law, and Indigenous Rights in the Mohegan Case, 1704 – 1743", *Law and History Review*, Vol. 29, No. 2, 2011, pp. 333 – 373; Patrick Frazer, *The Mohicans of Stockbridge*, Lincoln, University of Nebraska Press, 1992.
9. Richard L. Bushman, *King and People in Provincial Massachusetts*, Chapel Hill,

University of North Carolina Press,1985;Jack P. Greene,*Peripheries and Center: Constitutional Development in the Extended Polities of the British Empire and the United States*, 1607 – 1788, Athens, University of Georgia Press, 1986; Jenny Hale Pulsipher, *Subjects unto the Same King: Indians, English, and the Contest for Authority in Colonial New England*, Philadelphia, University of Pennsylvania Press, 2005; Daniel J. Hulsebosch, *Constituting Empire: New York and the Transformation of Constitutionalism in the Atlantic World*, 1664 – 1830, Chapel Hill, University of North Carolina Press, 2005.

10. Luke Glanville, *Sovereignty and the Responsibility to Protect: A New History*, Chicago, University of Chicago Press, 2014, pp. 32 – 33, 45 – 48; Anne Orford, *International Authority and the Responsibility to Protect*, Cambridge, Cambridge University Press, 2011, pp. 112 – 125. 关于瓦泰尔观点的重要讨论,参见 Ian Hunter, "Law, War, and Casuistry in Vattel's *Jus Gentium*," *Parergon* 28, No. 2, 2011, pp. 87 – 104; Hunter, "Kant and Vattel in Context: Cosmopolitan Philosophy and Diplomatic Casuistry", *History of European Ideas*, Vol. 39, No. 4, 2013, pp. 477 – 502。在 Brendan Simms 看来,"1648 年在威斯特伐利亚签署的系列条约完全就是一份干预性宪章:通过固化日耳曼君主之间和帝国内部的宗派平衡,它们为 17、18 世纪的那些干预行径提供了一个可兹利用的杠杆"。Simms, *Humanitarian Intervention: A History*, Cambridge, Cambridge University Press, 2011. Luke Glanville 也发表过类似主张,声称"威斯特伐利亚和约在条约法的层面上确认了国家有义务为宗教少数派提供保护,并且还约束邻国一起来履行这种义务"。Glanville, *Sovereignty and the Responsibility to Protect*, p. 54. "国家负有保护臣民的职责,并且该职责可以在域外履行"这一表述见于该书第 59 页。

11. Jennifer Pitts, "Empire and Legal Universalisms in the Eighteenth Century", AHR, Vol. 117, No. 1, 2012, p. 98.

12. Antony Anghie, *Imperialism, Sovereignty and the Making of International Law*, Cambridge, Cambridge University Press, 2005.

13. 在分析 19 世纪早期东印度公司的扩张行为时,Partha Chatterjee 写道:"生活在各类印第安统治者下的人们需要被保护——这一诉请成为吞并行为的主要合法性依据。" Chatterjee, *The Black Hole of Empire: History of a Global Practice of Power*, Princeton, Princeton University Press, 2012, p. 190.

14. 在这方面,英属洪都拉斯是一个极佳事例。Alan Lester 和 Fae Dussart 将其描绘成"奴隶保护官"和"土著居民保护官"这两个机构之间的重要桥梁,参见 Lester and Dussart, *Colonization and the Origins of Humanitarian Governance: Protecting Aborigines across the Nineteenth-Century British Empire*, Cambridge, Cambridge University Press, 2013, pp. 37 – 76。就本书而言，更有趣的是人们对殖民定居点英国管辖权的界限所进行的丰富而持续性的探讨，例见：Liverpool to Lt Col. Smyth, 31 May 1811, TNA: CO 124/3, 17 – 21; Liverpool to George Arthus, 9 January 1815, 8 July 1815, 30 September 1816, 5 July 1818, 16 March 1822, ibid.。这些顾虑于 1829 年在一份调查委员的私人报告中被特别提及：Commissioners of Legal Enquiry 1829: Honduras and Bahamas Reports & C, TNA: CO 318/77, F167 – 181。

15. 参见 Pamela Nightingale, *Trade and Empire in Western India*, 1784 – 1806, Cambridge, Cambridge University Press, 1970; H. V. Bowen, *The Business of Empire: The East India Company and Imperial Britain*, 1756 – 1833, Cambridge, Cambridge University Press, 2008, pp. 260 – 272; Chatterjee, *The Black Hole of Empire*, pp. 185 – 195。同时代中另一部专门研究"帝国保护"以及"国际法保护"间不确定关系的著作，参见 Charles Lewis Tupper, *Our Indian Protectorate*, London, Longmans, 1898。

16. 参见 Lauren Benton and Lisa Ford, "Magistrates in Empire: Convicts, Slaves, and the Remaking of Legal Pluralism in the British Empire", in Lauren Benton and Richard Ross, eds., *Legal Pluralism and Empires*, 1500 – 1850, New York, NYU Press, 2013, pp. 173 – 198；有关废奴主义者的论辩以及帝国管辖权，参见 Benton, "This Melancholy Labyrinth: The Trial of Arthur Hodge and the Boundaries of Imperial Law", *Alabama Law Review*, Vol. 64, 2012, pp. 91 – 122。

17. Jessie Mitchell, *In Good Faith? Governing Indigenous Australia through God, Charity and Empire*, 1825 – 1855, Canberra, ANUE Press, 2011, pp. 30 – 32, 89 – 97. 在同一时期，"土著居民保护官"被遣往新西兰、南澳大利亚和西澳大利亚等地。他们在各地所发挥的功能有一些细微差别，参见 Lester and Dussart, Colonization and the Origins of Humanitarian Governance; Amanda Nettelbeck, "'A Halo of Protection': Colonial Protectors and the Policy of Aboriginal Protection as Punishment", *Australian Historical Studies*, Vol. 43, 2012, pp. 396 – 411。

18. 在荷兰人之前，该岛的沿海地带由葡萄牙人控制。关于中央高地区域对殖民统治之抗议的全面而深刻的分析，参见 Sujit Sivasundaram, *Islanded: Britain, Sri Lanka and the Bounds of an Indian Ocean Colony*, Chicago,

University of Chicago Press, 2013;亦可参见 Roshan de Silva Wijeyeratne, *Nation, Constitutionalism and Buddhism in Sri Lanka*, New York, Routledge, 2014, Chap. 5。

19. 参见 Terms of Treaty enclosed in North to Hobart, 16 April 1802, TNA, CO 54/6, F98 – 101。

20. North to Lord Hobart, 21 November 1802, TNA, CO 54/7, F126 – 131.

21. De Silva, *Nation, Constitutionalism and Buddhism*, p. 78. 这一职位相当于摄政者。

22. 有一点可以确定,并非所有康提人都将纳亚卡王朝视为"外来者"——尽管荷兰人和英国人接受了这一标签,并且将它也归为一系列令人费解且不断变化的社会分歧中的一种类别。参见 John D. Rogers, "Early British Rule and Social Classification in Lanka", *Modern Asian Studies*, Vol. 38, No. 3, 2004, pp. 625 – 647, esp. 637。

23. Transcript of negotiations, 5 February 1802, enclosure in North to Hobart, 16 April 1802, TNA, CO 54/6, F 94 – 97.

24. North to the King of Kandy, 9 September 1802, TNA, CO 54/6, F185.

25. Nira Wickramasinghe, "Many Little Revolts or One Rebellion? The Maritime Province of Ceylon/Sri Lanka between 1796 and 1800", *South Asia: Journal of South Asian Studies*, Vol. 32, No. 2, 2008, pp. 170 – 188.

26. North to Camden, 10 July 1805, TNA, CO 54/18.

27. Maitland to Camden, 19 October 1805, TNA, CO 54/18. 在抱怨诺斯那些无法获得通过的宣言之外,梅特兰德还注意到,政府在设计法庭体系时"仅仅只是基于理论原则",而不是根据对于当地人民的深刻理解。Camden to Maitland, 21 February 1807, TNA, CO 55/62, F115.

28. Camden to Maitland, 19 April 1805, TNA, CO 55/62, F111.

29. Maitland to Camden, 19 October 1805, TNA, CO 54/18.

30. Ibid.. 在相关建议中,有一份列明了二十多项举措的清单,从对于信笺纸使用规范的改变到建立一个由各省级法院法官主持的新巡回法庭等事项,都有所涉及。Enclosure in Maitland to Camden, 19 October 1805, TNA, CO 54/18.

31. 梅特兰德将这些改革描绘成在诺斯推行的体系基础上所做的小调整:"审判官的数量在过去的确得到了大幅增加,但是省级法院基本还是保持原样,而且我也没有干涉由我的前任诺斯先生设定的最高法院的管辖权范围。"Maitland to Windham, 28 February 1807, TNA, CO 54/25.

32. Ibid..

33. 卡斯尔雷担心这些改革措施将“极大地冒犯穆达里尔人”,同时他还警告梅特兰德,推行如此重大的改革措施需要获得政府批准。Castlereagh to Maitland,29 February 1808,TNA,CO 55/62,F209.

34. 勒欣顿曾经离开锡兰,后又返回。他公开挑战梅特兰德在某些司法事项上的权威。梅特兰德精明地向伦敦请求支持。卡斯尔雷站在梅特兰德这一边,指责首席大法官并敦促他对“总督多加支持”。Castlereagh to Lushington,6 October,1809,TNA,CO 55/62,F237.

35. Maitland's instructions to Johnston, enclosure in Maitland to Castlereagh, 25 January 1809,TNA,CO 54/31.

36. Ibid..

37. Liverpool to Maitland,30 September 1810,TNA,CO 54/62.

38. Maitland to Peel,30 August 1811,TNA,CO 54/41,F84.

39. Ibid..

40. Maitland's instructions to Johnston, enclosure in Maitland to Castlereagh, 25 January 1809,TNA,CO 54/31.

41. Ibid..

42. Ibid..

43. Hobart to North,14 May 1803,TNA,CO 55/62,F69 – 70.

44. Ibid.,F70 – 72.

45. Castlereagh to Maitland,14 April 1807,TNA,CO 54/62.

46. Maitland's instructions to Johnston, enclosure in Maitland to Castlereagh, 25 January 1809,TNA,CO 54/31.

47. 有关多伊利的传记,参见 Brendon Gooneratne and Yasmine Gooneratne, *This Inscrutable Englishman: Sir John D'Oyly, Baronet* (1774 – 1824), London, Cassell,1999。

48. Enclosure in Brownrigg to Bathurst,10 February 1814,TNA,CO 54/51,F122v.

49. Brownrigg to Bathurst,10 February 1814,TNA,CO 54/51,F119,120.

50. Brownrigg to Bathurst,20 March 1814,TNA,CO 54/51,F175.

51. 多伊利似乎是擅自代表英国政府做出这些承诺的。D'Oyly to First Adigār, 28 February 1814,TNA,CO 54/51,F179.

52. 与 Jaffragam 地区首领的会晤在多伊利家中进行。当这位首领说康提人愿意与英军一起反对国王的时候,多伊利告诉他英国政府除非“看到关于康提人民普遍愿望的明确无疑的证据”,否则是不会前来帮助他们的。

Report by D'Oyly on meeting with Edkneylogoada Kodituwakka Milame, 4 March 1814, TNA, CO 54/51, F132.

53. 对于"保护"的话语体系，多伊利的这些谈话对象们很可能已经非常熟悉。Ibid..

54. "Proclamation by His Excellency Lieut. Robert Brownrigg Governor and Commander in Chief and over the British Settlements and Territories in the Island of Ceylon with the Dependencies Thereof", enclosure in Brownrigg to Bathurst, 15 March 1815, TNA, CO 54/55. 布朗里格同时列出了具体证据和一般证据，来证明康提国王不适合做统治者。"野蛮凶残"的具体行径体现在其对"十位大英帝国无辜臣民"的残酷惩罚这一事例之中。康提军队此前曾截获一队来自英控区域的"摩尔人"贸易商，并将他们所有人的手臂都砍去了一条。有几位商人随后死去，其他人则在脖子上悬吊着他们的断肢，被遣返穿过边境。在这些野蛮敌对行径之外，布朗里格指出，康提国王还要对"拒绝一切睦邻友好关系"担负个人责任。要将国王视为合法的主权者并与其展开谈判，似乎没有一丝可能性，因为正是国王本人拒绝了所有建立"睦邻友好关系"的尝试。"保护康提人"的理由是否足以支持这场敌对行动，似乎存在一些不确定性；这促使布朗里格列出一条额外的理由："一支康提武装向英国领土发动了入侵"。这次突袭并非一场意义重大的入侵，但是布朗里格抓住这一点不放，并将它描绘成"超越所有慎重考虑"之外，能够为英国回以军事行动提供合法性依据的因素。Brownrigg to Bathurst, 16 January 1815, TNA, CO 54/55.

55. "Proclamation by His Excellency Lieut. Robert Brownrigg Governor and Commander in Chief and over the British Settlements and Territories in the Island of Ceylon with the Dependencies Thereof", enclosure in Brownrigg to Bathurst, 15 March 1815, TNA, CO 54/55.

56. 随着英国部队不断深入康提，布朗里格和其他官员们也为他们对于英国权威的性质和程度的理解不断增加新的细节。在一份发表于1815年2月11日的声明中，他们宣称三个"被占"的康提省份是"锡兰岛英属区域中不可分割的一部分"。"Proclamation by His Excellency Lieutenant General Robert Brownrigg Governor and Commander in Chief in and over the British Settlements and Territories in the Island of Ceylon with the Dependencies Thereof", enclosure in Brownrigg to Bathurst, 15 March 1815, TNA, CO 54/55.

57. Ibid.. 关于英国在锡兰岛更多不同应对策略的描述，参见 John D. Rogers, "Colonial Perceptions of Ethnicity and Culture in Early Nineteenth-Century Sri

Lanka", in Peter Robb, ed., *Society and Ideology: Essays in South Asian History Presented to Professor K. A. Balhatchet*, Delhi, Oxford University Press, 1993, pp. 97 – 109。

58. 虽然后来多伊利失去了布朗里格的宠信，但是在占领康提的时候，总督坦率承认他主要依赖多伊利来制定康提王国的相关政策。他甚至还向巴瑟斯特去信，声明他"对于因此巨变引发的复杂而重大的政治和民生议题，还没有准备好向大人您陈述任何观点"，因为当时多伊利还在被罢黜的国王那里，尚未回到康提与布朗里格会面。Brownrigg to Bathurst, 25 February 1815, TNA, CO 54/55, F103.

59. Ceylon Government Gazette, 6 March 1815, enclosure in Brownrigg to Bathurst, 15 March 1815, TNA, CO 54/55.

60. Ibid..

61. Ibid..

62. Ibid..

63. Brownrigg to Bathurst, 15 March 1815, TNA, CO 54/55, F122.

64. 为了维护这一立场，布朗里格被迫声明1811年宪章具有宪法上的权威性，并且它是为"绝对的国家间"议题创设的文件，因此其绝大部分内容对于康提并不适用。Ibid., F122 – 122v.

65. Gifford to Brownrigg, 11 March 1815, TNA, CO 54/55, F172v – 173v.

66. "Notes respecting the Proceedings in Council on the reading of the Convention", 1 April 1815, TNA, CO 54/55, F201v – 202.

67. 值得指出，布朗里格可能也做出了一个类似的论断，并声称康提是"一个被征服的殖民地，其应受行政权力控制直到制定出一部新的宪法"。这一论断可能参考了 Campbell v. Hall 一案（参见本书在第二章中的有关讨论）。但是后者没有用到"征服"这类字眼，也许是因为这会与"保护"的用语相抵触，也与"英国系前来支援国王的反对者"这样的信念相矛盾。

68. Robert Aldrich, "Out of Ceylon: The Exile of the Last King of Kandy", in Ronit Ricci, ed., *Exile in Colonial Asia: Kings, Convicts, Commemoration*, Honolulu, University of Hawaii Press, 2016; De Silva, *Nation, Constitutionalism and Buddhism*, pp. 84 – 87.

69. 有关康提战争的著作包括：Geoffrey Powell, *The Kandyan Wars: The British Army in Ceylon, 1803 – 1818*, London, Leo Cooper, 1973; Channa Wickremesekera, *Kandy at War: Indigenous Military Resistance to European Expansion in Sri Lanka, 1694 – 1818*, New Delhi, Manohar, 2004。有关该公约

的斯里兰卡民族主义解释，参见 Michael Roberts, *Collective Identities, Nationalisms, and Protest in Modern Sri Lanka*, Colombo, Sri Lanka: Marga Institute, 1979, p. 234; De Silva, *Nation, Constitutionalism and Buddhism*, p. 168。

70. 例如 Tambyah Nadaraja, *The Legal System of Ceylon in its Historical Setting*, Leiden, Brill, 1972. Sivasundaram 的 *Islanded* 一书是一个例外——该书非以法律为中心议题，但描绘了设计一部新的法律宪章的努力，并且将关于康提的法律对话与它作为危险热带区域的形象联系在一起。参见 esp. 119 - 132。亦可参见 De Silva, *Nation, Constitutionalism and Buddhism*。

71. 有充分的证据表明，康提也十分注重法律问题。这不仅体现在那些与英国官员们谈判的权贵们对于如何提出"保护"的诉请有非常清晰的认识，而且还体现在多伊利也找到了不少受访者愿意配合完成他的康提法律调研。1831 年，当亚历山大·约翰斯顿向皇家亚洲学会递交《康提王国宪法概要》书稿时，他指出康提人向多伊利提供了有关当地法律的丰富信息，因为"前康提政府的主要官员们……在当时没有任何动机来掩盖真相，也具有完美的经验学识能够提供有关他们前政府的性质和宪法的权威信息"。当然，他们有许多动机去掩盖真相，但是他们选择了提供信息，这可能是出于一种希望影响英国政策的策略性考虑。"A Sketch of the Constitution of the Kandyan Kingdom. By the late Sir John D'Oyly. —Communicated by Sir A. Johnston, Vice-President, R. A. S., F. R. S. Read May 7, 1831. To Graves C. Haugston, Esq., M. A., F. R. S., Honorary Secretary to the Royal Asiatic Society. December 31, 1831", *Transactions of the Royal Asiatic Society*, Vol. 3, No. 2, 1833, pp. 191 - 252.

72. Banberry to Maitland, 18 August 1815, TNA, CO 136/300.

73. "Treaty between Great Britain and Russia & C, Respecting the Ionian Islands; Signed at Paris", 5 November 1815, in Parliamentary Debates, 1st ser., Vol. 32, London, T. C. Hansard, 1816, pp. 294 - 297.

74. Bathurst to Maitland, 29 August 1816, TNA, CO 136/300；条约的条款全文是："在'保护国'的许可下，爱奥尼亚群岛合众国应当有权规制其内部组织；为了使这一组织的所有机构获得必要的一致性和能动性，英国国王陛下将对合众国的立法和一般行政管理给予特别关心，国王陛下将指任一位勋爵作为特派使节常驻此地，并授予他为此目的所需要的一切必要权力和权威。""Treaty between Great Britain and Russia & C, Respecting the Ionian Islands", p. 296.

75. Banberry to Maitland, 26 November 1815, TNA, CO 136/300.
76. Bathurst to Maitland, 2 December 1815, TNA, CO 136/300.
77. Bruce Knox, "British Policy and the Ionian Islands, 1847 – 1864: Nationalism and Imperial Administration", *English Historical Review*, Vol. 99, 1984, pp. 506 – 529; Eleni Calligas, "Radical Nationalism in the British Protectorate of the Ionian Islands (1815 – 1864)", in Roderick Beaton and David Ricks, eds., *The Making of Modern Greece: Nationalism, Romanticism, and the Uses of the Past*, Farnham, UK: Ashgate, 2009, pp. 151 – 160.
78. Bathurst to Maitland, 2 December 1815, TNA, CO 136/300.
79. Ibid..
80. Frere to Castlereagh, 24 May 1817, TNA, CO 136/300.
81. Ibid..
82. Frere to Castlereagh, 9 June 1817, TNA, CO 136/300. 在信中,弗里尔坚持要求要有证据支持对海盗罪的指控,而且这些证据要向他提交。
83. Knox, "British Policy and the Ionian Islands, 1847 – 1864: Nationalism and Imperial Administration"; Calligas, "Radical Nationalism in the British Protectorate of the Ionian Islands (1815 – 1864)".
84. Count Cladan to Bathurst, 17 October 1816, TNA, CO 136/300; Bunberry to Count Cladan, 30 August 1816, TNA, CO 136/300.
85. Ibid..
86. Bathurst to Maitland, 3 February 1820, TNA, CO 136/304.
87. Bathurst to Capodistria, 19 February 1820, TNA, CO 136/304.
88. Bathurst to Maitland, 6 June 1820, TNA, CO 136/304.
89. "Ionian Islands, Conduct of Sir Thomas Maitland", 7 June 1821, in Parliamentary Debates, new ser., Vol. 5, London, T. C. Hansard, 1822, pp. 1149, 1132.
90. See Maria Paschalidi, "*Constructing Ionian Identities: The Ionian Islands in British Official Discourses*, 1815 – 1864", PhD thesis, University College London, 2009, p. 114.
91. Douglas to Glenelg, 19 June 1835, TNA, CO 136/75; Douglas to Glenelg, 8 July 1835, TNA, CO 136/75.
92. Glenelg to Douglas, 9 September 1835, TNA, CO 136/75.
93. Douglas to Glenelg, 2 October 1835, TNA, CO 136/75.
94. Kirkpatrick and Blair to Glenelg, 30 September 1835, TNA, CO 136/75.

95. Douglas to Glenelg,2 October 1835,TNA,CO 136/75.

96. 柯克帕特里克和布莱尔的反对被视为“不仅仅是一件令人恼怒的小事”,这部分是因为帝国官员们急于将其他新法典(包括一部新的戒严法)推行到位。人们预期这部戒严法能够对不断增多的骚乱进行回应。伦敦方面希望采纳英国会晤议案和战争条款作为爱奥尼亚的戒严法,议会议员们则踌躇不前,并表明他们对于法典中允许对士兵施以鞭刑尤其感到担忧。英国相关人士担心,对英国士兵和爱奥尼亚士兵实施不同的法律势必将导致一种后果,就是在同样情况下服役的士兵可能受到不同的惩罚。相关讨论促使立法议会主席提醒高级专员注意“英国法并非永恒不变”,并且它作为统一框架的合法性并非是所有人曾经或者应当认同的目标。President of Legislative Assembly to Douglas,28 November 1835,TNA,CO 136/75.

97. Douglas to Glenelg,23 August 1837,TNA,CO 136/75.

98. Douglas to Glenelg,22 June 1838,TNA,CO 136/88.

99. Douglas to Glenelg,21 June 1838,TNA,CO 136/88. 道格拉斯注意到“明确性的欠缺”,还扩及爱奥尼亚人是否能够签署他们自己的商事协定的问题,这个问题对于岛上的贸易商而言十分重要。(Ibid.)商业问题还提出了其他挑战。随着葡萄和葡萄干的价格一落千丈,“极度悲观情绪”在葡萄种植区域蔓延,农民们在1843年签署了一项请愿书请求英国政府减轻从凯法利尼亚、坦特和伊萨卡进口葡萄干的税负。参见 Senator for Laute to Seaton,4 May 1843,TNA,CO 136/120。支持者声称这一特权将对群岛与英国的关系增添某些价值。虽然提案最后被伦敦粗暴否决,但就在这一提案被提请考虑的那几个月里,传来了一些凯法利尼亚暴乱的消息,英国官员们将这些暴乱行为归咎于农作物的低价以及农民无法向地主偿还债务。参见 Ward to Grey,4 June 1849,TNA,CO 136/131。

100. Ward to Grey,4 June 1849,TNA,CO 136/131.

101. Ward to Grey,20 June 1849,TNA,CO 136/131.

102. Ward to Grey,9 July 1849,TNA,CO 136/131.

103. Grey to Ward,13 August 1849,TNA,CO 136/131. 当凯法利尼亚的一起突发暴力事件导致一位英国舰长身亡时,沃德特赦了参与暴乱的群众,但那些对于这起命案真正负有责任的人不在此列。

104. Ibid.. 沃德明确注意到,“1848年席卷欧洲的兴奋情绪”可能对群岛也产生了影响,他继续维持一种不同于当局此前的柔和手段。Ward to Grey,3 August 1849,TNA,CO 136/131. 这一份宁静随着1849年8月凯法利尼亚的暴动而消失殆尽。

105. Ward to Grey,1 September 1849,TNA,CO 136/132.

106. Ibid..

107. Compare Ward to Grey,4 June 1849,TNA CO 136/131.

108. Ward to president of the Senate,8 October 1849,TNA CO 136/132;Ward to Grey,19 October 1848,TNA,CO 136/132.

109. Ward to Grey,4 June 1849,TNA,CO 136/131.

110. Charles Fitzroy, Letters Showing the Anomalous Political and Financial Condition of the Ionian Islands(London,James Ridgway,1850),iii. 参见本书第三章有关调查委员会的论述。

111. Viscount Parlmerston to Sir Edmund Lyons,19 July 1847,in Correspondence Respecting the Demands Made upon the Greek Government(hereafter cited as CRD);Respecting the Islands of Cervi and Sapienza(London,Harrison and Son,1850),p. 55. 利用这一机会,帕西菲科还提出了另一起针对希腊政府的申诉,该案涉及的是土地纠纷——帕西菲科的一片土地被征收用于相邻的皇家花园。英国代表将这一诉求也添入帕西菲科的赔偿请求清单。Sir Edmund Lyons to M. Glarakis,22 November 1847,in CRD,p. 93 – 94. 将本案置于东地中海地区犹太人的政治环境背景中进行分析的研究,参见 K. E. Fleming,*Greece:A Jewish History*,Princeton:Princeton University Press,2008,pp. 24 – 31。

112. M. Glarakis to Sir Edmund Lyons,Athens,27 December/January 8 1848;and M. Colocotronis to Sir Edmund Lyons,Athens,16/28 July 1848,in CRD,96,136.

113. Colocotronis to Sir Edmund Lyons,Athens,16/28 July 1848,in CRD,18.

114. Viscount Palmerston to Sir Edmund Lyons,Foreign Office,December 16 1846,in CRD,186.

115. Sir Edmund Lyons to Viscount Palmerston,Athens,April 9 1847,in CRD,190.

116. Consul Crowe to Sir Edmund Lyons,Patras,July 29 1846,in CRD,197.

117. Consul Wood to Sir Edmund Lyons,Patras,May 31 1847,in CRD,239.

118. Petition of Forty Ionian Residents at Patras to Consul Wood,in CRD,246.

119. Deposition of A. Sigouros, Deposition of N. Sigouros, Deposition of L. Markesini,in CRD,258 – 267.

120. M. Coletti to Sir Edmund Lyons,Athens,2 October 1847,in CRD,269.

121. 例如参见 Laurence Fenton,*Palmerston and The Times:Foreign Policy,the*

Press and Public Opinion, London, I. B. Tauris, 2012, pp. 108 - 111; David Brown, *Palmerston and the Politics of Foreign Policy*, 1846 - 1855, Manchester, Manchester University Press, 2002, pp. 101 - 111。关于东地中海地区犹太人(包括爱奥尼亚犹太人)的地位问题,参见 Fleming, *Greece: A Jewish History*, pp. 23 - 27。

122. "Speech by Palmerston on the Affairs of Greece", 25 June 1850, in Joseph H. Park, ed., *British Prime Ministers of the Nineteenth Century: Policies and Speeches*, New York, NYU Press, 1916, p. 155.

123. Ibid., p. 159.

第五章　整顿海洋秩序

CHAPTER FIVE
ORDERING THE OCEANS

1822年10月，英国皇家海军“昔兰尼号”(*Cyrene*)舰长帕西·格雷斯(Percy Grace)率领其船员在西非塞拉利昂自由殖民地南部的加利纳斯河河口执行伏击任务。当地的统治者斯雅卡(Siaca)国王涉足奴隶贸易已久，而格雷斯收到的情报显示，当时有两艘船正停靠在港口内准备运送奴隶。其中一艘“奥罗拉号”(*Aurara*)悬挂荷兰旗帜，而另一艘“海博利特号”(*Hypolite*)悬挂的似乎是法国国旗。据格雷斯称，这两艘船上的船员属于“一群以令人憎恶的贩奴贸易为生的恶棍……而距离他们大概一百英里之外，就有一个以取缔奴隶贸易为唯一使命的政府”。[1]虽然在这两艘船驶离河口的时候，格雷斯并没有在船上发现奴隶，但他仍然下令俘获了这两艘船，并派遣一支登陆部队对沿岸的贸易据点发动了攻击。“这两艘船上的绝大部分船员”伙同一些“当地人”奋起抗击英国入侵者,但格雷斯一方最终取得了胜利。[2]在占领据点之后,他们"处死了负隅顽抗者,并将该据点和房屋付之一炬"。[3]随后,格雷斯向斯雅卡国王索要180名奴隶。他的理由是,"奥罗拉号"上的奴隶肯定是在国王的合谋下被秘密地藏匿于沿岸地带,因此一船奴隶是他应得的奖励。

二十年后,在地球的另一端,英国皇家海军"迪度号"(*Dido*)舰长凯珀尔(Keppel)袭击了位于西婆罗洲多条河流沿岸的一系列村庄。[4]凯珀尔于1843年被派遣至婆罗洲,其使命是"打击来自不同族群的海盗……这些海盗长期以来骚扰这片海岸,对贸易造成了极大妨碍,并且每天都制造灭绝人寰的恐怖事件"。[5]一年之后他重返该地区,并带来了东印度公司的一艘蒸汽轮船——"地狱火河号"(*Phelgethon*)。"迪度号"与"地狱火河号"沿着斯科朗河往上游开进了100英里,沿途对达雅克人(Dyaks)的"海盗"要塞和村庄实施了毁灭性打击。根据凯珀尔本人的报告,他们袭击了沙伊布(Sahib)酋长的"私人财产以及大量的军火物资",摧毁了"200多艘船"。他们还焚毁了穆拉克(Mulak)酋长的城镇。随后,他们又掉转船头去对付"斯科朗的达雅克人——婆罗洲最顽固的海盗和最残忍的野蛮人",这些达雅克人号称麾下有"多达10,000名战士"。在一场混战中,英国军队屠杀了数百名"海盗",因为"给予宽恕或接受投降是毫无意义的"。[6]

在大英帝国的强权统治时期,海盗和贩奴商是两类众所周知的恶棍。在这一时期的历史档案中,关于英勇的海军舰长们以维护海洋和平为名攻击其他船只或发动小规模战争的记载随处可见。这些事迹在一定程度上表明英国海军的实力在拿破仑战争之后已登上了全球巅峰，当时的英国海军规模过于庞大，急需找一些事情来做。[7]在海军军官之中，许多人自视甚高，而更多的人在半个世纪的战争中已习惯于通过俘获敌对或中立船只来获取赏金，但是现在，他们都开始热衷于对海盗和贩奴商实施管控。[8]他们的故事充满了异乎寻常的暴力细节。正如对康提的入侵一样，格雷斯和凯珀尔的远征提醒我们，英国之所以能够在世界范围内扩大影响力以及巩固霸权地位，凭借的是武力——即便该武力受到法律的制约。[9]

在世界各个不同地区，英国的海军实力成为构建新的海洋管辖权的关键。英国编织的双边条约网络授权海军在大西洋的部分区域抓捕某些贩奴商，并设立混合委员会对俘虏进行审判。通过海军的执法行动以及混合委员会的审判，约有 80,000 ~ 160,000 名奴隶获得了解放。他们还与数以千计的被解放奴隶签订了长期契约，从而使这些奴隶为捕获者及其辅助代理人的商业网络创造利润。[10]在 19 世纪，英国海军在此项事业上的花费超过了其他任何项目。[11]到了 1860 年，大西洋区域的奴隶贸易实现了断崖式的萎缩。大约同一时期，在从波斯湾到东南亚海域的那些风格迥异的区域内，英国海军打着扼制海盗的旗号，以新的热情沿着海岸线巡逻，并对航海部落发动攻击。得益于逐一达成的帝国间合作以及蒸汽轮机技术的应用，19 世纪中叶海上劫掠行为数量大幅减少。到了1856年,“必须对海上暴力行为控制”这一不断扩大的共识亦催生了一项关于禁止私掠(privateering)的多边协议。[12]

历史学家们曾试图将上述趋势解释为19世纪一项广泛的国际秩序构建进程的一部分。某些历史学家们还将追捕贩奴商和打击海盗的举动视为强权国家为了对非国家暴力行为定罪而开展的协调行动的一部分,同时也是国家间体系的关键。[13]还有一些学者主张,对于贩奴商和海盗的打击确立了一项国际法原则,该原则承认国家为保护不法暴力行为的受害者,有实施干预的权利和责任,而这在事实上标志着人权法的开端。[14]后一种观点认为那些对贩奴船上的被俘者进行审判的混合委员会实际上代表着国际法庭,并强调英国的废奴主义者试图将奴隶贸易等同于海盗行为,从而将废奴运动与一种可以追溯到16世纪晚期的自然法框架联系起来——当时的阿尔贝里科·贞提利(Alberico Gentili)将海盗称为“人类公敌”(hostes humanis generis)。

本章将提出一种不同的解释。我们承认,19世纪早期实行海上禁令制度的努力标志着全球法律秩序构建进入一个重要阶段,但这一论断并非基于人们通常所认为的理由。按照英国律师和法官们的理解,无论是废奴运动还是打击海盗的努力,皆非明确地源自万国法。事实上,他们极力反对将海军整顿大洋秩序的计划与关于普世罪行或普世权利的讨论相提并论。从19世纪早期到19世纪中叶的整顿大洋秩序的努力以及英国在这一进程中所起的作用之所以意义重大,恰恰是因为它们是在缺乏获得广泛认同的法律原则的情况下产生的,并且它们还打造了一个以双边条约、国内法、海事法以及外交谈判的拙劣组合为核心的雄心勃勃的计划。由此创设的海上禁令制度注定以区域为中心并呈现出碎片化,同时它们始终依赖于帝国官僚政治以及帝国间的合作。这些杂乱无序的起源使区域性禁令制度比全球性法律现象更为有趣。它们揭示了帝国法律和政治实体间法律的复杂互动,而这一互动持续地勾画着国际秩序的特征——依然以含糊不清的国际法原则为基础,并且深受霸权国家国内法律策略的影响。

禁止奴隶贸易毫无疑问是一项复杂的工作。其管辖权依据来源于条约以及英国海事法,而其成功与否则取决于国内的悬赏立法——此类法律规定对成功俘获贩奴船的海军船员进行经济奖赏。混合委员会程序系由战时捕获法发展而来,并通过一系列漏洞百出的双边条约作了改良。由此产生的规制体系无论在程序上还是意识形态上都契合了关于对奴隶贸易定罪或关于奴隶福祉的普遍吁求。英国人对于混合委员会之局限性的讨论进一步促成了其与人权讨论的脱钩。英国的法律官员和法官们有时候会将海军抓捕船只的权利限定得比缔约伙伴更为狭窄,而这些缔约伙伴均从奴隶贸易中获利,并对英国的海上管辖权心存忌妒。随着英国外交部和海军越来越无视葡萄牙和巴西提出的关于英国的海上执法行为违反国际法的指控,英国的法律官员、法庭以及某些委员会就成为对英国海军的唯一有效制约。

英国关于海上执法的法律讨论越来越不受外界的影响,

但这一特性并不意味着混合委员会体制仅仅是一项帝国工程。尽管直到19世纪中叶为止,英国海军几乎是规制奴隶贸易的唯一力量,但是要终结奴隶贸易,却需要(并且人们也一直认为需要)国内司法管辖权的非对等合作。并非所有国家都认为奴隶贸易非法,囿于这一事实,英国的法官和废奴主义者们无法根据已有的国际法规范提出更宽泛的诉求。同时,由于混合委员会缺乏刑事管辖权,如果要对贩奴商科以金钱之外的处罚,就必须依赖国内当局,但是在包括英国在内的多数地区,此种刑事处罚得以成立的可能性仍然令人怀疑。因此毫不令人惊讶的是,直到巴西这个世界上最大的奴隶贸易市场通过其国内立法对贩奴商实施管控之后,19世纪的大西洋奴隶贸易才得以终结。

那些将废止奴隶贸易的故事塑造成一部有关人权起源的叙事的历史学家们作出了一个奇怪的选择,即把“当时的人们将奴隶贸易与海盗行为相提并论”这一事实作为支持其论点的部分证据。19世纪各国对海盗的管辖权其实只是一种粗略的拼凑。一直以来,尽管某些法学家们认为,将海盗行为视作一项针对全人类的犯罪早已成为共识,据此可以确立对海盗行为的普遍管辖权,然而对于外国海盗劫掠外国船只的行为,英国的殖民地法院却极不愿意行使管辖权。上述法院在对从事海盗行为的英国臣民进行审判时,无须在英国法之外寻找依据;同时,它们还可以援引其他法律框架(包括自卫权和战争法)中的规定,来为针对那些袭击英国船只的外国人的暴力反击提供法律依据。透过英国在东南亚海盗问题上的政策,我们试图说明:即便殖民地法院尝试通过起诉外国海盗来扩张管辖权,他们也会发现自己无法有效地应对各地劫掠文化的多样性,以及其他帝国、小型政治实体、权威人士、殖民地官员和海军军官在讨论海盗问题时话风的多变性。虽然对海盗行为的管辖权存在不确定性,但是打击海盗所能获得的回报却是确定的。《1825 年海盗法案》提供了一项宽泛的承诺,只要海军船员们在陆上或海上击杀海盗,就可以获得巨额奖赏,而击杀海盗的过程几乎不受任何监督或限制。凯珀尔在婆罗洲的河流上发动攻击所引发的争议,充分显示了国内法在构建海洋秩序中的中心地位,同时也显示出国内法在规制海盗方面的失败。

与废奴运动相类似,打击海盗所依据的法律框架模糊不清,这为富有进取心的英国代理人和海军官员们通过实际行动影响政策走向提供了机会。模糊的法律体系对于使用暴力持放任态度。正如我们在东南亚所看到的那样,即便是对于外国领土的攻击,都能够被曲解为针对海盗的合法防范措施。与废奴运动相类似的另一点是,对海盗管辖权问题上的限制推动了人们增强大英帝国之权威的努力。诸多法庭和委员会都寻求各种方法来为管辖权的扩张提供依据,而地方权威人士也呼吁通过签订双边条约来为打击海盗行动提供授权。由此导致的结果就是产生了一系列杂乱无章的区域性法律方案,它们反映了海军的实力,同时也在外交部引发了关于帝国的宪法性评论、议会政治以及漏洞百出的谋划。

我们并不认为整顿海洋秩序可以被归结为一项狭隘的

追求自利的英国政策——一项只不过被伪装成打击贩奴商或海盗的人道主义运动的政策。我们也无意将英国对贩奴商或海盗的谴责都视为“廉价的空谈”。[15]我们认为,无论是对奴隶贸易的管控,还是对海盗的打击,都既未援引也未催生清晰明确的国际规范。[16]相反,英国所主导的海洋秩序更类似于一种区域性的法律拼图,它在匆忙之间被拼凑而成,并长期处于内外压力之下。这一类比揭示了在海上对他人进行规制是怎样的一种尝试性努力。同时它也提醒我们注意19 世纪晚期和 20 世纪国际法体系化过程中出现的微妙变化。归根结底,我们在这里所讲述的故事看起来更类似于在现代国家体系(其中包括一个地位不稳固的霸权国)中展开的一场关于管辖权政治的对话,而非赤裸裸的帝国主义或国际法学说的起源。对于英国的律师和政策制定者们来说更是如此,他们透过英国国内立法、法律学说、司法程序、英国与其他政治实体间的约定,以及海上执法的后勤压力等因素带来的重重限制,煞费苦心地对帝国边缘地带的管辖权提出构想。

第一节　抓捕贩奴船

事实上,英国海军对外国贩奴船实施抓捕的权利确实源自一种与国际法极为相似的规范，即近代早期的战时搜查与捕获法。拿破仑战争对于废奴主义者来说是一个福音，这从以下事实中能得到清楚地展现：就主张扩大英国对与法国和西班牙殖民地进行贸易的中立船只实施抓捕的权利而言，詹姆士·斯蒂芬是最有成效的倡导者之一，他的作品也流传最广。[17]英国和法国的政策制定者们拜读了斯蒂芬于1805年出版的《伪装的战争》(*War in Disguise*)一书，并将其视为赢取战争的法律策略，但该书同时也为海军舰长们打击外国奴隶贸易提供了途径和激励。1815年之前，在大西洋上被海军捕获的外国贩奴船通常与其他战利品一起被售卖，而出售船只和船上的奴隶所得的利润则在海军船员与殖民地法庭官员之间进行分配。虽然英国海军新的战时权力极大地扩张了英国海事法院的管辖范围，但它并未打破"奴隶属于人形财产"这一观念，也并不意味着"贩卖奴隶是一种普世罪行"。[18]

1817年，高等海事法院大法官威廉·斯科特(William Scott)，即斯托维尔(Stowell)勋爵向英国海军解释道，在拿破仑战争结束之后，海军已无权抓捕外国贩奴船。在此过程中，他对战时奴隶贸易管控的思想前提作了非常清楚的阐述。斯托维尔认为，在和平时期，英国海军只能对海盗船实施抓捕——尽管我们可以看到，英国法庭在对海盗行使管辖权时也充满了试探性。他认为贩奴商并非海盗。虽然"人们狂热地认为……奴隶贸易刺痛了这个国家众多聪明人士的大脑"，但斯托维尔提醒法庭注意，"据我推断，没有任何律师会鲁莽到仅凭当事人从事奴隶贸易这一事实而对其提起海盗罪指控”。[19]如果奴隶贸易不属于海盗行为,那么它也不构成万国法意义下的罪行,“无论是在普遍的、古老的、公认的实践中,还是在条约以及文明国家之法律、条例和正式交往的一般过程中,这一点都已得到了确立和证明”。[20]与此同时,英国皇家海军亦无权实施外国刑法。即便法国禁止法国人从事奴隶贸易,英国也不能抓捕法国的贩奴船并将其船员遣返回国接受审判。对英国海军而言,英国关于禁止奴隶贸易的国内法不能约束外国人,除非是相关行为发生于英国领水之内的某些情形下。

条约体系取代了战争,成为英国对大西洋地区的贩奴商进行管控的管辖权基础,但这一发展只是强化了斯托维尔关于奴隶贸易的定论。从1817年起,英国与一些贫困的欧洲国家和其他一些零散的国家缔结了双边协定,在一定程度上重新确立了战时搜查和捕获法。为了从英国获得数量可观的贷款,作为交换条件,包括西班牙、葡萄牙、荷兰以及(1825年独立之后的)巴西在内的数十个国家都与英国签订了废奴条约。缔约方同意:在将来的某个(未必固定的)时刻通过国内法宣告奴隶贸易为非法或者部分非法;相互交换有限的搜查和捕获权;并且在英国和外国领土上设立一系列混合委员会,由其根据条约来决定被俘获的贩奴船是否应被定罪。条约条款要求大多数国家在未来的某个时刻将奴隶贸易入罪,在斯托维尔看来,这一事实恰恰证明了对奴隶贸易的管辖权并非源自公认的法律规范。[21]

这一条约体系本身在大西洋区域确立了一种非常有限

的管辖权。1840 年之前签署的绝大多数条约规定,只有当被捕获的贩奴船上装载有奴隶时,混合委员会才能对其定罪。[22] 同时条约也不允许海军对已进入他国领水的船只进行拦截。[23]就 1823 年格雷斯船长在加利纳斯河的军事行动而言,以上问题只是其面临的众多法律难题中的两个。由于对奴隶贸易的管控以双边条约为基础,英国官员们不时被以下问题所困扰:英国海军是否以及在何种情况下有权登临或抓捕悬挂非缔约方国旗的船只——这也构成了格雷斯的突袭行动所面临的又一个问题。格雷斯所俘获的其中一艘船,以及被其手下处决的奴隶主,似乎都是法国籍。然而在英法实现和平之后的十五年间,法国从未与英国交换过海上搜查和捕获权,而且即使在当时,法国仍然坚持法国贩奴商应当在法国法庭受审。美国游离于该体系之外的时间更长,其对于英国海军的咄咄逼人也更加心存戒备,以至于为了美国的"布里格·琼斯号"(*Brig Jones*)船长应获赔偿一事,美国抗议了足足五年——尽管该船是根据英国的《废奴法案》在英国领水内被捕获的。耐人寻味的是,英国最终支付了这笔赔偿。[24]

然而,1815 年和 1817 年英国与葡萄牙签订的两个公约,却打开了该体系最重要的缺口。这两个公约允许贩奴商根据葡萄牙殖民地发放的许可,在"南纬 5 度 12 分到南纬 8 度"之间的海域从事奴隶贸易。在这两条覆盖了世界上最繁忙的奴隶贸易港口的纬线之间,海军和混合委员会均无权对葡萄牙贩奴船实施抓捕或予以定罪。甚至直到 1825 年巴西独立之后,这个管辖权漏洞依然存在——尽管葡萄牙承诺只对目的地为其殖民地的奴隶贸易发放许可。[25]最新的统计数据表明,在1825~1850年,被运抵巴西的奴隶多达130万人之众,而其中的绝大多数都是通过享有葡萄牙式豁免的船只运送的。[26]

这一体系的拼凑性明显反映出在制定有关奴隶贸易的国际规范问题上之英国权力的局限性,但是漏洞的产生还有其他原因。某些思想观念和程序方面的漏洞源自英国的捕获法,而该法是由斯托维尔本人于18世纪晚期通过英国海事法院发展起来的。[27]这一法律体系在没有经过多少修改的情况下就被移植到了混合委员会体系中。在英国起草的规章中,混合委员会被授予了"所有中级海事法院"都享有的"执行任何传唤、命令及规范"的权力。[28]该法庭(混合委员会)拥有一份"一般讯问清单",其中列举了经王室法律顾问批准的21个问题,并借鉴了拿破仑战争期间捕获法庭所使用的一份在帝国内广为流传的更长的讯问清单。[29]混合委员会也收到了程序性的指南,这些指南中充斥着"尽可能从高等海事法院程序中照搬"的表格,以及从示范性海事审判程序中照搬的捕获者声明模板、宣誓证词、会议记录、传票、指控、索赔及判决文书等。[30]为了使其更加"易于理解",这些表格已经提前按照一起虚构的葡萄牙贩奴船被捕事件填好了细节,这艘虚构的贩奴船被英国皇家海军军舰"康菲昂号"(*Confiance*)所捕获,并被押至塞拉利昂。[31]

这种赤裸裸的法律帝国主义招致了许多缔约伙伴的强烈不满。在南美洲的苏里南,英国—荷兰委员会的荷兰籍委员们一开始就拒绝采用"英国的实践模式";巴西的媒体也一再将该体系描述为英国针对巴西主权的图谋。[32] 虽然对奴隶贸易的管控事实上由英国主导,但这并无助益。英国海军实施了 95% 以上的抓捕行动,[33] 其中 85% 的捕获案件在英国殖民地塞拉利昂开庭审理,那里的环境恶劣,再加上外国委员更替过程中的拖沓,使其中的大多数案件都由英国籍委员自行裁决。[34] 英国—西班牙混合委员会 1838 年在塞拉利昂所作的一份关于认定"迪里杰特号"(*Diligente*)有罪的裁决,揭示了某些英籍委员带入审判程序的沙文主义。在该案中,混合委员会的英国法官宣称:"时至今日,如果在这一问题上还要援引格劳秀斯、普芬多夫、瓦泰尔等人的观点,那么将会显得幼稚可笑,因为即便是这些人中距离我们时代最近的那一位,在其进行创作的年代,欧洲国家之间的通商往来也仍然处于襁褓之中……相反,我们非常乐意参考高等海事法院威廉·斯科特爵士所作的判决。"[35]

在这里,法律帝国主义固然显露无遗,但此种海事法院派生体系最为明显的特点在于它既没有能力推动"人道主义"法律改革,也甚少以此自我标榜。相较于为被解救的奴隶提供保护,英国捕获法更为关注财产性权利的判定。这一关注点所带来的影响在该管制体系的各个层面都展露无遗。最为直接的一个例子是:根据捕获法的规定,在混合委员会决定是否对被捕船只及其货物定罪之前,奴隶作为一种财产应当为其主人的利益而被妥善保管,并优先关押于涉事的船舱内。这种做法有时候会导致令人震惊的奴隶死亡率。其中最为臭名昭著的一起事例是,在1833年年底至1834年年中,“玛利亚·格洛丽亚号”(*Maria da Gloria*)被跨洋押解至里约热内卢和塞拉利昂分别接受英国—巴西委员会和英国—葡萄牙委员会的审讯,在穿越大西洋的过程中,有多达110名奴隶儿童惨死于“玛利亚·格洛丽亚号”的船舱内。[36]

如果我们考察一下1807年之后英国海事法院是如何借鉴殖民地法院的国内废奴实践的,那么以捕获法为基础的体系在思想意识方面的局限性将变得更为明显。《1807年法案》对贩奴商并没有规定刑事制裁,直至四年之后,《奴隶贸易重罪法案》才加入了刑事制裁。即便在那时,也只有少数贩奴商受到了审判,而且通常对他们进行定罪都非常困难。[37]此外,在被海事法院解救的奴隶分配问题上广泛存在的腐败也一再地表明:激进的废奴主义者所想象的废奴运动与殖民地实践中的废奴运动之间存在巨大的反差。在1807年之后的几十年间,所有被解放的奴隶都被迫签订了长期服务契约,而他们当中的相当一部分又被诱骗进入了奴隶的行列。[38]相比于惩罚贩奴商或保护奴隶,英国的国内奴隶贸易管制体系在强化帝国对殖民地法律体系的监督方面所发挥的作用更为出色。[39]而英国的法律影响力又将这些反差带入了双边的委员会体系之中。

对于帝国主导下的国际海洋秩序应当如何发挥作用以及能够如何发挥作用的现实构想,也在混合委员会体系的拼凑性特征中得到了体现。雄心勃勃的海军舰长、外交部官员以及王室法律顾问之间的对话表明,至少律师们是将海洋秩序设想为相互合作的国内管辖权所构成的一个混合体。依据这一观点，只有通过各国国内法的改革和实施，才能最终实现废除奴隶贸易的目标。从格雷斯在加利纳斯河发动攻击一直到19世纪中叶的这段时期内，此种带有局限性的构想为法律官员们撰写的数以千计的意见提供了支撑。这些意见都旨在限制而非扩大英国海军及混合委员会的管辖权。

缔约伙伴对于英国海军违反条约条款的强烈抗议引发了外交部时不时地质询混合委员会，而作为对此质询的回应，英国的法律官员们极力确保混合委员会缺乏维持正常的审判程序所必需的关键性权力。例如，直到19世纪30年代中期，在一个更为好战的英国外交部试图通过缔结条约急剧扩大英国对奴隶贸易的管制权之前，英国法律官员们一直坚持混合委员会无权惩治伪证行为，因为它并不像普通的法庭那样拥有对证人蔑视法庭行为提起指控的一般管辖权。王室法律顾问克里斯托弗·罗宾逊（Christopher Robinson）在1826年曾表达过这样的期望：如果当事方的证据无法被委员会采信，那么“对其进行轻微训诫就足够了”。[40]基于类似的原因，王室法律顾问们认为在案件被裁决之后，无论是海军还是委员会都无权扣留贩奴商。因为该体系并未包含引渡机制。[41]事实上，法律官员们还臆测，即便是一个英国臣民的贩奴船被宣判有罪，该英国臣民也不能被混合委员会扣留。由于混合委员会的委员们并不具有任何英国法下的治安法官或高级法官身份，因此他们收集的证据无法支持签发拘捕令，也不能被英国法庭所采纳。[42]

英国法律官员们极不愿意授予委员会任何不必要的拘禁权,这一点有时候甚至令英国的缔约伙伴也感到吃惊。在1830年和1831年,几名西班牙船员攻击并杀害了试图登临他们船只的英国海军军官。西班牙官方默示同意在条约缔约各方达成最佳处理方案之前,暂时将船员关押在殖民地监狱。然而英国法律官员却坚持认为,英国殖民地法庭无权对西班牙船员的暴力行为进行审判,同时英国监狱也不能为了将这些船员移交给西班牙而对他们进行暂时关押。[43]

法律官员们有关拘禁的观点备受争议,而且也经常被忽视。到了19世纪30年代晚期,外交部以及海军无视《英国—葡萄牙条约》的规定以及斯托维尔勋爵在“路易斯号”(*Le Louis*)案中确立的原则,决意扣押在葡萄牙划定海域之内抓获的葡萄牙贩奴商,以便将他们移交给里斯本进行审判。[44]1838年,在一位贩奴商曼努埃尔·巴博萨(Manuel Barboza)的案件被英国—巴西委员会驳回之后,英国海军不顾法律官员们长期以来坚持的那些观点,也不顾来自葡萄牙各级政府的抗议,仍然将此人关押(绑着锁链关押在他自己的漏水船舱之中)长达八个月之久。直到英国高等法院签发一项人身保护令之后,曼努埃尔·巴博萨才得以获释。[45]

更能够说明问题的是,对于外交部将奴隶贸易和海盗行为一并纳入国际法规制的外交努力,英国的法律官员和法官们极不愿意提供协助。英国法在1818年就将奴隶贸易等同于海盗行为。[46]从1826年起,在英国缔结的有关奴隶贸易的双边条约中,缔约方都承诺将在国内刑法中把奴隶贸易认定为海盗行为。紧跟着废奴主义者的步伐,诸如亨利·惠顿之类的法学家们也认为,奴隶贸易或许跟海盗行为一样都构成"反人类罪",从而在国际法中足以确立针对贩奴商的刑事制裁。[47]然而在英国法官和法律官员们看来,无论是条约的具体条款,还是有关新国际习惯的理论推断,均未扩大海军、混合委员会或者英国法庭的管辖权。斯托维尔 1817 年在"路易斯号"案中拒绝将贩奴商称作海盗,为此事定下了基调。但是直到 19 世纪中叶,法官和法律官员们都坚持主张:有关海盗的国内立法并未赋予英国海军在条约体系下抓捕外国贩奴船的任何新权力。1839 年,在里约热内卢,英国—巴西委员会的法官及仲裁员提出下列疑问:根据《1826 年英国—巴西条约》中的海盗条款以及巴西的国内刑法,英国海军是否有权抓捕为从事奴隶贸易而配备的巴西船只?委员会成员杰克逊(Jackson)和格里格(Grigg)主张,对于英国海军抓捕那些空载的贩奴船的行为,巴西宣布将奴隶贸易认定为海盗,表明其已经放弃了反对的权利。然而王室法律顾问们并不认同上述观点。当外交部施压要求他们澄清时,他们退而表示,如果巴西对 1826 年公约中海盗条款的此种解释"予以默认"的话,海军就能对空载的贩奴船行使管辖权。[48]但实际情况是,巴西并没有做出此种默认。[49]

法律官员和法官们还坚持认为,即使在事实确凿的情况下,英国法庭也不能将外国的贩奴商作为海盗进行审理。[50]1845 年,英国高等法院上诉法庭在一起上诉案件中裁定:即便外国贩奴商在海上杀害了英国海军士兵,也不构成一项犯罪。该案涉及巴西贩奴船"回声号"(*Echo*)和"费里西达德号"(*Felicidade*)上的船员,他们原本被关押在"费里西达德号"的船舱内,后来他们联合起来杀害了控制该船的英国海军士兵。[51]这些船员随后再一次被抓获,并被埃克塞特巡回法庭判处海盗罪。在一项备受争议的裁定中,英国高等法院推翻了这一有罪判决。这里的问题在于,虽然这两艘船都属于条约缔约方,但它们是在有争议的情况下被捕获的:首先,"费里西达德号"当时并未搭载奴隶;其次,据囚犯们称,"回声号"是被英国水手所操控的"费里西达德号"捕获的——而后者并不属于英国海军的现役军舰。该案最终指向了这样一个问题,即在未经条约授权的情形下被扣押的实施了谋杀行为的贩奴商,根据英国法能否以海盗罪受审。

在反对意见中,只有普拉特(Pratt)大法官主张贩奴商的暴动构成了万国法下的海盗罪。他认为即便海军的搜查和抓捕行动是错误的,那也是基于双边条约(在本案中即《1826年英国—巴西条约》)的授权。如果要对错误的抓捕进行抵制,唯一可行的法律手段就是在英国—巴西混合委员会挑战该行为的合法性。[52]英国高等法院首席大法官登曼(Denman)勋爵认为,即便在没有条约的情况下,任何根据海军部的指令被捕获的外国船只也应当受英国国内法的管辖。因此,外国囚犯们的暴力叛乱构成了国内法上的海盗行为,亦即一项刑事犯罪。[53]英国高等法院的多数法官并不同意普拉特和登曼的观点,他们认为,无论是奴隶贸易,还是对英国海军的搜查和抓捕行动的暴力抵抗，均不构成万国法下的海盗行为。[54]法官们进一步宣称，英国国内法并不适用于外国贩奴船上的船员——即便英国已经根据奴隶贸易条约或者海军部的指令对其实施了扣押。[55]当圣赫勒拿海事法庭于1846年在一起类似的案件中将一艘外国贩奴船上的船员认定为海盗时，王室律师多德森（Dodson）用浅显易懂的语言对该决定中涉及的分歧作了解释。虽然英国法院完全有权基于"一般万国法所界定的海盗行为"对外国人进行审判，但是为了逃避追捕而"……向英国臣民开火并杀害他们""并不构成一般万国法下的海盗行为"。[56]

不过，法律官员们的观点和诸如"费里西达德号"之类案件的实际影响力有可能被过分夸大了。在混合委员会受审的大多数贩奴船终究还是被定罪了。[57]此外，正如1823年格雷斯在加利纳斯河的激进行动所展示的那样，法律官员们对条约规则所作的解读不断遭到了来自海军的强劲挑战。在该事件中，尽管《英国—荷兰条约》明确规定只有对实际搭载奴隶的贩奴船只才能进行抓捕，但是非洲指挥站依然指令海军舰长们捕获了空载的贩奴船，并将之前已被弃于岸边的奴隶重新装回船上。对于上述指令的违法性，王室法律顾问克里斯托弗·罗宾逊抱怨了长达一年之久。尤其令他担忧的是上述指令有可能会鼓励海军过度使用暴力，即使在交战已经停止之后，格雷斯的手下依然对加利纳斯河岸边的非洲人、荷兰人和法国人展开了屠杀。罗宾逊指出，如果格雷斯的长官亨特（Hunter）中尉当时没有在卫生条件恶劣的非洲指挥站因公殉职的话,其处决外国贩奴商的行为很可能会受到“法律调查”。[58]除此之外,在该事件中,海军司令部授权格雷斯对属于非缔约国的外国领土上的一个定居点发动了攻击。这一行为构成了“对第三方领土权利的非法干预,而该第三方并不受只在条约中规定的强制性权力和授权的约束”。[59]然而在1823年,法律官员们的抗议对格雷斯几乎没有造成什么影响。尽管对“奥罗拉号”的抓捕行动疑点重重,英国—荷兰委员会仍然判处该船有罪。但耐人寻味的是,对于格雷斯缴获180名奴隶的“战果”,委员会拒绝向其支付赏金。[60]

如果说王室法律顾问们对于大西洋奴隶贸易管控的影响有可能被过分夸大的话,那么低估此种影响同样也是危险的。一旦法律官员们提出某种观点,那么外交部就必须对该观点予以回应,或公布或压制或提出质疑。大多数情况下,外交部都会支持并传达王室法律顾问的意见。而混合委员会通常(或许是不情愿地)也会执行法律官员们的决定。诸如格雷斯之类的人则通过各种手段不断地试探和推进该体系的边界,比如对外国领土上的据点发动攻击,或者在涉事船只被委员会的法官们释放后仍然将外国贩奴商囚禁长达数月之久。但归根结底,这些舰长们依然受制于法律官员们对条约规则的解释。首先,舰长们需要承担因非法捕获而得不到赏金的风险;其次,法律官员们的观点最终会在卷帙浩繁的海军指令中得到直接体现。[61]最终我们看到的是,在为大西洋奴隶贸易管控体系确立标准方面,英国国内的法律对话所起的作用要远远大于数以千计的抗议英国违反万国法的外交书信。

具有讽刺意味的是，两项极具法律帝国主义色彩的法案提供了最为重要的证据，证明对奴隶贸易的管制被律师和一些重要的政策制定者们构想成杂乱的国内法向大西洋的扩张。帕默斯顿勋爵的法案（1839）以及阿伯丁（Aberdeen）勋爵的法案（1845）曾分别试图向葡萄牙和巴西施压，迫使它们与英国缔结新的广泛性条约，以遏制巴西的奴隶贸易。上述法案授权英国海军在大西洋的任何地方捕获葡萄牙、巴西（以及在特定情况下）未悬挂船旗的贩奴船，并将他们“押解至英国高等海事法院或者女王陛下治下的任何中级海事法院受审”，就如同他们是“英国臣民的财产”那样。[62]1839 年法案在葡萄牙与英国签署了一项新条约之后即被废止，该新条约填补了 1815 年公约和 1817 年公约所留下的管辖权真空。相比之下，1845 年法案则试图迫使巴西政府通过国内法的实施来阻断奴隶贸易。这些法案最初服务于令人惊讶的国内管辖权的扩张，而不管国际法的规定如何。它们通过授权海军军官抓捕外国船只，使他们在外国管辖范围内不会以海盗罪被起诉。同时它们又授权英国法院依据英国法对外国船只进行审判和定罪。这一逻辑构成了 1850 年一份引人注目的简报的基础，在该简报中，法律官员们知会外交部和海军部：由于 1845 年法案“对于搜查、扣留和俘虏打着巴西旗帜或无国籍的贩奴商未作任何限制……因此上述执法行为既可以发生在巴西领水内的任何地方，也可以发生在公海上”。[63]在这里,英国议会的一项法案构成了行使执法管辖权的唯一依据,甚至在巴西主权领土范围内亦是如此。这些法案构成了一种奇特的帝国权力行使方式,但它们也发挥了其他的功效。通过侵入巴西领水,英国迫使巴西政府对其奴隶贸易法进行了彻底的改革。最终,并非大英帝国法律或处于萌芽期的国际法,而是巴西的国内法通过关闭最大的奴隶贸易市场来为大西洋地区的奴隶贸易画上了句号。[64]

第二节 作为“部分人之敌人”的海盗

为了更清晰地展示英国在推进新的国际法规范过程中的激进主义,我们或许会考虑在奴隶贸易的语境之外审视英国打击海盗的行为。但海盗问题同样也极易引发管辖权争议。[65]虽然海盗行为在国内法下毫无争议地被认为是一项刑事犯罪,英国官员们却以异常灵活的方式对该规定加以适用,为其旨在保护个人、团体及帝国利益的武力行动提供依据。与针对奴隶贸易的执法行动一样,海军打击海盗的权限可能来自管控特定水域的双边条约,也可能源于战争法或自卫原则,还有可能属于在帝国领土或其毗邻区域内行使的帝国治安日常维护权的一部分。不过上述所有依据均无法很好地契合现实，因此亟待创新。尽管存在诸多使用“海盗”这一标签的动机，但海军舰长们或其他人很少使用该标签来主张不受国内法律限制的行动自由。[66]无论有效与否，针对海盗的打击行动确实催生了一种因不同区域而异的多层次监管秩序。[67]

通过东南亚的事例，我们能够清楚地看到这一进程。在东南亚，英国早在 19 世纪初就将海盗问题视为一个迫切需要解决的问题。尽管“海盗”一词在当地大多数岛屿方言中并没有对应的表达，但海上劫掠在这片区域已经盛行了几个世纪。闯入东南亚的欧洲人利用人们对海盗的控诉，为他们在某种帝国间框架下实施管制提供了正当理由。[68]通过将当地的海上劫掠称作“海盗行为”，一项历史久远但生机勃勃的有关胁迫、掠夺和交换的地方性实践被专家们贴上了错误的标签。他们亦承认，在欧洲贸易的刺激下，当地的劫掠文化发生了巨大的变化，贸易摧毁了某些权力结构（如马六甲苏丹王朝），同时也催生了另一些权力结构。在这一动荡时期，该区域内众多的独立或半独立部落都依靠劫掠来获取收入或维持其政治上的独立性。奥朗劳特人（*orang laut*）是一个在 19 世纪 20 年代给新加坡和苏门答腊廖内省的商人们带来很大麻烦的航海部落。在不同的时期，他们中的绝大多数或以捕鱼为生、或以海产品贸易为生、或以劫掠为生——具体方式取决于他们与野心勃勃的地区苏丹之间的关系，以及和平贸易能否获利。[69]而将婆罗洲的海上达雅克人描绘成海盗则尤其无法令人信服。基于当地代际冲突的原因，来自萨里巴和斯科朗河地区的达雅克人会在西海岸对他们的邻居部落实施劫掠。他们的行为之所以被重新认定为海盗,背后有两方面的因素:一方面,文莱苏丹试图对其征税;另一方面,英国自由探险家詹姆斯·布鲁克(James Brooke)急切希望在马来西亚的沙捞越建立一个独立国家。[70]而在其他地方,当地的统治者们也会向其附庸国发动掠袭,以扩张其权威或支持某种新的权力主张。[71]印度尼西亚的亚齐(Aceh)苏丹下令在西苏门答腊对东印度公司的胡椒贸易船实施劫掠,试图将脆弱的纳贡权利转变成对领土主权或者贸易垄断权的强大诉求。亚齐苏丹口中的主权行为,在槟城的贸易商以及荷兰和美国的使节们看来,就是对海盗的资助。在1814年,英国甚至派出一个调查委员会前往西苏门答腊岛,以搞清这两者之间的区别。[72]

在这一时期,海上劫掠日益对区域性奴隶贸易产生影响,而沿海部落则充当了非自由劳工的集散地。这种情况在以和乐岛为中心,环绕苏禄苏丹国的海上航道上尤为典型,因为这一航道吸引了散布在苏禄苏丹势力范围内的众多航海部落。[73]当时代表东印度公司掌管新加坡的斯坦福·莱佛士(Stamford Raffles)将苏禄岛和西里伯斯岛海域不断增多的劫掠事件归咎于文莱苏丹政权崩溃之后出现的权力真空。[74]但在某种意义上,劫掠也是苏禄苏丹国权力增长的产物。苏丹王国是“一种按照种族隔离和经济依存的马赛克式原则拼凑起来的国家”。[75]在那里,人们的社会和政治地位均取决于其所拥有的奴隶劳工的数量。随着与中国的贸易对货物的需求不断增长，奴隶劳工的价格也水涨船高。在19世纪上半叶，受此种需求的刺激，来自棉兰老岛的伊拉努(Iranun)和巴朗吉(Balangini)水手们大肆扩张了他们的劫掠行为。[76]苏禄苏丹利用一切机会向弱势群体索取贡品，并从流向和乐岛的大量俘虏中获利。在他的秘密支持下，自1800~1850年，数十万人沦为了奴隶。斯坦福·莱佛士眼中的混乱和海盗行为实际上是对水上地盘的争夺，而在欧洲人看来，它们主要体现了难以辨认的权威。

* 图片来源：复制于作者个人收藏。

这些劫掠行为反过来又对变迁中的欧洲地缘政治作出了回应。拿破仑战争使西班牙在菲律宾地区原本就薄弱的力量更加式微,同时亦将荷兰的势力从该区域暂时清除。这一权力更替为美国介入群岛贸易和英国开展贸易自由化试验提供了更大的空间。不过它同样也助长了海上劫掠:一些富有野心的苏丹通过劫掠来垄断贸易,而另一些苏丹则对驶经他们地盘的满载货物的商船进行拦截。当 1814 年 8 月英国将爪哇岛归还荷兰时,当地日益繁盛的贸易以及猖獗的海上劫掠对欧洲国家间关于如何维持远东海域秩序的对话产生了重大影响。1824 年的《英国—荷兰条约》就是这一背景下的产物:它将印尼群岛划分为不同的势力范围,而缔约方承诺在该区域的打击海盗行动中相互协助。[77]

在 19 世纪中叶之后,打击海盗成了将当地多数区域收归欧洲控制的首要正当理由。[78]而在 1850 年之前的几十年间,打击海盗的计划却服务于不同的目的。在英国势力范围内,关于对海盗的刑事管辖权之范围以及关于针对劫掠者的更为激进的海军行动的尝试性讨论,再次揭示了有关海洋秩序的思考如何受到国内法律边界的限制。无论政策制定者、海军长官或立法者们如何扩张性地使用“海盗”一词,在 1830 年之前,律师们都认为其只限于不受国家资助的海上劫掠行为,即未经国家授权而在海上从其他船只劫取财物的行为。[79]此外,尽管贞提利在 16 世纪晚期就将海盗称为“全人类的共同敌人”,但很少有人认为海盗行为可以构成在任何国家法院受审的普世罪行。[80]既然英国及其殖民地法庭未将大西洋上最为凶残的贩奴商认定为海盗，那么在19世纪的前三十年，他们同样也不愿意在东南亚海域对发生在外国人之间的哪怕最确凿无疑的劫掠行为行使普遍刑事管辖权。

在17世纪，当英国法庭对大批海盗定罪之后，他们似乎回避了关于不涉及英国臣民的海盗行为能否在英国法庭受审这一管辖权难题。当斯托维尔勋爵在1819年进行回顾时，他发现自查理二世(Charles II)当政之后，再也没有任何案件涉及对海盗行为的管辖权限度问题。[81]他认为其中的原因是海盗行为“已不再是当时人们的关注焦点”。[82]然而，此类案件的匮乏更可能是源于以下事实，即英国海事法院事实上会使用一切借口，以避免对外国人判处海盗罪。[83]例如，在加尔各答的海事法庭，涉及东南亚劫掠者的海盗案件大多不了了之，除非这些抢掠者在实施未经国家资助的劫掠行为时被抓个正着。[84]在这个问题上表现得犹豫不决的并非只有英国法庭。当布莱克(Blake)船长为了进一步了解苏禄苏丹而于1838年造访马尼拉时，他发现马尼拉监狱中关押了大约六十名伊拉努“海盗”，这些人由于“并非因海盗行为被捕”而无法受审。[85]然而，在不愿意对海盗行为定罪这件事上，英国走得更远。加尔各答的法律官员们有时甚至拒绝对因攻击英国海军舰船而被捕的外国海盗进行审判。1836年10月，亨利·切德(Henry Chads)舰长在押解9人前往加尔各答受审时被告知：无论是这些人的“敌对态度”，还是他们对切德舰长的“安德洛玛克号”(*Andromache*)军舰所发动的攻击，都不构成法律意义上的海盗行为。[86]

19 世纪 30 年代末期,随着对华贸易的增长以及该地区海上劫掠的泛滥,就是否对外国人实施的海盗行为行使管辖权这一问题,印度洋周边的海事法院开始迟疑不决地转向一种更为宽泛的解释。1838 年 6 月,新加坡法庭以海盗罪对 18 个伊拉努人进行了审判并定罪。这些人于 5 月 18 日在马来西亚丁加奴州海岸被捕,当时,英国海军的单桅帆船“海狼号”(*Wolf*)以及蒸汽轮船“黛安娜号”(*Diana*)发现六艘伊拉努人的快速帆船正在劫掠一艘“几天前从新加坡驶往中国的满载贵重货物的商船”,于是对劫掠者发动了攻击。[87]根据史丹利(Stanley)船长的描述,劫掠者们向试图靠近的“黛安娜号”开火。而从劫掠者船上抓获的俘虏却说这些快速帆船只是“想要逃离”,而“蒸汽轮船紧追不舍并率先开火”。[88]无论交战顺序如何,“黛安娜号”“向每一艘快速帆船都倾泻了足够致命的炮火,以至于这些船的甲板很快就被清空”。[89]“黛安娜号”的船员声称,在两小时之内他们击毙了大约 90 人、击伤了 150 余人。他们还俘获了 30 余人,并将其押至新加坡在新设的海事法庭受审。几乎半数的囚犯因为归罪问题而被释放,其中一些人是“从他们的家乡被强制掳走的”;另一些人只是辅助性人员而非战斗人员;还有很多人只不过是孩子,他们“是如此年幼”,以至于“人们很难想象”他们“是自愿卷进这样一场腥风血雨之中的”。[90]

即便在对剩余人员的指控中,英国方面也想方设法避免基于他们在五月中旬对商船或“黛安娜号”的敌对行为而对其进行审判。相反,最终导致这些人被定罪的,是一位他们此前的俘虏所提供的证词。一名来自“庞缇亚娜(今印度尼西亚的坤甸)荷兰定居点”的名为萨比特(Sabit)的奴隶作证称,他本人和他的船只曾在4月25日被这伙伊拉努人所俘获。[91]令人费解的是,“海狼号”和“黛安娜号”的船员们提供的证词(这些劫掠者是在对商船和“黛安娜号”发动海盗袭击时被抓获的)并未被检察长所采纳。这或许是因为那艘商船已经带着它的所有目击证人继续驶向了中国;也或许是因为检察长已经被某些俘虏的证词说服,认定“黛安娜号”是先开火的一方。法庭转而采用一种新的方式来对这18个人进行定罪——依据外国人提供的,指控这些人攻击外国船只的证词。对于海上劫掠行为的此种管辖权,所依据的只能是万国法。

就对海盗行为的普遍刑事管辖权的确立而言,伊拉努海盗案并未带来任何突破。尽管新加坡法庭声称自己拥有宽泛的管辖权,但是对于英国法庭或者英国军舰能否管辖针对外国人的海盗行为,政策制定者们依然摇摆不定。在讨论伊拉努海盗以及苏禄苏丹的支持等问题时,位于印度的东南亚地区最高政府(Supreme Government)鼓励新加坡政府惩罚“或者甚至”摧毁那些为劫掠者提供庇护的港口,其理由是:为了保护“英国臣民的生命和财产”以及惩罚“全人类的共同敌人”,一切手段都应当被采用。[92]但是在1841年,当那些持有中国政府于第一次鸦片战争期间颁发的许可的水手们在香港海域变本加厉地对商船发动攻击时,海军军官们就没有那么笃定了。他们中的一些人揣测,海军理应拥有更广泛的权力来对疑似海盗者实施打击。但即便如此,这项权力还是被狭义地限定为应当与“保护女王陛下臣民的生命与财产之职责”相关。官员们同时也担心侵犯“中国的独立权利”。[93]就在殖民地法庭不断摸索一种更为宽泛的针对海盗的管辖权时,“海盗行为是一种针对全人类的罪行”这一观念却仍然饱受争议。

1838 年伊拉努海盗案的审判过程并非没有波折。在对伊拉努海盗定罪之后,法官却暂时中止了量刑,其理由是这些船员们“事实上认为他们是在合法地履行其作为苏禄苏丹臣民的义务”。[94]被俘获的快速帆船的船主声称,苏禄王侯曾指示他们在“最远至暹罗海岸”的区域进行劫掠。书记员诺里斯(W. Norris)爵士阐释了法庭的顾虑:“海盗行为就其本身而言不能由国家实施;如果这些人的行为是在他们的苏丹或者王侯的明示或默示授权下实施的,那么毋庸置疑,该案已超越了法庭的管辖和权力范围。”[95]如果这些劫掠者受苏禄苏丹统领,那么他们就不能被认定为海盗。

令东印度公司和最高政府长期以来备受困扰的问题是,在苏禄海域以及东部海域的其他地方,究竟应由谁来行使权力。[96]在新加坡,诺里斯承认,他本人关于这些岛屿的知识都是从旅行手册中获得的。为了解决这一困境,法庭派人对下列问题展开了紧急调查,包括:苏禄政府的性质,它是否被欧洲各国承认为“主权独立的国家”,苏禄苏丹“基于一己私利积极鼓动其臣民从事海盗行为”的程度,以及被英国法庭定罪的这些人是否“确系苏丹王国的臣民或依据苏丹的授权行事”。[97]

帝国间的合作在这一地区针对劫掠者的管辖权确立过程中所起的作用日趋重要，而法庭对于前述问题的回答方式（紧急调查）充分说明了这一点。布莱克船长被派往马尼拉（而非苏禄）了解该区域的地缘政治。他在马尼拉的受访者称苏丹无权对劫掠行为进行授权或加以限制，因为苏丹“只是一个无足轻重的人物，虽然在名义上是王侯，但是他无法掌控其臣民，臣民们既不尊重他的权威，也不向他效忠”。[98]布莱克向新加坡方面如实作了汇报，但他同时也复制了一份1836年西班牙和苏禄签订的条约，该条约对于苏禄的主权问题则有不同的表述。1836年条约承认苏丹处于西班牙保护之下，对此的广泛理解是：西班牙承诺帮助苏丹对抗外来敌人，并且在从棉兰老岛一直延伸到婆罗洲的群岛区域中“处于西班牙权力控制下的岛屿范围内，协助苏丹镇压一切叛乱者”。作为回报，苏丹承诺降低西班牙贸易商的税赋，在抗击非欧洲国家侵略的战事中提供协助，并对“伊拉努人”以及菲律宾内部和周边其他人的“海盗行为进行镇压”。[99]然而，条约以一种微妙的方式回避了“苏禄是否拥有独立地位”以及“苏丹是否对海盗行为提供了支持”等问题。相反，作为对一种荷兰人已经践行了十年的条约缔结范式的沿袭，西班牙条约承认苏丹是一个有着自身竞争对手的政治实体的统治者；它明确要求苏丹承诺“与天主教国王陛下的所有属国永保和平”——这一措辞清晰地暗示苏丹的臣民并不当然属于西班牙臣民。[100]该条约或许不否认伊拉努劫掠者的独立性，但它并未明确勾勒出一个缺乏主权权力的苏丹。

无论是西班牙军队对苏禄主权的嘲讽,还是上述条约中的复杂安排对苏禄主权的支持,它们对于英国人而言都是有价值的。其中之一可以用于外交目的:如果苏禄苏丹是一个主权者,那么他就可以通过签署条约的方式授权英国(以及西班牙)在苏禄海域对劫掠者实施管控。如果苏禄苏丹对于伊拉努劫掠者无法主张统治权,那么法庭此前面临的管辖权问题也就不复存在了:在苏禄无权指挥伊拉努人的情况下,如果伊拉努人本身又不能被视为主权者的话,那么英国法庭就能够将伊拉努劫掠者作为海盗进行审判。相较之下,西班牙关于其对苏禄享有某种帝国管辖权的主张,其实并没有起到多大作用:在1844年,该主张曾被用于挫败英国对棉兰老岛伊拉努人定居点的攻击计划,并迫使英国依靠帝国间合作来整顿苏禄海域秩序。[101]基于布莱克的报告,13名幸存的成年伊拉努罪犯被"终身流放至孟买",剩下的4个"只不过是男孩"的罪犯则被流放七年。[102]但这些成年罪犯实际上并没有抵达孟买。凭借久经沙场练就的一身劫掠技巧,他们在前往印度途中杀害了"哈略特·斯科特号"(*Harriet Scott*)的船长,并通过救生艇逃之夭夭。但是后来他们又再次被俘获,经审判后被处以绞刑。[103]

本书所讲述的有关海盗管辖权的故事,凸显了19世纪早期东南亚海洋秩序构建中的若干重要因素。试图对海盗行使管辖权的努力,表明了英国(以及西班牙和荷兰)对于诸多东南亚政治实体的不稳定权威的不满。英国在1838年之所以能够对伊拉努海盗进行定罪，主要是基于以下策略：其一，拒绝与苏禄苏丹逐渐增强的政治权力达成妥协；其二，拒绝承认独立的伊拉努劫掠者部落本身可以构成国家。最为重要的是，就我们的目的而言，关于英国对海盗的司法管辖权讨论与有关大西洋奴隶贸易管辖权边界的争论遥相呼应。正如王室法律评论家们在打击外国奴隶贸易问题上避免主张普遍管辖权，在东南亚地区试图对海盗定罪的失败尝试也表明：在 19 世纪，英国及其欧洲竞争对手们均极力避免对海盗行为主张普遍管辖权。

的确，法律官员们不愿意根据海军的证词来起诉伊拉努海盗，这意味着其对该区域的海洋秩序有着另一种不同理解。英国为整顿东南亚海上航道秩序所付出的努力，其核心并不在于将罪犯绳之以法，而在于确立服务于帝国间政治的海军强权——它仅仅受到英国悬赏立法的松散限制。《1825 年海盗法案》鼓励英国海军舰船"攻击并摧毁由海盗或参与海盗行为的人员操控的一切船只、舰艇或舢板"，并承诺按以下规则对海军船员进行奖赏："每俘获、扣押或击毙一名此类海盗人员"，可获赏 20 英镑；而每发现一名"未被俘获或击毙"的其他海盗人员，也可获赏 5 英镑。[104]"由海盗操控的船只"是一种非常宽泛的表达，因为该法案对于那些并非在实施劫掠行为时被抓获的海盗也支付赏金。在 1850 年之前，海军关于"击毙海盗并摧毁海盗船只"的申报极少在法庭上受到质证，因此"人头赏金"的发放本质上属于行政性决定，这也使该法案的适用更为宽泛。

由于英国在东南亚区域的统治呈现出碎片化的性质,因此对海军的许可授权被进一步扩展。该区域虽然位于东印度公司管辖范围之内,但却分别由槟城、威尔士王子岛以及后来的新加坡当地附属政府进行管理。当地的总督们长期以来煞费苦心地游说英国政府,希望后者主导该区域的海洋秩序构建。他们希望由最高政府单方面实施打击海盗的行动,并物色和培养一批能够帮得上忙的当地统治者。但在这件事上,这些总督们并没有太多话语权。位于印度的最高政府负责与当地主权实体之间的谈判,而其所采取的方式也极为谨慎。[105]东印度公司在印度的侵略行径长期以来一直遭到议会的严格审查,因此最高政府希望避免对海盗采取单边武力行动。到了19世纪30年代,即便面对当地不断请求对海上劫掠采取行动,加尔各答的政策制定者们依然担忧“相关行动在政治上的可取性,法律上的可能性,道德上的合理性或事实上的可行性”,以及如何对在如此遥远的地方开展海军攻击行动实施监督。[106]海军指挥官们也担心如何对手下的船员进行监督。1848年,邓达斯(J. D. Dundas)指示海军少将柯黑尔(Collier)在下达攻击命令时要小心谨慎。柯黑尔被指示“尽其所能遏制海盗行为”,但在执行该任务时,“其与海军长官们必须遵守条约的规定”,并尽量避免使用单边武力和胁迫。[107]作为碎片化治理的显著体现,仅仅在收到上述指令一年之后,柯黑尔就派遣法夸尔(Farquhar)和沃利奇(Wallage)两位舰长前往婆罗洲击杀更多的达雅克人。[108]

早在1843年凯珀尔被派往婆罗洲之前，海军自由裁量权过于宽泛这一危险就已经显露。1830年，海军少将欧文(Owen)就告诫在新加坡周边海域游弋的海军舰船，让它们不必将劫掠者押回受审，除非这些人在从事"无比残暴"的海盗行为时被抓个正着。但是对于构成谋杀的暴力行为，仅仅是"严重的怀疑"就足以将嫌疑人押回受审。尽管欧文不建议"发动不正当的攻击"，但他同时建议"在一般情况下，如果仅仅存在强烈怀疑的话……应该给这些人留一条逃生之路，如果他们是海盗的话一定会很乐意逃离；而对于他们丢弃的船只，你们认为合适的话可予以摧毁。"[109]美军指挥官亨利·詹姆斯(Henry James)报道了一些传言，称斯坦利(Stanley)和康佳顿(Congalton)舰长(此二人在1838年曾合作抓捕伊拉努海盗)都对上述裁量权作了异常宽泛的解读。他们通常都是直接将海盗处死，而不愿意让海盗在海事法庭那漏洞百出的管辖权之下碰运气。[110]

他们在这样做的时候清楚地知道，即便对这些海盗无法进行刑事定罪，但有关他们打击海盗的精彩故事将带来经济收益。1836年，一批萨马巴夭族俘虏从阿罗亚被押往加尔各答受审，由于他们是在自卫的情况下攻击了一艘英国军舰，所以加尔各答的检察长拒绝受理此案，但他还是下令对这次俘获行动发放了"人头赏金"。[111]在1850年之前，只有在极个别的情况下，海事法庭才会被要求对赏金申请进行核查，但他们对这一程序的把关并不严格。在颇具争议的1845年"瑟哈森号"(*Serhassen*)海盗案中，凯珀尔就其1843年在婆罗洲海岸打击达雅克人的行为申请“人头赏金”,王室律师对此提出了质疑,“理由是没有充足的证据表明快速帆船上的水手们是海盗”。但这一抗辩并未取得任何实际效果。史蒂芬·勒欣顿(Stephen Lushington)采信了凯珀尔提交的关于“快速帆船率先发动袭击”的证词。[112]最终,凯珀尔及其同伴以俘获35名海盗、驱散85名海盗的战绩而被授予奖赏。[113]

随着荷兰对海上掠夺者的打击力度日益增强,作为回应,最高政府和外交部开始采纳一些当地权威人士的呼吁,同意英国在该地区事务中扮演更为重要的角色——而这一角色以帝国间合作、与当地主权者缔结的条约以及海军的武力为基础。如此一来,这一体系就沦为了丑闻。[114]这些“当地权威人士”中最为有名的当属特立独行的詹姆斯·布鲁克(Sir James Brooke)。布鲁克的发迹过程显示了机缘巧合以及个人野心是如何转化为对帝国边缘地区的政治影响力的。布鲁克出生于印度,辍学于牛津,当他于1839年抵达婆罗洲西海岸的沙捞越时,携带的是满脑子的东方主义,一艘装备精良的舰船,以及准备献给当地统治者的满满一船礼品。凭借着这些象征着权威性的配备,他赢得了文莱政府中冉冉升起的政治新星穆达·哈希姆(Muda Hassim)的信任——哈希姆曾参与过西婆罗洲的军事行动。通过自我吹嘘并凭借运气,布鲁克在1841年9月成功地使自己被任命为沙捞越总督。[115]1842年,苏丹本人同意将沙捞越永久地赐予布鲁克。从那时开始,布鲁克就将自己标榜为“王侯”(rajah)。

布鲁克随后开始利用英国对海盗的普遍顾虑来打击他

在文莱的敌人。在一份写于 1844 年的“关于海盗行为的备忘录”中，布鲁克建议英国停止将东南亚的劫掠者作为海盗定罪，并更多地采用荷兰的做法。自 1824 年在印度尼西亚的廖内—林加地区重新建立前哨基地后，荷兰人就与当地统治者签订了有关打击海盗的条约。从 1833 年开始，荷兰人以这些条约为依据，对那些涉嫌从事海上劫掠的部落实施单边攻击。布鲁克认为英国也应当这样做。他提议对活跃在苏禄海域以及沙捞越附近海域的“海盗部落实施打击”。海军舰艇应当在劫掠者部落的老巢将他们彻底摧毁，“因为如果要等到我们发现他们实施海盗行为时才进行攻击的话，那将是一项看不到希望且永无止境的任务”。

布鲁克公开承认他对“海盗”这一术语作了最大限度的扩张性解释。在法律中，“海盗”一词意味着“在公海上对所有合法、和平的贸易商的劫掠或抢夺”，而无须考虑受害人的国籍。他主张该定义中还应包括那些未获承认的国家之间进行的战争，即“那些攫取了土地并妄称具有独立地位（此种独立地位被当作从事海盗行为的借口）的首领，永远也不应有权向邻国宣战或与邻国进入敌对状态”。他坚持认为，对此类冲突进行干预“并不会导致不公”，因为要将一场“当地国家之间”的战争与“一群法外之徒的海盗行为”区分开来，并不是一件困难的事。通过签订荷兰式的条约，英国代表们可以对他们所认可的主权国家进行确认。与此同时，这些精心起草的条约将授权英国海军在缔约伙伴国领土内对海盗部落实施攻击。此种外交手段可以阻断条约缔约方对海盗的支持,并且逐渐消除海上劫掠。[116]

对于采取报复行动和缔结条约之间的先后顺序问题,布鲁克并未加以澄清,当然他这种"揣着明白装糊涂"的做法也是迫不得已,因为他和凯珀尔只不过基于文莱苏丹的默许,就已经在婆罗洲攻击并杀死了数百名达雅克人。即便如此,布鲁克的观点还是相当令人信服的,凭借这些主张,他被任命为英国政府专员、婆罗洲苏丹和独立酋长们的总顾问及纳闽岛总督。1847 年,布鲁克在海军的支持下对一起由他自己引发的当地政治危机实施了干预,随后他以自己的主张为蓝本与文莱苏丹缔结了一项条约。苏丹同意将纳闽岛割让给布鲁克,并保证英国商人有权自由出入文莱。文莱苏丹还承诺与英国合作共同打击海盗,为此,他收回了对于"任何涉及海盗行为的人或船只"的保护,同时授权英国官员进入"婆罗洲苏丹治下的港口、河流及溪流,以追捕所有从事海盗行为或奴隶贸易的船只……并且逮捕在这些事项上触犯缔约国双方法律的所有人员,将其移交给有权机构进行审判"。[117]

当有关凯珀尔之袭击行动的报道在英国本土传开后,布鲁克对于海洋秩序的构想也开始逐渐为人所知。对于其在婆罗洲实施的袭击行动,凯珀尔本人出版了一套两卷本的纪实。但其他人对该事件却有不同的描述。例如,亚历克西斯·喀麦洛佐(Alexis Chamerovzow)和乔治·弗戈(George Foggo)在他们编写的一系列小册子中认为达雅克人压根就不是海盗,他们的所作所为仅仅是为了挑战布鲁克对西婆罗洲日益增长的野心。[118]这些小册子宣称,布鲁克之所以将达雅克人与苏禄海域的伊拉努和巴朗吉劫掠者归为一类，是为了“将无辜者和罪犯混淆在一起，从而为他自己的行为增添一些必要性色彩”。[119]凭借这一做法，他诱使凯珀尔及其军官们在1843年和1844年滥杀无辜。有人在嗣后的批评中还指出，1847年促使英国对文莱发动短暂入侵的那场危机是由布鲁克有意挑起的，其目的是确保一项新条约的缔结，从而为他打击达雅克人的行为提供正当理由。[120]该条约刚刚签订，布鲁克就说服柯黑尔少将派遣法夸尔舰长率领3000部属在萨里巴河对达雅克船只进行伏击。[121]

在有关布鲁克以当地权威人士、英国官员和英国臣民三重身份所实施的行为的争议中，凯珀尔的1844年远征和法夸尔的1849年远征构成了重要的戏剧性事件。在下议院，休谟、科布登(Cobden)以及其他激进派人士将布鲁克刻画成帝国范围内日益增长的极权主义的象征。他自封的“王侯”称号就是一个极佳的攻击标靶。激进派在两个问题上不断施压。其一，布鲁克是否曾操控海军打击他自己的敌人，而非“全人类的共同敌人”。在1851年7月发表的一份措辞激烈(并且相当冗长)的演说中，休谟指控布鲁克犯有谋杀罪，并指责海军对其包庇纵容。[122]其二，沙捞越是否属于一个独立的主权国家。如果布鲁克是一个主权国家的君主，那么海军就没有任何理由来干涉其内政。与此同时，如果布鲁克同时拥有主权者和臣民的身份，那将是一种令人无法接受的政治上的畸形状态。通过多年的抗议，休谟及其追随者最终获得了英国行政当局的关注，就在1854年，布鲁克发现他自己和他眼中的海盗一样,都成为被调查的对象。

印度检察长查尔斯·亨利·普林瑟(Charles Henry Prinsep)以及印度政府的一位官员亨弗里·德芙洛(Humphrey Bohun Devereux)率领的一个委员会对布鲁克的所作所为展开了调查。对于布鲁克是否同时是一个主权者和臣民,普林瑟没有给出正面回答。他认为布鲁克(现在已成为詹姆斯·布鲁克爵士)可以同时具有英国臣民和沙捞越总督的身份,理由是其在沙捞越的地位与那些"为外国提供服务的英国臣民的通常情形"没什么两样,"如果存在违法行为,他们可以随时被他们的本国召回"。[123]不过普林瑟也指出,尽管詹姆斯·布鲁克仍然保有此种臣属身份,但他已不适合作为英国国王的代表,也不适合向"英国皇家海军"提出打击海盗的请求。[124]德芙洛则对这个问题作了直截了当的回答。在发表了一通令人叹服的关于主权性质和臣民属性的见解之后,德芙洛认为布鲁克可能在任何情况下都不具备主权者所必需的特性;而即便他具备这些特征,"我也不倾向于认为詹姆斯·布鲁克爵士或者其他任何英国臣民能够获得这样一种地位,即成为一块外国领土的独立统治者。"[125]这些论断令布鲁克勃然大怒,但是它们又足够模糊,以至于并未对布鲁克的"王侯"称号造成影响:他得以继续统治沙捞越,直至他于1868年去世,并将该称号传给其子嗣。

为了平息凯珀尔和法夸尔的攻击行动所引发的争议,委员们不得不对达雅克人是否是海盗这一问题进行认定。为了回答该问题,他们采访了不同阶层的新加坡居民,但受访者给出的信息却极不一致。一些人通过签署声明的方式表达了对布鲁克及其反海盗行动的支持——尽管其中一封由中国商人签署的信件只是对布鲁克将非达雅克人海盗从婆罗洲驱离的行为表示了感谢。[126]彤谷(de Trongua)女士的证词称她曾在婆罗洲西海岸遭到马来人的袭击。[127]托马斯·欧文·克莱恩(Thomas Owen Crane)、约瑟夫·柯克(Joseph Koek)、约翰·亨利(John Henry)以及詹姆斯·古斯雷(James Guthrie)等在新加坡颇有名望的贸易商都宣誓说他们此前从未听说有任何达雅克人因海盗行为被指控,直至19世纪40年代在新加坡的报纸上读到相关新闻。[128]不少人还讲述了关于婆罗洲的达雅克人对沿岸其他部落进行猎杀或者发动袭击的道听途说的传闻,但这些人并不愿意将之称为海盗行为。[129]一群婆罗洲居民证实,萨里巴和斯科朗的达雅克人对于沙捞越以及桑巴斯和庞缇亚娜的荷兰定居点一向抱有敌意。[130]另一些人的报告称,达雅克人与其邻居之间的敌对行动是相互的——这更像是一种战争状态而非海盗行为。[131]许多目击者承认达雅克人实施了攻击行为,但是在他们的描述中,达雅克人的敌对行为体现了一种持续性的努力,其目标在于将包括布鲁克在内的文莱代理人逐出沙捞越。[132]约翰·阿诺德·拉帕(John Arnold Rappa)上尉提供的证据既证实了达雅克人的海上劫掠行为,同时也证实了无论在1843年凯珀尔发动袭击之前还是之后,达雅克人和沙捞越殖民地相互之间始终存在的敌意。拉帕注意到,为了鼓励击杀海盗战士,布鲁克还提供了私人赏金,尽管在某次交战中,布鲁克不得不通过赏金的方式来阻止其手下在停火之后继续对达雅克人进行屠杀。[133]拉帕所提供的关于凯珀尔和法夸尔之袭击行动的证词,触及了海盗行为、战争和自卫之间的模糊界限。[134]他发誓称海军在发动攻击之前并未与对方进行任何谈判,因为"是对方率先向我们开火";但同时他也发誓称,为了"震慑敌人",蒸汽轮船在双方交战之前的确发射了"一枚或两枚"火箭弹。[135]

当他们好不容易厘清上述混乱的信息后,委员们发现他们仍然无法达成共识。[136]两位委员都认同达雅克人在某种意义上确实是海盗。普林瑟认为,"关于英军错误和毫无缘由地实施攻击和屠杀的指控……得不到任何证据的支持"。[137]不过,他认为海军对于达雅克人的攻击有欠考虑,因为该惩戒行动的实施仅仅是基于"沙捞越居民和殖民者所受的伤害",而非基于"英国臣民所遭受的伤害或对伤害的控诉"。此外,由于"当地志愿者"的报复行为,远征行动最终演变成了过度的杀戮——这一事件"非常令人痛惜,因为它发生于英国代表提议并由英国官员下令实施的行动之中"。[138]对普林瑟的绝大部分结论,德芙洛都表示认同。如果说萨里巴和斯科朗的达雅克人是海盗的话,那么他们充其量"只是地方性海盗,而是否需要动用皇家海军来对付这些部落却是一个值得商榷的问题",尤其是考虑到英国"在沿岸没有任何领地",而且"他们也没有对任何英国船只发动过袭击"。[139]

作为一种治理实践,该调查委员会给人留下了平庸无能的印象。委员会既无力对海盗行为进行界定,也不愿对海军攻击平民的法律授权提出质疑，同时还一味回避沙捞越的法律地位问题，由此，委员会把一项信息收集工程变成了一场官方主导的掩盖真相的奇观。不过，与此同时，跟此前面对刑事案件时一样，委员会固执地认为英国不应当为了惩罚那些没有直接损害帝国利益的海盗而主张管辖权。尽管无法就准确的表述达成一致，但委员们还是对以下两种情况作了区分：一是根据万国法的授权对作为“全人类共同敌人”的海盗实施打击——委员们并不赞同这一立场，亦未采用此种叙事方式；二是根据英国政府的授权对作为英国敌人的海盗实施打击。

有关打击海盗的丑闻所引发的唯一的真正变化，是一种通过帝国间合作来构建海洋秩序的决定性转变，以及针对海军赏金的法律审查机制的重建。在与文莱签订一项条约之后，布鲁克和凯珀尔拜访了苏禄的君主，希望通过缔结一项条约来促进贸易，并为英国打击伊拉努和巴朗吉海盗的行动提供便利。对于英国的如意算盘，西班牙用武力作出了回应——它于 1851 年入侵了和乐岛，此举促使英国从那些公认的受欧洲影响或控制的区域全面撤离。[140]此后，蒸汽轮船所带来的压倒性技术优势，再加上该区域正式向殖民地转变，意味着海上劫掠经由一个帝国间相互合作的管控网络得到了有效遏制。

与此同时，凯珀尔提出的巨额赏金请求也促成了《海盗法案》的改革，从而将海军的武力行动更系统地纳入英国法院的审查。对于凯珀尔在 1843 年对达雅克“海盗”的第一次袭击行动，高等海事法院曾拒绝展开过于细致的审查。然而,蒸汽轮船在摧毁婆罗洲沿岸村庄时所表现出的效率让所有人大吃一惊。凯珀尔及其手下击毙了225名海盗并“驱散”了另外505名海盗,他们因此获得的“人头赏金”总额达到了极为可观的7025英镑。[141]如此规模的赏金申请(及其所代表的武力行动)所引发的问题是:每年为奖赏打击海盗行动而分配的100,000英镑是否足够?而沃利奇和法夸尔索要的赏金数额更加令人吃惊。在1849年,他们声称在婆罗洲河域击毙了500名海盗并驱散了2140名海盗。根据1825年《海盗法案》,他们因此次打击行动总共可以索要20,700英镑的赏金。或许是因为不断涌现的关于婆罗洲地区反海盗行动的丑闻,也有可能是因为新的《海盗法案》的通过,海军部并未支付这笔赏金。[142]从1850年起,新的《海盗法案》要求所有的“人头赏金”申请都需经过海事法庭的裁定。[143]从那时起,在东南亚打击海盗的奖金分配机制,看起来越来越类似于在大西洋区域对于抓获贩奴商的奖赏。

结　语

1850年之前的东南亚地缘政治所催生的管制体系,在本质上和运行方式上均不同于大西洋区域的奴隶贸易管控体系。然而，这两个区域的海洋秩序构建却拥有一些重要的共同点。无论是大西洋体系还是东南亚体系，均未将反人类罪作为其逻辑基础，而且严格说来，它们亦非国际法的体现。废奴主义者热衷于有关“非人道行为”及“奴隶之悲惨境遇”的宏大表述，而詹姆斯·布鲁克与同时代的荷兰人和西班牙人一样，非常清楚将劫掠者称为“海盗”所蕴含的好处。然而，在紧要关头，法庭、委员会委员以及法律官员们都极力避免将他们对海洋实施管控的理由与普遍人权联系在一起。

法律官员们和法庭对英国缔结的双边废奴条约均作了极其狭义的解读。他们就英国的条约义务以及英国管制奴隶贸易的国内法所阐述的观点为该体系设定了基准。帕默斯顿勋爵的1839年法案和阿伯丁勋爵的1845年法案先后将英国的海上管辖权单方面扩展到了葡萄牙以及巴西的船只，这最终表明，国内立法的授权条款胜过国际条约的狭隘规定。在东南亚，一边是对于英国在他国领土内打击海盗之权力限度的争论，另一边是对陆地和海洋上各类劫掠者部落之“海盗行为”的漫不经心的谴责，二者齐头并进，并行不悖。《海盗法案》的宽松规定，以及政府和法院层面杂乱无章的法律行为，都促成了上述现象的产生。无论“海盗”这一术语有多大的魔力，它都很少指向一种能被法庭裁决的罪名，也极少用于援引普适性规范。当调查委员会不得不对该问题发表意见时，它们只有在海盗曾经袭击英国臣民的情况下，才会为那些对海盗村庄（尤其是那些位于外国主权领土上的村庄）实施武力攻击的行为开脱。禁止奴隶贸易的机制以及区域性的打击海盗行动都依赖于不断强化的英国干预,而这些干预的依据主要是英国的法律豁免权或者英国的悬赏立法。

海洋管控之所以呈现一种明显的大英帝国色彩,部分是由于英国法在国家间实践和国家间机制中所发挥的创造性作用,部分是由于英国海军过度增长的野心。然而,由此产生的区域性海洋秩序建构体系所代表的不仅仅是简单的法律帝国主义。海上管辖权往往体现为各方权威的杂乱拼凑,在此情形下,帝国法既受到其他政治实体之法律的影响,也受到众多利益相关方(包括其他帝国的代理人、商人、贩奴商以及劫掠者)所采取的策略的影响。尽管承认双边条约的局限性,英国官员们依然不愿丢弃它们。他们通过谈判缔造了一个引人注目的条约网络,旨在通过各个击破的方式,确立国际社会无法自行提供的制度:针对奴隶贸易和海盗行为的国际禁令。不论是管控大西洋、中国海、地中海或者印度洋的条约,它们的作用与其说是界定英国对于海盗和贩奴商的管辖权,倒不如说是为英国法向海洋的扩张提供法律依据。国内法和海事法构成了海上执法必不可少的试金石,它们使某些形式的暴力得以释放,而另一些形式的暴力则被限制。在开展废奴运动的大西洋上,依据修订后的捕获法,奴隶仍然被当成货物,而贩奴商则被视为过于极端的商人,但不会轻易地被视为罪犯。在打击海盗的行动中,从国内法中寻找对付海盗的法律依据这一做法,事实上放大了对以下行为的激励:将劫掠者甚至他们所在村庄的居民统统贴上“海盗”的标签,从而使之成为合法的攻击对象。一些人在不同程度上仿效布鲁克、凯珀尔以及格雷斯的做法，利用国内悬赏立法中的奇葩规定，将打击海盗变成了一项有利可图的营生；而另一些人，诸如葡萄牙和巴西的贩奴商，甚至包括王室法律官员，则忙于寻求各种途径对海军的海上权力加以限制。

我们并不否认由此而产生的禁令体制代表着国际法的形成。该体制的拼凑性特征与我们当代经由各国妥协和自我设限而构成的国际法律框架极为相似，这是一个由诸多经谈判达成的原则所组成的奇怪混合体，而其实施则依赖于那些拥有霸权野心但又缺乏强大和完备的执法力量的国家的法律和兴致。但是19世纪早期的海洋秩序并不仅仅是令后世国际法学者们感到困惑的一个变种模式，它比原有模式更具原创性和影响力。英国的海洋帝国通过一系列断断续续的旨在追求国内合法性的方案得以成型，这些方案在世界不同区域呈现出不同的特点。海洋上的法律有时体现为一种国际秩序模型，有时又带有一点帝国主义的野心。它将全球秩序渲染成了一种复杂的混合体：既是区域性秩序，又是全球性秩序；既是国内秩序，又是国际秩序；既受制于帝国，又独立于帝国。

注释

1. 参见英国皇家海军“昔兰尼号”舰长致海军准将 Robert Mends 爵士函件第 9 号摘要,1822 年 10 月 25 日书于加利纳斯河,*British and Foreign State Papers* (*BFSP*),10:545。
2. Gregory and Fitzgerald to Canning,11 December 1822,*BFSP*,10:423.
3. “据点”指的是用于贸易的定居点,通常位于外国领土上。参见英国皇家海军“昔兰尼号”舰长致海军准将 Robert Mends 爵士函件第 9 号摘要,1822 年 10 月 25 日书于加利纳斯河,*BFSP*,10:543。
4. Benedict Sandin, *The Sea Dayaks of Borneo before White Rajah Rule*, East Lansing, Michigan State University Press, 1967, pp. 59 – 90.
5. Third enclosure in No. 1, Hon. Henry Keppel to the Governor of Prince of Wales Island, & C 4 September 1844, Borneo, in Borneo: Additional Papers respecting the Operations against the Pirates on the North-West Coast of Borneo, *House of Commons Parliamentary Papers* (*HCPP*), No. 1351, LVI Pt. I 123, 5 – 8.
6. Ibid..
7. 但需要注意的是,在拿破仑战争之后的 15 年,经费减少了一半。Miles Taylor, *introduction to The Victorian Empire and Britain's Maritime Worlds*, 1837 – 1901: *The Sea and Global History*, Miles Taylor, ed., New York, Palgrave Macmillan, 2013, pp. 7 – 8.
8. Christopher Lloyd, *The Navy and the Slave Trade*: *The Suppression of the African Slave Trade in the Nineteenth Century*, London, Longmans, 1949, pp. 79 – 88; Andrew Lambert, "Slavery, Free Trade and Naval Strategy, 1840 – 1860", in Keith Hamilton and Patrick Salmon, eds., *Slavery, Diplomacy and Empire*: *Britain and the Suppression of the Slave Trade*, 1807 – 1975, Eastbourne, Sussex Academic Press, 2009, pp. 65 – 80.
9. Richard Gott, *Britain's Empire*: *Resistance, Repression and Revolt*, New York, Verso, 2011; Ranajit Guha, "Chandra's Death", in Ranajit Guha, ed., *Subaltern Studies* 5, New Delhi, Oxford University Press, 1987, pp. 134 – 165; Guha, *A Rule of Property for Bengal*: *An Essay on the Idea of Permanent Settlement*, New Delhi, Orient Longman, 1982; Julie Evans, *Edward Eyre*: *Race and Colonial Government*, Dunedin, University of Otago Press, 2005; R. W. Kostal, *A Jurisprudence of Power*: *Victorian Empire and the Rule of Law*, Oxford, Oxford University Press, 2005.

10. 80,000 这个估计数字引自:Jenny Martinez,*The Slave Trade and the Origins of International Human Rights Law*, Oxford, Oxford University Press, 2012, pp. 99 – 101。而 160,000 这个更高的估计数字则引自:John Oldfield,"After Emancipation: Slavery, Freedom and the Victorian Empire", in Taylor, *The Victorian Empire*, p. 55。打击奴隶贸易的运动还促使英国和非洲政治实体间缔结了大量条约,并由此产生了一个关于废奴的区域性规制框架。Edward Keene,"The Construction of International Hierarchy: A Case Study of British Treaty-Making against the Slave Trade in the Early Nineteenth Century", *International Organization* 61, 2007, pp. 311 – 339; Lauren Benton, "Abolition and Imperial Law, 1790 – 1820", *The Journal of Imperial and Commonwealth History*, Vol. 39, No. 3, 2011, pp. 355 – 374; Padraic Scanlan, "MacCarthy's Skull: The Abolition of the Slave Trade in Sierra Leone, 1790 – 1823", PhD diss., Princeton University, 2013.
11. Taylor, introduction to *The Victorian Empire*, p. 5. 需要注意的是,对海军的支持在 1815 年之后也"大幅削减", Jeremy Black, "The Victorian Maritime Empire in Its Global Context", in Taylor, *The Victorian Empire*, p. 168。
12.《巴黎宣言》的全文可参见 Thomas Gibson Bowles, *The Declaration of Paris of 1856*, London: Sampson Low, Marston and Co., 1900。亦可参见 Jan Martin Lemnitzer, *Power, Law and the End of Privateering*, New York, Palgrave Macmillan, 2014。
13. Janice E. Thomson, *Mercenaries, Pirates, and Sovereigns: State-Building and Extraterritorial Violence in Early Modern Europe*, Princeton: Princeton University Press, 1996.
14. 这一倾向的最明显例子是:Jenny Martinez, *The Slave Trade and the Origins of International Human Rights Law*。
15. 参见 Eric A. Posner and Jack L. Goldsmith, "Moral and Legal Rhetoric in International Relations: A Rational Choice Perspective", University of Chicago, John M. Olin Program in Law and Economics Working Paper No. 108, 2000; Posner and Goldsmith, *The Limits of International Law*, Oxford, Oxford University Press, 2006, Chap. 7。有关在大英帝国改革时期认真对待人道主义关切的重要性研究文献,参见 Alan Lester and Fae Dussart, *Colonization and the Origins of Humanitarian Governance: Protecting Aborigines across the Nineteenth-Century British Empire*, Cambridge, Cambridge University Press, 2014。

16. Edward Keene,"The Construction of International Hierarchy: A Case Study of British Treaty-Making against the Slave Trade in the Early Nineteenth Century".
17. 有人认为,斯蒂芬这本出版时机完美的《伪装的战争》(1805)促成了殖民地港口的相互封锁,并因此导致了与美国的1812年战争。James Stephen, *War in Disguise, or, the Frauds of the Neutral Flags*, London, C. Wittingham, 1805, pp. 70 – 71. 对斯蒂芬之观点的精彩描述,参见 Ann M. Burton, "British Evangelicals, Economic Warfare and the Abolition of the Atlantic Slave Trade, 1794 – 1810", *Anglican and Episcopal History*, Vol. 65, No. 2, 1996, pp. 197 – 225。为禁奴目的而实施封锁的价值,在1810年"艾美迪号"(*Amedie*)案中得到了展现。英国高等海事法院宣布在战时可以俘获中立的美国贩奴船只。尽管在研究人权法的历史学家印象中,"艾美迪号"案所确立的原则是"以贩奴为目的非法将人运往他国者,不得作为原告在捕获法庭要求取回其对这些人的所有权",但在1808年,美国奴隶主在试图穿越英国封锁时的确被俘获并被判有罪。The Amedie, (1810) 12 Eng. Rep. 92. 参见 Lauren Benton, "Abolition and Imperial Law 1790 – 1850", p. 361。
18. Lauren Benton, "Abolition and Imperial Law 1790 – 1820", pp. 355 – 374.
19. John Dodson, *A Report of the Case of the Louis, Forest, Master: Appealed from the Vice-Admiralty Court at Sierra Leone and Determined in the High Court of Admiralty on the 15th of December* 1817 *with an Appendis*, London, J. Butterworth and Son, 1817, p. 39.
20. Ibid., pp. 40 – 41.
21. Ibid., pp. 43 – 44, 51 – 54.
22. 这一项规则总是受到海军部和外交部的挑战。例如,参见 John Dodson to Palmerston, 3 April 1839, TNA, Kew, FO 83/2348, F45 – 47。这一建议重申,没有运载奴隶的巴西船只不得在英国—巴西委员会被定罪。外交部则要求他们予以重新考虑,参见 unsigned draft to Queen's Advocate, 26 April 1839, TNA, FO 83/2348, F63 – 64。
23. Robinson to Castlereagh, 28 June 1822, TNA, FO 83/2343, F88 – 90.
24. Law officers to Palmerston, 31 December 1846, TNA, FO 83/2353, F270 – 272. 这与他们对"塞内加比号"(*Senegambie*)案的处理方式形成鲜明对比,参见 Dodson to Aberdeen, 30 September 1841, TNA, FO 83/2349, F231 – 233。
25. Portugal: An alvará (permit) dated 26 January 1818, in *Papers Relative to the*

Slave Trade: Class A. Correspondence with His Majesty's Commissioners at Sierra Leone, 1829 – 20. Class B. Correspondence with Foreign Courts Relative to the Execution of Treaties Contracted by them with Great Britain for the Prevention of Illicit Traffic in Slaves, and Correspondence with His Majesty's Commissioners in the Colonies of those Powers, 1817 – 20. Class C. Correspondence with France Relative to the Slave Trade, 1817 – 20. Class D. Correspondence with the United States of America Relative to the Slave Trade, 1819 – 20, *HCPP*, No. 4, XXII 165, 16 – 19.

26. Estimates database, 2009, *Voyages: The Trans-Atlantic Slave Trade Database*. Available at http://www.slavevoyages.org/tast/assessment/estimates.faces.

27. Holger Lutz Kern, "Strategies of Legal Change: Great Britain, International Law, and the Abolition of the Transatlantic Slave Trade", *Journal of the History of International Law*, Vol. 6, No. 2, 2004, p. 240; Lauren Benton, "Abolition and Imperial Law 1790 – 1820".

28. "Commission for a British Commissary Judge, a Commissioner of Arbitration, and a Secretary or Registrar, to reside at Sierra Leone, under the Treaty with Spain of 1817", *BFSP*, 8 : 9.

29. Castlereagh to commissioners, 19 February 1819, *BFSP*, 8 : 13 – 17; compare thirty-four interrogatories from British Prize Courts printed in Frederic Thomas Pratt, ed., *Notes on the Principles and Practice of Prize Courts by the Late Judge Story*, London, William Benning and Co., 1854, pp. 177 – 186.

30. Enclosed in Castlereagh to commissioners, 20 February 1819, *BFSP*, 8 : 25 – 40.

31. Enclosed in Castlereagh to commissioners, 20 February 1819, *BFSP*, 8 : 30.

32. No. 78 C. E. Lefroy to the Marquess of Londonderry, 1 May 1822, in Class B. Correspondence with the British Commissioners at Sierra Leone, the Havannah, Rio de Janeiro, and Surinam, Relating to the Slave Trade, 1822 – 1823, 127. 相关报道可参见 appendix to Fox to Palmerston, 20 September 1834, TNA, FO 84/156, F116 – 135; Wellington, 18 May 1835, TNA, FO 84/174, F237 – 252。

33. Leslie Bethell, "The Mixed Commissions for the Suppression of the Transatlantic Slave Trade in the Nineteenth Century", *Journal of African History*, Vol. 7, No. 1, 1966, p. 83.

34. Ibid., 84; Jenny Martinez, "Antislavery Courts and the Dawn of International Human Rights Law", *Yale Law Journal* 117, 2008, pp. 550 – 580. 在塞拉利昂，三分之二的巴西案件由英国籍委员独任裁判。有关塞拉利昂混合委员会

运作的详细论述,参见 Scanlan,"MacCarthy's Skull"。

35. Subenclosure 10,"Judgment Given in the Case of the Spanish Brig Diligente, Miguel Sierra Master",12 October 1838, in Class A. Correspondence with the British Commissioners, at Sierra Leone, the Havana, and Rio de Janeiro, Relating to the Slave Trade(Further Series), *HCPP*, No. 188, XLIX 99, 17.

36. Leslie Bethell, *The Abolition of the Brazilian Slave Trade: Britain, Brazil and the Slave Trade Question*, Cambridge, Cambridge University Press, 1970, p. 136. 英国人试图阻止此类事件的重演。1838 年,英国总领事主动提供一艘大船来容留待审的非洲人,但是巴西方面拒绝了这一安排。No. 196, Ouseley to Palmerston, 10 July 1838, and No. 199, Ouseley to Palmerston, 26 July 1838, in Class B. Correspondence with Spain, Portugal, Brazil, the Netherlands, and Sweden, Relative to the Slave Trade Correspondence, 1838 – 1839, *HCPP*, No. 180, XLVIII 1, 383, 388 – 389. 在 1838 年的"佛罗隆达号"(*Flor de Loanda*)案中,巴西当局甚至在涉事船只被延期扣留的情况下,拒绝患病奴隶上岸。First Enclosure in No. 208, Commodore Sullivan to Ouseley, 13 September 1838, ibid., 405.

37. Emily Haslam,"Redemption, Colonialism and International Criminal Law: The Nineteenth Century Slave—Trading Trials of Samo and Peters", in Diane Kirkby, ed., *Past Law, Present Histories: From Settler Colonies to International Justice*, Canberra, ANU E press, 2012, p. 10; Marika Sherwood, *After Abolition: Britain and the Slave Trade since* 1807, London, I. B. Tauris, 2007, pp. 172 – 173. 有关该法案的更多程序性议题,参见 the discussion of R v John MacQueen, 1813, TNA, HO 17/1/1, in Lauren Benton,"Abolition and Imperial Law 1790 – 1820", p. 364. 有关该法案的问题,还可参见论文"Trials of the Slave-Traders...", *Edinburgh Review*, Vol. 21, 1813, pp. 72 – 93。

38. Marika Sherwood, *After Abolition: Britain and the Slave Trade since* 1807, pp. 119 – 120.

39. Lauren Benton,"Abolition and Imperial Law 1790 – 1820".

40. Robinson to Canning, June 1826, TNA, FO 83/2344, F49 – 50. 但遍查记录之后发现,在此前,证人因为"搪塞敷衍"会被拘押在治安官处。Enclosure No. 31, E Gregory and Edward Fitzgerald, Abstract of the Case of the... Santo Antonio de Lisbon, in Class B. Correspondence with the British Commissioners at Sierra Leone, the Havannah, Rio de Janeiro, and Surinam, Relating to the Slave Trade, 1822 – 1823, 81. 需要注意的是,法律官员们此前曾强烈主张:

委员会应当有权惩处伪证行为,或者将犯罪分子遣送本地法庭定罪处罚。Robinson to Castlereagh,14 July 1820,TNA,FO 83/2343,F31 –32;有关授权监督证词誓言以及惩处伪证的论述,参见 Crown Law officers to Castlereagh,23 Jan 1818,TNA,FO 83/2343,F4 –6。

41. Palmerston to HM commissioners(Sierra Leone),26 July 1841,in Class A. Correspondence with the British Commissioners at Sierra Leone,the Havana,Rio de Janeiro,and Surinam,1841,23 –24.

42. Law officers,Robinson,Shepherd,and Gifford to Castlereagh,9 March 1819,TNA,FO 83/2343,F13 –15.

43. 在试图对一艘西班牙贩奴船"维洛兹·帕萨格拉号"(*Veloz Pasagera*)进行搜查所引发的事件中,可以看到此种管辖权错乱的例证。在这起冲突事件中,为了阻止登船,船员们杀死了若干英国人。该案件在塞拉利昂经由英国治安法官受理之后,涉事船员被遣送至英格兰受审。此决定随后被推翻,这些当事人被移交给西班牙当局。参见 Findlay and Smith (commissioners) to Palmerston,8 March 1831,in Class A and B. Correspondence with the British Commissioners at Sierra Leone,the Havana,Rio de Janeiro,and Surinam,Relating to the Slave Trade,1831,*HCPP*,No. 10,XLVII 533 681,7 –9,42;Findlay and Smith to Palmerston,9 July 1831,ibid.,35 –42;Findlay and Smith to Palmerston,3 October 1831,ibid.,35 –42。在西班牙双桅船"马里纳瑞托号"(*Marinerito*)案中,也发生了相似的情形——该船的船员以暴力行为抵制英国人登船检查,参见 Findlay and Smith to Palmerston,4 June 1831,ibid.,25 –28。亦可参见葡萄牙贩奴船"那姆帕号"(*Nympha*)案:Findlay and Smith to Palmerston,20 December 1831,in Class A. Correspondence with the British commissioners at Sierra Leone,the Havana,Rio de Janeiro,and Surinam,Relating to the Slave Trade,1832,*HCPP*,No. 7,XLIII 1,34。

44. John Dodson,*A Report of the Case of the Louis,Forest,Master:Appealed from the Vice-Admiralty Court at Sierra Leone and Determined in the High Court of Admiralty on the* 15*th of December* 1817 *with an Appendis.*

45. Gordon to Monteiro,16 April 1838,No. 186,in Class B. Correspondence with Spain,Portugal,Brazil,the Netherlands,and Sweden,Relative to the Slave Trade Correspondence,1838 –1839,*HCPP*,No. 181,XLVIII 213,370;Gordon to Palmerston,15 June 1838,ibid.,381 – 383;No. 146,Carvalho to Palmerston,15 November 1838,ibid.,326 – 328;Law officers,J. Campbell,

Will Rolfe,H. J. Shepherd,18 January 1839,TNA,FO 83/2348,F18.

46. An Act to explain and amend an Act passed in the Fifty-first Year of His Majesty's Reign,for rendering More Effectual an Act made in the Forty-seventh Year of His Majesty's Reign,for the Abolition of the Slave Trade 1818(58 Geo 3,cap 98).该法案仅仅规定奴隶贸易应当在有关海盗的立法下进行“探讨”。法案第9条有关修正和强化《1824年奴隶贸易废除法》(5 Geo. 4, cap. 113)的规定,更加清楚地将奴隶贸易定义为海盗行为。

47. Quoted in Jenny Martinez, *The Slave Trade and the Origins of International Human Rights Law*,p. 115.

48. Queen's Advocate Dodson to Palmerston, 19 August 1839, Law Officers Reports:Slave Trade,TNA,FO 83/2348,F184;Strangeways to Dodson,2 April 1839,17 April 1839, and 26 April 1839, TNA, FO 83/2348, F42, F57, and F63;Dodson to Palmerston 3 April 1839,TNA,FO 83/2348,F45.

49. First enclosure in No. 165,George Jackson and Frederick Grigg to Palmerston, 23 September 1839,in Class A. Correspondence with the British Commissioners at Sierra Leone,the Havana,Rio de Janeiro,and Surinam,Relating to the Slave Trade,1839 – 40,*HCPP*, No. 265,XLVI 9,258 – 261;and sixth enclosure in No. 189,Sentence Pompeo,1841, in Class A. Correspondence with the British Commissioners at Sierra Leone, the Havana, Rio de Janeiro, and Surinam, Relating to the Slave Trade,1840,*HCPP*,No. 330,XXX 1,348.

50. Queen's Advocate Dodson to Palmerston, 19 August 1839, Law Officers Reports:Slave Trade, TNA FO83/2348,F184;Strangeways to Dodson,2 April 1839,17 April 1839, and 26 April 1839, TNA, FO 83/2348, F42, F57, and F63;Dodson to Palmerston 3 April 1839, FO83/2348, F45. First enclosure in No. 165, George Jackson to Ouseley, 30 August 1839, in Class A. Correspondence with the British Commissioners at Sierra Leone,the Havana, Rio de Janeiro,and Surinam,Relating to the Slave Trade,1839 – 40,260;and sixth enclosure in No. 189,Sentence *Pompeo*,1841,in Class A. Correspondence with the British Commissioners at Sierra Leone,the Havana,Rio de Janeiro,and Surinam,Relating to the Slave Trade,1840,348.

51. Enclosure in No. 282,M. Lisboa to Earl of Aberdeen,29 July 1845,Class B. Correspondence on the Slave trade with Foreign Powers, Parties to Treaties, under which Captured Vessels are to be tried by Mixed Tribunals,1845,*HCPP*, No. 724,LI 1,317 – 319.

52. “R v Serva et al”, in Edward W. Cox, ed., *Reports of Cases in Criminal Law argued and Determined in all the Courts in England and Ireland*, Vol. 1, 1843 – 46, London, J. Crockford, 1846, pp. 335 – 356.
53. Ibid., p. 335.
54. 前文提到1831年西班牙船员因为攻击英国海军舰船被扣留，当时法律官员们所持的观点也是基于与此处相类似的原则。
55. “R v Serva et al”, pp. 292 – 336.
56. Dodson to Palmerston, 26 September 1846, TNA, FO 83/2353, F173 – 176.
57. Martinez, “Antislavery Courts”, p. 590.
58. Robinson to Canning, 27 May 1823, TNA, FO 83/2343, F119.
59. Robinson to Canning, 28 October 1823, TNA, FO 83/2343, F157.
60. “The Case of the Aurora”, enclosure in No. 42, E. Gregory and Edward Fitzgerald to Canning, *House of Lords Sessional Papers*, 1801 – 33, Vol. 158, 1823, pp. 92 – 94.
61. *Instructions for the Guidance of Her Majesty's Naval Officers Employed in the Suppression of the Slave Trade*, London, T. R. Harrison, 1844.
62. An Act to amend an Act, intituled An Act to carry into execution a Convention between His Majesty and the Emperor of Brazil, for the Regulation and final Abolition of the African Slave Trade 1845 (8&9 Vict, c. 122). 该法案仿照的是针对葡萄牙的《1839年奴隶贸易抑制法案》。
63. Stanley to Hamilton, 22 April 1850, TNA, FO 84/823, 95 – 96（着重号由引者添加）.
64. Leslie Bethell, “Britain, Portugal and the Suppression of the Brazilian Slave Trade: The Origins of the Lord Palmerston's Act of 1839”, *English Historical Review*, Vol. 80, 1965, pp. 782 – 784; Bethell, The Abolition of the Brazilian Slave Trade: Britain, Brazil and the Slave Trade Question, 1807 – 1869, Cambridge, Cambridge University Press, 1970, pp. 327 – 363.
65. Anthony Reid, “Violence at Sea: Unpacking ‘Piracy’ in the Claims of States over Asian Seas”, in Robert J. Anthony, ed., *Elusive Pirates, Pervasive Smugglers: Violence and Clandestine Trade in the Greater China Seas*, Hong Kong, Hong Kong University Press, 2010, pp. 16 – 19.
66. For example, Joseph N. F. M. à Campo, “Discourse without Discussion: Representations of Piracy in Colonial Indonesia, 1816 – 25”, *Journal of Southeast Asian Studies*, Vol. 34, No. 2, 2003, p. 213.

67. 有关19世纪反海盗战役的文献数量庞大。其中对于北非伊斯兰教地区海盗的关注最多,通过晚近对于其他地区案例的研究,此图景得到了补足。尤其可参见 Thomas Panzac, *The Barbary Corsairs: The End of a Legend*, 1800 – 1820, Leiden, E. J. Brill, 2002; Gonçal López Nadal, "Mediterranean Privateering between the Treaties of Utrecht and Paris, 1715 – 1856: First Reflections", in David J. Starkey et al., eds., *Pirates and Privateers: New Perspectives on the War on Trade in the Eighteenth and Nineteenth Centuries*, Exeter, Exeter University Press, 1997, pp. 106 – 125; Matthew S. Hopper, *Slaves of One Master: Globalization and Slavery in Arabia in the Age of Empire*, New Haven, Yale University Press, 2015。
68. Peter Lehr, "Violence at Sea: Piracy in the Age of Globle Jerrorism", 16 – 19. 还可参见荷兰人对"海盗"的理解: Joseph N. F. M. à Campo, "Discourse without Discussion: Representations of Piracy in Colonial Indonesia, 1816 – 25", *Journal of Southeast Asian Studies*, Vol. 34, No. 2, 2003, pp. 199 – 214; Simon Layton, "Discourses of Piracy in an Age of Revolutions", *Itinerario* 35, No. 2, 2011, pp. 81 – 97.
69. Ota Atsushi, "The Business of Violence: Piracy around Riau, Lingga, and Singapore, 1820 – 40", in Robert J. Anthony, ed., *Elusive Pirates, Pervasive Smugglers: Violence and Clandestine Trade in the Greater China Seas*, Hong Kong, Hong Kong University Press, 2010, pp. 127 – 141. 亦可参见 Timothy P. Barnard, "Celates, Rayat-Laut, Pirates: The Orang Laut and Their Decline in History", *Journal of the Malaysian Branch of the Royal Asiatic Society*, Vol. 80, No. 2, 2007, pp. 33 – 49。
70. Benedict Sandin, *The Sea Dayaks of Borneo: Before White Rajah Rule*.
71. Peter Lehr, "Violence at Sea: Piracy in the Age of Globle Jerrorism", 18 – 19.
72. Canning Report on Aceh, British Library, IOR/G/35/27; Kam Hing Lee, *The Sultanate of Aceh: Relations with the British*, 1760 – 1824, Kuala Lumpur, Oxford University Press, 1995, pp. 160 – 163.
73. James Francis Warren, *The Sulu Zone*, 1768 – 1898: *The Dynamics of External Trade, Slavery, and Ethnicity in the Transformation of a Southeast Asian Maritime State*, 2nd ed., Singapore, NUS Press, 2007, pp. 149 – 211.
74. "Mindanawi", in Sophia Raffles, ed., *Memoir of the Life and Public Services of Sir Thomas Stamford Raffles*, London, James Duncan, 1830, p. 63.
75. Timothy P. Warren, *The Sulu Zone*, p. 255.

76. 有关伊拉努人的分布情况，参见 Barnard，“Celates, Rayat-Laut, Pirates: The Orang Laut and Their Decline in History”，45 – 46。

77. H. R. C. Wright, “The Anglo-Dutch Dispute in the East, 1814 – 1824”, *Economic History Review*, new ser. , 3, No. 2, 1950, pp. 229 – 239.

78. Reid, “Violence at Sea”, pp. 22 – 23.

79. Alfred P. Rubin, *The Law of Piracy*, 2nd ed. , Irvington-on-Hudson, NY: Transnational, 1998, quoting Richard Woodeson, at 126.

80. 16 世纪的法学家查尔斯·莫洛伊（Charles Molloy）愿承认英国管辖权可以扩及在英国海域之外航行的英国船只上的英国海盗。其他人——例如 17 世纪晚期的里奥莱恩·詹金斯（Leoline Jenkins）爵士——则作出了更为宽泛的论断，例如他认为英国法院可以管辖苏格兰海盗。但是大多数法学家都表现得更为保守。到了 18 世纪晚期，英国法学家们虽然承认“海盗是一项自然法下的犯罪”，但是他们仍不认为“海盗罪可以在任何法庭审理”。理查德·伍德逊（Richard Woodeson）系牛津大学第三任“维纳英国法教授”，他于 1777 年写道：“对于海盗的指控适合在以下两类国家审理：被控当事方的所属国，或者涉案货物的所属国。”在 19 世纪 20 年代地中海地区整顿私掠船的背景下，此观点得到了英国外交部的确认。而要对外国人行使管辖权也因为以下事实而更加复杂，即从 1700 年开始，英国刑法将叛乱和“欺诈”纳入了国内海盗犯罪之中。此后，英国法中的海盗罪就与万国法下的海盗罪沿着不同的路径发展。Rubin, *The Law of Piracy*, pp. 95 – 98, 113 – 114. 亦可参见 Lauren Benton, “Toward a New Legal History of Piracy: Maritime Legalities and the Myth of Universal Jurisdiction”, *International Journal of Maritime History*, Vol. 23, No. 1, 2011, pp. 1 – 15。

81. “The Hercules”, in *Reports of Cases Argued and Determined in the High Court of Admiralty*, Vol. 2, 1815 – 1822, London, A. Strahan, 1828, p. 374.

82. Ibid. .

83. 参见 Rubin, *The Law of Piracy*, pp. 122 – 123, 232 – 233. Compare U. S. jurisdiction: ibid. , pp. 131 – 213。

84. 例如，参见 Nicholas Tarling, *Piracy and Politics in the Malay World: A Study of British Imperialism in Nineteenth-Century South-East Asia*, Melbourne, F. W. Cheshire, 1963, p. 46。

85. Blake to Maitland, 13 August 1838, British Library, IOR 4/1978/86974, 7.

86. Tarling, *Piracy and Politics in the Malay World: A Study of British Imperialism in Nineteenth-Century South-East Asia*, p. 100.

87. "Singapore", *Calcutta Monthly Journal and General Register*... 1838, p. 302.
88. "The Piracy and Slave Trade of the Indian Archipelago", *Journal of the Indian Archipelago and Eastern Asia*, Vol. 4, 1850, p. 622.
89. Anonymous, *The Asiatic Journal and Monthly Miscellany*, Vol. 27, 1838, p. 165.
90. Ibid..
91. W. Norris, recorder, to Bonham, TNA, ADM 125/133, F30 - 36.
92. Marine Department, Calcutta, No. 1 of 1839, TNA, ADM 125/133, F70.
93. Davis to Cochrane, 25 January 1845, TNA, ADM 125/133, 24v.
94. Anonymous, *The Asiatic Journal and Monthly Miscellany*, Vol. 27, 1838, p. 165.
95. 引自 *Journal of Indian Archipelago* 4(1850):622. 牛津大学法律教授 Richard Woodeson 主张,根据对于"海盗"术语的一般理解,野蛮国家不能被认定为"海盗",因为它们是拥有"固定领土、公共财政以及内部治理形式"的被承认的国家。Rubin, *Law of Piracy*, p. 126.
96. Tarling, *Piracy and Politics in the Malay World: A Study of British Imperialism in Nineteenth-Century South-East Asia*, pp. 149 - 152.
97. Norris to Bonham, 20 June 1838, TNA, ADM 125/133, F36.
98. Blake to Maitland, TNA, ADM 125/133, F66.
99. 节选自西班牙政府和苏禄苏丹缔结的条约, 23 September 1836, TNA, ADM 125/133, F2 - 3。
100. Ibid., F2.
101. Parker to Ellenborough, 12 January 1844, ADM 125/133, F89.
102. "只不过是男孩"(Mere boys)的表述引自: *Asiatic Journal and Monthly Miscellany*, Vol. 27, 1838, p. 165; 关于具体量刑的信息引自: *Journal of Indian Archipelago*, Vol. 4, 1850, p. 623。
103. Owen Rutter, *The Pirate Wind: Tales of the Sea-Robbers of Malaya*, Singapore, Oxford University Press, 1986, pp. 41 - 42.
104. Piratical Ships Act 1825(6 Geo. 4 c. 30).
105. Nicholas Tarling, "The Superintendence of British Interests in South-East Asia in the Nineteenth Century", *Journal of Southeast Asian History*, Vol. 7, No. 1, 1966, p. 97.
106. Tarling, *Piracy and Politics in the Malay World: A Study of British Imperialism in Nineteenth-Century South-East Asia*, p. 13. "需要留待军舰指挥官们自行决断的事项永远都是如此之多,以至于向他们提供任何扣留船只的托辞都似乎完全没有必要。" Marine Department, Calcutta, No. 1 of 1839, 4

January 1839, TNA, ADM 125/133, F70.

107. J. D. Dundas to Sir F. Collier, 16 June 1848, in *Piracy (Borneo): Copies or Extracts of any Despatches relating to the Suppression of Piracy off the Coast of Borneo*, London, Harrison and Son, 1850, p. 5.

108. No. 9, Lord Eddisbury to the secretary of the Admiralty, 9 November 1849, ibid., 11 – 12.

109. See Tarling, *Piracy and Politics in the Malay World: A Study of British Imperialism in Nineteenth-Century South-East Asia*, p. 47.

110. Ibid., pp. 99 – 100.

111. Ibid., p. 101.

112. Christopher Robinson, *Reports of Cases Argued and Determined in the High Court of Admiralty*, Commencing with the Judgments of... Vol. 2, 1843 – 1847, London, 1853, pp. 357 – 358.

113. 最后均分下来,每人可获 40 英镑赏金,因为参与分享这些赏金的共有 176 位船员。"Head Money, Borneo", Paper No. 967 in *Accounts and Papers*, Vol. 5, London, 1852 – 1853, p. 279.

114. 例如参见 Raffles, *Memoir*, 71, 379; Fullerton, Minute, 22 October 1823, quoted in Tarling, *Piracy and Politics in the Malay World: A Study of British Imperialism in Nineteenth-Century South-East Asia*, pp. 35 – 37。

115. Nigel Barley, White Rajah: *A Biography of Sir James Brooke*, London, Little, Brown and Co., 2002, Chaps. 4 – 5.

116. James Brooke, Memorandum on piracy, in *Borneo: Additional Papers*, 15 – 16.

117. Article 9 *Treaty of Friendship and Commerce*... 1847, in *BFSP*, Vol. 35, pt. 1, p. 16.

118. Benedict Sandin, The Sea Dayaks of Borneo: Before White Rajah Rule, pp. 59 – 90.

119. Alexis Chamerovzow, *Borneo Facts versus Borneo Fallacies: An Inquiry into the Alleged Piracies of the Dyaks of Serebas and Sakarran*, 2nd ed., London, Charles Gilpin, 1851. 亦可参见 George Foggo, *Adventures of Sir J. Brooke, Rajah of Sarawak*, London, Effingham Wilson, 1853, p. 6。

120. Alexis Chamerovzow, *Borneo Facts versus Borneo Fallacies: An Inquiry into the Alleged Piracies of the Dyaks of Serebas and Sakarran*, p. 27.

121. Enclosure in No. 2, copy of letter from Captain T. Wallage to Captain J. H. Johnstone, 26 August 1849, Piracy (Borneo) 378 (2 – 4); *Accounts and Papers*,

Vol. 26, pt. 1, Piracy: the Slave Trade, 1851.

122. Hume, House of Commons Debate, 10 July 1851, Vol. 118, cc436 - 503, available at http://hansard. millbanksystems. com/commons/1851/jul/10/borneo-sir-james-brooke.

123. Prinsep to GG India, 13 January 1855, in Borneo: Reports of the Commissioners Appointed to Inquire into Certain Matters Connected with the Position of Sir James Brooke, *HCPP*, No. 1976, XXIX 1, p. 5.

124. Ibid., p. 6.

125. Devereux to GG India, 13 January 1855, in Borneo: Reports of the Commissioners Appointed to Inquire into Certain Matters Connected with the Position of Sir James Brooke, p. 19.

126. Sims et al., 26 September 1854, Borneo Commission of Enquiry: Sir James Brooke, TNA, FO 12/20, F93; Guan Ho et al., 23 September 1854, ibid., F95 - 97.

127. Madam da Trongua, 7 October 1854, TNA, FO 12/20, F9.

128. Thomas Owen Crane, October 1854, TNA, FO 12/20, F12; James Guthrie, 29 September 1854, ibid., F33; Joseph Keok, 23 September 1845, ibid., F175; James Henry, 23 September 1854, ibid., F177 - 181.

129. Wee Guan Wee, 4 October 1854, TNA, FO 12/20, F4 - 5.

130. Mataipl, Qiang et al., 11 - 12 October 1854, TNA, FO 12/20, F238 - 267; Borneo: Reports of the Commissioners Appointed to Inquire into Certain Matters Connected with the Position of Sir James Brooke, p. 4.

131. Tan Kim Inree, TNA, FO 12/20, F7 - 8; William Napier, law agent Singapore, 29 September 1854, ibid., F63 - 76; Robert Hentig, 24 September 1854, ibid., F201 - 213.

132. Moosahl, 11 October, 1854, TNA, FO 12/20, F228 - 233; Abdultrassinl, 11 October 1854, ibid., F233 - 238; Mataipl, 11 October 1854, ibid., F238 - 239.

133. Lt. John Arnold Rappa, October 1854, TNA, FO 12/20, F28.

134. 亦可参见 Pangeran Serail, 10 October 1854, TNA, FO 12/20, F221。

135. Lt. John Arnold Rappa, October 1854, TNA, FO 12/20, F26.

136. Prinsep to GG India, 13 January 1855, in Borneo: Reports of the Commissioners Appointed to Inquire into Certain Matters Connected with the Position of Sir James Brooke, pp. 2 - 3.

137. Ibid. ,p. 4.

138. Ibid. ,p. 5.

139. Ibid. ,pp. 25 -26.

140. Reid,"Violence at Sea",p. 24;Timothy P. Warren,*The Sulu Zone*,pp. 104 - 106.

141. "Head Money, Borneo", in *Accounts and Papers*, Vol. 61, London, 1852 - 1853,p. 279.

142. Certificate of Record,No. 12 in *Piracy*(*Borneo*):*Copies or Extracts*,p. 14. 需要注意的是,在他们的往来信件中,沃利奇和法夸尔声称在婆罗洲击杀了1000多名达雅克人。参见 enclosure in No. 2 copy of letter from Captain T. Wallage to Captain J. H. Johnstone, 26 August 1849, Piracy (Borneo) 378 (2 -4);*Accounts and Papers*, Vol. 26, pt. 1, Piracy: The Slave Trade, 1851; "Head Money, Borneo", in *Accounts and Papers*, Vol. 61, London, 1852 - 1853,p. 277。

143. Piracy Act 1850(13 & 14 Vict c 26).

第六章　一个由国家组成的帝国

CHAPTER SIX
AN EMPIRE OF STATES

1814 年 6 月 4 日，约翰 · 坎宁（John Canning）抵达苏门答腊岛西岸，开始了寻找主权者（sovereigns）的旅程。坎宁不是一位律师，他只是穆希达巴德省军营的一个上尉，但在五年前一次失败的缅甸外交远征中以某种方式给孟加拉地区最高政府留下了深刻印象。在 1814 年，主权这种"小事"并不是法律专家们的专属工作。

亚齐国苏丹在一年前以"阿纳普尔尼号"（*Anapoorny*）为由俘获了该船及其船员，原因是该船作为一种武力回应，槟城政府（东印度公司的一个分支机构）派出一支远征舰队前往苏门答腊营救。[1]孟加拉地区最高政府命令坎宁对"阿纳普尔尼号"被扣押一事展开调查，并确保类似事件以后不再发生。为了完成该任务，"理所当然地"，坎宁必须对"大英帝国在苏门答腊岛西岸的实际统治边界进行调查"。[2]如果亚齐国苏丹对这些胡椒贸易港不享有主权,那么扣押"阿纳普尔尼号"就构成一种不正当的侵略行为,而该船的投资者们(其中包括东印度公司的官员)便可以就他们的损失提出赔偿要求。

关于苏丹权力的谜团显然引发了坎宁的好奇心和想象力。但让苏丹感到羞辱的是,坎宁完全无视他的存在。坎宁并未就赔偿事宜与苏丹进行谈判,相反,他巡视了胡椒种植地,并在所到之处寻找主权者。坎宁认为,主权是一种相互保护和支持的关系,并由一系列要素构成。"我认为,主权权力的基本和最显著要素是拥有民政、军事以及刑事管辖权。以统治者的名义任命其代表的权利和权力,以及征税权和任命一人或多人进行征税的权力,当这些特权或者豁免权确实存在时,毫无疑问相关国家或地区就处于拥有这些权力和权威之人的统治之下;反之,当缺少或不存在这样的权力或权威时,在我看来就必然意味着相反的结论。"在坎宁看来,亚齐国苏丹对于西苏门答腊不享有上述任何一种权力。该地区的很多居民都将赞同这一结论:如果他们独立于苏丹的统治,他们就没有义务向其纳税。但是,依据坎宁对主权的表述,即便是苏丹公然宣称其有权统治的那些对象,也有可能是潜在的主权者。[3]

与坎宁寻找主权者计划的利己目的相比,这一计划本身要有意思得多。坎宁被派往苏门答腊岛,其目的并不是为东印度公司或者大英帝国拓展殖民地或政治附庸;相反,东印度公司曾不止一次拒绝胡椒种植地叛乱团体寻求英国保护的请求。[4]坎宁的寻找主权者行动实际上开启了一种新的法律策略，而该策略对于19世纪早期的大英帝国来说同样重要。寻找或者扶持能够有效运作的主权者，并厘清与这些主权者交往时的管辖权规则，对于建立一个由英国主导的全球秩序来说是不可或缺的。而那些试图在拥挤而混乱的全球舞台上开辟出自己道路的政治实体，也想证明他们拥有成为主权者的能力。

即便是最广袤的19世纪大英帝国的疆域图，也没有覆盖整个世界：在1800～1850年，英国殖民地只占地球表面的一小部分。侨居在中国、日本、俄罗斯、大部分的太平洋群岛、美国、拉丁美洲、奥斯曼帝国以及几乎整个西欧的英国臣民仍在争取域外法律权利，并呼吁大英帝国政府对他们的利益进行保护——尽管此种保护的力度时强时弱。即便在英国正式宣示统治的地区，那些在帝国内的法律地位尚不明确的人，包括俘虏、罪犯和被征服者，在数量上也超过了普通的英国移民。虽然欧洲列强间的全球性军事冲突在拿破仑战争结束后的十年间有所减弱，但和平并不意味着全球性对抗的终结。在世界范围内，欧洲的商人们开辟了新的商业空间，而欧洲列强间的角逐也转向了新的舞台。

在此背景下，该如何理解我们所描述的英国式全球秩序呢？其中一种理解方式是将当时英国在其殖民地边界之外所采取的策略视作其为建造一个非正式帝国而打下的基础。对非正式帝国的研究往往有助于我们认识英美全球统治之前的那段历史。另一种理解方式是对英国外交政策的历史沿革进行梳理。从卡斯尔雷勋爵提出的欧洲权力平衡,到乔治·坎宁对欧洲以外地区的实用主义干预,再到帕默斯顿勋爵倡导的通过武力捍卫自由贸易,英国外交大臣们的外交策略进一步扩充了为人熟知的关于英国外交如何影响世界的叙事。作为19世纪初英国外交的主题,"炮舰外交"这一标签很容易让人误以为法律冲突以及英国的法律力量(与军事力量相比)在平息区域性政治纷争中只发挥了边缘性作用。[5]

本章将采用一种不同的研究路径,着重探讨帝国(以及帝国间)法律如何影响19世纪早期各个政治形态多元化之区域的形成。当时流行的观点认为,帝国结构能够容纳各种新形式的政治形态。政治行为体之间的交往并不完全依赖于法学家约翰·奥斯丁的理论假设。由约翰·奥斯丁率先提出并在后来广为流传的假设认为,由国家组成的国际社会中必定不存在一个更上位的主权者。奥斯丁的这种国际秩序观要求我们将各个帝国简单地视为异常庞大和复杂的国家,它们通过与其他主权国家的交往而对国际法产生影响。[6]与之相对的是,大多数19世纪早期的政治行为体却将帝国理解为一种自成一类的、政治形态多元化的秩序,帝国本身是一个国家体系(a state system),而非一个国家(a state among states)。不过与奥斯丁的假设中缺失的上位主权者非常相似的是,帝国政府被期待能够对帝国内部众多政治实体之间普遍存在的冲突进行调停。[7]

对帝国的此种理解,影响了各政治实体间的独立斗争和新的结盟。[8]帝国体制与联邦体制之间的关联在18世纪晚期和19世纪早期开放性的政治氛围中逐渐成熟。埃德蒙·伯克将帝国定义为"同一个首脑领导下的诸多国家的集合"。[9] 杰里米·边沁在参考了"日耳曼帝国……荷兰各省……以及瑞士各州"的联邦主义之后,主张英国在北美应实行分层次的主权结构。[10] 在1776年开启的美洲各地创建新国家的浪潮中,联邦制同时与独立斗争以及在帝国世界中重新定位各类政治实体的尝试联系在了一起。[11] 无论是充满活力的自治政府在1840年后被引入维多利亚时期的移居殖民地,还是立法机构在1820年后被引入众多君主直辖殖民地,这些现象都印证了联邦主义思想在帝国内部治理框架中的影响力。[12]

类似现象亦出现在政治上混乱和充满竞争的帝国边缘地区。领事和商人们为了确保债务清偿及合同履行而采取的强化当地政府权威的努力,导致了比"非正式帝国"更进一步的体系的形成。它促成了新国家的产生,[13] 这些国家极力要求在与帝国权力的关系中界定和捍卫自身的主权,并且通过组建新的联邦来抵制帝国的野心。这样的结果可能会令奥斯丁感到困惑:在零星分布的英国势力范围内,政治形态多元化的区域却成倍增加。此类经常被忽略的现象,恰恰代表19世纪早期全球秩序中的关键部分。

本章将从此类受帝国影响的区域性国家体系中选取两个个案,分析在其形成过程中发挥作用的各种因素。我们先从关于一艘小船的故事说起。该船在位于大溪地岛东北方向300英里,属于土阿莫土群岛的一个珊瑚礁上被俘获,其船员则被处死。这一杀害事件及其后续的审判引发了多方面的讨论,讨论的主题涉及波利尼西亚地区各岛间主权关系的本质以及大英帝国在该地区治理中所扮演的角色。由于英国本土与群岛间的遥远距离以及存在巨大差异,英国方面对于此次事件的评论明显给人一种混乱的感觉。在太平洋地区,法律的“英国标准”往往随着所涉英国臣民类型的不同而不同:商人、领事、传教士和海军军官们对于大溪地的主权,以及大溪地对其周边地区应当维持何种秩序有着截然不同的看法。如同本书第五章中所讨论的有关婆罗洲海盗问题的争议一样,“多利号”(*Dhaulli*)事件凸显了英国在处理帝国边缘地区问题时外交政策的不均衡性——即便这一事件揭示了扶持当地政治实体建立国家这一策略对于英国在19世纪早期构建全球秩序的重要性。

随后我们将转而考察拉普拉塔河流域贸易背后的政治角力。我们将要探讨的是,当英国的代理人试图在该流域定义一种并非由大英帝国提供保障,而是由该流域那些承诺保护英国商人之财产和投资的当地国家提供保障的航行自由时,新成立的国家是如何在西南大西洋区域的帝国地缘政治中游走博弈的。在上述两个区域,英国都坚持通过构建法律秩序来保护贸易,而其中就包括推动确立当地政府对于破坏海上运输之行为的管辖权。英国的行动在敦促当地政治实体对多元化政治体系中的英国商业活动和财产提供保护的同时,也推动了新主权国家的形成,或强化了新成立国家的主权诉求。

通过追溯英国对主权者的承认所产生的区域性影响,我们可以看到，这段历史展示了各个国家在与大英帝国打交道过程中的开放性和灵活性。那些蕴含民族主义的策略——例如，在南美洲传播关于主权之声明，或者对大溪地水域主张控制权——之所以能够获得认同，部分原因在于它们仍然保留了将相关政治实体纳入大英帝国势力范围的可能性。在波利尼西亚和拉普拉塔河地区（以及其他许多本书未提及的地区），部分当地精英力图使其所在区域被承认为大英帝国的正式组成部分。他们对此种方案的鼓吹不应被视为与帝国主义者的合谋而被排除在我们的研究之外。在帝国时代，即便是最极端的思想家也不会认为主张主权与吸纳帝国参与当地和区域性秩序问题的解决这两者之间存在多大的矛盾。[14]大溪地居民在不同的时期都曾提议让大溪地成为英国的被保护国；而在新独立的乌拉圭，该国的精英阶层也曾发出类似的呼吁。在这两个地区的不同时期，当地法院在处理涉及英国臣民的案件时，都曾顺从英国的压力而适用特定的程序或给予英国所提议的救济。我们固然可以将此类行为视为对英国压力的屈服，但是这样的解释将会忽略当地人民在此过程中的创造性作用，因为后者亦将法律变革视为应对构建国家体系秩序之挑战的有效措施。

第一节 珍珠与主权

大英帝国很晚才开始尝试进入太平洋地区。除个别明显例外,英国商人们在太平洋南部海域的商业拓展活动进展缓慢,因为他们不但要面对东印度公司对该地区提出的垄断主张,还要面对在一定程度上已被西班牙、荷兰和法国的竞争对手们所垄断的既有商业网络。随着博物学家、商人、罪犯和传教士们在18世纪晚期逐渐渗入该地区,太平洋群岛成了各种新知识(包括自然、世俗、政治以及精神方面的知识)的发源地。[15]《努特卡湾协议》(Nootka Sound Conventions)的签署、全球战争以及1813年东印度公司垄断权的丧失等一系列事件,使该地区以前所未有的程度向商人开放。但即便是在那个时候,英国也不想将南太平洋岛屿变成其殖民地。不过此种情形并未持续多久。[16]

上述因素并未阻止大英帝国的代理人对太平洋地区的法律秩序进行干预。受博物学探险家们对于太平洋地区居民良好举止和文明潜力之描述的触动,伦敦传教士协会(London Missionary Society,LMS)于1797年仓促涌入太平洋群岛。传教士们对于改变社会群岛、汤加群岛和马克萨斯群岛岛民之信仰的热情，与其对澳大利亚原住民的忽视形成了鲜明对比。[17]事实证明，确保人们对上帝的虔诚和信仰，离不开一定数量的立法，因此伦敦传教士协会的传教士们亦积极投身于一项吃力不讨好的工程，即通过编纂群岛法律来确立道德秩序。大英帝国在该地区贸易枢纽数量的陡增也带来了新的秩序问题。为了维持罪犯流放殖民地的生计，新南威尔士政府在1801～1826年从大溪地进口了数百万磅的猪肉。[18]猪肉贸易改变了太平洋各岛野心勃勃的酋长之间的权力结构。而为了取悦其贸易伙伴，新南威尔士政府亦不得不努力地对流窜至群岛的逃犯和其他英国流浪者加以管理。

这些流浪者们对于群岛秩序有着各自的看法。逃犯、捕鲸人、捕海豹者、遭流放者、探险者，以及越来越多的追逐海参、檀香木和珍珠等有价值商品的商人们来回穿梭于群岛，试图寻找贸易机会，并按照他们自己选择的规则来生活。外来者们改变了群岛的地缘政治，他们在令岛屿上的部分精英阶层变得富有和强大的同时，也削弱了另一些人的财富与权力。他们经常以一种以往难以想象的方式将政治权力集中到少数人手中。这些旅居者同时也带来了暴力、无序以及性病，导致传教士们日益歇斯底里地向英国本土传递对于群岛地区道德败坏的恐慌。基于不同的目的，商人们也加入要求建立群岛秩序的呼声中。雄心勃勃的太平洋岛国君主们主张对贸易征税以及对欧洲人的活动加以约束，而这些主张有时会阻碍商人们获得货物。令人沮丧的是，有关资源获取权的争议越来越频繁地以暴力方式终结。[19]

太平洋地区的混乱无序状态引发了19世纪关于英国行使域外管辖权的首次讨论。《新南威尔士宪章》中关于英国对该地区之权利主张的描述含糊不清,仅仅规定了新南威尔士殖民地的边界向东延伸至包括"所有邻近岛屿"在内的海域。[20]当新南威尔士总督菲利普·吉德利·金(Philip Gidley King)于1801年命令英国皇家海军舰艇"鼠海豚号"上的斯科特(Scott)中尉前往社会群岛逮捕罪犯和逃兵时,他似乎将这一含糊的边界主张视作关于管辖权的规定。1802年,金总督任命传教士约翰·杰弗逊(Rev. John Jefferson)担任大溪地的治安法官。[21]他同时还向所有前往群岛地区的商人收取品行良好保证金。(布莱总督曾向船东收取类似的保证金,以惩罚后者向大溪地偷渡罪犯,但这一措施在1808年激起了约翰·麦卡瑟的叛乱。)拉克伦·麦考利总督在1813年和1814年再次拓展了治理太平洋地区的手段。他主张这些群岛处于英国的保护之下,并据此向商人们收取1000英镑的品行良好保证金。他授权某些船长逮捕群岛中的游手好闲之徒,承认某些当地酋长对欧洲外来者进行管理的权力,并向岛屿湾(Bay of Islands)和大溪地派遣更多的治安法官。然而,他的这些尝试与其说是建立在帝国实际权力的基础上,倒不如说是建立在虚张声势和轻信的基础上:只有极少数的刑事罪犯在新南威尔士法院受审,而悉尼的治安法官们则宣称他们对英国人在群岛犯下的罪行无管辖权。事情发展到这一程度,麦考利总督只能放弃他的尝试,并像伦敦传教士协会的传教士们一样写信向英国本土求助。[22]

此种求助所等来的结果，是英国议会对于将英国管辖权延伸至外国领土上的英国臣民这一问题的敷衍回应。要实现扩张管辖权的目标，议会可以在两种旧有模式中进行选择。其一是对英国的领事、商人协会和公司进行法律授权；其二是通过法院和特别委员会来实现英国管辖权的扩张。1485 年，英王理查三世曾委任佛罗伦萨的一位商人来解决英国商人之间的争端。该做法自 1640 年起又在奥斯曼帝国再度兴起。基于英国的皇家特许状和奥斯曼帝国的同意，利芬公司（Levant Company）被授权通过制定法律"对本公司和其他英国商人进行管理"。[23]值得注意的是，这一安排在 1812 年和 1833 年曾两度受到殖民部的审查，因为批评者指出英国驻奥斯曼帝国的领事几乎无法对英国人行使有效的管辖权，特别是当英国人实施了针对当地人的犯罪行为时。[24]除了上述安排以外，英国政府还主张英国法院对于英国臣民在外国领土或者公海上实施的某些行为具有管辖权。在 1541 年和 1543 年，英王亨利八世统治下的议会通过了两个法案，将在英国境外实施的谋杀和叛国行为纳入一个特别组建的英国委员会的管辖。[25]上述法案在 1803 年对管辖权作了扩充，以涵盖管辖协助谋杀和过失杀人案件。[26]接着在 1817 年，议会又授权"任何位于大英帝国的岛屿、种植园、殖民地、自治领、要塞或据点"的殖民地军事法庭对那些以太平洋群岛和洪都拉斯的英国人为被告的谋杀和过失杀人案件进行审理。[27]

此种扩张英国管辖权的做法在 19 世纪早期的太平洋地区面临相当大的障碍。上述法案只涵盖了那些涉及人命的暴力行为,但它们并没有对其他可能引发冲突的行为加以规定,如违约、毁损财产、盗窃和人身侵犯等。与此同时,在距离管辖法院如此遥远的地方,这些法案几乎不具有实施的可能性,直到1824年,距离南太平洋地区最近的军事法庭竟远在锡兰。即使是在新南威尔士最高法院被赋予了军事法庭的管辖权之后,这些法案也缺乏有效的手段对英国人进行约束,因为它们并无关于对违法者实施逮捕的规定。同时,它们并没有在群岛中设立领事裁判权,而英国外交部也不会为了设立此种管辖权而与当地人进行谈判。[28]在1824年以后,和以前一样,极少数的以英国人为被告并且被提交至新南威尔士法庭审理的案件最后都不了了之——在英国政府看来,这表明了法庭对于殖民地不法行为的漠不关心。[29]

群岛地区秩序问题的核心在于岛屿主权不断变化的本质。群岛中的君主们渴望权力,但其野心的本质与界限对于奉行沙文主义的英国人来说往往并不清晰。之所以如此,部分原因在于英国人所接触的当地岛屿的权力结构差异实在太大——既有非常古老的,也有新近确立的,还有那些正在经历剧烈变革的。正如我们所看到的,对外贸易正在改变群岛秩序,使那些有野心的家族能够将酋长制变为某种形式的君主制。形形色色的欧洲人许诺让各岛屿的政府获得科技、资源、贸易伙伴和权力。而英国人则威胁着当地的秩序、公共健康以及当地的民族自决事业。在与欧洲外来者打交道时,精明的岛民们不得不小心谨慎地提出他们的主张。例如,群岛的君主们并不总是想拥有19世纪的“主权”一词所指的那种排他性的领土主权。认识到其对外国人的权威实际上非常有限，一些大溪地的统治者在 19 世纪 20 年代甚至想方设法获取英国对该群岛的某种形式的“保护”——如试图获准使用英国国旗，或者邀请英国军舰定期造访，以威慑当地的英国人以及其他觊觎当地权力的欧洲人。[30]虽然当地君主们为了垄断与欧洲的贸易而主张对周边岛屿的权力，但他们并未而且通常也无法对其设想中的臣民内部政治和外部扩张实施控制。

不仅岛屿主权本身令人烦恼，而且英国人内部对于此种主权的特性也无法达成一致。领事、海军军官、传教士和常驻商人们在塑造英国对该地区之政策的过程中发挥了极大的作用，而且每一个人都为追求各自的目标提出了关于岛屿之国家地位的构想。部分传教士和海军军官认为已知的这些群岛君主们可以并且应当对欧洲旅居者进行管理。其他人（尤其是违法犯罪者）则强烈反对，认为他们不应受群岛法律的约束。英国人甚至无法就“群岛君主们对其下属臣民拥有多大的权力”这一问题达成共识。对于那些受到不法侵害并且希望就失去的船只和货物获得赔偿的商人们而言，君主们拥有广泛的管辖权是一件好事。但是，如果当地君主的管辖权对商人们获取珍珠或其他可交易商品造成了限制，那么就不是什么好事了。

在 1831 年或 1832 年的夏天，当一位名为乔治·沃德·科尔（George Ward Cole）的英国人派遣双桅船“多利号”前往社会群岛采集珍珠时，上述各类利益发生了交集。科尔曾担任皇家海军中尉,当时居住在三明治群岛(Sandwich Islands,今夏威夷)中的沃阿胡岛。“多利号”悬挂着三明治群岛的旗帜,航行至一处无人居住的环礁,该环礁位于广袤的土阿莫土岛链内“危险”和“低洼”的群岛之中。由于双桅船无法进入环礁中较浅的珍珠泻湖,因此“多利号”船员派了一艘小型纵帆船“特鲁罗号”(*Truro*)进入泻湖采集珍珠,而“多利号”则驶往附近岛屿进行补给。当“特鲁罗号”离开了“多利号”的控制范围后,一支由来自阿纳岛的链岛岛民(Chain Islanders)组成的突击队对该船发动了袭击。

据驻大溪地的传教士对这一事件的记载,链岛岛民在杀死了“特鲁罗号”上的大部分船员后,将这艘纵帆船还给了“多利号”的船长和大副,而后者则带着该船驶往大溪地。途中,这两名不幸的船员无所畏惧地驾驶着“多利号”和“特鲁罗号”前往另外一个“低岛”(Low Isle)继续搜寻珍珠。链岛岛民再次捕获了纵帆船,这一次他们把这艘船拖到岸上,并将其焚毁。他们将船长和大副放到一艘漏水的捕鲸艇上,推往大海。当这艘艇被迫搁浅在一个邻近岛屿时,船长和大副立即被杀害了。[31] 同时,一群身份不明的人试图扣押“多利号”,并将其大部分船员拘禁在岸上。[32]

传教士们对此类事件尤其感到忧心,因为“多利号”的遇袭并非个例。自 1802 年以来,驶往社会群岛的英国船只不时地遭遇袭击。在 19 世纪 20 年代,针对外国珍珠采集船的暴力袭击事件与日俱增。“特鲁罗号”遇袭仅仅数月后,链岛岛民又在堡岛(Bow)袭击了三桅帆船“波马利号”

(*Pomare*)。该船悬挂智利旗帜从瓦尔帕莱索出发,英国商人亦对该船的探险航行提供了资助。虽然袭击者们放过了船员,但是令传教士和商人们担忧的是链岛岛民已经形成了劫掠的习惯,而只有英国的干预才能终止此种劫掠。传教士们告知一位来访的海军上尉:“在我们看来,除非对此类事件加以遏制,否则罪恶将继续上演。我们非常真诚地希望,在听到你对经常发生在这一区域的各类罪恶事件的描述后,英国政府至少会每年派一艘军舰前来解决这些麻烦,保护英国臣民及其财产。”[33]

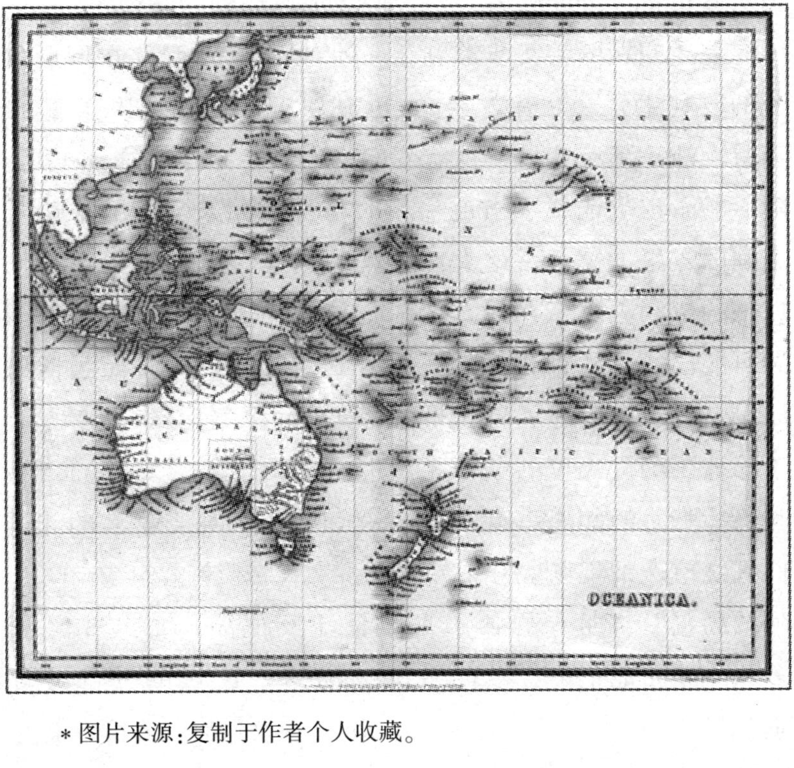

* 图片来源:复制于作者个人收藏。

作为“多利号”的资助者,乔治·科尔希望获得赔偿。他联系了同样居住在三明治群岛的英国领事理查德·查尔顿(Richard Charlton)。于是查尔顿开始着手“就那些针对英国臣民和财产的暴行要求赔偿”。[34]与传教士们一样,查尔顿也认为,“如果对此类暴行不予关注……那么很快任何国家的船旗都将无法对前往这些群岛的船只提供保护”。[35]但是,此次袭击事件以悬挂三明治群岛旗帜的船只上的英国臣民为对象,并且发生在距离大溪地300英里之外的土阿莫群岛中的一个无人居住的环礁的泻湖内,在此情况下,谁能够或应当对此负责?谁能够解决商人们在那里遇到的麻烦?

上述问题的答案非常复杂。针对环礁泻湖,存在形形色色的权利主张——有古老的,也有新近的。欧洲人于1722年首次注意到珍珠贝在当地被广泛地用于制作首饰和工具,随后的游记也记载了当地采珍人与受欧洲人资助的采珍人之间的零星冲突——这类冲突表明当地人对环礁泻湖一贯以来的权利主张。[36]在双方接触之前,土阿莫土群岛的珍珠泻湖可能已经是各种相互冲突的权利主张的对象。而当群岛居民自己也开始为了与欧洲开展贸易而采集珍珠时,双方对于珍珠泻湖进入权的争夺无疑进一步激化了。[37]对欧洲贸易与当地野心的共同作用下,链岛岛民与土阿莫土群岛的邻居们围绕珍珠采集场展开了漫长的冲突。[38]在19世纪30年代,阿纳岛岛民“拥有的独木舟数量比其他岛屿加起来还要多”,[39]而且他们“已经征服了群岛这一区域的大部分环礁”。[40]

波马利(Pomare)王朝在大溪地的崛起进一步加剧了各方在珍珠采集场问题上的冲突。波马利王朝在社会群岛的权力部分源自那种将群岛各个部落维系在一起的复杂的族谱关系。通过与欧洲人的持续接触,此种权力得到了极大的扩张。自他们首次抵达大溪地开始,在那些雄心勃勃的大溪地首领实现政治野心的过程中,欧洲人发挥了重要作用。瓦利斯(Wallis)上尉以为他在1767年见到了大溪地女王,但事实上他见到的只是一位名叫普利亚(Purea)的极富野心的年轻女士,她与丈夫共同计划"将他们的儿子特里-依-力力(Teri-i-reree)塑造成在大溪地拥有最高地位和最高政治影响力的人物"。这对夫妇借助瓦利斯那些引人注目的奇装异服——他的旗帜和衣饰小件——来支撑自己日渐增长的威望。[41]波马利王朝的首任君主、酋长图(Tu)挫败了这一野心。[42]为了摆脱对首领权力的传统限制,他同样借助了欧洲的工艺品(包括某人的红发),以及聚居在大溪地的欧洲流浪者群体的才干。波马利王朝的权力扩张亦得益于其与新南威尔士的猪肉贸易,波马利王朝通过要求周边岛屿进贡猪肉,试图垄断猪肉贸易。[43]不出所料,此种对贡品的索求遇到了反抗:在当地那些反对波马利王朝日益强化的专制统治的传教士的默示鼓励下,大溪地各部落及周边岛屿在1808~1815年联合起来,要求废黜波马利二世。[44]

但同样是这些传教士,他们在发现波马利王朝改变了其宗教信仰之后,也随之改变了主意。为了换取传教士们的支持,波马利二世在1812年强迫大溪地及周边岛屿的居民信仰新教。[45]于是传教士们开始着手为大溪地制定一部宪法,以巩固波马利王朝的对内权力,同时将大溪地政治实体塑造成一个欧洲和美洲的外来者(它们中的大多数正忙于制定自己的宪法)所认可的国家。《1819 年宪法》以有趣的方式重新界定了既有岛屿的权力:建立了一个行政政府,并将所有附属部落的首领转化为负责维持当地安宁的总督或法官。[46]大溪地建立国家的努力还包括通过制定法律对前往当地的船只征税,以及对所有旅居在群岛的欧洲人的行为加以约束。如果遥远的军事法庭无法令英国旅居者安分守己,那么波马利二世及其传教士盟友认为大溪地君主应当担负起该职责。

其他的英国人并不同意传教士们关于大溪地之国家地位的观点。当英国捕鲸船"文尼利亚号"(*Venilia*)于 1831 年年底抵达大溪地时,该船船长试图将 13 名不服从命令的水手留在岛上,但遭到了大溪地当地总督的拒绝,后者所依据的是波马利国王制定的两部当地法律。其中一部法律规定,"未经当地总督允许,任何船只的船长不得将任何水手留置于当地,违者将处以 30 个西班牙币的罚款";该法还规定了针对逃兵及其共犯的刑事处罚。另一部法律则增设了一项对所有访问大溪地或者艾米奥岛的船只强制收取引航费和港口费的制度。[47]然而,船长声称其"不会认同这些法律",并拒绝支付罚款或让那些抗命不从的士兵重新登船。他甚至不会就这些所谓的"叛逃水兵"被指控的罪行提供说明。经过一系列令人困惑且明显缺乏诚意的交涉后,这艘船驶离了港口,既没有带上船员,也没有支付罚款。[48]这一事件表明,无论是岛屿的法律还是英国的法律，都缺乏有效性。捕鲸队长、大溪地居民约叔华·希尔(Joshua Hill)曾警告船长，“将你的船员留置或者以任何形式抛弃在外国土地上，不管怎么看都是与英国法相悖的”，但该警告无济于事。[49]这种对欧洲人强制适用群岛法律的做法在仅仅数年之后就导致了更具灾难性的后果。乔治·普利特查德(George Pritchard)(一位传教士，很快将成为英国领事)说服波马利女王将受法国资助的天主教传教士从美国领事馆中驱逐，结果招致了法国的天价索偿，以至于女王不得不在1843年将大溪地岛屈服于法国的“保护”之下，以避免破产或者战争。[50]

位于诸如赖阿提岛和胡阿希内岛等较为古老的权力中心的岛民和传教士，对于大溪地主权的范围同样有着不同看法。[51]传教士查尔斯·巴尔夫(Charles Barff)和兰瑟洛特·特里科尔德(Lancelot Threlkeld)对大溪地试图垄断群岛猪肉贸易的做法颇有怨言。1822年，特里科尔德对波马利二世为了控制群岛而派“大溪地牧师……去掌管教堂”的做法亦感到痛心疾首。[52]传教士们帮助赖阿提岛和胡阿希内岛的民众制定自己的宪法和法律，以支持上述岛屿在与欧洲接触之前就主张的宗教与政治层面的优越性，并组建与大溪地王朝相类似(并且基本上独立于大溪地)的当地统治机构。[53]他们的上述努力产生了效果：英国领事查尔顿在1826年写给坎宁的一封信中，肯定了赖阿提岛和胡阿希内岛的独立性。同一年，“孔雀号”(*Peacock*)船长、美国人盖茨比·琼斯(Catesby Jones)分别与赖阿提岛、胡阿希内岛和大溪地签订了条约。[54]

袭击“特鲁罗号”的链岛岛民与大溪地有着更强的政治联系——尽管他们的居住地距大溪地更为遥远。“土阿莫土”(Tuamotus)这个群岛的名字在大溪地语中的含义是“遥远的”。但是在1830年,该群岛亦被称作“保莫土”(Paumotus)(意思是“恭顺的”或“被征服的”)。[55]而该群岛在此前不久才沦落到此种地位。波马利二世在1810~1811年曾乘坐一艘由欧洲旅居者建造和驾驶的船访问土阿莫土群岛(这也是他违反禁忌的众多例子之一)。[56]在他重新取得对大溪地的统治权后,他向那些因试图挑起战争而被驱逐出阿纳岛的军事头目们提供庇护,随后在1817年将他们送回当地,并且使他们改信基督教,从而使得他的政治影响力再度扩张。1820年,在一次岛屿间会议上,波马利二世就阿纳岛事件进行了和平调解,并“声称对土阿莫土群岛东部拥有统治权”。[57]随后,他派自己的亲戚对阿纳岛和塔拉瓦伊岛进行“统治”。据传,这些人控制了某些珍珠采集中心,对珍珠采集进行征税,并将所得进贡到大溪地。[58]在1926年写给坎宁的一封信中,查尔顿领事称大溪地、艾米奥岛、链岛群岛、特塔罗岛和米亚提岛“均受波马利王朝统治”。[59]

对珍珠和海参(“Biche-de-mer”,一种中国需求量甚大的产品)不断增长的国际需求在19世纪20年代中期进一步强化了波马利王朝对土阿莫土群岛提出领土主张的紧迫性。[60]英国皇家海军“怒放号”(*Blossom*)舰长弗里德里克·威廉·比奇(Frederick William Beechey)在1825年的一份报告中指出,波马利女王“在看到欧洲人所采集的珍珠牡蛎的价值后,认为若对它们进行征税,将能极大地增加其财政收入”。于是,她命令“所有附属岛屿扣留任何没有事先获得皇家特许而从事珍珠贝贸易的船只”。[61]据比奇称,链岛岛民正是基于这一命令,在1825年对双桅船“龙号”(*Dragon*)实施了洗劫。作为回应,查尔顿领事要求女王支付赔偿,并立即废除相关法律。比奇在对该事件的描述中指出,“女王极其不愿意放弃这一财政收入来源,极力主张其在自己领土范围内征税的不容置疑的权力,她以相当精明的方式维护其主张,并最终向部落首领们寻求支持”。[62]然而,当“怒放号”开进港口并将炮舰对准首都时,部落首领们转而支持领事,大溪地的统治者只能屈服。女王一边抗议,一边“流泪”,命令链岛岛民“不得骚扰或干预任何为了贸易、贝壳采集、补给或其他目的而前往土阿莫土群岛的船舶,相反还要给予他们任何力所能及的帮助”,并将任何争端“提交当地管理机构处理”。[63]当链岛岛民在1831年对科尔的船员发动袭击时,查尔顿领事认为女王违背了承诺。[64]

英国领事向大溪地女王提出的要求,实际上反映了英国对群岛主权自相矛盾的观点。当查尔顿要求将链岛岛民与英国珍珠采集船之间的争端提交大溪地相关机构处理时,他实际上承认了女王对链岛岛民及/或群岛内无人居住的环礁中的珍珠泻湖拥有统治权。相反,他要求女王废除有关允许使用武力在珍珠泻湖征税的法律,又表明他认为女王对于陆地和海洋的管辖权仅包括大溪地及其紧邻的周边地区;女王无权为一个位于"大溪地东北以东300英里"的无人岛屿制定法律。[65]当查尔顿于1834年抵达大溪地后,他提出了更多的要求。他不仅坚持要求女王"立即收回所有与在低洼岛屿(土阿莫土群岛)进行贸易的船只的相关口头或书面命令",还进一步宽泛地主张"不允许存在任何对(大英帝国国王)陛下子民的贸易进行征税的权力,而任何针对他们的伤害、妨碍和骚扰行为必须受到惩罚"。大溪地的君主"亦无正当权利阻止船舶访问大溪地或土阿莫土群岛中的任何岛屿"。[66]环礁处于大溪地的管辖范围之外,属于海上共有物的一部分,所有人都可以各取所需。

希尔队长也坚定地拥护这一观点。他明确地希望某些人能够给他一个正式的领事头衔,并怀着这样的目的介入这一事件中。在1832年为皇家海军"斑马号"(*Zebra*)舰长麦克莫都(G. L. McMurdo)起草的一封信件中,希尔要求知晓"大溪地政府究竟基于何种权力或权利,能够夺取对'低洼岛屿及链岛'间贸易的控制权,从而至少损害了其最好的朋友和保护者——英国的利益。此外,请允许我再问一个问题,大溪地政府依据什么向某人发放特许,以使后者获得在上述低洼岛屿的独家贸易权?因此,我被授权通知贵女王政府,正如比奇舰长在此前也曾向贵政府指出过的,上述行为是违法的,它们不应该、也绝不允许被继续容忍。"[67]

值得玩味的是,麦克莫都船长并未将该信递交给女王。像卷入这一事件的其他海军军官一样,他更关心的是如何利用大溪地的权力去维系岛屿间的秩序,而非索取赔偿。麦克莫都和他的同事们逼迫女王将链岛岛民定性为海盗，并以国内刑事管辖权的形式对其行使主权。即便是立场摇摆不定的希尔队长似乎也在某种程度上赞成此做法。在致女王的信中，希尔要求女王对事件进行调查，并且更为重要的是，要求女王将“（据我所知）此刻正在大溪地逗留的链岛首领或国王扣留下来”，作为人质，直至希尔跟随“斑马号”前往链岛对相关罪行进行调查并将肇事者绳之以法。[68]相比之下，麦克莫都给女王的信措辞更为温和，他责令后者“勤勉地对这一事件进行调查，使违法者能够受到法律的制裁……对违法者进行审判，从而向英国政府展示您惩治一切海盗的决心”。[69]女王承诺，等某艘船一竣工就将其派往链岛，将“违法者带回大溪地”，并“依据我国法律对他们进行审判和惩罚”。[70]

然而女王并未如约履行承诺。六个月后，弗里曼托（Freemantle）船长威胁道，如果女王仍不进行调查，英国国王将认为“这些海盗行为是在您的同意下实施的”。[71]不过弗里曼托船长写回英国国内的信件却是完全不同的口吻：“波马利女王将会把一些部落首领安排在所有前往群岛的战舰上，以协助抓捕违法者，并将这些人带回到大溪地依其法律进行审判。对此我非常满意。但是目前，我认为，不管女王本人意愿如何，她并不具备相应的权力去完成她所承诺的那些事情。”[72]

在1832～1834年的某一时刻，当查尔顿领事抵达大溪地并要求女王放弃对群岛的管辖权后，一些链岛岛民被带到了大溪地,并以谋杀罪受审。在法庭认定这些囚犯有罪后,女王很快又赦免了他们——这一做法惹恼了查尔顿领事,并证实了弗里曼托船长对于女王管辖权之局限性的判断。[73]1834年,应查尔顿领事的要求,女王同意“将我国政府从那些岛屿撤回,同时撤销我国法律对那些岛屿的适用。我将它们从我手中全部剥离,它们的不法行为将不再归咎于我”。此外,她还放弃了所有索取贡品的特权,并宣告,“若大溪地的船只驶往土阿莫土群岛……它们不得利用其在土阿莫土岛民中的影响力,让后者给它们送礼,从而获取优于他人的待遇。要获得珍珠贝,必须以财产交换……而不是凭借我的权力或权威。”女王还放弃了对那些被赦免的罪犯的管辖权,她提出将这些海盗移交给西摩尔(Seymour)船长和查尔顿领事,“把他们吊死在你们的船上,或者带到英国吊死”。[74]数年后,菲兹洛伊(Fitzroy)船长报告称他在大溪地港口发现了成堆的珍珠贝,并建议女王继续向链岛群岛收取贡品,而不管她之前向查尔顿承诺了什么。[75]

从英国为影响和塑造大溪地法律权力而前后进行的一系列摇摆不定的尝试中,我们可以得出什么结论呢?谋杀事件及其管辖权上的纠葛,揭示了群岛中法律权力的划分所涉及的重大利害关系。围绕着大溪地法律的适用范围以及英国人试图通过何种方式塑造该地区的秩序,存在一系列问题,而对欧洲人之管辖权的范围和性质界定仅仅是其中之一。英国人认为扶植大溪地的统治对其是有利的,但这种扶植须有限度。他们希望通过法律机制限定大溪地对周边岛屿的权力,但同时又保留这样的可能性,即大溪地法律能够用于有选择地应对那些可能威胁到英国利益的行为。英国希望获得法律上的主导权,但却不想承担法律上的责任。沃德(J. M. Ward)认为英国对于大溪地主权的强力扶持体现了利己主义,它允许大英帝国通过威逼手段向群岛居民索取赔偿,但同时对英国流浪者破坏太平洋群岛安宁的行为却不加制止。[76]简·山姆森(Jane Samson)则认为,那些尝试推行这一做法的人(英国海军军官)往往投入很大的精力增进群岛居民的福祉。[77]但无论是利己主义还是人道主义,都无法充分解释英国自19世纪20年代以来处理群岛主权问题的方式。

英国在太平洋地区的政策,实际上反映了其在后拿破仑时代对全球范围内的合法性问题的关注。传教士、商人、船长和领事们对于如何在该问题上实现平衡有时会有不同的看法,而大溪地的统治者和链岛岛民对于公平正义,以及英国影响力的界限也有自己的看法。上述各方都承认,建构中的区域秩序是由无处不在的英国影响力和存在已久的(有时是新兴的)的当地主权者共同打造的。这一新秩序(它很少被人意识到,直至它沦为欧美对殖民地、附庸国和共管领土的一场争夺战)依赖于一种独特的岛屿主权观。在该主权观下,大溪地女王对于周边其他岛屿的权力有所削弱;但她作为一国元首的地位却得到了强化——她的国家虽然不如大英帝国那样强大,但却也独立于大英帝国。在该主权观下,对区域秩序负责的是大溪地女王,而不是英国人。

第二节　上游的新国家

19 世纪早期拉丁美洲市场对英国商人开放所带来的商贸前景,引发了商人和投资者的狂热,这一狂热甚至使英国对南太平洋地区的渗透相形见绌。[78]经济史学家布拉特(D. C. M. Platt)在数十年前曾指出,该商业热潮只是一次投机泡沫。失望的商人们写信回国,抱怨他们与其货物一起被困在拉美的港口城市,而令人失望的是那里的名流精英们并没有什么钱可以花费在红木家具和钢琴上。[79]采矿勘测队在安第斯山脉寻找不为人知的矿藏,最后却徒劳而归。[80]长期困扰这一地区的多方战争,往坏了说,使当地的经商环境变得十分危险;而即便往好了说,也导致了高昂的交易成本,商人们为了深入该地区寻找虚无缥缈的市场,不得不支付额外的费用以保证他们自身及其货物的通行安全。即使没有这些费用,将货物沿着崎岖不平的道路运往购买力极其低下的遥远城镇所需的成本,也阻碍了很多英国商人前往几个有限的远离沿海市场的地方做生意。根据以上描述,我们可以发现,拉丁美洲的非正式帝国体系发端于商贩们深入贫困地区开展贸易的那些失败的壮举。[81]

学者们早就提出，虽然英国商人在深入落后地区进行贸易的过程中受挫，但这并不能完全否定拉美地区融入全球市场这一事实。[82]这一问题在有关“非正式帝国”这一标签是否妥当的争论中时常被提及，但这些争论未能反映这一时期拉丁美洲的国家构建与英国全球法律改革之间的丰富互动。[83]拉美国家的“独立”计划是在一个不断变动的区域性框架内展开的，从这一视角看待该问题很重要，它除了反映民族国家的形成过程外，还同时甚至更多地反映了开放性帝国秩序的调适过程。[84]这一时期标志着这样一种可能性，即那些在后世看来“混乱的”政治结构实际上代表了貌似可行的构建主权的方法。[85]伊比利亚和拉丁美洲的自由主义正是在这一背景下兴盛起来的，而与之相伴的还有关于君主制和新权威主义的试验。有关共和的设想建立在殖民地和帝国的官僚政治结构（尤其是其中的法律体系）基础之上。一些颇具影响力的学说反映了晚期经院哲学的思想；另一些学说对西班牙卡迪兹国会（Cadiz Cortes）在半岛战争时期制定的宪法中有关帝国的内容作了回应。一些学说有选择性地借鉴了美国关于宪法的讨论；还有一些学说则产生于地方性的改革计划，而此类计划在某位历史学家看来“是由避免革命的强烈愿望驱动的”。[86]

南美的领导者们发现了这种构建主权的灵活方式的好处。[87]即便在形式上不属于邦联，各省份也能为了国际性目的而结合在一起：美国和英国将新成立的各拉美国家视为一体，统称为西班牙内战中的交战团体。与此同时，部分外国闯入者和南美精英人士认为港口城市也能享有主权。有关贸易的安排亦取代了政治上的承认。英国政府不愿正式承认新的拉美国家政府,但却通过与之签订商业条约的方式,事实上承认了这些正在形成中的政治实体,如位于布宜诺斯艾利斯的政府。该政府虽然抱有建立一个区域性帝国的野心,但基本上只能发挥贸易港口的作用,其对邻近的内陆地区并无确定的控制能力。[88]从美国、法国和海地流传过来的宪法性和革命性文件,以及大量关于政治启蒙思想的评述,对南美当地领导者的言行产生了重要影响。但没有任何人掌握关于新国家之政治特性的清晰指南。因此,无论是赋予新的共和政体以国家权能,解释"邦联"和"联邦主义"的含义,还是与既有的强大帝国进行谈判,在这些问题上拉美人民都只能临场发挥。

在整个19世纪早期,尤其是在何赛·赫瓦西奥·阿蒂加斯(Jose Gervasio Artigas)领导的东岸地区政治改革进程中,这些相互冲突的力量及其全球印迹在拉普拉塔河地区得到了充分的展现。在拉普拉塔河东岸(后来的乌拉圭)的领土上,阿蒂加斯动员南美高乔人(Gaucho)和民众的力量,以实现开放性的政治目标。在这一过程中,他对该地区主权话语的灵活性做出了贡献。

在阿蒂加斯向参加1813年制宪大会的代表们所发布的"指令"(Instructions)中,此种灵活性表现得尤为明显。制宪大会由过渡政府召集,并于1813年年初在布宜诺斯艾利斯举行。上述"指令"中的20个条款试图对"乡镇"(pueblos)

与省之间、各省政府之间，以及东岸省与外部世界之间的关系进行界定。受一系列美国宪法性文件的启发，该指令宣告拉普拉塔河地区的各殖民地独立于西班牙，并试图将东岸地区的政府（东岸省）确立为一个主权实体。[89]该指令规定，东岸省将保留所有未划归给合众省（United Provinces）的主权权能，并将各省之间的协议称作“牢固的友好联盟”。[90]

阿蒂加斯偏好的邦联主义话语正源自帝国的逻辑。西班牙的政治理论是在复合君主制下发展起来的，根据该理论，主权属于那些在合法统治者缺位的情况下有权享有主权权能的主体。[91]阿蒂加斯沿着这一思路得出了合乎逻辑的结论，坚持认为“乡镇”是正在形成中的政治体制的基础。他指示某位代表，“乡镇所拥有的特定主权将被明示宣告，并且作为我们改革的重要目标而持续存在”。[92]“自由的乡镇”（pueblos libres）这一表述既参考了一项抽象的原则（“自由的人民”），也表明了共同组成省级政治共同体的各个“聚居点”（“自由的乡镇”）在政治上的重要性。一旦其与君主之间的联系被切断，那么即便是最小的聚居点，也可能成为主权的载体。对这一可能性的坚信，为反对将权力集中于布宜诺斯艾利斯的运动奠定了基础。[93]同样地，这一信条也意味着较小的政治单位可以镶嵌在更大的政治形态（省、邦联、国家或帝国）之中，而它们自身的地位也能够得到承认。诸如发动战争或发展对外关系之类的对外权能亦可以被小到像乡镇这样的政治单位所承担，而不会对邦联或者帝国的合法权威构成挑战。[94]

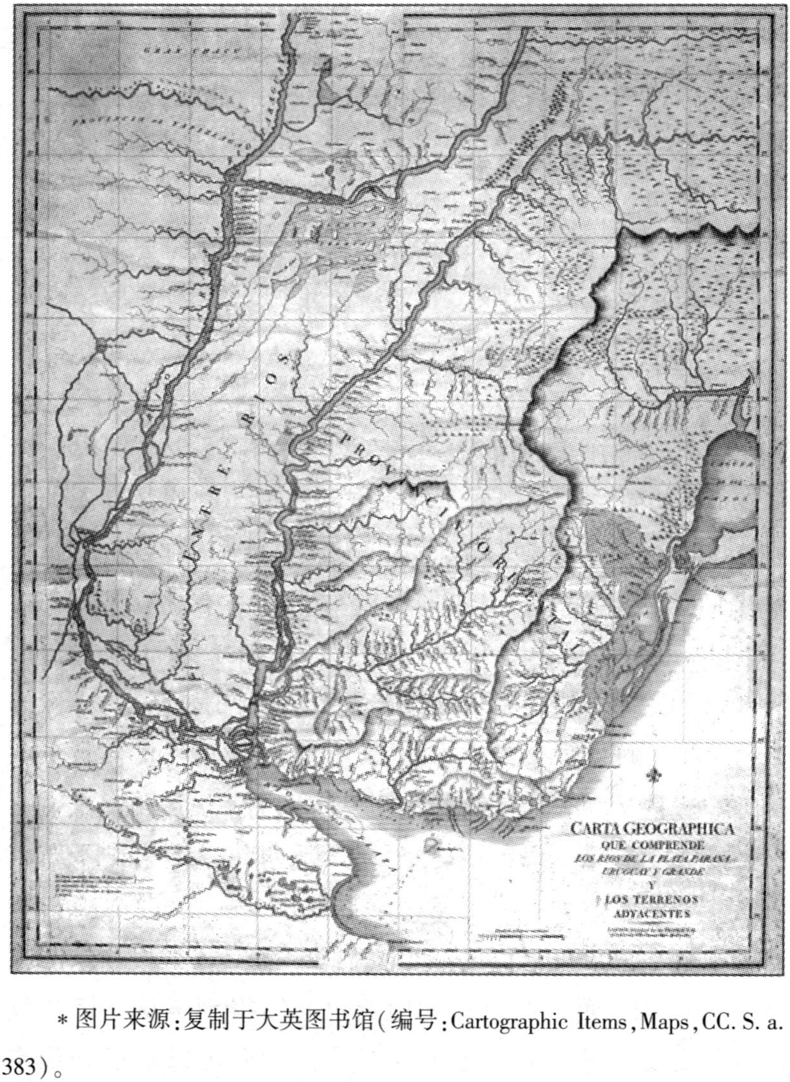

＊图片来源:复制于大英图书馆(编号:Cartographic Items,Maps,CC. S. a. 383)。

上述对于主权的看法很好地契合了这一地区政治变革的开放性。像阿蒂加斯这样成为各自建国史中主要人物的领导者们，都践行这样一种观念，该观念（与新美国的联邦主义非常相似）从帝国体系中演化而来，并强调"新宪法框架下的主权分立"这一为人所熟知的结构。他们在当地开展反殖民战争时，并没有预见到帝国世界的消亡，而灵活的策略恰恰契合了这一预期。阿蒂加斯同时在以下方面展开努力：争取与恩特雷里奥斯省和圣菲省这两个河畔省份建立邦联同盟；使东岸省呈现为一个主权实体，强化该省的内部统治机构；通过战斗击退葡萄牙的入侵；反对将权力集中于布宜诺斯艾利斯；谨慎地与英国商人建立贸易关系。[95]

阿蒂加斯在政治谋略方面表现出的丰富创造力让人惊讶。例如，阿蒂加斯非常热衷于代表东岸省对外发放私掠许可证——尽管东岸省既没有海军，而且在大部分历史时期也没有深水港口。阿蒂加斯试图阻挠葡萄牙船只的海上运输，而那些打着布宜诺斯艾利斯的合众省政府旗帜在海上航行的水手们，也希望为其攻击葡萄牙船只的行为寻找合法的借口，因此此类许可证很有市场。[96]1817 年，阿蒂加斯向美国驻布宜诺斯艾利斯领事汤姆斯·劳埃德·海尔希（Thomas Lloyd Halsey）提供了一批空白许可证，毫无疑问，他希望海尔希能够将这些许可证发放给往来于美国港口的水手，从而进一步破坏葡萄牙的海上贸易。海尔希果然不负所望。这些由阿蒂加斯以"东岸省领导和人民守护者"的名义签署的许可证开始在大西洋地区广泛流传。[97]即便在阿蒂加斯退出权力舞台之后,水手们在远离拉普拉塔河的捕获法庭上仍能凭借这些许可证取得良好的效果。阿蒂加斯所扮演的角色远不止于高乔人的司令官,通过海上战争(warfare)和"法律斗争"(lawfare),他将东岸省塑造成一个主权实体,同时又将其嵌入多重的邦联、地方和区域性政治结构之中。[98]

贸易则是维系灵活主权的另一项机制。阿蒂加斯和该区域的其他领导者都清楚,对贸易的控制尤其是对海上和河流贸易的控制构成了他们获取政治力量和回报追随者的主要机制。在拉普拉塔河流域的上下游,各个港口的掌权者们争相吸引对外贸易以及由此产生的税收,以增强他们在当地的政治威望。在宽阔的河口区域,拥有深水港的蒙德维的亚与只拥有浅水港但在政治上更为强势的布宜诺斯艾利斯相互争夺对大西洋及河流上游贸易的主导权,而巴西则宣称对于其领土向河岸的自然延伸部分拥有主权。

该区域河流贸易的诱惑力与苍白的实际商业前景形成了鲜明对比。虽然拉普拉塔河拥有世界上最宽阔的河口,但只有小型船只才能在其狭窄的河道中穿行或者停靠其沙质港口。[99]虽然巴拉圭最终开拓了一条穿越巴西的新贸易路线,但在南美内陆地区盈利前景最大的出口产品仍然是尚未进入欧洲市场的马黛茶(yerba mate),以及供应极不稳定的兽皮。港口城市与内陆地区之间的冲突,以及蒙德维的亚和布宜诺斯艾利斯之间的冲突,持续地阻碍着贸易发展。此外,这种对于河流的依赖本身亦具有危险性,因为上游的商人过于依赖下游的港口,而港口的进出通道很容易遭到封锁。

英国商人在这场区域性斗争中既是关键的马前卒,也是关键的参与者。他们将其所遭受的痛苦和磨难报告给伦敦的官员,并且发布了很多公开的记载,以试图影响英国的对外政策,使之更符合他们的利益。约翰·帕里什·罗伯森(John Parish Robertson)和威廉·帕里什·罗伯森(William Parish Robertson)这两位来自苏格兰的商人叙述就是最典型的例子。这两兄弟向英国国内读者们送上了经过润色加工的(如果不是在一定程度上杜撰的)关于19世纪10年代拉普拉塔河流域的贸易故事,这些故事借助基层暴政这一令人熟悉的主题,隐晦地鼓吹英国应当对该区域的贸易实施监管。[100]罗伯森兄弟以其标志性的夸张语气指出,“阿蒂加斯虽然未跨入巴拉那的西部边境,但已获得了拉普拉塔河与安第斯山脉东部山基之间几乎整片领土的管辖权”。他们还对当地错综复杂的各方势力作了描述,为了获取商业上的优势,他们不得不与这些势力进行谈判。当约翰·帕里什·罗伯森从布宜诺斯艾利斯沿河向上游航行时,他从驻防该流域的英国海军指挥官约瑟琳·珀西(Jocelyn Percy)舰长那里取得了航行许可证,希望借此获得阿蒂加斯的保护,因为当时并不存在战争状态,而罗伯森只是“一个追求商业利益的中立的个人”。[101]与阿蒂加斯本人对于“乡镇”主权的支持相呼应,罗伯森想象自己来到了一个地方,在这里,所有的“小镇都以一切秩序和法律为代价……成功地获得了独立”。于是,他开始寻找一位能够确保其安全和贸易权的保护者。在成功赢得(须注意,这只是他的一面之词)但随后又失去巴拉圭的官方贸易支持后,罗伯森向阿蒂加斯和他的一位追随者(1806～1807 年英国侵略军中的一名爱尔兰逃兵)请求保护。[102]罗伯森兄弟宣称他们凭借阿蒂加斯颁发的许可证,发展起了利润可观的河域贸易,主要贸易商品为产自科连特斯和戈亚的兽皮。他们通过向客户提供低息赊账服务以及支付比竞争者更高的价格,刺激了兽皮的生产。当这种以布宜诺斯艾利斯的货物和黄金换取兽皮的贸易带来了可观的税收增长时,罗伯森兄弟宣称是他们让科连特斯的权贵们变得富有,并使该镇成为拉普拉塔河上颇具影响力的政治中心。[103]罗伯森兄弟对于他们在上游建立的贸易帝国的自吹自擂,既有追逐私利之冒险故事的成分,也有警世寓言的成分,它们描绘了一幅长期处于不受控制状态的拉普拉塔河流域的图景,而诸多政权在此相互角力。

只要上述政权能帮助他们实现自身的利益,像罗伯森兄弟这样的英国商人很乐意在层层叠叠的政权间游走。[104]而一旦政权无法做到这一点,商人们就将这些政权的"考迪罗"(Caudillo,西班牙语系国家的元首、领袖——译者注)斥为暴君。这一做法实际上采用了惯常的策略:将南美各省统治者的司法专断与他们对贸易的垄断混为一谈,以此要求大英帝国的干涉。在忆及不得不用钱财换取阿蒂加斯的保护时,罗伯森兄弟描述道,阿蒂加斯在该地区到处实施抢劫和掠夺,可谓无法无天。[105]罗伯森兄弟将最恶劣的评价留给了巴拉圭领导人何赛・加斯帕・罗德里格斯・德・弗朗西亚・依・弗拉斯科(Jose Gaspar Rodriguez de Francia y Velasco)。他们在英国听众面前将这位领导人刻画成一个“喜怒无常、多疑猜忌的独裁者”，并痛批后者将一片原本充满希望的土地笼上了一层“专制的阴影”。[106]罗伯森兄弟对弗朗西亚摇摆不定的贸易政策作了声讨：“基于一些无关痛痒的借口，（弗朗西亚）就宣布将阿桑普逊港口彻底关闭，所有正在进行的贸易立即陷入了瘫痪状态。而在一个季度后，他又会毫无原因地重新开放港口。”[107]他们同时还讲述了一些令人痛心的故事，涉及对弗朗西亚之政敌的任意性刑事判决和处罚，包括对外国商人的内部放逐以及对知名商业大佬的监禁。这些故事的言下之意是，独断专行是一种恶习，它不仅侵蚀刑事司法正义，还破坏了商业政策：“监狱充满犯人的抱怨声，商业陷入瘫痪，船舶被闲置在岸边朽化，仓库中的产品开始腐烂。”[108]此种关于权力滥用的故事使英国的时事评论员及其听众能够对这些“考迪罗”作出概括性的评价，即后者权力行使过程中的反复无常，以及对粗鲁、暴戾的好战分子的倚重，给富有进取心的英国商人们带来了危险。[109]

在历史学家们的通常描述中，面对上述危险，英国政府逐渐提出并适用一种通过军事行动支持该区域自由贸易的政策，从而将一种很快会成为帕默斯顿政府之标志的立场移植到了拉普拉塔河流域。[110]从最初沿着河流体系建立贸易帝国的失败尝试，到19世纪40年代早期英国人和法国人为打开巴拉那河的贸易之门而进行的磕磕碰碰的探险，直至最后实现自由贸易，这一故事的发展轨迹令人满意。[111]然而，英国对于这一地区的政策并不总是那么一以贯之，如果说英国在该地区有什么清晰统一的目标,那就是它更偏向于实现区域的稳定,而非“自由贸易帝国主义”。[112]因此,对于“英国的干涉是为了保护该流域的航行自由”这一主张,我们尤其需要作进一步的审视。虽然英国商人们不遗余力地抨击“考迪罗”式的司法体系,但英国政府依然十分看重并培植强有力的当地政府。而自由贸易,只有当其与对法律和秩序的关切挂钩时,才会引起英国行政部门的重视;此种关切不仅仅涉及有序性,还涉及确保英国臣民的人身和财产在跨越边境时不受侵害的法律条件。[113]

英国对秩序的偏好常常与当地政府的策略和野心不谋而合。无论对英国还是对该区域胸怀抱负的政治实体而言,要建立一个有利于商贸的政治框架,并不取决于某种抽象或概括性的贸易权,而是取决于如何创造条件以抵消阿根廷的支配地位,消除法国和巴西的影响,以及安抚英国的债权人。[114]没有人知道什么样的政治秩序才能实现以上目标。联邦主义、帝国势力范围内的政治自治、死灰复燃的君主制,以及创设正式的受保护国甚至殖民地——这些可能的选项同时呈现在南美人和英国人面前,而在混乱无序的“独立战争”背景下,每时每刻的结局都具有不确定性。[115]

面对 19 世纪下半叶该地区愈演愈烈的危机,英国商人们提出了一系列前后矛盾的解决方案。在 1820 年葡萄牙入侵蒙德维的亚并迫使阿蒂加斯流亡后,葡萄牙、巴西(1823 年之后)和拉普拉塔河流域的合众省开始争夺对东岸省的统治权。这一地区的各国历史往往聚焦于如何动员马背上的高乔人及巩固国家机器，但却忽略了私掠和海军封锁，而恰恰是它们引发了关于主权和秩序的最有意思的国际性对话。[116] 1826 年合众省与葡萄牙为争夺东岸省而发生的冲突，便起始于葡萄牙对布宜诺斯艾利斯港口的封锁。合众省海军采取的报复措施包括授权私掠，结果却导致大量的英国船只遭到扣押。即便在与巴西签订了条约后，合众省与英国代表之间的往来信件中仍然充斥着扣押事件及赔偿请求。英国领事伍德拜恩·帕里什（Woodbine Parish）一再谴责猖獗的海上劫掠行为，并代表那些向他申诉的海员向合众省提出赔偿请求。[117] 在英国的调停下，巴西和布宜诺斯艾利斯于 1828 年签署了停战协议，冲突宣告结束，一个独立的乌拉圭东岸共和国登上历史舞台。随后，乌拉圭成为了冲突的中心。1829 年，联邦主义者胡安·曼努埃尔·德·罗萨斯（Juan Manuel de Rosas）就任布宜诺斯艾利斯总督，并获得了无上的权力。这导致此后一段时期内英、法两国政府不得不运用谋略迫使这位独裁者签订条约，以确保乌拉圭的独立，以及保护外国人的权利和商业利益。

封锁港口对各方都充满了诱惑力。关于布宜诺斯艾利斯境内法国国民之待遇的争议以及在英国支持下提出的赔偿请求，促使法国在 1835 年对港口实施了封锁。法国希望通过施压令桀骜不驯的罗萨斯屈服，而英国却对由此产生的僵持状态表示不满，认为它会对英国的贸易造成不良影响。逾 300 名英格兰商人签署了一份请愿书，反对封锁港口。当然，人们很容易发现英国人反对封锁的虚伪性，因为英国政府自己也经常采用封锁策略。[118]英国商人们将自己的损失归咎于法国,但即便后来法国与罗萨斯达成了和解,也没有令这一地区的局势有所稳定。以乌拉圭为中心的冲突依然持续上演,一个受阿根廷支持的派系与另一个藏匿于蒙德维的亚并受外国势力同盟支持的派系之间战火不断。

英国所施加的法律压力主要体现在两个层面。在整个区域层面,英国政府非系统性地探求这样一种治理秩序——该秩序有望终结由于对两种完全合法的策略(私掠和港口封锁)的惯常依赖而引发的纷乱。在蒙德维的亚和布宜诺斯艾利斯层面,商人们则逼迫英国代理人介入纷争,以保障他们的财产和交易安全。布宜诺斯艾利斯的英国人呼吁通过外交而非武力手段终止法国的封锁,并保护英国人的财产免受影响。1845 年,商人们对“任何可能损害我们目前所享有的地位的措施”提出了抗议。他们抗议道:“我们当中的部分人已经在这里居住了许多年,而我们所有人在这个国家居住期间都享受到了最完备、慷慨和有效的保护,尤其是在尊敬的陆军准将、布宜诺斯艾利斯总督和三军统领胡安·曼努埃尔·德·罗萨斯先生执政期间。”[119]

乌拉圭内部的部分派系也与英国商人们一起呼吁英国在该地区采取一种不同于以往的干涉措施。他们中有的人希望英国通过充当保护国、帝国领主或乌拉圭领土内某一个港口的所有者,扮演一种更为正式的角色。一位将其商业利益从布宜诺斯艾利斯转移至蒙德维的亚的利物浦商人萨穆埃尔·费舍尔·拉冯(Samuel Fisher Lafone)设想成立一个受英国保护的河域联邦，而这其实与阿蒂加斯幻想中的联邦大同小异。[120]乌拉圭的内阁部长们似乎对法国也发出了类似的提议，请求法国充当乌拉圭的保护国，并与乌拉圭共同统治东岸地区。[121]向欧洲帝国请求保护这一做法在乌拉圭的国家历史记载中并未占据显著的位置，但是此类请求有助于我们看清正在形成中的区域性法律体制的面貌。考虑到阿蒂加斯在主权问题上的灵活策略，我们应当清楚，上述请求远比让渡主权之邀约来得复杂。

英国政府希望通过介入来恢复区域秩序，但它无意设立受保护国：在它的设想中，该区域的秩序应当由一群独立且正常运转的国家来维持。为了实现这一设想，1845 年，时任英国外交大臣阿伯丁伯爵指示英国驻布宜诺斯艾利斯“公使”威廉·戈尔·乌斯力（William Gore Ouseley）对布宜诺斯艾利斯当局的权力进行制约。阿伯丁明确指出，为了维护蒙德维的亚的独立，使其免受“外国势力（布宜诺斯艾利斯）的干预”，武力干涉或许是必要的。[122]但是，他亦清楚地注意到，通过武力强行开放拉普拉塔河或巴拉那河的贸易，并不属于一项正当的军事行动。虽然该河域的航行自由对英国人大有好处，但是它“与我们干涉行动的主要目标之间只存在间接的联系”，而且“大英帝国政府目前并不打算提出这样的建议，即当罗萨斯将军拒绝承认该流域的航行自由时，联军应当仅凭这一理由就占领那些河流，以维护其航行自由”。[123]

阿伯丁的软弱方针未能实现对当地实际局势的控制。

乌斯力被安排与法国的巴伦·德佛迪斯(Baron Deffaudis)合作,共同敦促罗萨斯将军、蒙德维的亚当局以及乌拉圭内陆各城镇当局达成一项和平协议。乌斯力被授权在这一任务失败时对布宜诺斯艾利斯实施封锁。但是,正如在许多其他地方发生的那样,远离本土的官员们为执行英国(在这里,还包括法国)的政策所作的关键性决定与他们所收到的指示并不一致。在抵达蒙德维的亚后,乌斯力对于说服一意孤行的罗萨斯将军已不抱希望。相反,他与德佛迪斯共同酝酿了一个行动计划,即率领一支由海军军舰和商船组成的护航船队沿巴拉那河而上,打开河流贸易通道,并将其联通至蒙德维的亚,从而将这个被围困的城市从毁灭的危险中拯救出来。科连特斯的商人们请求英国"为了他们的利益"而进行干涉,从而为这一计划的实施提供了支持。而来自巴拉圭的消息也表明,上游的各个政治实体迫切渴望贸易,并有可能加入反罗萨斯的联军。[124]有了陷于困境的蒙德维的亚商人和渴求贸易的巴拉圭商人的支持,乌斯力和德佛迪斯可以宣称,他们"深入巴拉那河的远航纯粹出于商业目的",并不具有"政治属性"。[125]

这一沿河而上的远航随后引发了更多的混乱。似乎是为了告慰弗朗西亚的亡灵,船队在抵达亚松森后,本准备承认巴拉圭的主体地位。但巴拉圭人提出的条件之一是英国须保证其在巴拉那河和巴拉圭河的航行自由,以及保证巴拉圭独立于阿根廷。此类交易恰恰是英国政府极力要避免的,所以双方最后未能达成协议。但不管有没有协议,海军护航船队中的五十艘商船都完成了相当数量的交易，并且在接下来的数十年间，相当大一部分交易仍得以继续进行。[126]虽然乌斯力声称这一次护航执行消灭了数以千计的阿根廷反抗者，但它对阿根廷政治的影响却不甚明确。在短期内，它使罗萨斯更加地一意孤行。他既不会承认乌拉圭，也不会接受除阿根廷独享河流航行控制权以外的其他方案。作为一般性警示，罗萨斯宣布所有在这些河流中航行的外国船只都是海盗船。[127]而从更长远来看，这次远航打击了罗萨斯的威望，并加速其从权力的神坛上跌落。[128]

不过上述结果并不重要。重要的是这一事件表明帝国的政策在多大程度上依赖于扶植新国家，而非依赖于使用武力打开河流通道。阿伯丁在写给乌斯力的信中表示了对这一事件的忧虑，此种忧虑并非"来自于对英、法两国军队实力的怀疑……而是因为大英帝国政府希望避免在阿根廷邦联的专属管辖水域，或者至少在乌拉圭无权管辖的水域，对布宜诺斯艾利斯当局的军队主动挑起战争"。[129]尽管他承认在巴拉那河上"被封锁的数额巨大的财产"对"英国的利益具有重大意义"，但阿伯丁还是认定乌斯力的此次远航带有"对阿根廷邦联的领土实施侵略的色彩"。[130]当然，这一结论并不意味着英国的政策有所改变，它更多的是对英国的全球秩序观之核心原则的强调。此后不久，当帕默斯顿终于有机会对其前任政府提出批评时，他指出，最初对宜诺斯艾利斯港口的封锁也是"自始违法的"，因为"封锁港口是交战者的权利"，而当时两国间并不存在战争状态。[131]乌斯力因此被召回,而英国人也放弃了相关主张。英国对于航行自由这一目标的表述其实并未包含太多强硬的措辞;事实上,帕默斯顿政府的外交部后来向河流沿岸各国提供的条约文本明确规定,对河道航行的控制权应由各国共享。[132]

1845 年的远航被解读为英国和法国为保护欧洲商业利益和自由贸易而实施军事干涉的一个简单事例。在 1824 年,乔治·坎宁认为一个自由的西班牙美洲应当具有“英国属性”,而海军则事实上使该想法最终成为现实,尽管在这一过程中存在一些失策。[133]不过,实际情况却更为复杂和耐人寻味。不可否认,英国外交部的最终目标是支持和保护英国的商业活动。然而河流远航的直接目标却是巩固沿岸的政治实体,因为后者的存在能够削弱阿根廷的力量,并扩大英国商人的贸易网点。理想的结果是形成一个由沿岸各国组成的“群岛”,并最好以蒙德维的亚作为其枢纽。在这一政策的形成过程中,英国政府拒绝了关于将沿岸国家设置为正式的被保护国的提议,并且打消了法国方面的同样念头。与此同时,英国的领事们则继续为利益诉求各异的商人团体请命。由此形成的区域性体制在政治上将是多元化的,当然它也必须如此。这一模式不仅反映了英国的偏好,而且也反映了南美洲长期以来的一种倾向:将零散的主权者塑造成为对抗帝国力量和弥补帝国力量不足的工具。

结　语

大英帝国不但在其疆界之内实现了法律变革，而且它对于其疆界之外的、位于乌拉圭和大溪地等风格迥异之地的各政治实体的形成也发挥了重要作用。活跃在上述地区的英国代理人（商人、传教士、海军军官、逃犯和领事）在未要求引入或不期望引入英国管辖权的情况下，扩展了英国的影响力。他们推崇这样一种政策，即不仅允许而且支持新兴的小国提出主权诉求。与此同时，英国亦不希望出现区域性的霸权国家，为此，它阻止区域国家扩张管辖范围，并坚决维护弱小国家的自主权。这一政策使大英帝国的影响力涵盖了拉普拉塔河流域、社会群岛以及其他政治多元化的地区（如非洲西海岸和波斯湾），此种帝国影响力与其说呈现为一种管辖权网络，不如说是一个法律力场（legal force field）。那些正式和非正式的英国代理人向当地的主权者施压，不仅要求他们维系所在政治实体的秩序，还要求他们维系周边区域的秩序。[134]

凸显英国对区域性国家体系的影响力，并不意味着我们必须贬低法律的作用。我们的意图恰恰相反：我们要探寻法律对于区域性政治的影响。阿纳岛人民和大溪地政府的主张及野心,阿蒂加斯及其追随者的宪政哲学,以及上述两个地区的政治团体通过控制贸易来巩固政治和法律权力的尝试,共同塑造了区域性法律体制;该体制的产生并不仅仅是对英国之构想的回应,同时也代表了除臣服于帝国力量之外的其他选择。波马利王朝在土阿莫土群岛获得了一种新的影响力,并运用此种影响力对珍珠贸易提出主张——这在一定程度上是通过委派新的代理人("总督"或本国传教士)在数百英里之外维护王朝利益而实现的。阿纳岛人民为了捍卫其在珍珠贸易中的利益,与欧洲人和阿纳岛周边势力进行了长达数十年的抗争。不管是否获得大溪地摄政女王的同意,这些部落试图将欧洲竞争者赶出珍珠泻湖,或者至少在珍珠贸易中分一杯羹。他们希望环礁泻湖可以像岛屿一样被主张主权和捍卫主权。除了回应针对英国船只的暴力袭击之外,英国在该地区的代理人还有其他的(但并非截然不同的)法律目标。他们试图向大溪地施压,要求后者在不独占群岛管辖权的情况下维护区域秩序。群岛居民可以被某个主权者统治,但是珍珠环礁应当继续作为海上共有物的一部分。

在拉普拉塔河流域,反对帝国的斗争(如何赛·赫瓦西奥·阿蒂加斯所领导的斗争)从这样一种帝国治理思想中汲取了力量,该思想认为,即便是小至乡镇的政治实体,也能成为主权的拥有者。这一观点直接来源于帝国的可分割主权理论。在反抗外来势力的同时,各政治实体利用帝国间框架内富有创造性的政治组织形式获得独立的可能性在哲学和实践层面也得到了承认。在此情形下，为了实现区域稳定，英国（如同其在大溪地一样）极力维护该区域的政治多元化，并坚持由当地势力负责确保其边界内外的秩序。

对区域性法律结构的关注，有助于我们理解 19 世纪早期爆发的那场关于主权的论争。任何一个乌拉圭学童都知道，阿蒂加斯最重要的贡献是率领一支工农军队在东岸省与帝国势力相抗争，并最终建立乌拉圭东岸共和国。不过，阿蒂加斯的理想与策略的重大意义并不仅仅体现在建立了乌拉圭这个国家。他还构想出了一种各省政府之间的邦联体制。各个准独立的国家能够共同或单独地处理对外事务，同时又保留了纳入强大帝国体系的可能性。这一构想在更大程度上对应的是一种结构松散的政治共同体，而非民族国家。它背后的政治哲学既能够用于支持分离运动，也能够用于强化中央集权。阿蒂加斯的政治遗产或许可以追溯到他对于一系列国家的崛起这样一种区域性政治结构的影响。这些国家的主权体现在对海上及河流贸易控制权的争夺之中，而阿蒂加斯通过向那些从未涉足拉普拉塔河的船只发放私掠许可证，亦仿效了这一策略。

部分历史学家强调上述区域性斗争促成了新的民族国家的产生，但在当时的人们看来，帝国实际上是一个由国家组成的体系。试图驱逐阿根廷军队的乌拉圭人、倡导自由贸易的巴拉圭人以及为获取对资源的控制权而斗争的大溪地人，都曾请求英国担任正式的保护国，而此种请求与不惜一切代价争取独立的愿望并不相悖。各政治实体为了增进他们的利益,提议由一系列国家共同充当贸易的守护者。上述区域的精英阶层和英国代理人一样,都看到了那种获得英国(及欧洲国家)宽泛承认的、由零散的主权实体组成的杂乱无章的体系所带来的好处。

上述区域性结构的诞生过程是政治性的,但从根本上说也是以法律为中心的。通过支持将海上劫掠作为一种法律策略,东岸省能够在缺乏国家机器的情况下像国家一样行动。此种策略还产生了意想不到的效果,它促使大西洋上的其他势力将拉丁美洲各个新成立的政府视为一个集合体的组成部分,即便当时并不存在一个稳定的邦联。美国、大英帝国和其他大西洋国家的法院既承认合众省颁发的私掠许可证,同时也未对阿蒂加斯颁发的私掠许可证提出质疑,这表明它们不再将拉美这些政治实体视为叛乱省份,而是在一定程度上承认了其主权国家地位。[135]上述法院实际上确认了阿蒂加斯的主张,即东岸省——不管如何定性它与其他省份之间的政治结盟,也不论其主要港口是否被葡萄牙所占领——拥有发动战争的能力,以及某种“国际”法上的主体资格。[136]与此同时,旨在保护河流贸易的多元化区域政治体制,也是在河流上下游的当地权贵和帝国代理人的政治和法律策略的推动下而产生的。

在太平洋地区,帝国之间与帝国内部的政治关系相互交错,催生了另一种形式的区域性法律秩序。在大溪地,英国船长和大副被杀事件凸显了管辖权问题,继而引发了有关大溪地主权、周边岛屿的国际地位，以及维持区域秩序的责任等问题的争论。管辖权问题并没有简单地掩饰更广泛的政治问题。对各方参与者而言，管辖权问题处于秩序和治理问题的核心。群岛资源日益增长的重要性和经济价值给复杂的法律安排带来了新的压力，但这并不意味着法律仅仅沦为一种商业工具。法律策略同时涵盖了商业和政治考量，并且吸纳了欧洲人和波利尼西亚人对于秩序的构想。

英国对于拉普拉塔河流域及大溪地周边群岛的政策经历了一个无序的演变过程，但这一演变却遵循了一种更广泛的模式。区域性国家体系与全球贸易建立了联系，吸收了英国法律的影响，体现了帝国间的框架（包括法国的设想），并且为一些新的、非常小的政治实体行使法律权力创造了条件。上述发展趋势不仅促成了新国家的产生，也推动了新的区域秩序的确立。而这些新国家和新秩序为英国打造全球商业帝国提供了支撑。

注释

1. KamHing Lee, *The Sultanate of Aceh: Relations with the British*, 1760 – 1824, Kuala Lumpur, Oxford University Press, 1995, pp. 174 – 189.
2. Canning Report on Aceh, British Library (BL), London, IOR/G/35/27, np.
3. Ibid..
4. Ibid..
5. John Gallagher and Ronald Robinson, "The Imperialism of Free Trade", *Economic History Review*, Vol. 6, No. 1, 1953, pp. 1 – 15. 这一视角向我们呈现了历史学家反复用于形容英国帝国主义的素材之一;其他的素材包括非正式帝国主义、自由贸易帝国主义以及文明帝国主义。参见 James Tully, "Lineages of Contemporary Imperialism", in Duncan Kelly, ed., *Lineages of Empire: The Historical Roots of British Imperial Thought*, Oxford, Oxford University Press, 2009, pp. 3 – 29。在 Tully 的清单上,我们或许还可以加上 Turan Kayaoglu 所称的"法律帝国主义"。参见 Turan Kayaoglu, *Legal Imperialism: Sovereignty and Extraterritoriality in Japan, the Ottoman Empire, and China*, Cambridge, Cambridge University Press, 2010。与其他非正式帝国的象征一起,治外法权的有关安排经常被视为 19 世纪英国在其他政治实体中投射法律影响力的工具。参见 W. Ross Johnston, *Sovereignty and Protection: A Study of British Jurisdictional Imperialism in the Late Nineteenth Century*, Durham, NC: Duke University Press, 1973; Pär Kristoffer Cassel, *Grounds of Judgment: Extraterritoriality and Imperial Power in Nineteenth-Century China and Japan*, Oxford, Oxford University Press, 2012; Martti Koskenniemi, "Ruling the World by Law(s): The View from Around 1850", in Martti Koskenniemi and Bo Stråth, eds., *Creating Community and Ordering the World*, Helsinki, University of Helsinki Press, 2014, pp. 16 – 32。笔者在本章以及第四章讨论了关于治外法权的相关斗争,其目的是指出其他较少被人研究的用于投射英国法律影响的路径。
6. 奥斯丁在本书所涉的这一时期写下了著述,但是他的思想直到 19 世纪晚期才开始具有广泛影响力。John Austin, *The Province of Jurisprudence Determined*, London, 1832, pp. 146 – 147, 222 – 224, 249 – 267. 部分学者认为帝国只是国家的变种之一, Alexander Wendt 的学说作为此种观点之持久影响的一个例子,我们不妨加以考虑。他认为,"前现代"欧洲政治形态有三种形式:国家、城市国家或者城市联盟。Alexander Wendt, *Social Theory of*

International Politics, Cambridge, Cambridge University Press, 1999, p. 9.

7. 与此略有区别的是，在康德想象的世界中，没有任何一个政府承担这一责任；相反，联邦自身将会促成秩序的形成。他设想"一个由各民族组成的联邦，其中每个国家，即使是最小的那些国家，都能期待获得安全和权利。这种安全和权利，不是来源于它们自身的力量或法律判断，而仅仅来源于这一个伟大的联邦，来源于一股联合的力量，以及在法律调整下通过统一意志形成的决定。"Immanuel Kant, "Idea for a Universal History with a Cosmopolitan Purpose" (1784), in H. S. Reiss, ed., *Immanuel Kant: Political Writings*, Cambridge, Cambridge University Press, 1991, pp. 41 – 53, at 47.
8. David Armitage, *The Declaration of Independence: A Global History*, Cambridge, MA: Harvard University Press, 2007; Alison LaCroix, *The Ideological Origins of American Federalism*, Cambridge, MA: Harvard University Press, 2010; Jane Burbank and Frederick Cooper, *Empires in World History: Power and the Politics of Difference*, Princeton, Princeton University Press, 2010, Chap. 11.
9. David P. Filder and Jennifer M. Welsh, eds., *Empire and Community: Edmund Burke's Writings and Speeches on International Relations*, Oxford, Westview Press, 1999, p. 131.
10. David Armitage, *Foundations of Modern International Thought*, Cambridge, Cambridge University Press, 2013, p. 177.
11. 参见笔者在本章中对帝国及共和思想的延续性探讨；特别是参见 José Carlos Chiaramonte, *Nación y Estado en Iberoamérica: El lenguaje politico en tiempos de las independencias*, Buenos Aires, Editorial Sudamericana, 2004。
12. John Manning Ward, *Colonial Self-Government: The British Experience*, 1759 – 1856, New York, Macmillan, 1976; Robert Aldrich and Cindy McCreery, eds., *Crowns and Colonies: European Monarchies and Overseas Empires*, Manchester, Manchester University Press, 2016.
13. 此种主张是人们所认可的"绅士资本主义"(gentlemanly capitalism)的一部分；参见 P. J. Cain and A. G. Hopkins, *British Imperialism*: 1688 – 2000, New York, Routledge, 2013, pp. 167 – 193；亦可参见 James Belich, *Replenishing the Earth: The Settler Revolution and the Rise of the Anglo-World*, 1783 – 1939, Oxford, Oxford University Press, 2009; Gary B. Magee and Andrew S. Thompson, *Empire and Globalisation: Networks of People, Goods and Capital in the British World*, c. 1850 – 1914, Cambridge, Cambridge University Press, pp. 177 – 231。

14. 试与 Frederick Cooper 关于 21 世纪西非的分析观点作比较。Frederick Cooper, *Citizenship between Empire and Nation: Remaking France and French Africa*, Princeton, Princeton University Press, 2014. 同样在欧洲,在"19 世纪的大多数时间内,摆在很多小国以及部分大国面前的一个问题,不是如何维持它们早已失去的政治独立,而是如何就帝国经验进行谈判"。(Thomas Hopkins, "Ordering the World in the Nineteenth Century", in Martti Koskenniemi and Stråth, eds., *Creating Community and Ordering the World*, pp. 33 – 43, at 40). 亦可参见 Richard Whatmore, "'Neither Masters nor Slaves': Small States and Empire in the Long Eighteenth Century", in Duncan Kelly, *Lineages of Empire*, pp. 53 – 81。

15. John Gascoigne, *Encountering the Pacific in the Age of the Enlightenment*, Cambridge, Cambridge University Press, 2014.

16. Ibid.; O. H. K. Spate, *The Spanish Lake*, Canberra, ANU Press, 1979; John M. Ward, *British Policy in the South Pacific*, 1796 – 1893, Sydney, Australian Publishing Co., 1948.

17. 例如,参见 Meredith Lake, "Samuel Marsden, Work and the Limits of Evangelical Humanitarianism", *History Australia*, Vol. 7, No. 3, 2010, pp. 57. 1 – 57. 23。

18. H. E. Maude, *Of Islands and Men: Studies in Pacific History*, Melbourne, Oxford University Press, 1968, pp. 178 – 222.

19. Dorothy Shineberg, *They Came for Sandalwood: A Study of the Sandalwood Trade in the South-West Pacific*, 1830 – 1865, Melbourne, Melbourne University Press, 1967. 关于旅居者和他们所带来的具有文化转变效果的资本,参见 H. E. Maude, *Of Islands and Men: Studies in Pacific History*, pp. 134 – 177。

20. Instructions to the governor of New South Wales, April 1787, TNA, PC 1/62/16.

21. John M. Ward, *British Policy in the South Pacific*, p. 35.

22. Ibid., pp. 31 – 40.

23. Report of Messrs. Freshfield and Kay, solicitors to the Levant Company, 8 June 1812, Consular Jurisdiction in the Levant, TNA, FO 406/1, 3. Philip Stern 认为,英国东印度公司所享有的法律权威,加上其他统治权能,使它近乎于一个国家。Philip Stern, *The Company-State: Corporate Sovereignty and the Early Modern Origins of the British Empire in India*, New York, Oxford University Press, 2011, p. 173. 关于英国多元法律秩序内公司管辖权的概括

性论述，参见 Philip Stern，"'Bundles of Hyphens'：Corporations as Legal Communities in the Early Modern British Empire"，in Lauren Benton and Richard Ross，eds.，*Legal Pluralism and Empires*，1500 – 1850，New York，NYU Press，2013。

24. 参见 British Consular Jurisdiction in the Levant，TNA，FO 406/1 and FO 406/2。

25. 例如，一个法案授权听审委员会就地对承认犯有叛国罪及其他类似罪行的人进行审理，而无须将这些人送回到他们实施违法行为的所在郡。（33 Hen 8，c. XXIII）；Treason Act 1543（35 Hen 8，c. 2）.

26. 例如，一个 1803 年法案对于那些故意抛弃、烧毁和破坏轮船和货船的违法行为提供了更为有效的惩罚措施，为对重罪中的从犯进行审理提供了便利，并拓展了亨利八世在位第 33 年制定的一部法案中有关谋杀、协助谋杀和过失杀人等条款的效力（43 Geo 3，c. 113）。

27. 例如，其中一个 1817 年的法案能够对那些在英国女王属地以外实施的谋杀和过失杀人行为进行更有效的惩罚（57 Geo 3，c. 53）。

28. John M. Ward，*British Policy in the South Pacific*（1786 – 1893），pp. 171 – 172.

29. Ibid.，pp. 50 – 57.

30. Hitoti（regent）to Marquess of Londonderry，26 August 1822，*Correspondence Relative to the Society Islands*，1822 – 1843，1：37 – 38，held in the Mitchell Library，Sydney，New South Wales，Q999. 5/G；Pomare to King George IV，5 October 1825，ibid.，4；"Apaapa，Secretary of State to the King and Government of Great Britain"，enclosure 1 in No. 29，6 January 1832，ibid.，27.

31. Pritchard to Freemantle，ibid.，pp. 37 – 38.

32. 关于这个故事的一个简单版本，参见 Charlton to Early of Aberdeen，8 March 1832，ibid.，p. 30。

33. George Pritchard to Freemantle，24 December 1832，ibid.，pp. 37 – 38.

34. Charlton to Palmerston，6 August 1834，ibid.，p. 31.

35. Charlton to Aberdeen，8 March 1832，ibid.，p. 30.

36. Moshe Rapaport，"Oysterlust：Islanders，Entrepreneurs，and Colonial Policy over Tuamotu Lagoons"，*Journal of Pacific History*，Vol. 30，No. 1，1995，pp. 39 – 40.

37. Ibid.，p. 40.

38. Bengt Danielsson, *Work and Life on Raroia*, London, Novellow and Co., 1956, p. 78.

39. J. L. Young, "Names of the Paumotu Islands, with the Old Names so far as They Are Known", *Journal of the Polynesian Society*, Vol. 8, No. 4, 1899, p. 268.

40. Bengt Danielsson, *Work and Life on Raroia*.

41. Greg Dening, "Possessing Tahiti", *Archeology in Oceania*, Vol. 21, No. 1, 1986, pp. 110 – 111. 普利亚(Purea)和阿莫(Amo)最终被图(Tu)所击败。双方都使用欧洲制品作为他们仪式服装的一部分。

42. Neil Gunson, "Pomare II of Tahiti and Polynesian Imperialism", *Journal of Pacific History*, Vol. 4, No. 4, 1969, pp. 65 – 82.

43. 关于对猪肉贸易的精彩分析,参见 Henry Evans Maude, *Of Islands and Men: Studies in Pacific History*, pp. 178 – 222。亦可参见 Threlkeld in Rurutu, 1821, cited in Gunson, "Pomare II", p. 76。

44. Gunson, "Pomare II"; Douglas L. Oliver, *Ancient Tahitian Society*, Vol. 3, Honolulu, University of Hawaii Press, 1974.

45. Gunson, "Pomare II", p. 69.

46. Ibid., p. 69; Threlkeld to Marsden (unclear), Eimes, 26 May 1818, LMS, South Sea Missions Correspondence, the Mitchell Library, A381/CY877, p. 121.

47. Enclosure, Hill to Palmerston, No. 29, *Correspondence Relative to the Society Islands*, 1: 29 – 30. 这些法律并未标注日期。

48. Queen of Tahiti to the king of England, No. 29, 6 January 1842, ibid., pp. 26 – 27.

49. Queen of Tahiti to the king of England, No. 29, 6 January 1842, ibid., p. 26.

50. John M. Ward, *British Policy in the South Pacific* (1786 – 1893), pp. 122 – 125.

51. 例如,这个未标注日期的且对来访的外国船只收取引航费的成文法案仅适用于大溪地和艾米奥岛。"Regulations for Masters of Vessels Entering the Ports on the North-West Side of the Islands of Tahiti and Eimeo", No. 29, *Correspondence Relative to the Society Islands*, 1: 29;关于抛弃船员的更宽泛的禁止性规定,参见 Regulations for Masters of Vessels, et al., ibid., p. 29。

52. Threlkeld and Williams, 8 July 1822, quoted in Gunson, "Pomare II", p. 68. 特里科尔德的事业将新南威尔士和波利尼西亚的法律政治联系在一起。参见 Anna Johnston, "A Blister on the Imperial Antipodes: Lancelot Edward Threlkeld in Polynesia and Australia", in David Lambert and Alan Lester,

eds., *Colonial Lives across the British Empire*, Cambridge, Cambridge University Press, 2006, pp. 58 – 87。

53. Barff to Hill, 7 August 1819, Huahine, South Sea Missions Correspondence, the Mitchell Library, A381, CY877, 136.

54. Colin Newbury, "Te hau Pahu Rahi: Pomare II and the Concept of Interisland Government in Eastern Polynesia", *Journal of the Polynesian Society*, Vol. 76, No. 4, 1967; enclosures 4 – 10(undated) in Hankey to Dudley, No. 22, 13 June 1827, *Correspondence Relative to the Society Islands*, 1∶15 – 19.

55. Danielsson, *Work and Life on Raroia*, p. 39.

56. 波马利王朝与土阿莫土群岛岛民有着某种部落上的联系,但是直到 1817 年,"马卡提亚岛岛民仍是一个例外……(他们)全都独立于大溪地统治者之外"。Gunson, "Pomare II", pp. 72 – 73; Danielsson, *Work and Life on Raroia*, p. 77.

57. Ibid., p. 74.

58. 虽然"并没有相关说明解释这些贡品当中有多少抵达了波马利"。Gunson, "Pomare II", p. 75; compare Danielsson, *Work and Life on Raroia*, p. 80.

59. Charlton to Canning, 12 May 1826, *Correspondence Relative to the Society Islands*, 1∶7.

60. Charlton to Earl of Aberdeen, 8 March 1832, ibid., p. 30.

61. Frederick WilliamBeechey, *Narrative of a Voyage to the Pacific and Beering's Strait...* Philadelphia, Carey and Lea, 1832, p. 281.

62. Ibid., pp. 283, 284.

63. Ibid., p. 283. 1831 年那些向女王发出的关于"特鲁罗号"事件的赔偿请求,直接基于我们对 1825 年女王颁布的命令(授权对没有皇家贸易许可的船只进行攻击)之法律地位的解释。"多利号"船长班克罗夫特(Bancroft)先生从波马利女王那里获得了极为有用的书面许可。女王后来又更新这一许可,"要求拦截所有访问土阿莫土群岛中的低岛而又没有缴纳 2000 美元的船只"。Charlton to Aberdeen, 8 March 1832, *Correspondence Relative to the Society Islands*, 1:30; Charlton to Hon. W. Waldegrave, 22 September 1831, ibid., p. 31. 部分更为大度的人忽视了这一来源可疑的书面许可,但是查尔顿将其作为女王背信弃义的确凿证据。他明确地抱怨,在 1825 年,他"只是离开了岛屿没多久,这一命令便又再次发到了安娜岛"。Charlton to Waldegrave, 22 September 1831, ibid., p. 31.

64. Beechey, *Narrative of a Voyage*, 281.

65. Carleton to Earl of Aberdeen, 8 March 1832, *Correspondence Relative to the Society Islands*, 1 : 30.

66. Charlton to Queen Pomare, 14 September 1834, *Correspondence Relative to the Society Islands*, 1 : 32.

67. Hill to the queen of Tahiti, enclosed in Hill to Palmerston, 12 May 1832, TNA, FO 84/14. 让希尔明显感到不满的是,麦克莫都采取了一种更温和的手段。看起来他似乎是受到了传教士的影响。希尔抱怨说,传教士"已经完全失去了他们的影响力,但他们希望人们相信强硬的语言本身也构成冒犯"。Hill to Palmerston, 12 May 1832, TNA, FO 84/14, F178.

68. Hill to the queen of Tahiti, enclosed in Hill to Palmerston, 12 May 1832, TNA, FO 84/14.

69. McMurdo to Queen Pomare, 23 April 1832, No. 35, *Correspondence Relative to the Society Islands*, 1 : 38.

70. Queen Pomare to McMurdo, 23 April 1832, No. 34, ibid., p. 39.

71. Freemantle to Queen Pomare, 25 December 1832, No. 34, ibid., p. 39.

72. Freemantle to the Captain or Commander of any of His Majesty's ships who may arrive in Tahiti, 26 December 1832, ibid., p. 40.

73. Captain Robert Fitzroy, *Narrative of the Surveying Voyages of His Majesty's Ships Adventure and Beagle between the years* 1826 *and* 1836, Vol. 2, London, Colburn, 1839, p. 533.

74. Queen Pomare to Captain Seymour, 22 September 1834, *Correspondence Relative to the Society Islands*, 1 : 33.

75. Captain Robert Fitzroy, *Narrative of the Surveying Voyages of His Majesty's Ships Adventure and Beagle between the years* 1826 *and* 1836, 2 : 532. 菲兹洛伊主张,群岛"仍然被视为(虽然名义上已被她放弃)置于女王的权威和特殊影响力之下"。事实上,当他到达当地后,他发现 36 吨重的珍珠贝壳被作为贡品置于岛屿的码头上。另外,当他们控制了大溪地时,法国人毫不犹豫地对土阿莫土群岛提出了主张。引自 Newbury, "Te hau Pahu Rahi", p. 483; *Papers Relating to Tahiti, and to the Leeward, or Society Islands, in the Pacific*, 1847, London, T. R. Harrison, 1847), pp. 5 – 6。

76. John M. Ward, *British Policy in the South Pacific*(1786 – 1893).

77. Jane Samson, *Imperial Benevolence: the Royal Novy and the South Pacific Labour trade* 1867/1872, Honolulu, University of Hawaii Press, 1998. 值得注意的是,

19 世纪末，山姆森以曾“人道主义”的名义在太平洋海域巡逻。

78. 在相当长一段时期内，英国人都渴望与该地区进行贸易。John Campbell, *An Account of the Spanish Settlements in America*, Edinburgh, A. Donaldson and J. Reid, 1762, pp. 324 – 336.

79. D. C. M. Platt, *Latin America and the British Trade*, 1806 – 1914, London, Adam and Charles Black, 1972, Chap. 1.

80. 关于智利挖矿热潮（希望的破碎），参见 Desmond Gregory, *Brute New World: The Rediscovery of Latin America in the Early 19th Century*, London, I. B. Tauris, 1993), pp. 48 – 49。

81. 依赖理论的拥护者反对这一观点。他们认为，如果市场饱和在某些地区很快形成，那么在其他地区则会受到强有力的抵抗。他们告诉我们，该区域中与市场渗透隔绝最远的那部分，通过本地投资和进口替代，在这段时期内发展最为繁荣。巴拉圭成为这一理念的典型代表。作为被隔绝的政治实体，它只能自力更生，却从中获取了大量好处。经济历史学家对那些支持该理论的证据提出了质疑，他们尤其指出巴拉圭的发展受到了不景气的内需的抑制，而且这一状况由于隔绝进一步恶化。不管我们对这场争辩作何判断，它都具有增强这样一种观念的奇怪效果，即拉丁美洲和拉普拉塔河流域在 19 世纪上半叶的全球进程中经历了一个缓慢且不均衡的一体化时期。Thomas Wigham, *The Politics of River Trade: Tradition and Development in the Upper Plata*, 1780 – 1870, Albuquerque, University of New Mexico Press, 1991, pp. 27 – 29.

82. 参见 David McLean, *War, Diplomacy and Informal Empire: Britain, France and Latin America*, 1836 – 1852, London, I. B. Tauris, 1995。

83. 参见 Ann Stoler, “On Degrees of Imperial Sovereignty”, Public Culture 18, No. 1, 2006, pp. 125 – 146; David Rock, “The British in Argentina: From Informal Empire to Postcolonialism”, in Matthew Brown, ed., *Informal Empire in Latin America: Culture, Commerce, and Capital*, Oxford, Wiley-Blackwell, 2008, pp. 49 – 77。

84. 学者们对那些关于国家身份发展进程的阐述中所包含的瑕疵进行了披露。作为这一方面的领军人物，José Carlos Chiaramonte 坚持认为自然法中的共享框架能够与“任何类型的政治形态”相容。Jose Carles Chiaramonte, *Nación y Estado en Iberoamérica*, p. 12.

85. José M. Portillo Valdés, *Crisis Atlántica: Autonomía e Independencia en la Crisis de la Monarquía Hispana*, Madrid, Marcial Pons Historia, 2006, p. 116

(“incoherencias políticas”).追随 Chiaramonte 的观点,Jeremy Adelman 强调政治危机的帝国根源,以及宪政主义与建立主权的挑战之间的联系。Jeremy Adelman, *Sovereignty and Revolution in the Iberian Atlantic*, Princeton, Princeton University Press, 2006, esp. 345 – 346. 同时,随着新近对那些流传在大西洋世界的各类政治文献的关注,早前学界关于英美宪政主义单向扩散的理解被进一步复杂化。关于新的政治文献,参见 David Armitage, *The Declaration of Independence: A Global History*。

86. Jeremy Adelman, *Republic of Capital: Buenos Aires and the Legal Transformation of the Atlantic World*, Stanford, Stanford University Press, 1999, p. 51. Jorge Cañizares-Esguerra, *How to Write the History of the New World: Histories, Epistemologies, and Identities in the Eighteenth-Century Atlantic World*, Stanford, Stanford University Press, 2001; Josep Maria Fradera, *Colonias para después de un Imperio*, Barcelona, Edicions Bellaterra, 2005; Gabriel B. Paquette, “The Dissolution of the Spanish Atlantic Monarchy”, *Historical Journal*, Vol. 52, No. 1, 2009, pp. 175 – 212; David M. Golove and Daniel J. Hulsebosch, “A Civilized Nation: The Early American Constitution, the Law of Nations, and the Pursuit of International Recognition”, *NYU Law Review*, Vol. 85, No. 4, 2010, pp. 932 – 1066.

87. 这一观点被 Chiaramonte、Nación y Estado en Iberoamérica 和 Portillo 等人阐释得尤为深入。参见 Chiaramonte, *Nación y Estado en Iberoamérica*, and Portillo, *Crisis Atlántica*。

88. 为了避免过早地与西班牙的卡迪兹政府发生对峙,英国起初尝试以签订商业条约的形式给予承认。这种尝试最早是以派遣使团的形式进行的,该使团接受指令前往墨西哥,并与当局就英国船只进入墨西哥港口的事宜谈判缔结条约。英国人之后向阿根廷也提出了缔结商业条约的要约,且在此之后,又向巴拉圭提出了相同的要约。参见 *Hertslet's Commercial Treaties: A Collection of Treaties and Conventions, and Reciprocal Regulations, at Present Subsisting Between Great Britain & Foreign Powers*, Vol. 3, London, Butterworth, 1827, pp. 247 – 256; *Hertslet's Commercial Treaties*, Vol. 9, London, Butterworth, 1827, pp. 182 – 188。

89. 这些文件包括《独立宣言》、《邦联条例》、《弗吉尼亚宪法》、《马萨诸塞州宪法》以及《美国宪法》。Hector Miranda, *Las Instrucciones del año XIII*, Montevideo, A. Barreiro y Ramos, 1910, pp. 411 – 417.

90. 该政治实体有权保留它的主权、自由、独立、所有的权力、管辖权。另外,如果没有明确规定联盟可以在国会中代表合众省的话，那么该政体还可以保留它的权利。Miranda，*Las Instrucciones del año XIII*，p. 413. 特别是考虑到 1789 年前后围绕美国宪法的这些争辩的主旨，阿蒂加斯选择使用“邦联”这样的措辞，意义深远。参见 Gordon Wood，*The Creation of the American Republic*，new ed.，Chapel Hill，University of North Carolina Press，1998，esp. chaps. 10 and 12。在西班牙语中，这一措辞是 una firme liga de amistad. Miranda，*Las Instrucciones del año XIII*，p. 413。

91. 参见 André A. Alves and José M. Moreira，*The Salamanca School*，London，Bloomsbury，2009。在伊比利亚，皇室的权威是被置于多个政治共同体组成的多层次结构之上的。这样的结构被 J. H. Elliot 称为复合君主制。J. H. Elliot，“Europe of Composite Monarchies”，*Past and Present*，Vol. 137，1992，pp. 48 – 71. 在对其追随者的一次讲话中，阿蒂加斯宣称他的权威“来自于你们，并止于你们主权所在之处”（“autoridad emana de vosostros y ella cesa por vuestra presencia soberana”）；from the speech of 4 April 1813 to the Congreso de Abril. José Gervasio Artigas and Lucía Sala de Touron，*José Gervasio Artigas：Obra Selecta*，Caracas，Fundación Biblioteca Ayacuch，2000，p. 22。

92. “作为我们革命的唯一目标，乡镇的特定主权应当被精确地宣告和展示。” Juan Antonio Rebelle，*Lohispánico en la acción y en el pensamiento político de Artigas*，Montevideo，1953，pp. 16 – 17.

93. Rebelle 认为，这一点是“阿蒂加斯思想的精髓”（la esencia del pensamiento artiguista）。参见 Rebelle，*Lo hispánico*，p. 20. 关于乡镇和城市在拉普拉塔流域革命中的中心角色，参见 José Carlos Chiaramonte，Ciudades，provincias，estados：Orígenes de la Nación Argentina，1800 – 1846，Buenos Aires，Espasa Calpe，1997，esp. 145 – 147。1813 年东岸省宪法开篇就列举了那些“组成东岸省的乡镇”。它们包括 Canelones，Piedras，Pando，Minas，Maldonado，San Carlos，Rocha，Santa Teresa，Santa Lucía，Pintado，San José，el. Colla，Colonia，Espinillo，Víboras，Santo Domingo，Soriano，Mercedes，Porongos，Paysandú，Cerro Large，and Belén. Felipe Pigna，ed.，José Gervasio Artigas：Escritos politicos y económicos，Buenos Aires：Grupo Editorial Planeta，2010，pp. 51 – 52。

94. 依据“指令”第 12 条和第 13 条，阿蒂加斯将马尔多那多和科洛尼亚指定为自由进出港，由此可见，他承认乡镇的自主性（参见 chap. 6 in Miranda，*Las Instrucciones del año XIII*，esp. pp. 331 – 332）。他的立场与蒙德维的亚及布宜诺斯艾利斯方面的努力尝试是一致的,后者在决定是否邀请中立的欧洲国家前来贸易的问题上,希望发展出自身的对外政策。

95. 该地区的部分政治人物对被吸收进大英帝国的可能性表示欢迎。布宜诺斯艾利斯总干事,有时也是最高干事卡洛斯·艾尔维尔(Carlos Alvear)在1815年曾写信请求英国进行干涉,通过强制施行英国的治理和法律恢复这一地区的秩序。不过他的下属并没有将这些信件送出。Carlos A. Pueyrredon,"Gestiones diplomaticas en America,1815 - 1817",in Academia Nacional de la Historia(HNA),Buenos Aires,Argentina,Vol. 6,pp. 626 - 635;引自 Sujay Rao,"'Plowing the Sea':Provincial Elites and the Evolution of Federalism in Argentina's Littoral, 18101829", PhD diss., Harvard University,2002。关于阿蒂加斯在东岸省为加强内部组织机构而做出的努力,参见 Ana Frega,"La virtud y el poder:La soberanía par ticu lar de los pueblos en el proyecto artiguista",in Noemí Goldman and Ricardo Salvatore, eds.,*Caudillismos Rioplatenses:Nuevas Miradas a un Viejo Problema*,Buenos Aires,Eudeba,1998,pp. 101 - 133。

96. 由于合众省政府并未与葡萄牙交战,因此它所颁发的私掠许可书仅授权针对西班牙船只的攻击。于是,那些驶离布宜诺斯艾利斯的船长开始为阿蒂加斯效力;即使东岸省的许可证在布宜诺斯艾利斯的捕获法庭上已经明显不受欢迎,从而使被捕获的船只及其货物无法在法庭上被宣判和出售,船长们的上述行为在很长时间内都仍在持续着。本书对阿蒂加斯许可私掠的描述部分取材于 Lauren Benton,"Una soberanía extraña:La Provincia Oriental en el mundo atlántico",20/10:*El Mundo Atlántico y la Modernidad Iberoamericana*,1750 - 1850 1,2012,pp. 89 - 107。并参见 Agustín Beraza,*Los Corsarios de Artigas*,Montevideo,Imprenta Nacional,1949。

97. 在1817~1820年,阿蒂加斯的许可证在美国港口内的海员之间流转,尤其是在巴尔的摩、萨凡纳、诺福克、查尔斯顿和普罗维登斯等地。这些许可证还被用于那些打击横跨大西洋和加勒比海的西班牙船只的巡游中。一艘名为"不可抗拒"(*Irresistible*)的船,从巴尔的摩驶出,在一次为时只有14个月的航行中,捕获了16~29条船;它在几个港口毫无阻碍地航行,并且在至少三个捕获法庭上成功对上述捕获物取得了所有权。关于"不可抗拒号"的事迹,参见 Beraza,*Los Corsarios de Artigas*,pp. 107 - 115;Fred Hopkins,"For Freedom and Profit:Baltimore Privateers in the Wars of South American Independence",*Northern Mariner/Le Marin du Nord* 18,nos. 3/4,2008,pp. 93 - 104。其他携有阿蒂加斯所颁发的许可证的船只频频出没于加勒比地区的捕获法庭。1817 年,“阿蒂加斯将军号”(*General Artigas*)携带着两艘被捕获的船抵达加尔维斯敦港口,其中一艘船载有 287 个奴隶。William C. Davis,*The Pirates Laffite*:*The Treacherous World of the Corsairs of the Gulf*,New York,Houghton Miffl in,2006,pp. 320 – 321,326. 亦可参见 Kevin Arlyck,“Plaintiffs v. Privateers:Litigation and Foreign Affairs in the Federal Courts,1816 – 1822”,*Law and History Review*,Vol. 30,No. 1,2012,pp. 245 – 278;Sean T. Perrone,“John Stoughton and the *Divina Pastora Prize* Case,1816 – 1819”,*Journal of the Early Republic*,Vol. 28,No. 2,2008,pp. 215 – 241;Benton,“Una soberanía extraña”。

98. 虽然我们没有阿蒂加斯的明确声明,表明其试图通过颁发私掠许可证将东岸省定位为一个国家,但很明显事实就是如此。许可证授权持有者进行抗敌巡逻,“尊重共和国的旗帜,以及采用万国法下最适当的方式去攻击它的敌人”(作者译)。例如参见 Beraza,*Los Corsarios de Artigas*,p. 32。像布宜诺斯艾利斯政府一样,阿蒂加斯通过出台一份名为“私掠规则”(Reglamento del Corso)的文件(该文件规定了私掠及对捕获物进行审判的程序事项)将颁发许可证的行为包装得更具官方色彩。连同许可证,阿蒂加斯还将一封致门罗总统的信交给了海尔希。这封信被视作两个国家元首之间的通信。这封信被收录于 Beraza,*Los Corsarios de Artigas*,appendix 9,219。

99. *A Five Years' Residence* 一书的匿名作者将拉普拉塔河流域称为“航行者的地狱”。*A Five Years' Residence in Buenos Ayres*,*during the Years* 1820 – 1825,*Containing Remarks on the Country and Inhabitants*,*and a Visit to Colonial del Sacramento*,London,G. Herbert,1825,p. 4.

100. John P. Robertson and William P. Robertson,*Francia's Reign of Terror*,*Being the Continuation of Letters on Paraguay*,Vol. 3,London,John Murray,1839,p. 107.

101. Ibid.,p. 91.

102. Ibid.,pp. 99 – 110.

103. Thomas Whigham,*The Politics of River Trade*:*Tradition and Development in the Upper Plata*,1780 – 1870,Albuquerque,University of New Mexico Press,1991,p. 31.

104. 关于英国居民在布宜诺斯艾利斯生活的有趣描述,参见 *A Five Years' Residence*,pp. 35 – 49。

105. John P. Robertson and William P. Robertson,*Letters on South America*:

Comprising Travels on the Banks of the Paraná and Rio de la Plata, Vol. 1, London, John Murray, 1843, p. 23.

106. John P. Robertson and William P. Robertson, *Letters on Paraguay*, 3:48, 39.

107. Ibid., p. 32.

108. Ibid., p. 128.

109. Ibid., viii. 亦可参见广受欢迎的此书英文译本:Rengger and Longchamp, *The Reign of Doctor Joseph G. R. De Francia in Paraguay: Being an Account of Six Years' Residence in That Country*, London, Th. Hurst, 1827。关于被驱逐和财产损失的风险与日俱增,参见 Copy of Petition from British Merchants, 12 July 1845, TNA, FO6/106, F94 – 97; Ouseley to Aberdeen, 27 December 1845, TNA, FO6/107, F181 – 184。

110. 关于对帕默斯顿总体外交政策的完整描述,参见 David Brown, *Palmerston and the Politics of Foreign Policy*, 1846 – 55, Manchester, Manchester University Press, 2002; 关于对拉丁美洲的政策,参见 Martin Lynn, "British Policy, Trade, and Informal Empire in the Mid-Nineteenth Century", in Andrew Porter, ed., *the Oxford History of the British Empire*, Vol. 3, The Nineteenth Century, Oxford, Oxford University Press, 1999, pp. 101 – 121。

111. 对当代观察者而言,英国的行为在中国和印度有着准确无误的一系列并行政策。弗兰西亚向蒙德维的亚提出的签订商业条约的请求具有"类似于对华政策的性质",其目标是将巴拉圭的塔普阿港口变成"南美洲的新广东"。John P. Robertson and William P. Robertson, Letters on Paraguay, 3:282; John P. Robertson and William P. Robertson, Letters on South America, 1:20.

112. 确实,英国在哥伦比亚实行的类似政策凸显了其对于稳定的偏好,并且为此努力避免军事干涉。Malcolm Deas, "'Weapons of the Weak?' Colombia and Foreign Powers in the Nineteenth Century", in Brown, *Informal Empire in Latin America*, p. 183.

113. 关于英国在该地区自我约束的相关论述,参见 H. W. V. Temperley, "The Later American Policy of George Canning", AHR 11, No. 4, 1906, pp. 779 – 797; David McLean, "Trade, Politics and the Navy in Latin America: The British in Paraná, 1845 – 46", *Journal of Imperial and Commonwealth History*, Vol. 35, No. 3, 2007, p. 353. 这一点是英国—拉丁美洲关系中的长期主题。参见 Lauren Benton, *Law and Colonial Cultures: Legal Regimes in World History*, 1400 – 1900, New York, Cambridge University Press, 2001, chap. 6。

114. 英国在蒙德维的亚的代理人对于法国人也同样感到不安。曼德维尔(Mandeville)在1839年曾抱怨,法国鼓动蒙德维的亚在东岸省发动战争,这表明他们将"东岸国视作法国的一个部分"。Mandeville to J. Back house,29 July 1839,private,TNA,FO 6/70,F54.

115. 关于上述各种政治形式的提议的众多例子,参见 Chiaramonte,*Ciudades, provincias, estados; and Adelman, Sovereignty and Revolution*。

116. Clifton B. Kroeber,"Naval Warfare in the Río de la Plata Region,1800 – 1861",*Wisconsin Academy of Sciences*, Arts and Letters 45,1956,pp. 91 – 109.

117. 例如,Brig Florida, William Hastings, TNA, FO 446/3 F43 – 47; Brig Concord,Stewart Leith Master 1827 FO 446/3 F49 – 53。

118. 这一请愿书被斯特朗福德(Strangford)子爵提交至英国上议院。在《泰晤士报》的一篇稿件中,斯特朗福德谴责道:"最微不足道和无异议的情况却被人以派系狂热报道和夸大,并被转变成为事关国家利益、领土、金融和商贸的重大事件。"Quoted in John Cady,*Foreign Intervention in the Rio de la Plata*,1838 – 1850,Philadelphia,University of Pennsylvania Press,1929,p.65.

119. British residents to Aberdeen,31 July 1845,TNA,FO 6/108,F92 – 93. 乌斯力对邀请有关方面干涉以保护英国在科连特斯的财产问题进行了分析,参见 Ouseley to Captain Hotham, enclosure in Ouseley to Aberdeen, 26 November 1845,TNA,FO 6/106,F78 – 80。

120. 关于请求保护,参见 John Cady,Foreign Intervention in the Rio de la Plata 1838 – 1850,p. 95;关于拉冯,参见 David Rock,"The Rio de la Plata in the 1840s",in Martin Farr and Xavier Guégan,eds. ,*The British Abroad since the Eighteenth Century*, Vol. 2,New York,Palgrave Macmillan,2014,pp. 163 – 164. 这一策略并不新鲜。合众省在1815年为了避免无政府状态,曾提出同样的请求。参见 John Street,*Artigas and the Emancipation of Uruguay*, Cambridge,Cambridge University Press,2008,p. 211。

121. Mandev ille to Granville,15 September 1839,TNA,FO 6/70,F80;Mandev ille to Palmerston,21 September 1839,FO 6/70,F94 – 95.

122. Aberdeen to Ouseley,5 November 1845,TNA,FO 6/102,F64. 耐人寻味的是,虽然英国代理人在看到法国海军在蒙德维的亚组织起一支武装力量与东岸省进行作战后,曾写信回国示警,但法国对该城事实上的占领这一事实并未对阿伯丁造成太大的困扰。Mandeville to J Back house,29 July

1839, private. FO 6/70, F54.

123. Aberdeen to Ouseley, 20 February 1845, TNA, FO 6/102, F17 - 18, F24 - 27.

124. Ouseley to Aberdeen, 26 November 1845, TNA, FO 6/106, F80; and copy of Colonel Supremo gobierno de la Republica del Paraguay, 1 June 1845, TNA, FO 6/106, F81 - 89.

125. Memorandum of conference: Expedition to Paraná, FO 6/106, F120.

126. David McLean, "Trade, Politics and the Navy in Latin America: The British in the Parana, 1845 - 1846", pp. 351 - 370.

127. British residents to Ouseley, 9 May 1846, TNA, FO 6/118, F251 - 257.

128. David McLean, "Trade, Politics and the Navy in Latin America: The British in the Parana, 1845 - 1846", pp. 364 - 366.

129. Aberdeen to Ouseley, 27 December 1845, TNA, FO 6/102, F82 - 83.

130. Ibid., F85.

131. 帕默斯顿在一封私人信件中表达了令人吃惊的立场——与鼓吹航行自由的游说策略相反的立场。他宣称,英国和法国发动的港口封锁不仅仅未获授权,而且是一种海盗行为,"不啻于将中立的船只截停在公海上,并且向他们勒索钱财"。See John Cady, *Foreign Intervention in the Rio de la Plata*, 1835 - 1850, p. 231.

132. 这一立场的优势在于它与英国在加拿大圣劳伦斯河航行问题上的立场相一致。

133. John Gallagher and Ronald Robinson, "The Imperialism of Free Trade", *Economic History Review*, Vol. 6, No. 1, 1953, pp. 1 - 15; John Gallagher and Ronald Robinson, "The Imperialism of Free Trade", *South African Journal of Economic History*, Vol. 7, No. 1, 1992, p. 35. 关于他们主张的反对者,参见 Ann Laura Stoler, "On Degrees of Imperial Sovereignty", pp. 125 - 146; Rock, "The British in Argentina", pp. 49 - 77。

134. Edward Keene, "The Construction of International Hierarchy: A Case Study of British Treaty-Making against the Slave Trade", *International Organization*, Vol. 61, 2007, pp. 311 - 339; Keene, "The Standard of 'Civilisation', the Expansion Thesis and the 19th-Century International Social Space", *Millennium* 42, No. 3, 2014, pp. 651 - 673; James Onley, "The Politics of Protection in the Gulf: The Arab Rulers and the British Residents in the Nineteenth Century", *New Arabian Studies* Vol. 6, 2004, pp. 30 - 92; Matthew S. Hopper, "The African Presence in Eastern Arabia", in Lawrence Potter,

ed. , *The Gulf in Modern Times: People, Ports, and History*, New York, Palgrave Macmillan, 2014, pp. 327 – 350.

135. 美国最高法院有几个著名的案件涉及持有阿蒂加斯所颁发的许可证的船只——其中有一个案件所涉捕获行为是在阿蒂加斯被流放且不再是一国首领之后发生的。在一个涉及来自巴尔的摩的"不可抗拒号"所获利润的争议案件中,法院避而不谈阿蒂加斯的身份问题,即他究竟是一个国家的合法首领还是"只是一个冒险者"。相反,法院只发表了这样一个观点:东岸省是事实上的主权国家。(*The Gran Para. The Consul General of Portugal, Libellant*, Supreme Court of the United States, 20 U. S. 471; 5 L. Ed. 501; 1822 U. S. LEXIS 268; 7 Wheat. 471). 在"安特洛普号案"(*Antelope*)中,一艘非法载有奴隶的船只在进入佛罗里达水域时被捕获。法院拒绝正面承认阿蒂加斯所签发的私掠许可证的正当性,但也没有对其合法性提出质疑,而是将注意力转移到被劫掠的船只的国籍问题上。*The Antelope. The Vice-Consuls of Spain and Portugal, Libellants*. Supreme Court of the United States 23 U. S. 66; 6 L. Ed. 268; 1825 U. S. LEXIS 219; 10 Wheat. 66. 阿尔里克解释了美国的政策以及法院所面临的压力,参见 Kevin Arlyck, "Plaintiffs v. Privateers: Litigation and Foreign Affairs in the Federal Courts, 1816 – 1822"; Sean T. Perrone, "John Stoughton and the Divina Pastora Prize Case, 1816 – 1819"。

136. 美国和英国将"这一半球中的西班牙省份"描述成共同叛乱者,这种归类将委内瑞拉和东岸省以某种方式归到了一起,而且这种归类能够得到玻利瓦尔和阿蒂加斯的认同——同时也符合他们的意愿。1819 年,阿蒂加斯给玻利瓦尔写信,请求后者承认东岸省的私掠者并提供保护。Letter from José Artigas to Simón Bolívar, 29 July 1819, in Pigna, *José Gervasio Artigas*, pp. 104 – 105. 或许正因为如此,当 40 年后美国南方联盟政府试图为其私掠政策寻找正当理由时,南方政府的领导人将阿蒂加斯的东岸省视为一个成功主张支持私掠之权利并在此过程中获得国际社会默示承认的分离共和国的典型。废奴主义者也记住了阿蒂加斯——但不是作为一个坚信主权在民的革命者,而是作为一个奴隶贸易的支持者。参见前一脚注中关于"安特洛普号案"的说明。

第七章　大无序

CHAPTER SEVEN
A GREAT DISORDER

将当今社会面临的令人生畏的难题归咎于殖民主义，这已成为一种普遍现象。此种归咎有充足的理由。殖民列强们草率、匆忙间拼凑出的各类政治实体，其内部蕴含种族和宗教冲突。它们创设并强化了持久存续的不平等结构。它们应当对激烈的、前所未有的暴力事件负责。尽管如此，仍有部分学者提醒我们留意大英帝国留下的具有积极意义的遗产。例如，废奴运动对全球人道主义事业的影响，或者帝国在为资本主义发展构建制度框架过程中所发挥的作用。[1]

非黑即白的叙事方式很难令人满意地还原历史。此类叙事方式将历史简化成了一部道德剧，因此在绝大多数情况下无法展现历史的多维度。幸运的是，我们还可以用其他更好的方法来衡量大英帝国对世界历史的影响。在本书中，我们试图探寻一种不同的大英帝国遗产。在我们所描述的历史场景中发生的那些系统性转变,既产生于广为分散的渊源,同时也产生于帝国内外法律之间的多重连结点。对于发生在不同地方的,围绕大英帝国法律秩序而展开的冲突、实践和进程的分析,揭示了有关帝国对世界之影响力和遗产的重要因素,尽管这些因素时常隐而不显。

19 世纪早期重构大英帝国法律的努力,其首要目标是为了确保帝国内部的秩序。不过当时的人们也意识到,帝国内部法律对帝国以外的社会关系也具有真实和重要的影响力。法律权威能够影响诸多不同领域,如海上执法、修订后的军事法、对新领土的吞并、为了让其他政治实体采纳对英国有利的法律立场而施加的外交压力以及域外管辖等。与预期中的英国全球统治不同,以大英帝国宪法为中心的全球法律秩序构想,有时候反而会鼓励其他政治实体(包括新国家和帝国竞争对手)加固其自身的法律权威。围绕多元化国家体系建立的区域性法律体制虽然充斥着英国的法律影响,但它们并不是按照英国法建立起来的。

与此同时,即便是帝国的狂热支持者也清楚帝国法律作为全球秩序框架的局限性。其中最为人熟知的局限性体现为帝国权威遭到的抵制,包括叛乱分子的公然反抗,以及殖民地法院的阳奉阴违。日渐孱弱且错综复杂的用以投射英国权威的法律机制虽然在大英帝国的宏大历史中经常被忽略,但却具有非常重要的意义。奴隶贸易管制面临着重重难题,如繁多似迷宫般杂乱的捕获法,以及有关议会和地方立法机构之权力博弈的宪法谜团,使其只能蹒跚前行。而对王室直辖殖民地的治理亦受困于如何界定地方法、英国法和其他外国法之间的关系。领土吞并计划引发了“保护”问题，但人们对于“保护”的法律内涵却缺乏清晰的认识。确立海洋秩序以增进区域贸易的呼声，揭露了英国在缺乏对相关区域之控制的情况下拓展其法律影响力的成本和不确定性。其他帝国列强不仅拒绝退让，而且经常与英国齐头并进地实施改革措施，以增强他们对政治多元化区域的法律影响力。由此产生的结果与其说是一种清晰可辨的英国全球法律秩序，倒不如说是一种贯穿于世界各个区域的、带有程度不一的大英帝国色彩的全球法律秩序。

这一凌乱的历史促使我们思考其他时期全球法律秩序的拼凑性特性，并将目光重新聚集于其他雄心勃勃的霸权国家在向外投射权力的蹩脚尝试中所采用的杂乱无章的法律策略。在本章中，我们首先将追溯大英帝国内部与其周边法律改革的局限性及其模糊的历史遗产。随后，我们将考察这段历史对于我们理解国内法与国际法之间变幻不定的关系所具有的持续性意义。我们不是为了探寻国际法原则的起源，而是为了确认区域性和全球性法律的模式，而这些模式源自大英帝国为构建世界秩序所做的得不偿失的局部性努力。在反思英国式全球秩序的局限性、狂暴性和缺漏时，我们可以参考华莱士·史蒂文斯的这段话：“A. 狂暴的秩序即为无序；以及/B. 大无序即为秩序。二者同一。”[2]

第一节　中层力量的局限性

在1780年后的数十年间,一种对秩序的渴求牵动着整个大英帝国。它与革命时代保持着奇妙的同步关系。在帝国范围内,一批杰出的官僚和殖民地臣民将关于暴政的讨论转变为一系列相互关联的、要求通过法律建立秩序的主张。在19世纪早期的帝国,从锡兰的马拉巴尔权贵到毛里求斯的法国种植园主,专制独裁者以多种不同的面目出现。而那些在殖民地中拥有影响力的英国人,从西印度群岛的知名奴隶主到以“王侯”自诩的詹姆斯·布鲁克等投机主义旅居者,似乎也属于这一行列。一般认为,他们的共同特征在于对司法权的恣意行使。对基层暴政的此种理解,意味着那些对独裁者的权力加以遏制的行为均属于合法的干预。改革的呼声以及有关帝国宪法的辩论试图将管辖权从贪婪的精英阶层手中转移到帝国代理人手中。

在这个狂热的改革时代,对暴政的遏制并非完全出于人们对其可能引发无序革命的担忧。虽然自由主义思潮贯穿于19世纪早期的帝国,但是对暴政加以谴责的真正效果在于为帝国的干涉提供正当理由。[3]在英国、美国及法国革命的阴影下,在人们对殖民地独裁者可能侵蚀议会的普遍忧虑下,此种对秩序的渴求主要服务于强化王室权力。关于暴政的讨论与强化王室权威之冲动的此种结合,与关于议会权力的宪法性辩论不同,后者预示了美国革命战争的到来,并构成了埃德蒙·伯克对东印度公司的统治进行抨击的基础。改革者们明确指出,在帝国改革进程中起领头作用的将是王室直辖殖民地,而不是拥有立法机构的殖民地或议会监督下的殖民地。他们还认为,为了建立一个更为公正的帝国,必须对奴隶制殖民地的自治权加以限制。

他们针对殖民地暴政的解决方案有助于在殖民地臣民和英国本土臣民之间做出更为清晰的划分,以及进一步扩大不同阶层的殖民地臣民之间的差别。独裁者的足迹亦遍布帝国以外的地区。康提国王的恶行为英国在锡兰吞并康提提供了正当的核心理由,而弗朗西亚和罗萨斯的暴政则成为英国呼吁对拉普拉塔河流域进行政治和法律干涉的主要依据。贩奴商和海盗在遥远的海滨对弱势群体施暴。在帝国疆界之外,对暴政的控诉为包括混合委员会在内的新型法庭的设立奠定了基础,同时也为海军过度使用武力提供了正当理由。

因此我们也就不难理解,为什么对秩序的渴求引发了宪法性难题,而英国人对于这些难题却无法提供完整的答案。改革者们有时试图为他们的殖民地法律变革计划的宪法基础进行辩护。强化帝国管辖权意味着必须对英国法律以何种方式扩展适用于殖民地作出澄清,而这是一个长期以来悬而未决的问题。官员们希望创设一种帝国治安法官职位,并将中层司法官员从殖民地的捍卫者转变为帝国权力的代言人。上述两个计划均不够直截了当。它们都引发了关于不同类别的帝国臣民应当享有何种权利这一复杂难题,并且都取决于对以下这一问题的不同理解,即哪些殖民地或帝国官员、机构和法庭应当有权对那些所谓的基层独裁者之行为进行约束。上述不确定性使信息搜集可能带来的确定性大打折扣。对殖民地的宪法性干预经常采用调查委员会的形式,委员会被要求提交关于千奇百怪的殖民地法律的报告,同时还被授予了在委员们认为有必要时对殖民地法律实施进行干预的广泛权力。

在此情形下,对基层暴政的控诉经常会朝不受控制的方向发展,也就毫不令人惊讶了。无论是伯克在下议院发表的关于沃伦·黑斯廷斯总督之僭权和腐败的演说,还是一系列的殖民地丑闻,关于暴政的讨论都可能对英国代理人和王室造成不利影响。在特立尼达,基层暴政这一标签被贴到了专制的殖民地总督托马斯·皮克顿身上,批评者们将他的任意性惩罚措施与奴隶主的恶行相提并论。在爱奥尼亚群岛,梅特兰德以“打着宪法幌子的暴政”的始作俑者而著称,而批评者们正是借用这一措辞指明了殖民地法律改革中潜在的专制风险——尤其是当此种改革旨在强化王权时。

即便改革使得英国王室面临关于专制的指责,但政治危机的解决并不一定会产生能够约束恣意性权力的新型组织结构。英国官员们不得不越来越频繁地面对中层力量在帝国内的局限性问题。帝国掌控下的管辖权秩序不仅很难被凭空创设,还非常不稳定。帝国对其中层官员的任命日益审慎,但这并不能确保中层官员成为宗主国意志的可靠代言人。毕竟,宗主国意志在整个 19 世纪的漫长时期内可能会发生非常大的变化。调查委员们忽视他们所收到的指示,总督们在未经授权的情况下自行制定和修改法律,法官们则卷入了与同僚之间的激烈而琐碎的钩心斗角之中。系统性的法律变革同时蕴含着巨大的风险。它可能会触怒殖民地民众,使其成为改革的狂热抵制者——正如在北美殖民地和毛里求斯所发生的那样。在这场围绕法律展开的斗争中,不断上演着权力更迭和胜负易手。

帝国的法律改革计划从未设想过从根本上对权利和权力进行重新分配。然而众所周知的是,变革的力量来自方方面面,很难被精确地掌控。无论是毛里求斯和特立尼达那些请求英国法院主持正义的奴隶,还是新南威尔士那些要求限制特定刑罚或重塑劳改体系的罪犯,他们都在既有改革措施基础上自下而上地提出了进一步变革的诉求。英国司法体系面临的挑战还体现为那些旨在替换帝国领导下的治理结构的提议,包括将孱弱的殖民地立法机构变为拥有更大权力和自主性的机构。反对改革的势力不需要提出或倡导全新的政治哲学。无论是帝国内部的合法主权理论、对暴政的批评,还是关于构建正当管辖权秩序的理念,它们不仅启发了帝国的改革者,同时也启发了其反对者——包括拉丁美洲的共和主义者和希腊的民族主义者。

英国所遭遇的大大小小的挑战对帝国秩序重构计划产生了实实在在的影响。殖民地的动荡不安使帝国代理人对于帝国维持秩序的有限能力表示了担忧。当我们从 19 世纪中叶中层官员的陈述中发现他们对于大英帝国法律秩序之生命周期的怀疑时,不由地会感到惊讶。在爱奥尼亚群岛,梅特兰德的继任者揣测英国或许是时候该放弃它作为保护国的角色了——要不然就干脆吞并这些岛屿并实施更直接的控制。在新加坡,英国官员们希望他们在东南亚的权威受限问题能够通过一种自发形成的欧洲海上共管制度得以解决。尽管这些英国官员对于除增强英国影响力之外的其它解决方案持怀疑态度,但西班牙和荷兰在该制度下对地区所施行的秩序虽不受英国控制,却至少能够令其接受。在打击奴隶贸易的过程中,英国代理人背离了构建英国主导下的双边条约网络这一做法,试图通过单边行动捕获葡萄牙和巴西的贩奴船。在解决区域秩序混乱问题、执行全球性禁令以及维护英国商业利益的过程中,帝国策略的局限性逐渐为人们所认识,而此种认识通常发生在涉及具体危机而非涉及统一的思想立场或政治计划时。

此种对秩序的渴求产生于反对帝国的叛乱日益频发的背景之下。在某些地区,英国人通过密谋扶植新的主权者来应对革命暴力,正如他们在拉普拉塔河流域承认新国家并反对赤裸裸地主张区域性霸权。即便叛乱运动促使英国人采用更直接的统治方式(如 1857 年印度叛乱后那样),管辖权难题仍然存在,而英国控制的脆弱性也愈加明显。此类叛乱越来越频繁地促使英国在军事管制法的幌子下使用难以想象的暴力。而此种暴力反过来常常引发英国对于帝国管辖权之合理边界的深刻(即便是短暂的)反思。

在所有最难以预料且显然无法抵挡的变革压力中,有一股恰好来自于帝国内部,其表现为要求英国承认白人殖民开拓者团体所组建的“负责任的政府”。可以确定的是,由此形成的带有联邦色彩的帝国依旧属于帝国的一个变种,而且它与第六章所描述的那种区域性国家体系之间存在某种内在联系。重要的是,我们应当认识到,后来成为英联邦的这一结构根植于那些围绕帝国管辖权的合理界限而展开的暴力斗争。1837 年的加拿大叛乱导致杜伦勋爵呼吁在当地建立负责任的政府,这场叛乱的最终结果是 100 名叛乱分子被定罪并流放至澳大利亚(这是一种颇具帝国特色的惩罚措施),而领头的 2 名叛乱分子因为违背了对英国主权权威的忠诚而被处死。[4]我们应当牢记这一事件,从而避免夸大向自治政府转变之过程的平稳性,或者夸大其反帝国属性。虽然杜伦勋爵的报告为加拿大国民政府的建立奠定了基础,但无论是参与叛乱者还是平定叛乱者,他们所追求的是帝国的改革,而非帝国的终结。

因此,我们不应将上述阻碍性事件视为帝国灭亡的开端,这些事件仅仅排除了构建全球法律秩序的某些可能方案,但同时也使另一些结果的产生具有了更大的可能性。重建帝国法律秩序的努力不但没有因此而停止,反而在 19 世纪中叶的某些地区出现了升温的迹象。法律编纂作为改善殖民地法律状况的另一项合理举措,获得了众多的支持;而习惯法,包括那些人为创设的习惯法,也吸引了新的拥护者。这两项法律改革计划都依赖于前一时期的帝国秩序重构。法律编纂之所以有意义,恰恰是因为帝国法律的主导地位。[5]而这一逻辑同样适用于习惯法的创设和推广;对帝国代理人而言,只有当他们确信习惯法不会对以国家为中心的法律构成威胁,并且能够平稳地融入帝国法律秩序之中时,习惯法才具有吸引力。[6]

正是在这样的背景下,若干被完整记载的关于殖民地法律的争议在19世纪后半叶陆续展现出来。经过数十年费尽心思地强化帝国管辖权的努力,一个清晰可见的(即便是有争议的)、英国监督下的法律秩序已然形成。帝国的政策制定者、中层官员以及殖民地臣民摇身一变,成了多元化法律秩序之合理结构问题方面的专家。帝国法律权威的外延与界限作为相关争议和评论的主题依然引人注目,但此时需要公众关注的问题已所剩无几。其中一类问题围绕着对管辖权的锲而不舍的扩张而产生。例如,如何才能将帝国宪法构想与不同法律区域及具有不同法律权能之群体的不断涌现相调和?帝国法律臣民与英国本土臣民是否可能享有平等的法律地位,以及帝国在何种程度上可以要求和强制他们效忠于帝国?

我们不妨通过1865年牙买加莫兰特湾叛乱中发生的一起广为人知的事例来考察一下使用暴力的合法性问题。在暴乱结束之后,牙买加总督爱华德·约翰·伊利(Edward

John Eyre)宣布在牙买加岛部分地区实施军事管制法。随后,数百人被处决,其中包括被处以绞刑的乔治·威廉·戈登(George William Gordon),他是一个苏格兰种植园主与一个女奴所生的儿子。作为伊利的公开反对者,戈登在牙买加岛某一适用市民法的地区被逮捕,而后又被转移到了实施军事管制法的地区。随后在英格兰展开的关于这一事件的辩论凸显了人们对于帝国法律秩序在宪法层面上之正当性的疑虑,因为在该秩序下,不同的臣民可以享有不同的权利,而且同一臣民在帝国的不同地区亦可享有不同的权利。伦敦的自由党人非常热衷于纠缠这些问题。约翰·斯图尔特·密尔(John Stuart Mill)领导下的牙买加委员会极力要求以谋杀罪起诉伊利。从许多方面来看,这一争议跟数十年前对托马斯·皮克顿的指控如出一辙,基层暴政这一令人忧心的问题在那时就已经广为人知了。两者的结果也没有太大的差别,因为伊利最终也未被定罪或受罚。但不同的是,伊利的批评者们更为明确地提出了他们在宪法层面的广泛担忧。殖民地权力架构应当被置于伦敦当权者的监督之下,同时也应当被视为对“如何正确地规范政府对臣民的权力”这一问题的更为宽泛的担忧的一部分,这一点是毋庸置疑的。虽然围绕伊利的行为所产生的法律问题远未获得解决,但是用以分析这些问题的框架被广泛地认为与帝国有关,同时也与一个将帝国包含在内的宏大的英国政治实体有关。[7]

在 19 世纪晚期,当 1891 年印度的曼尼普尔邦爆发叛乱时,具有法律头脑的英国官员们所面临的挑战是如何为干涉被保护国的行动提供法律依据。英国官员们意识到英国在印度土邦没有刑事管辖权,从而无法确保那些杀害受英国支持的曼尼普尔邦统治者的凶手被绳之以法。在此情形下,为了证明军事干涉的合法性,他们声称英国的保护意味着土邦臣民对英国女王负有忠诚义务。因此,对英国试图逮捕犯有谋杀罪之叛乱分子的行动进行抵制,就相当于叛国。英国对帝国内的准主权地区实施干涉的法律依据,已成为英国律师和国际法学者们广泛讨论的话题,而这一讨论在某种程度上也是由数十年来围绕印度土邦的管辖权纠纷所引发的。[8]印度政府现已毫不含糊地向英国议会表明,"国际法原则并不适用于代表女王的印度政府和受女王陛下庇护的印度土邦之间的关系"。[9]国际法学者约翰·韦斯特莱克(John Westlake)后来认为,曼尼普尔邦事件促使英国官员主张所有的曼尼普尔邦居民都属于英国臣民——尽管英国对他们并不享有刑事管辖权。这标志着曼尼普尔邦完成了从国际层面的准主权者到帝国层面的准主权者的转变。[10]

发生在牙买加和曼尼普尔邦的事件并不意味着局势的发展突然转向巩固帝国法律框架。它们仅仅是众多历史片段中的一部分,而这些历史片段引发了人们对于某种逐步推进但却真实发生的法律重构的关注,以及对于帝国内部合法性与外部合法性之间的显著差异的关注。回过头来看,我们可能会错误地认为这一结果是长期以来实施的强化帝国法律权威计划的必然产物。然而有关逐渐强化帝国权威的叙事却未能反映事实真相。虽然有不少人试图澄清帝国内部和外部法律之间的关系，但这一谜团仍然是政治局势紧张的源头和法学家们的难题。在某些方面看来，有些人认为它依然是国际政治理论中的一个未解之谜。[11] 19 世纪中叶在大英帝国内发生的变迁，系从 19 世纪前半期帝国构建世界秩序的动态进程中演化而来，但在演化的同时又与这一进程相对抗。

第二节　帝国机器中的“幽灵”

我们知道帝国在国际法的形成过程中扮演了重要角色。随着国际法在 19 世纪晚期成为一个独特的研究领域，法学家们为国际法律共同体划定了成员资格标准，概言之，就是“文明标准”。这一概念作为一种拙劣的工具，将所有的非西方社会界定为局外人；只有当西方列强认为它们已经足够文明开化时，它们才有可能加入国际法律共同体。这一观念的发展历史与准主权问题一样，均构成了历史学家们在探究 19 世纪帝国与国际法之间的关联时所面临的核心议题。[12]此外，19 世纪欧洲人在多大程度上推动了有关普适性规范和标准的主张，历史学家们对此也争论不休。有一种观点将规范和标准的普适化趋势描述成殖民主义暴力的基础。而另一种更为正面的观点认为，19 世纪欧洲国家尤其是英国以废除奴隶贸易为典型的人道主义运动,标志着人权法作为一种全球性规范的兴起。[13]

上述讨论大多属于思想史的范畴,它们并不关注帝国内部的法律运作。[14]此类讨论趋向于将国际法看作一种主要在帝国框架之外发展起来的事物,而帝国只是充当了一种分析对象和负面典型;虽然帝国能够塑造有关国际法律和秩序的观念,但此种能力的持续时间非常短暂。[15]国际法史学者们亦非常重视欧洲国家体系对世界其他地区的影响。英国在这一历史进程中占据了显著地位,与欧洲国家间的权力平衡理念相呼应,英国提出了"世界均衡"的构想,而英国在欧洲之外活动的细枝末节以及反复无常的帝国和殖民政策在这一叙事中始终处于边缘地位。[16]

在国际法研究中,出现了另一种具有启发性的研究路径(虽然它在很大程度上仍处于思想史学家的视野之内),该研究路径与另一个崛起中的帝国——美国有关。历史学家们将美国宪法描述为一份深受万国法理念和实践影响的文件。《独立宣言》的意义不仅限于对自然法权利的吁求。在论证旨在摆脱帝国统治的叛乱行为具有正当性的过程中,《独立宣言》使某种政治实体的内部行为呈现出实证国际法的特征。《邦联条例》以及后来取代它的《1787 年宪法》本质上属于北美各州之间的和平协议,而其思想基础在于将联邦主义视为多层次帝国主权结构的一种变体;这一传统深深地根植于欧洲,其本身实现了政治实体间"内部"和"外部"秩序框架的融合。[17]上述建国文件广为流传,催生了各种改编版本和模仿版本,而这些版本甚至出现在了那些恰恰为了反对美帝国势力而起草的文件之中。[18]

我们已经提到,大英帝国宪法标志着另一个具有重大意义的、旨在连通国内法和国际法的尝试。从帝国内部零散的法律冲突和辩论,到区域性和全球性法律框架的建立,这一尝试由内而外散发着意义深远的法律影响力。宪法性辩论涵盖了全球范围内的地方政治活动和地方政治理论。这一主张与学术思想史相互印证,而非相互冲突。它重新定义了思想性影响,此种影响极具发散性,并以形形色色的法律冲突参与者的文字、语言和行为等形式散布于帝国之中,而所有参与者都意识到他们的斗争具有更为深远的影响。

在 19 世纪早期,帝国法似乎以一种取代国际法的方式运作,可以对这一粗略的观点作进一步分解,以揭示帝国发挥全球影响力的几种模式。本书特别探讨了其中的三种模式:第一种模式涉及帝国内部法律改革进程对于帝国的外部交往和扩张的影响;第二种模式起源于帝国为了打击海盗和奴隶贸易而创设禁令体制的尝试;第三种模式产生于英国为创设新的主权者所作的努力,而这些新主权者所在的区域通常被历史学家们描述为非正式帝国区域。上述模式是相互联系的,它们皆与帝国法律改革的逻辑相关,但其所造成的影响却是真正全球性的。

由此产生的结果包括政治上一系列碎片化的区域性法律体制。它们在大英帝国试图谋求支配性法律影响的过程中形成,而它们之所以得以维系,部分是由于帝国间的紧张关系。我们确认这些体制的存在并追溯它们的起源,但并不认为它们确立了清晰的国际法原则或学说。它们确实创设了政治实体间的法律框架,而英国对这一创设过程的参与时常引发来自不同层面(不仅仅是来自英国代理人)的声明,这些声明的内容涉及是否应当建立更为宽泛的体制,以强制执行航行自由、禁止奴隶贸易、禁止平时封锁和海上劫掠等规范。毫不意外的是,随着英国海军力量的日益增强,海上秩序问题贯穿于区域性法律政治之中。由此产生的一系列结果虽然有时候转瞬即逝,但其不仅确立了欧洲各帝国之间的法律关系,也确立了帝国与崛起中国家之间的法律关系。这些区域性结构作为国际法发展历史中强大的创造性力量,值得我们关注。[19]

最新的研究告诉我们,国际法并不是各种学说的简单集合,而是存在于非政府网络和行政管理程序等广为分散的事物之中。[20]我们对于19世纪早期大英帝国对国际法之影响的描述,关注的是帝国网络与实践的造法功能。在打击贩奴商和海盗的过程中,英国官员和法学家们有时会援引自然法原则,但他们在采取实际行动时的法律依据却是一个“大杂烩”,其中包含国内法、条约、模糊的(并且经常是无中生有的)惯例,以及关于英国干涉权的主张(此种权利本身在很大程度上源自帝国背景)。甚至,或者尤其是在英国无法假装拥有政治上的控制权而只能主张有限的管辖权时,英国代理人仍然试图塑造这样一种区域性体系:在该体系下,包括其他帝国和微型国家在内的众多规模不等的政治实体,将协助实施英国所支持的规则。总体而言,为了在帝国范围内强化帝国管辖权而开展的“内部”变革试验,通过授权英国实施干涉(如打击外国暴政),为英国向“外部”投射影响力提供了支持。英国代理人通过援引法律,将暴力行为美化为执法措施,或者将侵略行为定性为领土兼并的前奏。

我们将注意力从对19世纪国际法原则之起源的探索,转移到对包括帝国管辖权政治在内的全球法律政治之构成模式的描述,这一注意力转变的重要性不可小觑。[21]它颠覆了部分历史学家关于大英帝国在全球政治和法律变革中所扮演的角色的断言。以英国为中心的人道主义和英国的宪政主义,经常被形容为正在形成中的国际法规范的“摇篮”。废奴运动与人权相匹配,宪政主义与维护人类共同利益或者甚至是实现民主治理的对世义务相匹配。这样的叙事与19世纪的法律学说和判例法格格不入。无论是改革者对自身目标的描述,还是他们的策略所应对或引发的冲突,都极难与这样的叙事相协调。正如我们在废奴主义者呼吁终止奴隶贸易的事例中所看到的,保护奴隶权利这一目标与控制私人管辖权和规范殖民体制相比,显得苍白无力。英国领导下的打击奴隶贸易的行动往往回避有关人权的普适性主张,而更为偏好通过国内法的有限扩张来填补条约漏洞这一复杂的策略。

构建一个英国主导下的全球性法律帝国的尝试,催生了不稳定的多国法律体系。它将关于保护的讨论转变成了一个用于巩固帝国、实施干涉和吞并领土的框架。它将国际层面的执法权与政权的合法性相联系,以维护区域性政治组织的秩序。殖民冲突将上述现象与关于帝国宪法的辩论联系在一起,但我们并不认为其影响会随着成文宪法或由主权国家构成的世界秩序的出现而终结。帝国的影响力持续地存在于漏洞百出的海上禁令体系、各类区域性政治结构,以及20世纪和21世纪带有机会主义色彩的干涉行动之中。

我们很容易就能找到相关的例子。在全球秩序问题上,帝国式思维模式延续的一个令人惊讶的例子便是联合国直到最近都极不愿意确认对反人类罪的刑事管辖权——而各国国内法院对这一漏洞的填补也是偶尔为之、敷衍了事。帝国法律思维的延续亦体现在世界贸易组织关于粮食政策的辩论中,这一辩论不由让我们回想19世纪晚期英国决策者为其坐视饥荒夺走数百万印度人生命的行径作辩护的理由。[22]关于帝国思维持续的另一个显著例子是21世纪出现的,为了证明在国家间使用武力甚至领土吞并的合法性而对"保护"这一概念的随意使用。[23]例如,当弗拉基米尔·普京将保护俄国公民作为对克里米亚进行干涉的理由时,他既援用了20世纪和21世纪关于保护人权之责任的理念,同时也援用了更为古老的关于保护的帝国理念;与人权理念不同,对"保护"的援引中蕴含极权主义干涉和永久吞并的种子。从更广泛的视角来看,在今天,当国际社会成员讨论何时以及在何种条件下可以允许实施人道主义干涉时,或者当他们就"小规模战争"的合法性展开争论时,他们仍然使用那些在英国全球秩序框架下已被充分阐述的概念和范畴。不同的是，如今已不存在能够对这些争论进行裁断的强有力的帝国法律官僚机构。帝国运作过程中所产生的习惯至今仍出现在我们身边，而关于国内法与国际法之关系的讨论亦包含帝国思维的印迹。

第三节　大无序即秩序

与权利观念一样，秩序观念的历史也非常悠久。早在 16 世纪末和 17 世纪初，经院哲学思想便将秩序和联盟一起视为政治共同体的核心要素。深嵌于秩序观念之中的是治安法官的治理，因为正如多明戈·德·索托（Domingo de Soto）所指出的那样，若放任自流，“这样的共同体将无法自我管理、驱逐敌人及遏制犯罪”。身体需要头脑的指挥，但是在经院哲学家们看来，这个头脑在指挥共同体的时候，应当追求所有人的共同利益。[24]经院哲学观点认为，个人总是从属于共同体，但又并非“完全听命于共同体”。[25]个人的义务主要在于遵守市民法以及服从主权者的命令。但个人的自保既是一种权利，也是一种道德义务，自保的义务为反抗压迫提供了可能性。从法律角度来看，个人不遵从统治者的命令也是有据可循的。[26]

对我们而言,尤为重要的是,经院哲学思想指向了共同体之外的那片空间。这一空间可以是观念上的,即个体履行其自然法义务所产生的结果。共同体的法律亦可能约束那些旅居在外的成员或旅居于共同体的外国人。理论和实践皆表明,个体在其存续过程中并不只与一个共同体的法律产生联系,也并不只与一个共同体的融合了自然法原则的法律产生联系。他们生活在一个存在众多共同体的世界中,同时他们认为有一个法律领域的创设跨越了众多政治实体。因此,在内部合法性与外部合法性之间存在一种恒久的结构性关联。在阿纳贝尔·布列特(Annabel Brett)对于有关这一问题的后期经院哲学观点的描述中,“真正的国际公共领域产生于以下两种需求之间的互动,即当地局势的需求以及超越当地局势的司法关系的需求”。[27]

经院哲学思想对于我们的探讨是有助益的,并不是因为它们恒久不变,也不是因为它们为全球法律互动的模式提供了指南——尽管它们的影响在后来的历史事件中得到了清晰的体现,如本书第六章中所呈现的拉丁美洲对于合法叛乱的讨论。它们的价值更广泛地体现在其揭示了“内部/外部”法律关系这一古老且持久存在的理论和实践难题。有关秩序及其与内部和外部法律之间的关系的问题,或者更确切地说,将法律描述为具有内部和外部两个截然不同的场景所带来的问题,继续困扰着我们对于帝国与国际法之关系的思考。正如某位学者所注意到的,此种区分对于国际关系理论来说至为重要;该学者警示了在国际关系中进行“国内类比”

的危险性,并坚持认为国家间关系具有截然不同的动态规律,因此需要一个专门的学科来对其进行研究。[28]这一观念一度为国际关系学者们制造了一个认识论上的盲区,即把公平正义与秩序相分离,作为不同的研究对象,从而导致他们更倾向于对国家体系的兴起作机械而僵化的描述。其结果便是注意力被转移,无法看到内部与外部之间的类比在构建全球秩序理论中所发挥的创造性作用。[29]

在对大英帝国和法律的描述过程中,我们发现帝国秩序与全球秩序之间的类比起到了积极的作用。帝国作为建立在清晰的管辖权安排基础上的复合型政体或国家体系,意味着多个区域性国家体系,以及设想中的一个在某一主导国家的影响范围内运行的全球性国家体系。在这一意义上,英国的全球法律秩序作为一种想象中的、尚未完全呈现的秩序,继承了人们所熟悉的帝国框架,同时亦影响了冷战结束后"单极"时代的政治实体间法律。[30]无论是有关英国扩张司法权的事例还是美国谋求全球影响力的历史,都证明"单极的世界是不安宁的"。[31]正如英国法律权力对帝国众多区域的不稳定且纯粹渴望性的控制一样,当代的全球秩序很大程度上也是从隐形的等级体系中发展而来的。[32]

除了英国构建帝国秩序的努力与其构建世界秩序的抱负之间的此种结构性关联之外,我们在本书已讲述的历史中还发现了"内部"与"外部"法律之间的互动,此种互动的程度如此之深,以至于有时很难将两者区分开来。两者间的其中一种联系体现为帝国管辖权在帝国内部和帝国外部的同步扩张。帝国法律权力在帝国疆界之外的某些扩张,实际上已经超越了经院哲学家们所提出的界限。通过坚持对英国侨民和商人提供法律保护,英国政府及其代理人将国内管辖权扩展到了海洋和外国领土上,这实际上是以一种在有关治外法权的历史或有关非正式帝国的描述中都不曾出现过的,用杂乱无序的方式将英国的法律主张向外扩展。不管其在当地的身份是否获得了条约的承认,英国的领事们都致力于扩大英国的法律影响力。他们在南美和东南亚的行为充分地体现了这一点。形形色色的群体和个人通过将自己视为英国臣民或受英国保护的臣民,要求获得英国的保护。爱奥尼亚人请求英国领事代表他们在奥斯曼帝国的法庭出庭,尽管他们所援引的法律特权在"投降协定"体制下缺少充分的依据。[33]

全球性互动亦更难察觉,并因此以一种较少被历史学家们所关注的方式将英国法律推向帝国之外。在推动各个不同的政治实体联手实施海上禁令制度或保护商业活动的过程中,英国代理人通过扶植当地代表、仿效他国行为、缔结双边协定等方式来为英国法律实践的推广提供支持。上述机制并非基于将法律保护扩展至所有英国臣民这一主张,而且正如我们所见,它们也并非基于普适性原则。事实上,在很多情况下,英国代理人反对利用此类主张。尽管当时不存在对贩奴商的普遍管辖权,但禁止大西洋奴隶贸易的体制依然得以确立。在东南亚,英国官员们认为普适性主张能够被所有人利用,因而十分危险。

随着秩序本身成为一种目标,帝国凭借其内嵌的法律多元主义结构、灵活的管辖权策略,以及深思熟虑后形成的对于获取新领土和接纳新臣民的开放态度,按照其自己的标准在国内和政治实体间进行扩张。历史学家们发现维多利亚时期的英国具有一种以帝国为中心的全球秩序观,同时也注意到了英国在普适性主张问题上的沉默。[34]他们还注意到了帝国的持续性自我反省,以及人们心中的这样一种疑虑,即强化帝国法律权威的计划非但不能带来公平正义,反而还可能剥夺殖民地英国臣民的权利。[35]无论是被视为宪法性灾难还是宪法性机遇,我们如果再次回顾关于牙买加军事管制法以及关于英国对曼尼普尔邦之干涉的辩论,就会发现直到19世纪下半叶之前,伦敦的时局观察者们仍然认为,将帝国法律视为一个既能规范内部秩序,又对外部世界开放的宪法性框架是正确的。

对秩序的渴求唤起了帝国内外形形色色的力量:归根结底,秩序并不是一个英国人独创的概念。正如我们在分析约瑟夫·布兰特为捍卫易洛魁联盟的领土权利而提出的主张,以及考察何赛·赫瓦西奥·阿蒂加斯的主权理论时所指出的,秩序观念从法律争议的各个方面渗透到了世界各地的相关政策之中。实际上,正是由于当地人民(包括在法律上处于弱势的战俘和罪犯)认识到法律重构所具有的重大意义,他们才会以各种方式积极地参与到这一进程中,如提起诉讼、发起在当代人看来属于法律交涉的抗议,以及时不时地呼吁帝国对殖民地当局加以约束等。所有这些策略既源于对自我利益的考量,也源于对正义和秩序的精心追求。在爱华德·哈金斯的种植园中发起抗议的奴隶们、重获自由并作证指控亚瑟·霍吉的妇女们、将毛里求斯的奴隶保护官法庭挤得水泄不通的奴隶们、敦促律师为取消各种法律限制而斗争的罪犯们、从支持英国干涉转向反对英国干涉的康提权贵们、坚持请求英国保护的爱奥尼亚人、把对无人居住的珊瑚环礁内之珍珠泻湖的领土主权主张当儿戏的链岛岛民,以及向调查委员们提供信息和提出控诉的殖民地证人,他们与其他许多积极参与帝国法律冲突中的人一起,共同塑造了大英帝国及其结构,同时也确立了大英帝国在世界中的地位。无论是对精英阶层或其代理人而言,还是对世界范围内那些试图从帝国模式的当地适用和转化中获益的其他法律行为体而言,帝国与全球法之间的相互渗透都是显而易见的。

由此形成的法律秩序并不能阻止暴力的出现,亦未实现国家间的平等。事实上,从我们之前探讨的几个事例中可以发现,在大英帝国的法律政治影响下形成的区域性体制蕴含了难以根除的暴力。同时,它们也使国家间的不平等进一步具体化。在考察上述现实时,我们从以欧洲为中心的对维也纳会议后形成的全球秩序的分析中,可以学到某些东西。不少分析者认为,全球秩序的面貌取决于“大国在规范多国体系问题上的习惯性主导”。[36]帝国殖民地在政治、法律和文化形态上具有多样性,通过对这些殖民地进行法律改革而形成的影响力,为英国在所有国际事务中谋求主导权提供了支撑。就本质上而言,这一憧憬滋生了国际社会的不平等。同时,它还促使英国官员们仅仅将英国与其他强权之间的尖锐对抗视为一种临时性现象,并因此设想帝国间存在比大多数情况下更紧密的协作。正是在这一意义上,大英帝国对法律秩序的重构塑造了国际法和国际秩序:它所指向的世界,是一个约翰·奥斯丁认为永远不会出现的世界。在这一世界中,某些政治实体(单个的帝国、国家或多个政治实体组成的集团)可能会主张自己对其他政治共同体之间的冲突享有开放性的裁断权。

在19世纪早期的数十年间,大英帝国作为一股法律力量对世界产生了重大影响。当时,有关自然法的讨论逐渐式微,实证法观念仍处于萌芽之中,而大英帝国似乎已经强大到了可以将它自己的秩序强加于整个世界。帝国代理人及其对话者在法律变革的细节和目标上分歧不断,而世界范围内诸多分散的小规模法律冲突推动了类似于全球法律秩序之事物的形成。在帝国境内,总督和奴隶主们深受关于暴政之指控的困扰,而此类指控将他们的行为置于新的帝国秩序监督之下。调查委员们奔波于世界各地,试图找到各方都能接受的宪政最低标准,以实现专制统治、程序正义和多元化之间的更好平衡。改革者们将新、旧保护策略糅合在一起,将英国的改革推入殖民地和帝国边界之外的全新管辖空间。海军军官们通过小心翼翼地将帝国法、条约法和帝国间政治相结合,在大大小小的海域创设了新的区域性武力使用体制。领事、商人和海军军官们在如何才能更好地激励新国家运用外国法律来保护英国利益这一问题上争论不休。这一遗落的法律帝国,既具有可渗透性和可塑性,又不断地借鉴他人和被他人借鉴,构成了世界法律史上的一个独特且影响深远的片段。而这段历史的重现揭示了全球性法律创制过程中无时不在的偶然性的力量。

注释

1. 例如,Daron Acemoglu and James A. Robinson,*Why Nations Fail:The Origins of Power,Prosperity,and Poverty*,New York,Crown,2012,esp. Chap. 1;关于将大英帝国视为全球现代性的先驱者,参见 Niall Ferguson,*Empire:The Rise and Demise of the British World Order and the Lessons for Global Power*,New York,Basic Books,2004。
2. Wallace Stevens,"Connoisseur of Chaos",in *The Collected Poems of Wallace Stevens*,New York,Random House,1990,p. 215.
3. 比较 Christopher Bayly,*Recovering Liberties:Indian Thought in the Age of Liberalism and Empire*,Cambridge,Cambridge University Press,2011;Uday Sing Mehta,*Liberalism and Empire:A Study in Nineteenth-Century British Liberal Thought*,Chicago,University of Chicago Press,1999。
4. Allan Greer,*The Patriots and the People:The Rebellion of 1837 in Rural Lower Canada*,Toronto,University of Toronto Press,1993,Chap. 11.
5. 杰里米·边沁认为法律的成文化能够消除所有政治实体中的无序性,并主动提出为美国、俄罗斯、西班牙卡迪兹政府和其他政治实体起草法典。Jeremy Bentham,*The Collected Works of Jeremy Bentham:"Legislator of the World"*:in Philip Schofield and Jonathan Harris,eds.,*Codification,Law,and Education*,London,Clarendon Press,1999;Philip Schofield,*Utility and Democracy:The Political Thought of Jeremy Bentham*,Oxford,Oxford University Press,2006,chaps. 8 and 9;Jennifer Pitts,*A Turn to Empire:The Rise of British Imperial Liberalism in Britain and France*,Princeton,Princeton University Press,2005,chap. 4;David Armitage,*Foundations of Modern International Thought*,Cambridge,Cambridge University Press,2013,pp. 172-187.
6. 关于这一点,参见 Lauren Benton,*Law and Colonial Cultures:Legal Regimes in World History*,Cambridge,Cambridge University Press,2002;Lisa Ford traces the way settlers' jurisdictional claims developed against customary law in *Settler Sovereignty:Jurisdiction and Indigenous People in America and Australia*,1788-1836,Cambridge,MA:Harvard University Press,2011;Lauren 和 Ross 曾对习惯法融入帝国多元化法律秩序中的方式作过概括性的描述,参见 Lauren Benton and Richard Ross,eds.,*Legal Pluralism and Empires*,1500-1850,New York,NYU Press,2013。

7. Kostal 的相关著作仍然是关于以下问题最好的参考资料:围绕"伊利案"的宪法性争论以及自由主义者对该争论的回应。Rande Kostal, *A Jurisprudence of Power*: *Victorian Empire and the Rule of Law*, Oxford, Oxford University Press, 2008. 亦可参见 Lauren Benton, *A Search for Sovereignty*: *Law and Geography in European Empires*, 1500 - 1900, New York, Cambridge University Press, 2010, Chap. 4。
8. 参见 Lauren Benton, *A Search for Sovereignty*: *Law and Geography in European Empires*, 1500 - 1900, Chap. 5。
9. Quoted in East India (Indian States), Report of the Indian States Committee, 1928 - 1929, cmd. 3302, London, H. M. S. O., 1929, pp. 17 - 18.
10. John Westlake, "The Indian Empire", in L. Oppenheim, ed., *The Collected Papers of John Westlake on Public International Law*, Cambridge, Cambridge University Press, 1915, pp. 222 - 223.
11. R. B. J. Walker, *Inside/Outside*: *International Relations as Political Theory*, Cambridge, Cambridge University Press, 1993.
12. 关于文明标准和 19 世纪晚期的国际法,参见 Gerrit W. Gong, *The Standard of "Civilization" in International Society*, New York, Oxford University Press, 1984; Martti Koskenniemi, *The Gentle Civilizer of Nations*: *The Rise and Fall of International Law*, 1870 - 1960, Cambridge, Cambridge University Press, 2005。关于帝国与国际法,参见 Antony Anghie, *Imperialism*, *Sovereignty*, *and the Making of International Law*, Cambridge, Cambridge University Press, 2007; Edward Keene, *Beyond the Anarchical Society*: *Grotius*, *Colonialism and Order in World Politics*, Cambridge, Cambridge University Press, 2002; Lauren Benton, *A Search for Sovereignty*: *Law and Geography in European Empires*, 1500 - 1900, chap. 5; Lauren Benton and Benjamin Straumann, "Acquiring Empire by Law: From Roman Doctrine to Early Modern European Practice", *Law and History Review*, Vol. 28, No. 1, 2010, pp. 1 - 38; Andrew Fitzmaurice, *Sovereignty*, *Property and Empire*, 1500 - 2000, Cambridge, Cambridge University Press, 2014.
13. 关于对普遍主义和国际法两种路径的较为中立的评论,参见 Jennifer Pitts, "Empire and Legal Universalisms in the Eighteenth Century", *AHR*, Vol. 117, No. 1, 2012, pp. 92 - 21。亦可参见 Richard Drayton, "Beyond Humanitarian Imperialism: The Dubious Origins of 'Humanitarian Intervention' and Some Rules for Its Future", in Bronwen Everill and Josiah

Kaplan, eds., *The History and Practice of Humanitarian Intervention and Aid in Africa*, New York, Palgrave Macmillan, 2013, pp. 217 – 230; Ian Hunter, "Global Justice and Regional Metaphysics: On the Critical History of the Law of Nature and Nations", in Shaunnagh Dorsett and Ian Hunter, eds., *Law and Politics in British Colonial Thought: Transpositions of Empire*, New York, Palgrave Macmillan, 2010, pp. 11 – 29。

14. 思想史学者们批评其领域内存在一种脱离语境分析法学家著作的趋势，其中有些人对殖民主义和帝国的影响作了分析。例如，Karuna Mantena 指出，"有关自由主义和帝国的研究在以下问题上未能毫无偏颇地展开论述，即关于帝国存在的正当理由如何随着帝国统治的实践和政治而演变"。Mantena, *Alibis of Empire: Henry Maine and the Ends of Liberal Imperialism*, Princeton, Princeton University Press, 2010, p. 8. 格劳秀斯的著述试图衡量来自西印度群岛的消息及欧洲外交的影响力，对于此类著述的分析，参见 Martine van Ittersum, *Profit and Principle: Hugo Grotius, Natural Rights Theories and the Rise of Dutch Power in the East Indies*, 1595 – 1615, Leiden, Brill, 2006。在殖民主义背景下分析欧洲思想，以及将殖民实践视为欧洲思想之重现，关于这两种方法的益处，参见 Benton and Straumann, "Acquiring Empire by Law"。但一种经常出现的或许并不那么让人惊讶的情况是，历史学者所指的语境其实是一个欧洲人或美国人制造和传播各种观念的广泛圈子，而不是"当时的帝国统治政治"。即使是那些试图在此语境下解读理论家著述的尝试，也遭受了抨击；Anne Orford 的批评认为，历史学家一直被困在一个斯金纳式（Skinnerian）的世界中，而这个世界只有即时和现世的语境。Anne Orford, "The Past as Law or History? The Relevance of Imperialism for Modern International Law", International Law and Justice Working Papers (2012/2), New York University School of Law. 关于某些语境化的著述意外地遭到恶毒抨击的例子，参见 Ian Hunter 在欧洲和早期美国的政治和学术环境下对瓦泰尔的分析：Ian Hunter, "Kant and Vattel in Context: Cosmopolitan Philosophy and Diplomatic Casuistry", *History of European Ideas*, Vol. 39, No. 4, 2013, pp. 477 – 502; Ian Hunter, "The Figure of Man and the Territorialisation of Justice in 'Enlightenment' Natural Law: Pufendorf and Vattel", *Intellectual History Review*, Vol. 23, No. 3, 2013, pp. 289 – 307; Ian Hunter, "Vattel in Revolutionary America: From the Rules of War to the Rule of Law", in Lisa Ford and Tim Rowse, eds., *Between Indigenous and Settler Governance*, London, Routledge, 2012, pp. 12 –

22。我们认为,语境化的解读不仅具备历史上的有效性,而且能够为当代的国际法律辩论提供新的见解。但是,这里所指的语境应当作扩大解释,以涵盖更广泛的精英学术思想,帝国的法律政治以及非精英群体的思想贡献。

15. 关于国际法学者对帝国的理解,参见 Anghie, *Imperialism, Sovereignty*, and Keene, *Beyond the Anarchical Society*。为了纠正此种不均衡而展开的新近尝试包括:Mantena, *Alibis of Empire*; Lauren Benton, *A Search for Sovereignty: Law and Geography in European Empires*, 1400 - 1900, esp. chap. 5; Saliha Belmessous, ed., *Native Claims: Indigenous Law against Empire*, 1500 - 1920, Oxford, Oxford University Press, 2012; Saliha Belmessous, ed., *Empire by Treaty: Negotiating European Expansion*, 1600 - 1900, Oxford, Oxford University Press, 2015。某些著述主要考察非西方精英参与国际法辩论的情况,这些研究仍然处于以欧洲为中心的法律思想史框架内。例如参见 Arnulf Becker Lorca, *Mestizo International Law: A Global Intellectual History*, 1842 - 1933, Cambridge, Cambridge University Press, 2014。Becker 向我们再现了这样一种历史时期划分,依据这一划分,欧洲话语权的主导地位一直持续到 1842 年南京条约签订,此后,非西方国家获取了话语权主导地位并修改了欧洲话语。

16. Grewe 对英国关于全球国际秩序的观点作过经典的阐述, Wilhelm G. Grewe, *The Epochs of International Law*, trans. Michael Byers, New York, Walter de Gruyter, 2000, p. 451。

17. David C. Hendrickson, *Peace Pact: The Lost World of the American Founding*, Lawrence, University Press of Kansas, 2003; Alison L. LaCroix, *The Ideological Origins of American Federalism*, Cambridge, MA: Harvard University Press, 2011; Jack P. Greene, *Peripheries and Center: Constitutional Developments in Extended Polities of the British Empire and the United States*, 1607 - 1788, Athens, University of Georgia Press, 1987. 关于美国主权的全球性和帝国语境的持续,参见 Charles Maier, *Among Empires: American Ascendancy and Its Predecessors*, Cambridge, MA: Harvard University Press, 2006; Eliga Gould, *Among the Powers of the Earth: The American Revolution and the Making of a New World Empire*, Cambridge, MA: Harvard University Press, 2012。

18. David Armitage, *The Declaration of Independence: A Global History*, Cambridge, MA: Harvard University Press, 2008. 关于美国宪法的国际性影

响，参见 Daniel Hulsebosch and David Golove，"A Civilized Nation：The Early American Constitution，the Law of Nations，and the Pursuit of International Recognition"，*NYU Law Review*，Vol. 85，No. 4，2010，pp. 932－1066。

19. Janice Thomson 在其所著的一部当前已成为经典的作品中指出，各政治实体相互勾结，以遏制非国家行为体的暴力行为（尤其是海上暴力行为），导致了 19 世纪内发生的向由国家组成的国际秩序的漫长的转变。Janice Thomson，*Mercenaries，Pirates，and Sovereigns：State-Building and Extraterritorial Violence in Early Modern Europe*，Princeton，Princeton University Press，1994. Thomson 的著作为我们对于全球性转变之前的区域性结构的分析提供了支持，虽然相对而言她较少关注区域性问题和欧洲以外的政治。Thomson 的分析路径与一种更为强大的传统路径相违背（但它在某种程度上建立在后者基础之上），后者将 19 世纪国际秩序构建方面的主要转变描述为从自然法主导向实证法主导的转变。David Kennedy，"International Law and the Nineteenth Century：History of an Illusion"，*Nordic Journal of International Law*，Vol. 65，1996，pp. 385－420.

20. 我们可以借助另一种类似的方式来重述欧洲协调机制的全球性影响这一老故事。相较于"坚实的法律规范"，欧洲协调机制创设了一系列惯例和规范性框架，例如具有全球影响的仲裁制度。参见 Matthias Schulz，"'Defenders of the Right'？Diplomatic Practice and International Law in the 19th Century：An Historian's Perspective"，in Luigi Nuzzo and Miloš Vec，eds.，*Constructing International Law：The Birth of a Discipline*，Frankfurt，Vittorio Klostermann，2012，pp. 258－261；关于该问题的更具广泛意义的分析，参见 Herbert Butterfield，"The Balance of Power"，in Herbert Butterfield and Martin Wight，eds.，*Diplomatic Investigations：Essays in the Theory of International Politics*，London，Allen and Unwin，1966，pp. 132－148。20 世纪和 21 世纪的晚近国际法研究方法将网络或程序视为国际法的内容，关于这一点，参见 Anne-Marie Slaughter，*A New World Order：Government Networks and the Disaggregated State*，Princeton，Princeton University Press，2004；尤其参见 Benedict Kingsbury，Nico Krisch，and Richard Stewart，"The Emergence of Global Administrative Law"，*Law and Contemporary Problems*，Vol. 68，No. 15，2005，pp. 15－62。

21. David Armitage 在他关于英国扩张时代（由此产生了国际交往）的讨论中，就预见到了这一动向。但在其他方面，他却未能进一步阐释帝国政治对国际法的生成性影响。David Armitage, *Foundations of Modern International Thought*, Cambridge, Cambridge University Press, 2013, p. 136, contrast 40. 关于管辖权政治的更宽泛的论述,参见 Lauren Benton, *Law and Colonial Cultures: Legal Regimes in World History*, 1400 – 1900; Lisa Ford, *Settler Sovereignty: Jurisdiction and Indigenous People in America and Australia*, 1788 – 1836。

22. Anne Orford, "Food Security, Free Trade, and the Battle for the State", *Journal of International Law and International Relations*, Vol. 11, No. 2, 2015, pp. 1 – 67.

23. Jessica Whyte, "'Always on Top': Sovereignty, the 'Responsibility to Protect' and the Persistence of Colonialism", in Jyotsna G. Singh and David D. Kim, eds., *The Postcolonial World*, New York, Routledge, 2017.

24. 我们对于与这些问题有关的经院哲学思想的讨论,主要参考了 Brett 的具有原创性和说服力的分析,参见 Annabel S. Brett, *Changes of State: Nature and the Limits of the City in Early Modern Natural Law*, Princeton, Princeton University Press, 2011, p. 125。

25. Ibid., p. 168.

26. 正如 Brett 所观察到的,共同体"可以允许存在这样一种反常的情况,即个人虽然不能对国家发动正义战争,但是他有权利在其力所能及的情况下避免受到国家强制性力量的压迫"。Ibid., p. 157.

27. Ibid., p. 192.

28. Walker, *Inside/Outside*, 84.

29. Ibid., pp. 70, 95, 97.

30. 参见 Nuno P. Monteiro, *Theory of Unipolar Politics*, Cambridge, Cambridge University Press, 2014。

31. Ibid., p. 5.

32. 在提出等级体系"仍然是国际关系的一个核心……特征"时, David Lake 注意到,"如今,等级体系被掩盖、伪装,并且不受约束,因为不管是占主导地位的国家还是处于从属地位的国家,都不愿承认它的存在"。参见 David Lake, *Hierarchy in International Relations*, Ithaca, NY: Cornell University Press, 2009, xiii。亦可参见 Patrick T. Jackson and George Lawson, "Hierarchy in World Politics", *Journal of International Relations and Development*, Vol. 14, No. 2, 2011, pp. 151 – 152; Alexander Cooley, *Logics of Hierarchy: The Organization of Empires, States, and Military*

Occupation, Ithaca, NY: Cornell University Press, 2012。

33. 参见本书第四、五、六章。关于临时性的领事干涉，参见 Lauren Benton, *Law and Colonial Cultures: Legal Regimes in World History*, 1400 – 1900, Chap. 6。关于域外管辖权的历史研究浩如烟海，部分研究突出了帝国间的互动。其中有一项研究考察了 19 世纪末和 20 世纪初欧洲列强为强化彼此的管辖权干涉所采取的方式。Mary Dewhurst Lewis, *Divided Rule: Sovereignty and Empire in French Tunisia*, 1881 – 1938, Berkeley, University of California Press, 2013. 无论是英国和法国的法律影响（普拉塔流域、大溪地），英国、荷兰和西班牙在打击海盗方面的互动（东南亚），或者甚至是英国和葡萄牙关于大西洋奴隶贸易的谈判，我们对于上述历史的阐述均表明，在 19 世纪早期，单独或联合实施的帝国干涉同样塑造了域外权利主张及实践。

34. Duncan Bell, ed., *Victorian Visions of Global Order: Empire and International Relations in Nineteenth-Century Political Thought*, Cambridge, Cambridge University Press, 2007; 尤其参见 Jennifer Pitts, "Empire and Legal Universalisms in the eighteenth century"。

35. Jennifer Pitts, *A Turn to Empire: The Rise of Imperial Liberalism in British and France* 2006 – 2007.

36. Schulz, "'Defenders of the Right'?", p. 260.

致　谢

在完成这一本覆盖领域如此广泛的著作的过程中，我们的心中充满感激之情。

澳大利亚研究理事会（项目编号 DP110103832、DE120100593）、范德堡大学、新南威尔士大学，以及纽约大学为我们在本书写作、研究过程中的外出调研提供了便利。英国国家档案馆、英国图书馆、苏格兰国家档案馆的丰富资源和便利设施使本项目的研究变得前所未有的轻松。我们对以上机构的工作人员表示诚挚的谢意，他们让馆藏资料的获取变得非常容易。

我们十分感谢那些审阅我们的部分作品、与我们进行邮件交流、为我们推荐参考资料并一路为我们鼓劲的杰出同行们，他们是：罗伯特·奥尔德里奇、大卫·阿米蒂奇、阿尔瓦罗·卡索·贝罗、安娜贝拉·布列特、克里斯托夫·布朗、简·伯班克、特雷弗·伯纳德、弗莱德·库珀、罗伯特·克里布、詹姆士·爱泼斯坦、保罗·哈利戴、伊恩·亨特、本尼迪克特·金伯利、马蒂·科斯肯涅米、彼得·雷克、艾伦·莱斯特、大卫·利伯曼、柯尔斯顿·麦肯齐、马休·米洛、菲利浦·摩根、加百利·帕克特、詹尼弗·皮兹、大卫·罗伯兹、苏利特·斯维瓦桑德伦、亚伦·斯雷特、米兰达·斯彼利、罗伯特·特雷弗,以及拉瑞·沃夫。与此同时,如果没有美莎·尤恩、利亚·格罗曼、埃博妮·琼斯、杰普·穆利克、丽莎·普洛特金、约翰·兰博、加百利·罗恰、多丽丝·雪儿、凯尔西·谢里丹、丽贝卡·斯沃兹、艾米·坦恩、普里西拉·瓦莎伊,以及凯思琳·沃克等人的帮助,我们也不可能完成本书的研究和写作工作,他们在本研究的不同阶段协助我们查找资料、影印文献、从混沌中发现规律,或者校对文稿。此外,众多学界同行在苏黎世、剑桥、布里斯班、悉尼、法兰克福、马切拉塔、新加坡、香港、达尼丁、安娜堡、费城、纳什维尔、明尼阿波利斯、巴尔的摩和普林斯顿等地听取了我们的学术报告并提出了中肯的问题,我们从中获益良多。

感谢乔伊斯·塞尔特兹以及哈佛大学的出版团队,他们的睿智、耐心和效率令人钦佩。

最后,把爱和敬意献给我们的家人,不管乐意与否,他们放任我们满世界跑,进行研究、写作,以及吃喝玩乐。如果所有的合作研究都像这次那么有趣,历史学家们或许再也不愿单打独斗了。

天下

图书在版编目(CIP)数据

法律帝国的铸就：大英帝国法律史：1800－1850／（美）劳伦·本顿，（澳）利萨·福特著；龚宇等译. －－北京：法律出版社，2018
ISBN 978－7－5197－1987－6

Ⅰ.①法… Ⅱ.①劳… ②利… ③龚… Ⅲ.①法制史—研究—英国—1800－1850 Ⅳ.①D956.19

中国版本图书馆CIP数据核字(2018)第029138号

法律帝国的铸就
——大英帝国法律史(1800—1850)
FALÜ DIGUO DE ZHUJIU
—DAYING DIGUO FALÜSHI (1800—1850)
[美]劳伦·本顿 [澳]利萨·福特 著
龚 宇 张膑心 杨 帆 苏 宇 译

策划编辑 黄琳佳
责任编辑 黄琳佳
装帧设计 SMALL IS BIG

开本 A5
版本 2018年5月第1版
出版 法律出版社
总发行 中国法律图书有限公司
印刷 中煤(北京)印务有限公司

印张 12.75 **字数** 241千
印次 2018年5月第1次印刷
编辑统筹 学术·对外出版分社
经销 新华书店
责任印制 陶松

法律出版社／北京市丰台区莲花池西里7号(100073)
网址／www.lawpress.com.cn
投稿邮箱／info@lawpress.com.cn
举报维权邮箱／jbwq@lawpress.com.cn
销售热线／010－63939792
咨询电话／010－63939796

中国法律图书有限公司／北京市丰台区莲花池西里7号(100073)
全国各地中法图分、子公司销售电话：
统一销售客服／400－660－6393
第一法律书店／010－63939781/9782 西安分公司／029－85330678 重庆分公司／023－67453036
上海分公司／021－62071639/1636 深圳分公司／0755－83072995

书号：ISBN 978－7－5197－1987－6 **定价**：78.00元
(如有缺页或倒装，中国法律图书有限公司负责退换)